Fundamenta Krestomatio
L. Zamnehof

La Fundamenta Krestomatio de la Lingvo Esperanto
Copyright © Jiahu Books 2013
First Published in Great Britain in 2013 by Jiahu Books – part of Richardson-Prachai Solutions Ltd, 34 Egerton Gate, Milton Keynes, MK5 7HH
ISBN: 978-1-909669-03-1
Conditions of sale
All rights reserved. You must not circulate this book in any other binding or cover and you must impose the same condition on any acquirer.
A CIP catalogue record for this book is available from the British Library
Visit us at: **jiahubooks.co.uk**

ANTAŬPAROLO

Prezentante pure kondiĉan rimedon de reciproka komunikiĝado, la lingvo internacia, simile al ĉiu lingvo nacia, povos bone atingi sian celon nur en tiu okazo, se ĉiuj uzos ĝin plene *egale*; kaj por ke ĉiuj povu uzi la lingvon egale, estas necese, ke ekzistu iaj *modeloj*, leĝdonaj por ĉiuj. Tio ĉi estas la kaŭzo, pro kiu, cedante al la peto de multaj esperantistoj, mi eldonis la *Fundamentan Krestomation,* kiu povos servi al ĉiuj kiel modelo de esperanta stilo kaj gardi la lingvon de pereiga disfalo je diversaj dialektoj.

Lerni la lingvon ĉiu povas laŭ ĉiuj libroj, kiujn li deziros; sed ĉar multaj esperantaj libroj estas verkitaj de personoj, kiuj ankoraŭ ne posedas bone la lingvon Esperanto, kaj komencanta esperantisto ne povus rilati al ili sufiĉe kritike, tial estas dezirinde, ke ĉiu, antaŭ ol komenci la legadon de la esperanta literaturo, tralegu atente la *Fundamentan Krestomation.* Ne deprenante de la lernanto la eblon kritike proprigi al si ĉiujn riĉigojn kaj regule faritajn perfektigojn, kiujn li trovas en la literaturo, la *Fundamenta Krestomatio* por ĉiam gardos lin de blinda kaj senkritika alproprigo de stilo *eraroj.*

Atentan tralegon de la *Fundamenta Krestomatio* mi rekomendas al *ĉiu,* kiu volas skribe aŭ parole uzi la lingvon Esperanto. Sed precipe atentan kaj kelkfojan trategon de tiu ĉi libro mi rekomendas al tiuj, kiuj deziras eldoni verkojn en *Esperanto;* ĉar tiu, kiu eldonas verkon en Esperanto, ne koniĝinte antaŭe fundamente kun la spirito kaj la modela stilo de tiu ĉi lingvo, alportas al nia afero ne utilon, sed rektan malutilon.

Ĉiuj artikoloj en la *Fundamenta Krestomatio* estas aŭ skribitaj de mi mem, aŭ--se ili estas skribitaj de aliaj personoj--ili estas korektitaj de mi en tia grado, ke la stilo en ili ne deflankiĝu de la stilo, kiun mi mem uzas.

L. ZAMENHOF, Aŭtoro de la lingvo *Esperanto.* Varsovio, en Aprilo 1903.

* * * * *

I

EKZERCOJ

* * * * *

1. Patro kaj frato.--Leono estas besto.--Rozo estas floro, kaj kolombo estas birdo.--La rozo apartenas al Teodoro.--La suno brilas. --La patro estas sana.--La patro estas tajloro.

2. Infano ne estas matura homo.--La infano jam ne ploras.--La ĉielo estas blua.--Kie estas la libro kaj la krajono?--La libro estas sur la tablo, kaj la krajono kuŝas sur la fenestro.--Sur la fenestro kuŝas krajono kaj plumo.--Jen estas pomo.--Jen estas la pomo, kiun mi trovis.--Sur la tero kuŝas ŝtono.

3. Leono estas forta.--La dentoj de leono estas akraj.--Al leono ne donu la manon.--Mi vidas leonon.--Resti kun leono estas danĝere.-- Kiu kuraĝas rajdi sur leono?--Mi parolas pri leono.

4. La patro estas bona.--Jen kuŝas la ĉapelo de la patro.--Diru al la patro, ke mi estas diligenta.--Mi amas la patron.--Venu kune kun la patro.--La filo staras apud la patro.--La mano de Johano estas pura.--Mi konas Johanon.--Ludoviko, donu al mi panon.--Mi manĝas per la buŝo kaj flaras per la nazo.--Antaŭ la domo staras arbo.-- La patro estas en la ĉambro.

5. La birdoj flugas.--La kanto de la birdoj estas agrabla.--Donu al la birdoj akvon, ĉar ili volas trinki.--La knabo forpelis la birdojn.--Ni vidas per la okuloj kaj aŭdas perla oreloj.--Bonaj infanoj lernas diligente.--Aleksandro ne volas lerni, kaj tial mi batas Aleksandron.--De la patro mi ricevis libron, kaj de la frato mi ricevis plumon.--Mi venas de la avo; kaj mi iras nun al la onklo.-- Mi legas libron.--La patro ne legas libron, sed li skribas leteron.

6. Papero estas blanka.--Blanka papero kuŝas sur la tablo.--La

blanka papero jam ne kuŝas sur la tablo.--Jen estas la kajero de la juna fraŭlino.--La patro donis al mi dolĉan pomon.--Rakontu al mia juna amiko belan historion.--Mi ne amas obstinajn homojn.--Mi deziras al vi bonan tagon, sinjoro!--Bonan matenon!--Ĝojan feston! (mi deziras al vi).--Kia ĝoja festo! (estas hodiaŭ).--Sur la ĉielo staras la bela suno.--En la tago ni vidas la helan sunon, kaj en la nokto ni vidas la palan lunon kaj la belajn stelojn.--La papero estas tre blanka, sed la neĝo estas pli blanka.--Lakto estas pli nutra, ol vino.--Mi havas pli freŝan panon, ol vi.--Ne, vi eraras, sinjoro: via pano estas malpli freŝa, ol mia.--El ĉiuj miaj infanoj Ernesto estas la plej juna.--Mi estas tiel forta, kiel vi.--El ĉiuj siaj fratoj Antono estas la malplej saĝa.

7. Du homoj povas pli multe fari ol unu.--Mi havas nur unu buŝon, sed mi havas du orelojn.--Li promenas kun tri hundoj.--Li faris ĉion per la dek fingroj de siaj manoj.--El ŝiaj multaj infanoj unuj estas bonaj kaj aliaj estas malbonaj.--Kvin kaj sep faras dek du.--Dek kaj dek faras dudek.--Kvar kaj dek ok faras dudek du.--Tridek kaj kvardek kvin faras sepdek kvin.--Mil okcent naŭdek tri.--Li havas dek unu infanojn.--Sesdek minutoj faras unu horon, kaj unu minuto konsistas el sesdek sekundoj.--Januaro estas la unua monato de la jaro, Aprilo estas la kvara, Novembro estas la dek-unua, Decembro estas la dek-dua.--La dudeka (tago) de Februaro estas la kvindek-unua tago de la jaro.--La sepan tagon de la semajno Dio elektis, ke ĝi estu pli sankta, ol la ses unuaj tagoj.--Kion Dio kreis en la sesa tago?-- Kiun daton ni havas hodiaŭ?--Hodiaŭ estas la dudek sepa (tago) de Marto.--Georgo Vaŝington estis naskita la dudek duan de Februaro de la jaro mil sepcent tridek dua.

8. Mi havas cent pomojn.--Mi havas centon da pomoj.--Tiu ĉi urbo havas milionon da loĝantoj.--Mi aĉetis dekduon (aŭ dek-duon) da kuleroj kaj du dekduojn da forkoj.--Mil jaroj (aŭ milo da jaroj) faras miljaron.--Unue mi redonas al vi la monon, kiun vi pruntis al mi; due mi dankas vin por la prunto; trie mi petas vin ankaŭ poste prunti al mi, kiam mi bezonos monon.--Por ĉiu tago mi ricevas kvin frankojn, sed por la hodiaŭa tago

mi ricevis duoblan pagon, t. e. (=tio estas) dek frankojn.--
Kvinoble sep estas tridek kvin.--Tri estas duono de ses.--Ok
estas kvar kvinonoj de dek.--Kvar metroj da tiu ĉi ŝtofo kostas
naŭ frankojn; tial du metroj kostas kvar kaj duonon frankojn
(aŭ da frankoj).--Unu tago estas tricent-sesdek-kvinono aŭ
tricent-sesdek-sesono de jaro.--Tiuj ĉi du amikoj promenas
ĉiam duope.--Kvinope ili sin ĵetis sur min, sed mi venkis ĉiujn
kvin atakantojn.--Por miaj kvar infanoj mi aĉetis dek du
pomojn, kaj al ĉiu el la infanoj mi donis po tri pomoj.--Tiu ĉi
libro havas sesdek paĝojn; tial, se mi legos en ĉiu tago po dek
kvin paĝoj, mi finos la tutan libron en kvar tagoj.

9. Mi legas.--Ci skribas (anstataŭ "ci" oni uzas ordinare "vi"),--
Li estas knabo, kaj ŝi estas knabino.--La tranĉilo tranĉas bone,
ĉar ĝi estas akra.--Ni estas homoj.--Vi estas infanoj.--Ili estas
rusoj.--Kie estas la knaboj?--Ili estas en la ĝardeno.--Kie estas
la knabinoj?--Ili ankaŭ estas en la ĝardeno.--Kie estas la
tranĉiloj?--Ili kuŝas sur la tablo.--Mi vokas la knabon, kaj li
venas.--Mi vokas la knabinon, kaj ŝi venas.--La infano ploras,
ĉar ĝi volas manĝi.--La infanoj ploras, ĉar ili volas manĝi.--
Knabo, vi estas neĝentila.--Sinjoro, vi estas neĝentila.--
Sinjoroj, vi estas neĝentilaj.--Mia hundo, vi estas tre fidela.--
Oni diras, ke la vero ĉiam venkas.--En la vintro oni hejtas la
fornojn.--Kiam oni estas riĉa (aŭ riĉaj), oni havas multajn
amikojn.

10. Li amas min, sed mi lin ne amas.--Mi volis lin bati, sed li
forkuris de mi.--Diru al mi vian nomon.--Ne skribu al mi tiajn
longajn leterojn.--Venu al mi hodiaŭ vespere.--Mi rakontos al
vi historion.--Ĉu vi diros al mi la veron?--La domo apartenas
al li. --Li estas mia onklo, ĉar mia patro estas lia frato.--Sinjoro
Petro kaj lia edzino tre amas miajn infanojn; mi ankaŭ tre
amas (infanojn). --Montru al ili vian novan veston.--Mi amas
min mem, vi amas vin mem, li amas sin mem, kaj ĉiu homo
amas sin mem.--Mia frato diris al Stefano, ke li amas lin pli, ol
sin mem.--Mi zorgas pri ŝi tiel, kiel mi zorgas pri mi mem; sed
ŝi mem tute ne zorgas pri si kaj tute sin ne gardas.--Miaj fratoj
havis hodiaŭ gastojn; post la vespermanĝo niaj fratoj eliris
kun la gastoj el sia domo kaj akompanis ilin ĝis ilia domo.--Mi

jam havas mian ĉapelon; nun serĉu vi vian.--Mi lavis min en mia ĉambro, kaj ŝi lavis sin en sia ĉambro.--La infano serĉis sian pupon; mi montris al la infano, kie kuŝas ĝia pupo.--Oni ne forgesas facile sian unuan amon.

11. Nun mi legas, vi legas kaj li legas; ni ĉiuj legas.--Vi skribas, kaj la infanoj skribas; ili ĉiuj sidas silente kaj skribas.--Hieraŭ mi renkontis vian filon, kaj li ĝentile salutis min.--Hodiaŭ estas sabato, kaj morgaŭ estos dimanĉo.--Hieraŭ estis vendredo, kaj post-morgaŭ estos lundo.--Antaŭ tri tagoj mi vizitis vian kuzon kaj mia vizito faris al li plezuron.--Ĉu vi jam trovis vian horloĝon? --Mi ĝin ankoraŭ ne serĉis; kiam mi finos mian laboron, mi serĉos mian horloĝon, sed mi timas, ke mi ĝin jam ne trovos.--Kiam mi venis al li, li dormis; sed mi lin vekis.--Se mi estus sana, mi estus feliĉa.--Se li scius, ke mi estas tie ĉi, li tuj venus al mi.--Se la lernanto scius bone sian lecionon, la instruanto lin ne punus.-- Kial vi ne respondas al mi? Ĉu vi estas surda aŭ muta?--Iru for!-- Infano, ne tuŝu la spegulon!--Karaj infanoj, estu ĉiam honestaj!-- Li venu, kaj mi pardonos al li.--Ordonu al li, ke li ne babilu.-- Petu ŝin, ke ŝi sendu al mi kandelon.--Ni estu gajaj, ni uzu bone la vivon, ĉar la vivo ne estas longa.--Ŝi volas danci. Morti pro la patrujo estas agrable.--La infano ne ĉesas petoli.

12. Fluanta akvo estas pli pura, ol akvo, staranta senmove.--Promenante sur la strato, mi falis.--Kiam Nikodemo batas Jozefon, tiam Nikodemo estas la batanto kaj Jozefo estas la batato.--Al homo, pekinta senintence, Dio facile pardonas.--Trovinte pomon, mi ĝin manĝis.-- La falinta homo ne povis sin levi.--Ne riproĉu vian amikon, ĉar vi mem pli multe meritas riproĉon; li estas nur unufoja mensoginto, dum vi estas ankoraŭ nun ĉiam mensoganto.--La tempo pasinta jam neniam revenos; la tempon venontan neniu ankoraŭ konas.--Venu, ni atendas vin, Savonto de la mondo.--En la lingvo "Esperanto" ni vidas la estontan lingvon helpantan de la tuta mondo.--Aŭgusto estas mia plej amata filo.--Mono havata estas pli grava ol havita.--Pasero kaptita estas pli bona, ol aglo kaptota.--La soldatoj kondukis la arestitojn tra la stratoj.--Li venis al mi tute ne atendite.--Homo, kim oni devas juĝi, estas

juĝoto.

13. Nun li diras al mi la veron.--Hieraŭ li diris al mi la veron.--Li ĉiam diradis al mi la veron.--Kiam vi vidis nin en la salono, li jam antaŭe diris al mi la veron (aŭ li estis dirinta al mi la veron). --Li diros al mi la veron.--Kiam vi venos al mi, li jam antaŭe diros al mi la veron (aŭ li estos dirinta al mi la veron; aŭ antaŭ ol vi venos al mi, li diros al mi la veron).--Se mi petus lin, li dirus al mi la veron.--Mi ne farus la eraron, se li antaŭe dirus al mi la veron (aŭ se li estus dirinta al mi la veron).--Kiam mi venos, diru al mi la veron.--Kiam mia patro venos, diru al mi antaŭe la veron (aŭ estu dirinta al mi la veron).--Mi volas diri al vi la veron.-- Mi volas, ke tio, kion mi diris, estu vera (aŭ mi volas esti dirinta la veron).

14. Mi estas amata. Mi estis amata. Mi estos amata. Mi estus amata. Estu amata. Esti amata.--Vi estas lavita. Vi estis lavita. Vi estos lavita. Vi estus lavita. Estu lavita. Esti lavita.--Li estas invitota. Li estis invitota. Li estos invitota. Li estus invitota. Estu invitota. Esti invitota.--Tiu ĉi komercaĵo estas ĉiam volonte aĉetata de mi.--La surtuto estas aĉetita de mi, sekve ĝi apartenas al mi.-- Kiam via domo estis konstruata, mia domo estis jam longe konstruita. --Mi sciigas, ke de nun la ŝuldoj de mia filo ne estos pagataj de mi.--Estu trankvila, mia tuta ŝuldo estos pagita al vi baldaŭ.-- Mia ora ringo ne estus nun tiel longe serĉata, se ĝi ne estus tiel lerte kaŝita de vi.--Laŭ la projekto de la inĝenieroj tiu ĉi fervojo estas konstruota en la daŭro de du jaroj; sed mi pensas, ke ĝi estos konstruata pli ol tri jarojn.--Honesta homo agas honeste.--La pastro, kiu mortis antaŭ nelonge (aŭ antaŭ nelonga tempo), loĝis longe en nia urbo.--Ĉu hodiaŭ estas varme aŭ malvarme?--Sur la kameno inter du potoj staras fera kaldrono; el la kaldrono, en kiu sin trovas bolanta akvo, eliras vaporo; tra la fenestro, kiu sin trovas apud la pordo, la vaporo iras sur la korton.

15. Kie vi estas?--Mi estas en la ĝardeno.--Kien vi iras?--Mi iras en la ĝardenon.--La birdo flugas en la ĉambro (--ĝi estas en la ĉambro kaj flugas en ĝi).--La birdo flugas en la ĉambron (--ĝi estas ekster la ĉambro kaj flugas nun en ĝin).--Mi

vojaĝas en Hispanujo.--Mi vojaĝas en Hispanujon.--Mi sidas sur seĝo kaj tenas la piedojn sur benketo.--Mi metis la manon sur la tablon. El sub la kanapo la muso kuris sub la liton, kaj nun ĝi kuras sub la lito.-- Super la tero sin trovas aero.-- Anstataŭ kafo li donis al mi teon kun sukero, sed sen kremo.-- Mi staras ekster la domo, kaj li estas interne.--En la salono estis neniu krom li kaj lia fianĉino.--La hirundo flugis trans la riveron, ĉar trans la rivero sin trovis aliaj hirundoj.--Mi restas tie ĉi laŭ la ordono de mia estro.--Kiam li estis ĉe mi, li staris tutan horon apud la fenestro.--Li diras, ke mi estas atenta.--Li petas, ke mi estu atenta.--Kvankam vi estas riĉa, mi dubas, ĉu vi estas feliĉa.--Se vi scius, kiu li estas, vi lin pli estimus.--Se li jam venis, petu lin al mi.--Ho, Dio! kion vi faras! --Ha, kiel bele!--For de tie ĉi!--Fi, kiel abomene!--Nu, iru pli rapide!

16. La artikolo "la" estas uzata tiam, kiam ni parolas pri personoj aŭ objektoj konataj. Ĝia uzado estas tia sama, kiel en la aliaj lingvoj. La personoj, kiuj ne komprenas la uzadon de la artikolo (ekzemple rusoj aŭ poloj, kiuj ne scias alian lingvon krom sia propra), povas en la unua tempo tute ne uzi la artikolon, ĉar ĝi estas oportuna, sed ne necesa. Anstataŭ "la" oni povas ankaŭ diri "l'" (sed nur post prepozicio, kiu finiĝas per vokalo).--Vortoj kunmetitaj estas kreataj per simpla kunligado de vortoj; oni prenas ordinare la purajn radikojn, sed, se la bonsoneco aŭ la klareco postulas, oni povas ankaŭ preni la tutan vorton, t. e. la radikon kune kun ĝia gramatika finiĝo. Ekzemploj: skribtablo aŭ skribotablo (=tablo, sur kiu oni skribas); internacia (=kiu estas inter diversaj nacioj); tutmonda (=de la tuta mondo); unutaga (=kiu daŭras unu tagon); unuataga (=kiu estas en la unua tago); vaporŝipo (=ŝipo, kiu sin movas per vaporo); matenmanĝi, tagmanĝi, vespermanĝi; abonpago (=pago por la abono).

17. Ĉiuj prepozicioj per si mem postulas ĉiam nur la nominativon. Se ni iam post propozicio uzas la akuzativon, la akuzativo tie dependas ne de la prepozicio, sed de aliaj kaŭzoj. Ekzemple: por esprimi direkton, ni aldonas al la vorto la finon "n" ; sekve: tie (=en tiu loko), tien (=al tiu loko); tiel same ni ankaŭ diras: "la birdo flugis en la ĝardenon, sur la

tablon", kaj la vortoj "ĝardenon", "tablon" staras tie ĉi en akuzativo ne ĉar la prepozicioj "en" kaj "sur" tion ĉi postulas, sed nur ĉar ni volis esprimi direkton, t. e. montri, ke la birdo sin ne trovis antaŭe en la ĝardeno aŭ sur la tablo kaj tie flugis, sed ke ĝi de alia loko flugis al la ĝardeno, al la tablo (ni volas montri, ke la ĝardeno kaj tablo ne estis la loko de la flugado, sed nur la celo de la flugado); en tiaj okazoj ni uzus la finiĝon "n" tute egale, ĉu ia prepozicio starus aŭ ne.--Morgaŭ mi veturos Parizon (aŭ en Parizon).--Mi restos hodiaŭ dome.-- Jam estas tempo iri domen.--Ni disiĝis kaj iris en diversajn flankojn: mi iris dekstren, kaj li iris maldekstren.--Flanken, sinjoro! Mi konas neniun en tiu ĉi urbo.-- Mi neniel povas kompreni, kion vi parolas.--Mi renkontis nek lin, nek lian fraton (aŭ mi ne renkontis lin, nek lian fraton).

18. Se ni bezonas uzi prepozicion kaj la senco ne montras al ni, kian prepozicion uzi, tiam ni povas uzi la komunan prepozicion "je". Sed estas bone uzadi la vorton "je" kiel eble pli malofte. Anstataŭ la vorto "je" ni povas ankaŭ uzi akuzativon sen prepozicio.--Mi ridas je lia naiveco (aŭ mi ridas pro lia naiveco, aŭ: mi ridas lian naivecon).--Je la lasta fojo mi vidis lin ĉe vi (aŭ: la lastan fojon).--Mi veturis du tagojn kaj unu nokton.--Mi sopiras je mia perdita feliĉo (aŭ: mian perditan feliĉon).--El la dirita regulo sekvas, ke se ni pri ia verbo ne scias, ĉu ĝi postulas post si la akuzativon (t. e. ĉu ĝi estas aktiva) aŭ ne, ni povas ĉiam uzi la akuzativon. Ekzemple, ni povas diri "obei al la patro" kaj "obei la patron" (anstataŭ "obei je la patro"). Sed ni ne uzas la akuzativon tiam, kiam la klareco de la senco tion ĉi malpermesas; ekzemple: ni povas diri "pardoni al la malamiko" kaj "pardoni la malamikon", sed ni devas diri ĉiam "pardoni al la malamiko lian kulpon".

19. Ia, ial, iam, ie, iel, ies, io, iom, iu.--La montritajn naŭ vortojn ni konsilas bone ellerni, ĉar el ili ĉiu povas jam fari al si grandan serion da aliaj pronomoj kaj adverboj. Se ni aldonas al ili la literon "k", ni ricevas vortojn demandajn aŭ rilatajn: kia, kial, kiam, kie, kiel, kies, kio, kiom, kiu. Se ni aldonas la literon "t", ni ricevas vortojn montrajn: tia, tial,

tiam, tie, tiel, ties, tio, tiom, tiu. Aldonante la literon "ĉ", ni ricevas vortojn komunajn: ĉia, ĉial, ĉiam, ĉie, ĉiel, ĉies, ĉio, ĉiom, ĉiu. Aldonante la prefikson "nen", ni ricevas vortojn neajn: nenia, nenial, neniam, nenie, neniel, nenies, nenio, neniom, neniu. Aldonante al la vortoj montraj la vorton "ĉi", ni ricevas montron pli proksiman; ekzemple: tiu (pli malproksima), tiu ĉi (aŭ ĉi tiu) (pli proksima); tie (malproksime), tie ĉi aŭ ĉi tie (proksime). Aldonante al la vortoj demandaj la vorton "ajn", ni ricevas vortojn sendiferencajn: kia ajn, kial ajn, kiam ajn, kie ajn, kiel ajn, kies ajn, kio ajn, kiom ajn, kiu ajn. Ekster tio el la diritaj vortoj ni povas ankoraŭ fari aliajn vortojn, per helpo de gramatikaj finiĝoj kaj aliaj vortoj (sufiksoj); ekzemple: tiama, ĉiama, kioma, tiea, ĉi-tiea, tieulo, tiamulo k. t. p. (=kaj tiel plu).

20. Lia kolero longe daŭris.--Li estas hodiaŭ en kolera humoro.--Li koleras kaj insultas.--Li fermis kolere la pordon.--Lia filo mortis kaj estas nun malviva.--La korpo estas morta, la animo estas senmorta. --Li estas morte malsana, li ne vivos pli, ol unu tagon.--Li parolas, kaj lia parolo fluas dolĉe kaj agrable.--Ni faris la kontrakton ne skribe, sed parole.--Li estas bona parolanto.--Starante ekstere, li povis vidi nur la eksteran flankon de nia domo.--Li loĝas ekster la urbo.--La ekstero de tiu ĉi homo estas pli bona, ol lia interno.-- Li tuj faris, kion mi volis, kaj mi dankis lin por la tuja plenumo de mia deziro.--Kia granda brulo! kio brulas?--Ligno estas bona brula materialo.--La fera bastono, kiu kuŝis en la forno, estas nun brule varmega.--Ĉu li donis al vi jesan respondon aŭ nean? Li eliris el la dormoĉambro kaj eniris en la manĝoĉambron.--La birdo ne forflugis: ĝi nur deflugis de la arbo, alflugis al la domo kaj surflugis sur la tegmenton.--Por ĉiu aĉetita funto da teo tiu ĉi komercisto aldonas senpage funton da sukero.--Lernolibron oni devas ne traleĝi, sed tralerni.--Li portas rozokoloran superveston kaj teleroforman ĉapelon.--En mia skribotablo sin trovas kvar tirkestoj.--Liaj lipharoj estas pli grizaj, ol liaj vangharoj.

21. Teatramanto ofte vizitas la teatron kaj ricevas baldaŭ teatrajn manierojn.--Kiu okupas sin je meĥaniko, estas

meĥanikisto, kaj kiu okupas sin je ĥemio, estas ĥemiisto.--
Diplomatiiston oni povas ankaŭ nomi diplomato, sed
fizikiston oni ne povas nomi fiziko, ĉar fiziko estas la nomo de
la scienco mem.--La fotografisto fotografis min, kaj mi sendis
mian fotografaĵon al mia patro.--Glaso de vino estas glaso, en
kiu antaŭe sin trovis vino, aŭ kiun oni uzas por vino; glaso da
vino estas glaso plena je vino.--Alportu al mi metron da nigra
drapo (Metro de drapo signifus metron, kiu kuŝis sur drapo,
aŭ kiu estas uzata por drapo).--Mi aĉetis dekon da ovoj.--Tiu
ĉi rivero havas ducent kilometrojn da longo.--Sur la bordo de
la maro staris amaso da homoj.--Multaj birdoj flugas en la
aŭtuno en pli varmajn landojn.--Sur la arbo sin trovis multe
(aŭ multo) da birdoj. --Kelkaj homoj sentas sin la plej feliĉaj,
kiam ili vidas la suferojn de siaj najbaroj.--En la ĉambro sidis
nur kelke da homoj.--"Da" post ia vorto montras, ke tiu ĉi
vorto havas signifon de mezuro.

22. Mia frato ne estas granda, sed li ne estas ankaŭ
malgranda: li estas de meza kresko.--Li estas tiel dika, ke li ne
povas trairi tra nia mallarĝa pordo.--Haro estas tre maldika.--
La nokto estis tiel malluma, ke ni nenion povis vidi eĉ antaŭ
nia nazo.--Tiu ĉi malfreŝa pano estas malmola, kiel ŝtono.--
Malbonaj infanoj amas turmenti bestojn.--Li sentis sin tiel
malfeliĉa, ke li malbenis la tagon, en kiu li estis naskita.--Mi
forte malestimas tiun ĉi malnoblan homon.--La fenestro longe
estis nefermita; mi ĝin fermis, sed mia frato tuj ĝin denove
malfermis.--Rekta vojo estas pli mallonga, ol kurba.--La tablo
staras malrekte kaj kredeble baldaŭ renversiĝos.--Li staras
supre sur la monto kaj rigardas malsupren sur la kampon.--
Malamiko venis en nian landon.--Oni tiel malhelpis al mi, ke
mi malbonigis mian tutan laboron.--La edzino de mia patro
estas mia patrino kaj la avino de miaj infanoj.--Sur la korto
staras koko kun tri kokinoj.--Mia fratino estas tre bela
knabino.--Mia onklino estas bona virino.--Mi vidis vian avinon
kun ŝiaj kvar nepinoj kaj kun mia nevino.--Lia duonpatrino
estas mia bofratino.--Mi havas bovon kaj bovinon.--La juna
vidvino fariĝis denove fianĉino.

23. La tranĉilo estis tiel malakra, ke mi ne povis tranĉi per ĝi

la viandon kaj mi devis uzi mian poŝan tranĉilon.--Ĉu vi havas korktirilon, por malŝtopi la botelon?--Mi volis ŝlosi la pordon, sed mi perdis la ŝlosilon.--Ŝi kombas al si la harojn per arĝenta kombilo.--En somero ni veturas per diversaj veturiloj, kaj en vintro ni veturas per glitveturilo.--Hodiaŭ estas bela frosta vetero, tial mi prenos miajn glitilojn kaj iros gliti.--Per hakilo ni hakas, per segilo ni segas, per fosilo ni fosas, per kudrilo ni kudras, per tondilo ni tondas, per sonorilo ni sonoras, per fajfilo ni fajfas.-- Mia skribilaro konsistas el inkujo, sablujo, kelke da plumoj, krajono kaj inksorbilo.--Oni metis antaŭ mi manĝilaron, kiu konsistis el telero, kulero, tranĉilo, forko, glaseto por brando, glaso por vino kaj telertuketo.--En varmega tago mi amas promeni en arbaro.--Nia lando venkos, ĉar nia militistaro estas granda kaj brava.--Sur kruta ŝtuparo li levis sin al la tegmento de la domo.--Mi ne scias la lingvon hispanan, sed per helpo de vortaro hispana-germana mi tamen komprenis iom vian leteron.--Sur tiuj ĉi vastaj kaj herboriĉaj kampoj paŝtas sin grandaj brutaroj, precipe aroj da bellanaj ŝafoj.

24. Vi parolas sensencaĵon, mia amiko.--Mi trinkis teon kun kuko kaj konfitaĵo.--Akvo estas fluidaĵo.--Mi ne volis trinki la vinon, ĉar ĝi enhavis en si ian suspektan malklaraĵon.--Sur la tablo staris diversaj sukeraĵoj.--En tiuj ĉi boletetoj sin trovas diversaj acidoj: vinagro, sulfuracido, azotacido kaj aliaj.--Via vino estas nur ia abomena acidaĵo.--La acideco de tiu ĉi vinagro estas tre malforta.--Mi manĝis bongustan ovaĵon.--Tiu ĉi granda altaĵo ne estas natura monto.--La alteco de tiu monto ne estas tre granda. --Kiam mi ien veturas, mi neniam prenas kun mi multon da pakaĵo. --Ĉemizojn, kolumojn, manumojn kaj ceterajn similajn objektojn ni nomas tolaĵo, kvankam ili ne ĉiam estas faritaj el tolo.--Glaciaĵo estas dolĉa glaciigila frandaĵo.--La riĉeco de tiu ĉi homo estas granda, sed lia malsaĝeco estas ankoraŭ pli granda.--Li amas tiun ĉi knabinon pro ŝia beleco kaj boneco.--Lia heroeco tre plaĉis al mi.--La tuta supraĵo de la lago estis kovrita per naĝantaj folioj kaj diversaj aliaj kreskaĵoj.--Mi vivas kun li en granda amikeco.

25. Patro kaj patrino kune estas nomataj gepatroj.--Petro, Anno kaj Elizabeto estas miaj gefratoj.--Gesinjoroj N. hodiaŭ vespere venos al ni.--Mi gratulis telegrafe la junajn geedzojn.-- La gefianĉoj staris apud la altaro.--La patro de mia edzino estas mia bopatro, mi estas lia bofilo, kaj mia patro estas la bopatro de mia edzino.--Ĉiuj parenooj de mia edzino estas miaj boparencoj, sekve ŝia frato estas mia bofrato, ŝia fratino estas mia bofratino; mia frato kaj fratino (gefratoj) estas la bogefratoj de mia edzino.--La edzino de mia nevo kaj la nevino de mia edzino estas miaj bonevinoj.--Virino, kiu kuracas, estas kuracistino; edzino de kuracisto estas kuracistedzino. --La doktoredzino A. vizitis hodiaŭ la gedoktorojn P.--Li ne estas lavisto, li estas lavistinedzo.--La filoj, nepoj kaj pranepoj de reĝo estas reĝidoj.--La hebreoj estas Izraelidoj, ĉar ili devenas de Izraelo.--Ĉevalido estas nematura ĉevalo, kokido--nematura koko, bovido--nematura bovo, birdido--nematura birdo.

26. La ŝipanoj devas obei la ŝipestron.--Ĉiuj loĝantoj de regno estas regnanoj.--Urbanoj estas ordinare pli ruzaj, ol vilaĝanoj.-- La regnestro de nia lando estas bona kaj saĝa reĝo.--La Parizanoj estas gajaj homoj.--Nia provincestro estas severa, sed justa.--Nia urbo havas bonajn policanojn, sed ne sufiĉe energian policestron.-- Luteranoj kaj Kalvinanoj estas kristanoj.--Germanoj kaj francoj, kiuj loĝas en Rusujo, estas Rusujanoj, kvankam ili ne estas rusoj.--Li estas nelerta kaj naiva provincano.--La loĝantoj de unu regno estas samregnanoj, la loĝantoj de unu urbo estas samurbanoj, la konfesantoj de unu religio estas samreligianoj.--Nia regimentestro estas por siaj soldatoj kiel bona patro.--La botisto faras botojn kaj ŝuojn.-- La lignisto vendas lignon, kaj la lignaĵisto faras tablojn, seĝojn kaj aliajn lignajn objektojn.--Ŝteliston neniu lasas en sian domon. --La kuraĝa maristo dronis en la maro.--Verkisto verkas librojn, kaj skribisto simple transskribas paperojn.--Ni havas diversajn servantojn: kuiriston, ĉambristinon, infanistinon kaj veturigiston. --La riĉulo havas multe da mono.--Malsaĝulon ĉiu batas.--Timulo timas eĉ sian propran ombron.--Li estas mensogisto kaj malnoblulo.-- Preĝu al la Sankta Virgulino.

27. Mi aĉetis por la infanoj tableton kaj kelke da seĝetoj.--En nia lando sin ne trovas montoj, sed nur montetoj.--Tuj post la hejto la forno estis varmega, post unu horo ĝi estis jam nur varma, post du horoj ĝi estis nur iom varmeta, kaj post tri horoj ĝi estis jam tute malvarma.--En somero ni trovas malvarmeton en densaj arbaroj.--Li sidas apud la tablo kaj dormetas.--Mallarĝa vojeto kondukas tra tiu ĉi kampo al nia domo.--Sur lia vizaĝo mi vidis ĝojan rideton.-- Kun bruo oni malfermis la pordegon, kaj la kaleŝo enveluris en la korton.--Tio ĉi estis jam ne simpla pluvo, sed pluvego.--Grandega hundo metis sur min sian antaŭan piedegon, kaj mi de teruro ne sciis, kion fari.--Antaŭ nia militistaro staris granda serio da pafilegoj. --Johanon, Nikolaon, Erneston, Vilhelmon, Marion, Klaron kaj Sofion iliaj gepatroj nomas Johanĉjo (aŭ Joĉjo), Nikolĉjo (aŭ Nikoĉjo aŭ Nikĉjo aŭ Niĉjo); Erneĉjo (aŭ Erĉjo), Vilhelĉjo (aŭ Vilheĉjo aŭ Vilĉjo aŭ Viĉjo), Manjo (aŭ Marinjo), Klanjo kaj Sonjo (aŭ Sofinjo).

28. En la kota vetero mia vesto forte malpuriĝis; tial mi prenis broson kaj purigis la veston.--Li paliĝis de timo kaj poste li ruĝiĝis de honto.--Li fianĉiĝis kun fraŭlino Berto; post tri monatoj estos la edziĝo; la edziĝa soleno estos en la nova preĝejo, kaj la edziĝa festo estos en la domo de liaj estontaj bogepatroj.--Tiu ĉi maljunulo tute malsaĝiĝis kaj infaniĝis.--Post infekta malsano oni ofte bruligas la vestojn de la malsanulo.--Forigu vian fraton, ĉar li malhelpas al ni.--Ŝi edziniĝis kun sia kuzo, kvankam ŝiaj gepatroj volis ŝin edzinigi kun alia persono.--En la printempo la glacio kaj la neĝo fluidiĝas--Venigu la kuraciston, ĉar mi estas malsana.--Li venigis al si el Berlino multajn librojn.--Mia onklo ne mortis per natura morto, sed li tamen ne mortigis sin mem kaj ankaŭ estis mortigita de neniu; unu tagon, promenante apud la relojo de fervojo, li falis sub la radojn de veturanta vagonaro kaj mortiĝis.--Mi ne pendigis mian ĉapon sur tiu ĉi arbeto; sed la vento forblovis de mia kapo la ĉapon, kaj ĝi, flugante, pendiĝis sur la branĉoj de la arbeto.--Sidigu vin (aŭ sidiĝu), sinjoro!--La junulo aliĝis al nia militistaro kaj kuraĝe batalis kune kun ni kontraŭ niaj malamikoj.

29. En la daŭro de kelke da minutoj mi aŭdis du pafojn.--La pafado daŭris tre longe.--Mi eksaltis de surprizo.--Mi saltas tre lerte. --Mi saltadis la tutan tagon de loko al loko.--Lia hieraŭa parolo estis tre bela, sed la tro multa parolado lacigas lin.--Kiam vi ekparolis, ni atendis aŭdi ion novan, sed baldaŭ ni vidis, ke ni trompiĝis.--Li kantas tre belan kanton.--La kantado estas agrabla okupo.--La diamanto havas belan brilon.--Du ekbriloj de fulmo trakuris tra la malluma ĉielo.--La domo, en kiu oni lernas, estas lernejo, kaj la domo, en kiu oni preĝas, estas preĝejo.--La kuiristo sidas en la kuirejo.--La kuracisto konsilis al mi iri en ŝvitbanejon. --Magazeno, en kiu oni vendas cigarojn, aŭ ĉambro, en kiu oni tenas cigarojn, estas cigarejo; skatoleto aŭ alia objekto, en kiu oni tenas cigarojn, estas cigarujo; tubeto, en kiun oni metas cigaron, kiam oni ĝin fumas, estas cigaringo.--Skatolo, en kiu oni tenas plumojn, estas plumujo, kaj bastoneto, sur kiu oni tenas plumon por skribado, estas plumingo.--En la kandelingo sidis brulanta kandelo.--En la poŝo de mia pantalono mi portas monujon, kaj en la poŝo de mia surtuto mi portas paperujon; pli grandan paperujon mi portas sub la brako.--La rusoj loĝas en Rusujo kaj la germanoj en Germanujo.

30. Ŝtalo estas fleksebla, sed fero ne estas fleksebla.--Vitro estas rompebla kaj travidebla.--Ne ĉiu kreskaĵo estas manĝebla.--Via parolo estas tute nekomprenebla kaj viaj leteroj estas ĉiam skribitaj tute nelegeble.--Rakontu al mi vian malfeliĉon, ĉar eble mi povos helpi al vi.--Li rakontis al mi historion tute ne kredeblan.--Ĉu vi amas vian patron?--Kia demando! kompreneble, ke mi lin amas.-- Mi kredeble ne povos veni al vi hodiaŭ, ĉar mi pensas, ke mi mem havos hodiaŭ gastojn.--Li estas homo ne kredinda.--Via ago estas tre laŭdinda.--Tiu ĉi grava tago restos por mi ĉiam memorinda.--Lia edzino estas tre laborema kaj ŝparema, sed ŝi estas ankaŭ tre babilema kaj kriema.--Li estas tre ekkolerema kaj ekscitiĝas ofte ĉe la plej malgranda bagatelo; tamen li estas tre pardonema, li ne portas longe la koleron kaj li tute ne estas venĝema.--Li estas tre kredema: eĉ la plej nekredeblajn aferojn, kiujn rakontas al li la plej nekredindaj homoj, li tuj kredas.--Centimo, pfenigo kaj kopeko estas moneroj.--Sablero

enfalis en mian okulon.--Li estas tre purema, kaj eĉ unu polveron vi ne trovos sur lia vesto.--Unu fajrero estas sufiĉa, por eksplodigi pulvon.

31. Ni ĉiuj kunvenis, por priparoli tre gravan aferon; sed ni ne povis atingi ian rezultaton, kaj ni disiris.--Malfeliĉo ofte kunigas la homojn, kaj feliĉo ofte disigas ilin.--Mi disŝiris la leteron kaj disĵetis ĝiajn pecetojn en ĉiujn angulojn de la ĉambro.--Li donis al mi monon, sed mi ĝin tuj redonis al li.--Mi foriras, sed atendu min, ĉar mi baldaŭ revenos.--La suno rebrilas en la klara akvo de la rivero.--Mi diris al la reĝo: via reĝa moŝto, pardonu min!-- El la tri leteroj unu estis adresita: al Lia Episkopa Moŝto. Sinjoro N.; la dua: al Lia Grafa Moŝto, Sinjoro P.; la tria: al Lia Moŝto, Sinjoro D.--La sufikso "um" ne havas difinitan signifon, kaj tial la (tre malmultajn) vortojn kun "um" oni devas lerni, kiel simplajn vortojn. Ekzemple: plenumi, kolumo, manumo.--Mi volonte plenumis lian deziron.--En malbona vetero oni povas facile malvarmumi.--Sano, sana, sane, sani, sanu, saniga, saneco, sanilo, sanigi, sanigi, sanejo, sanisto, sanulo, malsano, malsana, malsane, malsani, malsanulo, malsaniga, malsanigi, malsaneta, malsanema, malsanulejo, malsanulisto, malsanero, malsaneraro, sanigebla, sanigisto, sanigilo, sanilo, resanigi, resaniĝanto, sanigilejo, sanigejo, malsanemulo, sanilaro, malsanaro, malsanulido, nesana, malsanado, sanilaĵo, malsaneco, malsanemeco, saniginda, sanilujo, sanigilujo, remalsano, remalsaniĝo, malsanulino, sanigista, sanigilista, sanilista, malsanulista k. t. p.

* * * * *

II

FABELOJ KAJ LEGENDOJ

* * * * *

LA NOVAJ VESTOJ DE LA REĜO:

(El Anderson.)

Antaŭ multaj jaroj vivis unu reĝo, kiu tiel amis belajn novajn vestojn, ke li elspezadis sian tutan monon, por nur esti ĉiam bele ornamita. Li ne zorgadis pri siaj soldatoj, nek pri teatro kaj ĉaso, esceptinte nur se ili donadis al li okazon montri siajn novajn vestojn. Por ĉiu horo de la tago li havis apartan surtuton, kaj kiel pri ĉiu alia reĝo oni ordinare diras: "li estas en la konsilanejo", oni tie ĉi ĉiam diradis: "la reĝo estas en la vestejo".

En la granda urbo, en kiu li loĝis, estis tre gaje; ĉiun tagon tien venadis multaj fremduloj. Unu tagon venis ankaŭ du trompantoj, kiuj diris, ke ili estas teksistoj kaj teksas la plej belan ŝtofon, kiun oni nur povas al si prezenti; ke ne sole la koloroj kaj desegnoj de tiu ĉi ŝtofo estas eksterordinare belaj, sed la vestoj, kiujn oni preparas el tiu ĉi ŝtofo, havas la mirindan econ, ke al ĉiu, kiu ne taŭgas por sia ofico aŭ estas tro malsaĝa, ili restas nevideblaj.

--Tio ĉi estas ja bonegaj vestoj! pensis la reĝo; havante tian surtuton, mi ja povus sciiĝi, kiu en mia regno ne taŭgas por la ofico, kiun li havas; mi povus diferencigi la saĝajn de la malsaĝaj! Jes, la ŝtofo devas tuj esti teksita por mi! Kaj li donis al la ambaŭ trompantoj grandan sumon da mono antaŭe, por ke ili komencu sian laboron.

Ili starigis du teksilojn, faris mienojn kvazaŭ ili laboras, sed havis nenion sur la teksiloj. Tamen en la postuloj ili estis tre fervoraj kaj postuladis la plej delikatan silkon kaj la plej bonan oron. Tion ĉi ili metadis en siajn proprajn poŝojn kaj laboradis super la malplenaj teksiloj, kaj eĉ ĝis profunda nokto.

--Mi volus scii, kiom de la ŝtofo ili jam pretigis! ekpensis la reĝo, sed kaptis lin kelka timo ĉe la penso, ke tiu, kiu estas malsaĝa aŭ ne bone taŭgas por sia ofico, ne povas vidi la ŝtofon. Li estis kvankam konvinkita, ke li pro si ne devas timi, tamen li preferis antaŭe sendi alian personon, por vidi, kiel la afero staras. Ĉiuj homoj en la tuta urbo sciis, kian mirindan forton la ŝtofo havas, kaj ĉiu kun senpacienco jam volis vidi, kiel malsaĝa lia najbaro estas.

--Mi sendos al la teksistoj mian maljunan honestan ministron! pensis la reĝo, li la plej bone vidos, kiel la ŝtofo elrigardas, ĉar li estas homo saĝa kaj neniu pli bone taŭgas por sia ofico, ol li!

Tiel la maljuna bonkora ministro iris en la salonon, en kiu la ambaŭ trompantoj sidis antaŭ la malplenaj teksiloj kaj laboris. "Dio, helpu al mi! ekpensis la maljuna ministro, larĝe malfermante la okulojn, mi nenion povas vidi!" Sed li tion ĉi ne eldiris.

La ambaŭ trompantoj petis lin alveni pli proksime kaj demandis, ĉu ĝi ne estas bela desegno kaj belegaj koloroj. Ĉe tio ĉi ili montris la malplenan teksilon, kaj la malfeliĉa ministro uzis ĉiujn fortojn por malfermi bone la okulojn, sed li nenion povis vidi, ĉar nenio estis.

--Mia Dio! li pensis, ĉu mi estas malsaĝa? tion ĉi mi neniam supozis kaj tion ĉi neniu devas sciiĝi! Ĉu mi ne taŭgas por mia ofico? Ne, neniel mi povas rakonti, ke mi ne vidas la teksaĵon!

--Nu, vi ja nenion diras! rimarkis unu el la teksantoj.

--Ho, ĝi estas bonega, tre ĉarma! diris la maljuna ministro kaj rigardis tra siaj okulvitroj. Tiu ĉi desegno kaj tiuj ĉi koloroj!

19

Jes, mi raportos al la reĝo, ke ĝi tre al mi plaĉas!

--Tre agrable al ni! diris la ambaŭ teksistoj kaj nomis la kolorojn kaj komprenigis la neordinaran desegnon. La maljuna ministro atente aŭskultis, por povi diri tion saman, kiam li revenos al la reĝo; kaj tiel li ankaŭ faris.

Nun la trompantoj postulis pli da mono, pli da silko kaj oro, kion ili ĉiam ankoraŭ bezonis por la teksaĵo. Ili ĉion metis en sian propran poŝon, en la teksilon ne venis eĉ unu fadeno, sed ili, kiel antaŭe, daŭrigadis labori super la malplenaj teksiloj.

La reĝo baldaŭ denove sendis alian bonkoran oficiston, por revidi, kiel iras la teksado kaj ĉu la ŝtofo baldaŭ estos preta. Estis kun li tiel same, kiel kun la ministro, li rigardadis kaj rigardadis, sed ĉar krom la malplena teksilo nenio estis, tial li ankaŭ nenion povis vidi.

--Ne vere, ĝi estas bela peco da ŝtofo? diris la trompantoj kaj montris kaj klarigis la belan desegnon, kiu tute ne ekzistis.

--Malsaĝa mi ja ne estas! pensis la sinjoro, tial sekve mi ne taŭgas por mia bona ofico. Tio ĉi estas stranga, sed almenaŭ oni ne devas tion ĉi lasi rimarki! Tiel li laŭdis la ŝtofon, kiun li ne vidis, kaj certigis ilin pri sia ĝojo pro la belaj koloroj kaj la bonega desegno. Jes, ĝi estas rava! li diris al la reĝo.

Ĉiuj homoj en la urbo parolis nur pri la belega ŝtofo.

Nun la reĝo mem volis ĝin vidi, dum ĝi estas ankoraŭ sur la teksiloj. Kun tuta amaso da elektitaj homoj, inter kiuj sin trovis ankaŭ la ambaŭ maljunaj honestaj oficistoj, kiuj estis tie antaŭe, li iris al la ruzaj trompantoj, kiuj nun teksis per ĉiuj fortoj, sed sen fadenoj.

--Nu, ĉu tio ĉi ne estas efektive belega? diris ambaŭ honestaj oficistoj. Via Reĝa Moŝto nur admiru, kia desegno, kiaj koloroj! kaj ĉe tio ĉi ili montris sur la malplenan teksilon, ĉar ili pensis, ke la aliaj kredeble vidas la ŝtofon.

--Kio tio ĉi estas! pensis la reĝo, mi ja nenion vidas! Tio ĉi estas ja terura! Ĉu mi estas malsaĝa? ĉu mi ne taŭgas kiel reĝo? tio ĉi estus la plej terura, kio povus al mi okazi. Ho, ĝi estas tre bela, diris tiam la reĝo laŭte, ĝi havas mian plej altan aprobon! Kaj li balancis kontente la kapon kaj observadis la malplenan teksilon; li ne volis konfesi, ke li nenion vidas. La tuta sekvantaro, kiun li havis kun si, rigardadis kaj rigardadis, sed nenion pli rimarkis, ol ĉiuj aliaj; tamen ili ĉiam ripetadis post la reĝo: ho, ĝi ja estas tre bela! Kaj ili konsilis al li porti tiujn ĉi belegajn vestojn el tiu ĉi belega materialo la unuan fojon ĉe la solena irado, kiu estis atendata. Rava, belega, mirinda! ripetadis ĉiuj unu post la alia kaj ĉiuj estis tre ĝojaj. La reĝo donacis al la ambaŭ trompantoj kavaliran krucon kaj la titolon de sekretaj teksistoj de la kortego.

La tutan nokton antaŭ la tago de la parado la trompantoj pasigis maldorme kaj ekbruligis pli ol dekses kandelojn. Ĉiuj povis vidi, kiel okupitaj ili estis je la pretigado de la novaj vestoj de la reĝo. Ili faris mienon, kvazaŭ ili prenas la ŝtofon de la teksiloj, tranĉadis per grandaj tondiloj en la aero, kudradis per kudriloj sen fadenoj kaj fine diris: "nun la vestoj estas pretaj!"

La reĝo mem venis al ili kun siaj plej eminentaj korteganoj, kaj ambaŭ trompantoj levis unu manon supren, kvazaŭ ili ion tenus, kaj diris: "Vidu, jen estas la pantalono! jen estas la surtuto! jen la mantelo! kaj tiel plu. Ĝi estas tiel malpeza, kiel araneaĵo! oni povus pensi, ke oni nenion portas sur la korpo, sed tio ĉi estas ja la plej grava eco!

--Jes! diris ĉiuj korteganoj, sed nenion povis vidi, ĉar nenio estis.

--Via Reĝa Moŝto nun volu plej afable demeti Viajn plej altajn vestojn, diris la trompantoj, kaj ni al Via Reĝa Moŝto tie ĉi antaŭ la spegulo vestos la novajn.

La reĝo demetis siajn vestojn, kaj la trompantoj faris, kvazaŭ ili vestas al li ĉiun pecon de la novaj vestoj, kiuj kvazaŭ estis pretigitaj; kaj ili prenis lin per la kokso kaj faris kvazaŭ ili ion alligas--tio ĉi devis esti la trenaĵo de la vesto--kaj la reĝo sin turnadis kaj returnadis antaŭ la spegulo.

--Kiel belege ili elrigardas, kiel bonege ili sidas! ĉiuj kriis. Kia desegno, kiaj koloroj! ĝi estas vesto de granda indo!

--Sur la strato oni staras kun la baldakeno, kiun oni portos super Via Reĝa Moŝto en la parada irado! raportis la ĉefa ceremoniestro.

--Nu, mi estas en ordo! diris la reĝo. Ĉu ĝi ne bone sidas? Kaj ankoraŭ unu fojon li turnis sin antaŭ la spegulo, ĉar li volis montri, ke li kvazaŭ bone observas sian ornamon.

La ĉambelanoj, kiuj devis porti la trenaĵon de la vesto, eltiris siajn manojn al la planko, kvazaŭ ili levas la trenaĵon. Ili iris kaj tenis la manojn eltirite en la aero; ili ne devis lasi rimarki, ke ili nenion vidas. Tiel la reĝo iris en parada marŝo sub la belega baldakeno, kaj ĉiuj homoj sur la stratoj kaj en la fenestroj kriis: "Ho, ĉielo, kiel senkomparaj estas la novaj vestoj de la reĝo! Kian belegan trenaĵon li havas al la surtuto! kiel bonege ĉio sidas!" Neniu volis lasi rimarki, ke li nenion vidas, ĉar alie li ja ne taŭgus por sia ofico aŭ estus terure malsaĝa. Nenia el la vestoj de la reĝo ĝis nun havis tian sukceson.

--Sed li ja estas tute ne vestita! subite ekkriis unu malgranda infano.--Ho ĉielo, aŭdu la voĉon de la senkulpeco! diris la patro; kaj unu a! la alia murmuretis, kion la infano diris.

--Li estas tute ne vestita; tie staras malgranda infano, kiu diras, ke li tute ne estas vestita! Li ja tute ne estas vestita! kriis fine la tuta popolo. Tio ĉi pikis la reĝon, ĉar al li jam mem ŝajnis, ke la popolo estas prava; sed li pensis: nun nenio helpos, oni devas nur kuraĝe resti ĉe sia opinio! Li prenis teniĝon ankoraŭ pli fieran, kaj la ĉambelanoj iris kaj portis la trenaĵon, kiu tute ne ekzistis.

* * * * *

ALEKSANDRO MACEDONA

Orienta historia legendo el V. Jabec

Granda reĝo ekregis en Grekujo; "Aleksandro Macedona" li estis nomata. Li venkis popolojn kaj regnojn. Kaj liaj pensoj alte leviĝis super la nubojn kaj flugadis kiel per aglaj flugiloj tiel alte sub la ĉielo, ke li el tie ekvidis, ke la tero estas en la oceano, kiel ekzemple naĝanta pomo en vazo da akvo.

Unufoje Aleksandro ekvolis iri Afrikon, kie troviĝas la oro kaj kie regas virinoj, kiuj ankaŭ batalas kun siaj malamikoj.

Li kolektis siajn maljunulojn kaj ilin demandis:

--Per kia maniero oni povas veni en la landon de oro?

--Vi ne povas transiri en tiun landon, respondis la maljunuloj, ĉar mallumaj montegaroj baras la vojon.

--Unu fojon mi decidis, kaj mian vorton mi ne ŝanĝos, kolere respondis la reĝo; mi devas tie esti, tial donu al mi konsilon.

--Se vi neŝanĝeble decidis iri tien, respondis la maljunuloj, ordonu al viaj servantoj alkonduki azenojn de Libujo, por kiuj ne ekzistas mallumo, kaj ili prenu ankaŭ tre longajn ŝnurojn kaj alligu ilian unu finon al via palaco; veturu, ho reĝo, kun via militistaro sur la azenoj tiun lokon kaj tenu la ŝnurojn en la manoj: tiam, se vi ne trovos la deziritan lokon, vi povos per la helpo de la ŝnuroj veni returne al via reĝa palaco.

Tio ĉi plaĉis al Aleksandro. Li prenis siajn militistojn, kiuj tenis la ŝnurojn en la manoj, kaj ili forveturis al la lando de oro, por batali kun la tie regantaj virinoj.

Kiam li alvenis al tiu lando, la virinoj eliris al li kaj sin turnis al li kun la sekvanta parolo:

--Se via honoro estas al vi kara, ne tuŝu nin; ĉar se vi nin venkos, la popoloj diros, ke nur virinojn vi venkis, kaj se vi estos venkita, oni diros ke virino vin mortigis!

Aleksandro lasis sian paroladon pri batalo kaj petis de ili panon. La virinoj alportis al li oran tablon, sur kiu kuŝis ora pano.

--Ĉu mi satiĝos de ora pano? demandis Aleksandro, tion ĉi vidinte.

--Se vi deziras panon, kial vi venis al ni? respondis la virinoj; ĉu en via lando mankas pano, ke vi tiel malproksime venis ĝin serĉi?

Aleksandro ekhontis kaj eliris el la urbo, surskribinte sur videblaj lokoj la sekvantan frazon: "Mi, Aleksandro, estis malsaĝulo en la daŭro de mia tuta vivo ĝis la tempo, kiam la Afrikaj virinoj instruis al mi saĝon kaj prudenton". Kaj li reiris kun sia militistaro al sia lando.

En la vojo li sidiĝis manĝeti sur la bordo de ia rivero, kaj lavetante salan fiŝon en la akvo de la rivero, li eksentis tre agrablan odoron.

--Tiu ĉi rivero sendube elvenas el la paradizo, diris Aleksandro.

Ne longe pensante, Aleksandro ekiris laŭ tiu ĉi rivero ĝis li venis al la pordoj de ia palaco, kiu estis, komprenble, la paradizo.

--Malfermu al mi la pordon! li ekkriis.

--Tio ĉi estas la pordo de la domo de Dio, respondis al li voĉo el interne; nur sanktuloj havas la rajton enveni tien ĉi!

--Konfesu mian reĝan majeston, ekkriis Aleksandro, kaj

donacu al mi ion, ĉar mi estas reĝo !

Apenaŭ li finis siajn vortojn,--jen ia mano donas al li homan kapon, li ĝin prenis kaj reiris al sia lando.

Aveninte hejmen, li ekvolis scii la pezon de la donacita kapo, metis ĝin sur la teleron de pesilo, kaj la telero malleviĝis ĝis la tero. Sur la duan teleron li metis milojn da pecoj da arĝento kaj oro por ĝin mallevi--, sed vane: li ne povis; la tuta arĝento kun la oro ne pezis tiom, kiom la kapo.

--Kion ĝi signifas? demandis Aleksandro la saĝulojn.

--Ĝi estas tial, respondis la saĝuloj, ĉar en la kapo sin trovas homa okulo, kiu neniam satiĝas je arĝento kaj oro.

--Kion do fari en tia okazo? demandis Aleksandro.

--Ŝutu iom da tera polvo sur la okulon, tiam ĝi nenion vidos kaj kompreneble nenion deziros.

Kiam tiu ĉi konsilo estis plenumita, la telero, sur kiu kuŝis la kapo, tuj leviĝis rapide supren.

--Nun mi vidas, diris Aleksandro, ke la saĝuloj havas prudenton ne homan, sed Dian!

Tradukis N. KUŜNIR.

* * * * *

KIU ESTAS LA PLEJ BONA AMIKO DE LA VIRO?

Sudrusa popol-rakonto, tradukita de K. Huebert.

La supre metitan demandon respondas la malgrand'rusoj per la sekvanta historieto. Iam, rakontas ili, lupo persekutis la diablon en la laŭdinda intenco lin kapti kaj formanĝi. Okaze tion ĉi rimarkis malgrand'ruso, kiu laboris sur la kampo, kaj, ĉu pro tio, ke la malgrand'ruso ne povas vivi sen la diablo, aŭ ĉu pro ia alia kaŭzo --sufiĉe, li eksentis kompaton por la diablo kaj fortimigis la lupon per fortega "tju!". La diablo, ĝojante, ke li liberiĝis de la lupo, dankis la malgrand'ruson kaj invitis lin veni la estontan vendredon en tian kaj tian profundaĵon, kie li ankaŭ estos kaj montros sin al li aparte dankema. Li nur ne venu sole, sed alvenu kun sia plej bona amiko. La malgrand'ruso pensis, ke la plej bona amiko de viro estas lia edzino, kaj tial li iris tien kune kun sia edzino. Kiam ili alvenis al la signita loko, la diablo ankoraŭ ne estis tie kaj, por iel pasigi la tempon, la malgrand'ruso kuŝigis sian kapon sur la bruston de sia edzino, kaj, dum ŝi ĝin purigadis de certaj malpuraj bestetoj, li dolĉe ekdormis. Kiam li ĵus ekdormis, tiam la diablo, aliformiĝinte en belegan junan viron, proksimiĝis al la edzino, amindumis kun ŝi per la okuloj, kaj en kelkaj minutoj tute ŝin gajnis tiel, ke ŝi volonte ekkaptis la altiritan al ŝi tranĉilon, por tratranĉi la gorĝon de sia edzo. Sed en tiu sama momento, kiam ŝi tion ĉi volis fari, la diablo, repreninte sian veran eksteraĵon, laŭte ekkriis, "tju!" tiel, ke la malgrand'ruso vekiĝis kaj ĝustatempe ankoraŭ povis eviti la danĝeron, kiu lin minacis.

En sekvo de tiu ĉi okazo la diablo, farante al li fortan predikon pro lia maltrafo, admonis lin kaj donis al li la klarigon, ke ne la edzino, kiel li ja tuj vidis sur si mem, estas la plej bona amiko de la viro, sed la hundo. La edzinon oni povas malsaĝigi, delogi; ŝi ofte forlasas la edzon, dum la hundo restas fidela al sia mastro, neniam lin forlasas, dividas kun li ĉiujn danĝerojn, ĉiun mizeron kaj, kiam mortas ĝia mastro, ĝi pli sincere malĝojas je li, ol kiu ajn el liaj parencoj.

--Tion ĉi, diris la diablo, mi komunikas al vi, por turni vian atenton sur viajn efektivajn, verajn amikojn, el dankemeco por la helpo, kiun vi alportis al mi.

* * * * *

LA DEVENO DE LA VIRINO

(Hinda legendo.)

Kiam la ĉiopova Mahadeva kreis la belegan Hindujon, li deflugis sur la teron, por ĝin admiri. De lia flugo eklevis sin varma, bonodora vento. La fieraj palmoj klinis antaŭ Mahadeva siajn suprojn, kaj ekfloris sub lia rigardo la puraj, blankaj, delikataj, aromaj lilioj. Mahadeva deŝiris unu el la lilioj kaj ĵetis ĝin en la lazuran maron. La vento ekŝancelis la kristalan akvon kaj enkovris la belegan lilion per blanka ŝaŭmo. Minuto--kaj el tiu ĉi bukedo de ŝaŭmo ekfloris la virino--delikata, bonodora kiel la lilio, facila kiel la vento, ŝanĝa kiel la maro, kun beleco, brilanta kiel la ŝaŭmo mara, kaj rapide pasanta, kiel tiu ĉi ŝaŭmo.

La virino antaŭ ĉio ekrigardis en la kristalajn akvojn kaj ekkriis:

--Kiel mi estas belega!

Poste ŝi ekrigardis ĉirkaŭen kaj diris:

--Kiel la mondo estas bela!

La virino eliris sur la bordon seka el la akvo (de tiu ĉi tempo la virinoj ĉiam eliras sekaj el la akvo).

Je la vido de la virino ekfloris la floroj sur la tero, kaj el la ĉielo sur ŝin ekcelis miljardoj da scivolaj okuloj. Tiuj ĉi okuloj ekbrulis per ekstazo. De tiu ĉi tempo lumas la steloj. La stelo Venus ekbrulis per envio--pro tio ŝi lumas pli forte ol multaj aliaj.

La virino promenadis tra belegaj arbaroj kaj herbejoj, kaj ĉio silente estis ravita de ŝi. Tio ĉi ekenuigis la virinon. La virino ekkriis:

27

--Ho, ĉiopova Mahadeva! Vi kreis min tiel bela! Ĉio estas ravita de mi, sed mi ne aŭdas, ne scias pri tiuj ĉi ravoj, ĉio estas ravita silente!

Ekaŭdinte tiun ĉi plendon, Mahadeva kreis sennombrajn birdojn. La sennombraj birdoj kantadis ravajn kantojn al la beleco de la belega virino. La virino aŭskultis kaj ridetis. Sed post unu tago tio ĉi ŝin tedis. La virino ekenuis.

--Ho, ĉiopova Mahadeva! ekkriis ŝi, al mi oni kantas ravantajn kantojn, en ili oni parolas, ke mi estas belega. Sed kia beleco tio ĉi estas, se neniu volas min cirkaŭpreni kaj karese sin alpremi al mi!

Tiam la ĉiopova Mahadeva kreis la belan, fleksan serpenton. Ĝi ĉirkaŭprenadis la belegan virinon kaj rampis apud ŝiaj piedoj. Duontagon la virino estis kontenta, poste ekenuis kaj ekkriis:

--Ah, se mi efektive estus bela, aliaj penus min imiti. La najtingalo kantas belege, kaj la kardelo ĝin imitas. Kredeble mi ne estas jam tiel bela!

La ĉiopova Mahadeva por kontentigo de la virino kreis la simion. La simio imitis ĉiun movon de la virino, kaj la virino ses horojn estis kontenta, sed poste kun larmoj ŝi ekkriis:

--Mi estas tiel bela, tiel belega! Pri mi oni kantas, oni min ĉirkaŭprenas, rampas apud miaj piedoj kaj min imitas. Oni min admiras kaj min envias, tiel ke mi eĉ komencas timi. Kio do min defendos, se oni ekvolos fari al mi de envio malbonon?

Mahadeva kreis la fortan, potencan leonon. La leono gardis la virinon. La virino tri horojn estis kontenta, sed post tri horoj ŝi ekkriis:

--Mi estas belega! Oni min karesas, mi--neniun! Oni min amas, mi --neniun! Mi ne povas ja ami tiun ĉi grandegan, teruran leonon, por kiu mi sentas estimon kaj timon! Kaj en tiu ĉi sama minuto antaŭ la virino, laŭ la volo de Mahadeva, aperis malgranda, beleta hundeto.

--Kiel aminda besto! ekkriis la virino kaj komencis karesi la hundeton. Kiel mi ĝin amas!

Nun la virino havis ĉion, ŝi pri nenio povis peti. Tio ĉi ŝin ekkolerigis. Por ellasi la koleron, ŝi ekbatis la hundeton, la hundeto ekbojis kaj forkuris, ŝi ekbatis la leonon--la leono ekmurmuregis kaj foriris--ŝi surpaŝis per piedo sur la serpenton,--la serpento eksiblis kaj forrampis. La simio forkuris kaj la birdoj forflugis, kiam la virino ekkriis je ili...

--Ho, mi malfeliĉa!--ekkriis la virino, rompante la manojn, --oni min karesas, laŭdas, kiam mi estas en bona humoro, kaj ĉiuj forkuras, kiam mi fariĝas kolera! Mi sola! Ho, ĉiopova Mahadeva! Je la lasta fojo mi vin petas: Kreu al mi tian ekzistaĵon, sur kiun mi povus ellasi la koleron, kiu ne havus la kuraĝon forkuri de mi, kiam mi estas kolera, kiu estus devigita pacience elportadi ĉiujn batojn!--

Mahadeva enpensiĝis kaj--kreis al ŝi... la edzon!

Tradukis A. GRABOWSKI.

* * * * *

LA NASKIĜO DE LA TABAKO

ARABA LEGENDO.

Laŭ la hispana rakonto de Cervera Bachiller tradukis Jayme Heinlein Ferreira.

En la nomo de Allah, pardonema kaj bonkora, kiu donis al ni la kanon, por skribi, kaj kiu ĉiutage instruas al la homoj ion, kion ili ne scias, aŭskultu:

Li sola estas la grandulo, la potenculo, la sinjoro de la anĝeloj kaj de la homoj. Sur Liaj lipoj estas la vero; la lumo de la sunoj, kiuj brilas super la montegoj, venas de Liaj okuloj. Unu el Liaj fingroj guvernas la maŝinon de la mondoj. La bloveto de Lia buŝo estas la vento, kiu pelas la sablojn de la dezerto. Aŭskultu:

Ĝi ne estas la legendo pri la belulino Zobeido, nek la legendo pri la sultano de Kandañoro, nek la historio pri la beduena belulino, nek unu el la dolĉegaj popolrakontoj kaj sorĉorakontoj, kiujn la popolaj orientaj poetoj kantas en akompano de la sonoj de la guzlo [Piednoto: Orienta unukorda ludinstrumento.], sidante apud la pordoj de la kafejoj de Bagdado aŭ antaŭ la bazaroj de la riĉega Djedo. Ĝi ne estas unu el la rozaj legendoj, kiujn la beduenoj kantas apud la "Puto de Beno" dum la plenigado de la kruĉoj, kiam la suno dormas en la brakoj de la vespero, aŭ kiujn la bestogardistoj de la dezerto kantas kune apud la "Ŝtonegoj koloritaj", kiam la kameloj ripozas sub la blanka tendo kaj la luno leviĝas sur la horizonto.

Ĝi estas la legendo, kiun la veraj kredantoj ĉiam ripetas kun la okuloj turnitaj al la "Sankta Kiblo" [Piednoto: Mekko.] kaj kiun rakontis al mi Ali Hasan el la gento "Beni el Vedaroj" unu matenon, kiam ni promenadis ambaŭ sur la bordo de la maro.

Kiam la suno sin levis, Ali etendis la tapiŝon de preĝo, falis sur la genuojn kaj ekparolis la Fatah. Kiam lia preĝo estis finita, li sin levis kaj proponis al mi la "pipon de amikeco". Ni sidiĝis kaj komencis fumi.

--Kristano, li diris al mi, vi ne konas la historion de naskiĝo de tiu ĉi folio, kies odoron ni nun flaras kaj kies fumo supreniras ĝis la trono de Allah, miksita kun la odoroj de la floroj?

--Mahometano, mi ne konas, mi respondis.

--Laŭdata estu Allah, li ekkriis, kiu nur al la kredantoj, per la buŝo de la profeto, malkovris la misterojn de la objektoj kovritaj. De Dio ni estas, kaj al Dio ni reiros. . . . Li estas granda!

Kaj preninte pli da tabako en sian pipon, li rakontis al mi la sekvantan legendon, simplan, sed profunde religian kaj severan.

Unu fojon vojaĝis la profeto Mahometo (Dio havu lin en sankta gloro) tra la dezertoj de Jemen. Estis vintro, kaj pro la malvarmeco la bestoj-rampaĵoj dormis la dormon de la longaj noktoj. La ĉevalo, sur kiu la profeto rajdis, metis unu hufon sur serpentejon, kaj tuj oni ekvidis serpenteton, dormantan de malvarmo. Mahometo kompatis la rampaĵon, deiris de la ĉevalo, prenis la serpenteton kaj metis ĝin en la manikon de sia mantelo, por ke la varmo de lia korpo ĝin revivigu. Kaj la varmo de la korpo redonis al ĝi la vivon. Baldaŭ ĝi ekmoviĝis, poste ĝi elmetis la kapon el la maniko kaj diris:

--Profeto, mi volas mordi vian manon.

--Ne estu maldanka, respondis la profeto.

--Mi tiel volas.

--Kiam vi montros al mi la kaŭzon, kiu vin igas fari malbonon al mi, tiam mi permesos al vi mordi min.

--Via gento, murmuris la serpento, ĉiam militas kontraŭ nia: la piedoj de la viaj kaj la hufoj de viaj ĉevaloj venkas ĉiam la niajn, kaj mi nun volas venĝi al vi.

--Nun ni parolas nek pri via gento, nek pri nia, respondis la profeto: nur inter vi kaj mi estas la afero. Kian do malbonon mi al vi faris? Ĉu mi ne faris al vi bonon, redonante al vi la vivon per la varmo de mia korpo?

--Malgraŭ tio mi volas vin mordi, por ke poste vi ne faru malbonon al miaj filoj nek al aliaj de mia gento.

--Tio ĉi, malbona rampaĵo, estos maldanko: vi pagos malbonon por bono. Ve al vi, kiu tiel malbone volas repagi la bonaĵon, kion oni faras al vi!

--Mi volas, ekkriis tiam la serpento kolere, mi volas, kaj mi ĵuras al vi per Dio la granda kaj potenca, ke mi mordos vin!

Aŭdinte la nomon de Allah, la profeto ne kuraĝis pli respondi. Li klinis la kapon kaj diris:

--Lia nomo estu laŭdata! Ni estas de Li kaj de Li ni havas la vivon!

Kaj li malkovris la manon, ke la serpento tie mordu. Kaj la serpento mordis la sanktan manon de Mahometo.

Tiu ĉi tiam, eksentinte la doloron, elĵetis la serpenton malproksimen kaj malbenis ĝin en la nomo de Allah, ĉar ĝi estis maldanka, kaj kun ĝi li malbenis ankaŭ ĉiujn, kiuj pagas malbonon por bono kaj ne estas dankaj por la bonoj, kiujn oni faras al ili.

Poste la profeto alpremis la lipojn al la vundo, forte eksuĉis kaj eltiris la venenon, kiun la rampaĵo tie lasis. Kaj li kraĉis sur la sablon de la dezerto. En tiu sama minuto sur la loko, kie falis la kraĉaĵo, naskiĝis kreskaĵo, rapide disvolviĝante kaj donante foliojn.

La araboj, kiuj akompanis la sendiron de Allah, ekbruligis kelkajn foliojn, kiel oferon al Dio sola, pardonema kaj bonkora, kiu savis la estron de la kredantoj de pereo per la veneno; kaj tiam ili flaris la strangan kaj delikatan odoron, kiun tiu ĉi kreskaĵo donas, estante bruligata.

De tiu tago ĉiuj bonaj mahometanoj fumas la foliojn de tiu herbo mirinda kaj benita de Allah, plantas ĝin en la oazoj kaj flaras ĝian odoron kun respekto kaj ĝojo, ĉar ĝia gusto enhavas la maldolĉecon de la veneno serpenta kaj la dolĉecon de la sankta kraĉaĵo de la profeto.

De tiu malproksima tempo la tabako estas la plezuro de la hadĵioj, kiuj vojaĝas al Mekko, de la ulemoj, kiuj instruas la saĝecon apud la sojlo de la meskito de El-Hazar, fonto de gajeco kaj lumo, kaj de la "filoj de la blanka tendo", kiuj estas la reĝoj de la dezerto.

Ankaŭ de tiu tempo la kredanto, ricevinte de alia mahometano, sub lia tendo, la "salon de gastameco", devas ami lin kaj defendi lin ĝis la morto, se estus bezone, ĉar la malbeno de la profeto staras super la kapo de maldankulo, kiu ne povos vidi la klaran lumon de la paradizo en la nokto de sia morto.

Tio ĉi estas la legendo pri la tabako, kiu transiras de gento al gento, rakontata de la maljunaj kredantoj, tra la centjaroj kaj generacioj, pro la gloro de Allah, kies nomo estas benita. Li sola estas granda!

*****

KARAGARA

Hinda fabelo. Rakontis F. V. L.

En la urbo Vataman vivis saĝa, sed malriĉa bramano Kecava. Lia edzino Karagara estis malbona al ĉiu; eĉ la diablo, kiu loĝis en arbo apud tiu domo, el timo je Karagara forkuris en dezerton. La bramano ne povis elporti la turmentojn, ricevatajn de sia edzino, kaj foriris. En la vojo vidis lin la diablo kaj diris: "Hodiaŭ mi regalos vin. Ne timu! Mi loĝis en arbo apud via domo, sed el timo je Karagara mi forkuris; mi volas fari al vi ion bonan. Iru en la urbon Mrigavati; tie regas Madana; mi eniros en lian fllinon Mrigaloĉana'n kaj lasos min elirigi nur per vi".

Tiel estis farita. La diablo eniris en la reĝidinon, la bramano venis kaj faris ĉion, kion faras la aliaj magiistoj, sed la diablo ne eliris. Fine la bramano diris: "En la nomo de Karagara, eliru!" kaj la diablo obeis.

La reĝo donis al la bramano sian filinon kiel edzino kaj kun tio ĉi ankaŭ duonon de la regno.--La diablo iris en la urbon Karnavati kaj eniris en la reĝinon Suloĉana'n. La reĝo sendis al Madana kaj petis pri la magiisto Kecava. Tiu ĉi venis al la turmentata reĝino, sed la diablo, vidinte lin, diris: "Jam unu fojon mi helpis al vi; nun gardu vin." La bramano alpaŝis pli proksime kaj ekmurmuretis al la reĝino en la orelon: "Karagara venis; mi volis nur diri ĝin al vi." La diablo, aŭdinte tion ĉi, ektimis kaj eliris. La bramano, riceviate grandajn honorojn de la reĝo, reiris en la urbon Mrigavati.

*****

LA VIRINETO DE MARO

Fabelo de Andersen.

Malproksime en la maro la akvo estas tiel blua, kiel la folioj de la plej bela cejano, kaj klara, kiel la plej pura vitro, sed ĝi estas tre profunda, pli profunda, ol povas atingi ia ankro; multaj turoj devus esti starigitaj unu sur la alia, por atingi de la fundo ĝis super la akvo. Tie loĝas la popolo de maro.

Sed ne pensu, ke tie estas nuda, blanka, sabla fundo; ne, tie kreskas la plej mirindaj arboj kaj kreskaĵoj, de kiuj la trunketo kaj folioj estas tiel flekseblaj kaj elastaj, ke ili ĉe la plej malgranda fluo de la akvo sin movas, kiel vivaj estaĵoj. Ĉiuj fiŝoj, malgrandaj kaj grandaj, traglitas inter la branĉoj, tute tiel, kiel tie ĉi supre la birdoj en la aero. En la plej profunda loko staras la palaco de la reĝo de la maro. La muroj estas el koraloj, kaj la altaj fenestroj el la plej travidebla sukceno; la tegmento estas farita el konkoj, kiuj sin fermas kaj malfermas laŭ la fluo de la akvo. Tio ĉi estas belega vido, ĉar en ĉiu konko kuŝas brilantaj perloj, el kiuj ĉiu sola jam estus efektiva beligaĵo en la krono de reĝino.

La reĝo de la maro perdis jam de longe sian edzinon, sed lia maljuna patrino kondukis la mastraĵon de la domo. Ŝi estis saĝa virino, sed tre fiera je sia nobeleco, tial ŝi portis dekdu ostrojn sur la vosto, dum aliaj nobeloj ne devis porti pli ol ses. Cetere ŝi meritis ĉian laŭdon, la plej multe ĉar ŝi montris la plej grandan zorgecon kaj amon por la malgrandaj reĝidinoj, ŝiaj nepinoj. Ili estis ses belegaj infanoj, sed la plej juna estis tamen la plej bela el ĉiuj; ŝia haŭto estis travidebla kaj delikata, kiel folieto de rozo, ŝiaj okuloj bluaj kiel, la profunda maro; sed, kiel ĉiuj aliaj, ŝi ne havis piedojn, la korpo finiĝis per fiŝa vosto.

La tutan tagon ili povis ludi en la palaco, en la grandaj salonoj, kie vivaj floroj elkreskadis el la muroj. La grandaj sukcenaj fenestroj estis malfermataj, kaj tiam la fiŝoj ennaĝadis al ili, tute kiel ĉe ni enflugas la hirundoj, kiam ni malfermas la fenestrojn. La fiŝoj alnaĝadis al la malgrandaj reĝidinoj, manĝadis el iliaj manoj kaj lasadis sin karesi.

Antaŭ la palaco sin trovis granda ĝardeno kun ruĝaj kaj nigrabluaj floroj; la fruktoj brilis kiel oro kaj la floroj kiel fajro, dum la trunketoj kaj folioj sin movis senĉese. La tero estis la plej delikata sablo, sed blua, kiel flamo de sulfuro. Super ĉio estis ia blua brileto. Oni povus pli diri, ke oni sin trovas alte supre, en la aero, havante nur ĉielon super kaj sub si, ol ke oni estas sur la fundo de la maro. En trankvila vetero oni povis vidi la sunon, kiu elrigardis kiel purpura floro, el kiu venis lumo ĉirkaŭen.

Ĉiu el la malgrandaj reĝidinoj havis en la ĝardeno sian apartan loketon, kie ŝi povis laŭ sia plaĉo kaj bontrovo fosi kaj planti. Unu donis al sia florejo la formon de baleno; alia trovis pli bone, ke ŝia florejo similas je virineto de maro; sed la plej juna donis al la sia formon rondan, kiel la suno, kaj havis nur florojn ruĝe brilantajn, kiel tiu. Ŝi estis en ĉio originala infano, silenta kaj pensanta, kaj kiam la aliaj fratinoj sin ornamis per la mirindaj objektoj, kiujn ili ricevis de ŝipoj, venintaj al la fundo, ŝi volis havi, krom la ruĝaj floroj, kiuj similis je la suno, nur unu belan statuon, kiu prezentis tre belan knabon. Ĝi

35

estis farita el blanka klara marmoro kaj falis sur la fundon de la maro ĉe la rompiĝo de la ŝipo. Ŝi plantis apud la statuo rozaruĝan salikon, kiu kreskis belege kaj tenis siajn branĉojn super la statuo, ĝis la blua sablo de la fundo, kie la ombro havis koloron nigra-bluan kaj movadis sin senĉese, kiel la branĉoj. Ĝi elrigardis, kiel la supro kaj la radikoj ludus inter si kaj sin kisus.

Ne estis pli granda plezuro por la juna reĝidino, ol aŭdi pri la mondo supra kaj la homoj. La maljuna avino devis rakontadi ĉion, kion ŝi sciis pri ŝipoj kaj urboj, homoj kaj bestoj. Sed la plej bela kaj mirinda estis por ŝi, ke la floroj supre sur la tero odoras, kion ne faras la floroj sur la fundo de la maro, kaj ke la arbaroj estas verdaj kaj la fiŝoj, kiujn oni vidas tie inter la branĉoj, tiel laŭte kaj agrable kantas, ke estas plezuro ilin aŭdi. Ĝi estis la birdetoj, kiujn la avino nomis fiŝoj, ĉar alie ŝiaj nepinoj, kiuj ne vidis ankoraŭ birdojn, ne povus ŝin kompreni.

--Kiam vi atingos la aĝon de dekkvin jaroj, diris la avino, vi ricevos la permeson sin levi el la maro, sidi sub la lumo de la luno sur la maraj ŝtonegoj kaj rigardi la grandajn ŝipojn, kiuj veturos antaŭ vi; vi vidos ankaŭ arbarojn kaj urbojn! Baldaŭ unu el la fratinoj devis atingi la aĝon de dekkvin jaroj, sed la aliaj. . . . ĉiu el ili estis unu jaron pli juna, ol la alia, tiel ke al la plej juna mankis ankoraŭ plenaj kvin jaroj, ĝis ŝi povus sin levi de la fundo de la maro kaj vidi, kiel nia mondo elrigardas. Sed unu promesis al la alia rakonti al ŝi, kion ŝi vidis kaj kio la plej multe plaĉis al ŝi en la unua tago; ĉar ilia avino ne sufiĉe ankoraŭ rakontis al ili, estis ankoraŭ multaj aferoj, pri kiuj ili volus scii.

Sed neniu el ili estis tiel plena je deziroj, kiel la plej juna, ĝuste ŝi, kiu devis ankoraŭ la plej longe atendi kaj estis tiel silenta kaj plena je pensoj. Ofte en la nokto ŝi staris antaŭ la malfermita fenestro kaj rigardis supren tra la mallume blua akvo, kiel la fiŝoj per siaj naĝiloj kaj vostoj ĝin batis. La lunon kaj stelojn ŝi povis vidi; ili ŝajnis tre palaj, sed por tio ili tra la akvo elrigardis multe pli grandaj, ol antaŭ niaj okuloj. Se sub ili glitis io kiel nigra nubo, ŝi sciis, ke tio ĉi estas aŭ baleno naĝanta super ŝi, aŭ eĉ ŝipo kun multaj homoj. Ili certe ne pensis, ke bela virineto de maro staras sur la fundo kaj eltiras siajn blankajn manojn kontraŭ la ŝipo.

Jen la plej maljuna reĝidino atingis la aĝon de dekkvin jaroj kaj ricevis la permeson sin levi super la suprajôn de la maro. Kiam ŝi revenis, ŝi havis multege por rakonti; sed la plej bela estas, ŝi diris, kuŝi en la lumo de la luno sur supermara sablajô sur trankvila maro kaj rigardi la grandan urbon, kiu sin trovas tuj sur la bordo de la maro, belan urbon, kie la lumoj brilas kiel centoj da steloj, aŭdi la muzikon kaj la bruon de kaleŝoj kaj homoj, vidi la multajn preĝejojn kaj turojn kaj aŭskulti la sonadon de la preĝejaj sonoriloj. Ĝuste ĉar al la plej juna estis ankoraŭ longe malpermesite sin levi, ŝi la plej multe sentis grandan deziregon je ĉio ĉi. Kun kia atento ŝi aŭskultis tiujn ĉi rakontojn! Kaj kiam ŝi poste je la vespero staris antaŭ la malfermita fenestro kaj rigardis tra la mallume-blua akvo, ĉiuj ŝiaj pensoj estis okupitaj je la granda urbo kun ĝia bruado, kaj ŝajnis al ŝi, ke la sonado de la preĝejaj sonoriloj trapenetras malsupren al ŝi.

Post unu jaro la dua fratino ricevis la permeson sin levi tra la akvo kaj naĝi kien ŝi volas. Ŝi suprennaĝis ĉe la subiro de la suno, kaj tiu ĉi vido laŭ ŝia opinio estis la plej bela. La tuta ĉielo elrigardis kiel oro, ŝi diris, kaj la nuboj--ha, ilian belecon ŝi ne povus sufiĉe bone priskribi! Ruĝaj kaj nigrabluaj ili sin transportis super ŝi, sed multe pli rapide ol ili, flugis, kiel longa blanka kovrilo, amaso da sovaĝaj cignoj super la akvo al la foriĝanta suno. Ili flugis al la suno, sed tiu ĉi malleviĝis kaj la roza brilo estingiĝis sur la maro kaj la nuboj.

En la sekvanta jaro la tria fratino sin levis; ŝi estis la plej kuraĝa el ĉiuj kaj naĝis tial supren en unu larĝan riveron, kiu fluas al la maro. Palacoj kaj vilaĝaj dometoj estis vidataj tra belegaj arbaroj: Ŝi aŭdis kiel ĉiuj birdoj kantis, kaj la suno lumis tiel varme, ke ŝi ofte devis naĝi sub la akvon, por iom malvarmigi sian brule varmegan vizaĝon. En unu malgranda golfo ŝi renkontis tutan amason da belaj homaj infanoj; ili kuradis tute nudaj kaj batadis en la akvo. Ŝi volis ludi kun ili, sed kun teruro ili forkuris. Poste venis malgranda nigra besto, tio estis hundo, sed ŝi antaŭe neniam vidis hundon; tiu ĉi komencis tiel furioze ŝin boji, ke ŝi tute ektimiĝis kaj ree forkuris en la liberan maron. Sed neniam ŝi forgesos la belegajn arbarojn, la verdajn montetojn kaj la malgrandajn infanojn, kiuj povis naĝi, kvankam ili ne havis fiŝan voston.

La kvara fratino ne estis tiel kuraĝa; ŝi restis en la mezo de la sovaĝa maro kaj rakontis, ke ĝuste tie estas la plej bele. Oni povas rigardi tre malproksime ĉirkaŭe, kaj la ĉielo staras kiel vitra kloŝo super la maro. Ŝipojn ŝi vidis, sed nur tre malproksime, ili elrigardis kiel mevoj; la ludantaj delfenoj sin renversadis kaj la grandaj balenoj ŝprucis akvon el la truoj de siaj nazoj supren, ke ĝi elrigardis ĉirkaŭe kiel centoj da fontanoj.

Nun venis la tempo por la kvina fratino. Ŝia naskotago estis ĝuste en la mezo de vintro, kaj tial ŝi vidis, kion la aliaj la unuan fojon ne vidis. La maro estis preskaŭ tute verda, kaj ĉirkaŭe naĝis grandaj montoj de glacio, el kiuj, laŭ ŝia rakonto, ĉiu elrigardis kiel perlo kaj tamen estis multe pli granda ol la turoj, kiujn la homoj konstruas. En la plej mirindaj formoj ili sin montris kaj brilis kiel diamantoj. Ŝi sidiĝis sur unu el la plej grandaj, kaj ĉiuj ŝipistoj forkuradis kun teruro de la loko, kie ŝi sidis kaj lasis la venton ludi kun ŝiaj longaj haroj. Sed je la vespero la ĉielo kovriĝis je nuboj, ĝi tondris kaj fulmis, dum la nigra maro levis la grandajn pecegojn da glacio alte supren kaj briligis ilin en la forta fulmado. Sur ĉiuj ŝipoj oni mallevis la velojn; estis timego, teruro, sed ŝi sidis trankvile sur sia naĝanta glacia monto kaj vidis, kiel la fajraj fulmoj zigzage sin ĵetadis en la ŝaŭman maron.

Kiam iu el la fratinoj venis la unuan fojon super la akvon, ĉiu estis ravata de la nova kaj bela, kiun ŝi vidis; sed nun, kiam ili kiel grandaĝaj knabinoj havis la permeson supreniri ĉiufoje laŭ sia volo, ĝi fariĝis por ili indiferenta; ili deziregis ree hejmen, kaj post la paso de unu monato ili diris, ke malsupre en la domo estas la plej bele kaj tie oni sin sentas la plej oportune.

Ofte en vespera horo la kvin fratinoj ĉirkaŭprenadis unua la alian per la manoj kaj suprennaĝadis en unu linio super la akvon. Ili havis belegajn voĉojn, pli belajn ol la voĉo de homo, kaj kiam ventego komenciĝis kaj ili povis supozi, ke rompiĝos ŝipoj, ili naĝadis antaŭ la ŝipoj kaj kantadis agrable pri la beleco sur la fundo de la maro, kaj petis la ŝipanojn ne timi veni tien. Sed tiuj ĉi ne povis kompreni la vortojn, ili pensis ke ĝi estas la ventego; kaj ili ankaŭ ne povis vidi la belaĵojn de malsupre, ĉar se la ŝipo iris al la fundo, la homoj mortis en la akvo kaj venis nur jam kiel malvivuloj en la palacon de la reĝo de la maro.

Kiam je la vespero la fratinoj tiel mano en mano sin alte levis tra la maro, tiam la malgranda fratino restis tute sola kaj rigardis post ili, kaj estis al ŝi, kiel ŝi devus plori; sed virino de maro ne havas larmojn, kaj tial ŝi suferas multe pli multe.

--Ho, se mi jam havus la aĝon de dekkvin jaroj! ŝi diris. Mi scias, ke ĝuste mi forte amos la mondon tie supre kaj la homojn, kiuj tie loĝas kaj konstruas!

Fine ŝi atingis la aĝon de dekkvin jaroj.

--Jen vi elkreskis, diris ŝia avino, la maljuna reĝino-vidvino. Venu, kaj mi vin ornamos kiel viajn aliajn fratinojn! Ŝi metis al ŝi kronon el blankaj lilioj sur la harojn, sed ĉiu folieto de floro estis duono de perlo; kaj la maljuna avino lasis almordiĝi al la vosto de la reĝidino ok grandajn ostrojn, por montri ŝian altan staton.

--Tio ĉi doloras! diris la virineto de maro.

--Jes, kortega ceremonio postulas maloportunecon! diris la avino.

Ho, ŝi fordonus kun plezuro ĉiun ĉi belegaĵon kaj deĵetus la multepezan kronon! Ŝiaj ruĝaj ĝardenaj floroj staris al ŝi multe pli bone, sed nenio helpis. "Adiaŭ!" ŝi diris kaj levis sin facile kaj bele tra la akvo.

Antaŭ momento subiris la suno, kiam ŝi levis la kapon super la supraĵo de la maro; sed ĉiuj nuboj brilis ankoraŭ kiel rozoj kaj oro, kaj tra la palruĝa aero lumis la stelo de la vespero, la aero estis trankvila kaj freŝa kaj nenia venteto movis la maron. Sur la maro staris granda trimasta ŝipo, nur unu velo estis levita, ĉar estis nenia bloveto, kaj inter la ŝnuregaro sidis ĉie ŝipanoj. Oni aŭdis muzikon kaj kantadon, kaj kiam la vespero fariĝis pli malluma, centoj da koloraj lanternoj estis ekbruligitaj; ĝi elrigardis, kvazaŭ la flagoj de ĉiuj nacioj bloviĝas en la aero. La virineto de maro alnaĝis ĝis la fenestro de la kajuto, kaj ĉiufoje, kiam la akvo ŝin levis, ŝi provis rigardi tra la klaraj vitroj de la fenestroj en la kajuton, kie staris multaj ornamitaj homoj, sed la plej bela el ili estis la juna reĝido kun la grandaj nigraj okuloj. Li povis havi la aĝon de dekses jaroj, lia tago de naskiĝo ĝuste nun estis festata, kaj pro tio ĉi regis la tuta tiu gajeco kaj belegeco. La ŝipanoj dancis sur la ferdeko, kaj kiam la reĝido al ili eliris, pli ol cent raketoj leviĝis en la aeron. Ili lumis kiel luma tago, tiel ke la virineto de maro ektimis kaj subiĝis sub la akvon. Sed baldaŭ ŝi denove ellevis la kapon kaj tiam ŝajnis al ŝi, kvazaŭ ĉiuj steloj de la ĉielo defalas al ŝi. Neniam ankoraŭ ŝi vidis tian fajraĵon. Grandaj sunoj muĝante sin turnadis, belegaj fajraj fiŝoj sin levadis en la bluan aeron kaj de ĉio estis vidata luma rebrilo en la klara trankvila maro. Sur la ŝipo mem estis tiel lume, ke oni povis vidi eĉ la plej malgrandan ŝnuron, ne parolante jam pri la homoj. Kiel bela la juna reĝido estis, kaj li premis al la homoj la manojn kun afabla ridetado, dum la muziko sonis tra la bela nokto.

Jam fariĝis malfrue, sed la virineto de maro ne povis deturni la okulojn de la ŝipo kaj de la bela reĝido. La koloraj lanternoj estingiĝis, la raketoj sin ne levadis pli en la aeron, la pafilegoj jam pli ne tondris, sed profunde en la maro estis movado kaj bruado. La virineto de maro sidis sur la akvo kaj balanciĝis supren kaj malsupren, tiel ke ŝi povis enrigardadi en la kajuton. Sed pli rapide la ŝipo kuris super la ondoj, unu velo post la alia estis levataj, pli forte batis la ondoj, nigra nubego sin montris kaj fulmoj malproksimaj ekbrilis. Terura ventego baldaŭ komenciĝis. Tial la ŝipanoj demetis la velojn. La granda ŝipo balanciĝis en rapidega kurado sur la sovaĝa maro; kiel grandaj nigraj montoj sin levadis la ŝaŭmanta akvo, minacante sin transĵeti super la mastoj, sed la ŝipo sin mallevadis kiel cigno inter la altaj ondoj kaj levadis sin ree sur la akvajn montojn. Al la virineto de maro ĝi ŝajnis kiel veturo de plezuro, sed la ŝipanoj tute alie tion ĉi rigardis; la ŝipo ĝemegis kaj krakis, la ĉefa masto rompiĝis en la mezo kiel kano, kaj la ŝipo kuŝiĝis sur flanko kaj la akvo eniris en la internaĵon de la ŝipo. Nun la virineto de maro vidis, ke la ŝipanoj estas en danĝero, ŝi devis sin mem gardi antaŭ la traboj kaj rompaĵoj de la ŝipo, kiuj estis pelataj super la akvo. Kelkan tempon estis tiel mallumege, ke ŝi nenion povis vidi; sed jen ekfulmis kaj fariĝis denove tiel lume, ke la virineto de maro klare revidis ĉiujn sur la ŝipo. Ĉiu penis sin savi, kiel li povis. La plej multe ŝi observadis la junan reĝidon kaj ŝi vidis, kiam la ŝipo rompiĝis, ke li falis en la profundan maron. En la unua momento ŝi estis tre ĝoja, ĉar nun li ja venos al ŝi, sed baldaŭ venis al ŝi en la kapon, ke la homoj ja ne povas vivi en la akvo kaj tiel li nur malviva venos en la palacon de la reĝo de la maro.

Ne, morti li ne devas! Tial la virineto de maro eknaĝis inter la traboj kaj tabuloj, kiuj kuradis sur la maro forgesis la propran danĝeron, subnaĝis profunde en la akvon kaj sin levis denove inter la altaj ondoj. Fine ŝi atingis la junan reĝidon, kiu jam apenaŭ sin tenis sur la supraĵo de la sovaĝa maro. Liaj manoj kaj piedoj komencis jam laciĝi, la belaj okuloj sin fermis, li devus morti, se ŝi ne alvenus. Ŝi tenis lian kapon super la akvo kaj lasis sin peli de la ondoj kien ili volis.

Ĉirkaŭ la mateno la ventego finiĝis. De la ŝipo ne restis eĉ unu ligneto. Ruĝa kaj brilanta sin levis la suno el la akvo, kaj ŝajnis, ke per tio ĉi la vangoj de la reĝido ricevis vivon, tamen liaj okulaj restis fermitaj. La virineto de maro kisis lian altan belan frunton kaj reordigis liajn malsekajn harojn. Ŝajnis al ŝi, ke li estas simila je la marmora statuo en ŝia malgranda ĝardeno. Ŝi lin kisis kaj rekisis kaj forte deziris, ke li restu viva.

Jen montriĝis tero, altaj bluaj montoj, sur kies suproj brilis la blanka neĝo, kiel amaso da cignoj. Malsupre sur la bordo staris belegaj verdaj arbaroj kaj antaŭ ili staris preĝejo aŭ monaĥejo, estis ankoraŭ malfacile bone ĝin diferencigi, sed konstruo ĝi estis. Citronaj kaj oranĝaj arboj kreskis en la ĝardeno kaj antaŭ la eniro staris altaj palmoj. La maro faris tie ĉi malgrandan golfeton, en kiu la akvo estis tute trankvila, sed tre profunda, kaj kiu estis limita de superakvaj ŝtonegoj, kovritaj de delikata blanka sablo. Tien ĉi alnaĝis la virineto de maro kun la bela princo, kuŝigis lin sur la sablo kaj zorgis, ke lia kapo kuŝu alte en la varma lumo de la suno.

Eksonis la sonoriloj en la granda blanka konstruo kaj multaj junaj knabinoj sin montris en la ĝardeno. Tiam la virineto de maro fornaĝis kaj kaŝis sin post kelkaj altaj ŝtonoj, kiuj elstaris el la akvo, kovris la harojn kaj bruston per ŝaŭmo de la maro, tiel ke neniu povis vidi ŝian belan vizaĝon, kaj ŝi nun observadis, kiu venos al la malfeliĉa reĝido.

Ne longe daŭris kaj alvenis juna knabino. Ŝi videble forte ektimis, sed nur unu momenton, kaj baldaŭ ŝi vokis multajn homojn, kaj la virineto de maro vidis, ke la reĝido denove ricevis la konscion kaj ridetis al ĉiuj ĉirkaŭstarantoj, sed al sia savintino li ne ridetis, li ja eĉ ne sciis, ke al ŝi li devas danki la vivon. Ŝi sentis sin tiel malĝoja, ke ŝi, kiam oni lin forkondukis en la grandan konstruon, malgaje subnaĝis sub la akvon kaj revenis al la palaco de sia patro.

Ŝi estis ĉiam silenta kaj enpensa, sed nun ĝi fariĝis ankoraŭ pli multe. La fratinoj ŝin demandis, kion ŝi vidis la unuan fojon tie supre, sed ŝi nenion al ili rakontis.

Ofte en vespero kaj mateno ŝi levadis sin al la loko, kie ŝi forlasis la reĝidon. Ŝi vidis, kiel la fruktoj de la ĝardeno fariĝis maturaj kaj estis deŝiritaj, ŝi vidis, kiel la neĝo fluidiĝis sur la altaj montoj, sed la reĝidon ŝi ne vidis, kaj ĉiam pli malĝoja ŝi tial revenadis hejmen. Ŝia sola plezuro estis sidi en sia ĝardeneto kaj ĉirkaŭpreni per la brakoj la belan marmoran statuon, kiu estis simila je la reĝido; sed siajn florojn ŝi ne flegis, kaj sovaĝe ili kreskis super la vojetoj, kaj iliaj longaj trunketoj kaj folioj sin kunplektis kun la branĉoj de la arboj tiel, ke tie fariĝis tute mallume.

Fine ŝi ne povis pli elteni kaj rakontis al unu el siaj fratinoj, kaj baldaŭ tiam sciiĝis ĉiuj aliaj, sed je vorto de honoro neniu pli ol tiu, kaj kelkaj aliaj virinetoj de maro, kiuj tamen rakontis ĝin nur al siaj plej proksimaj amikinoj. Unu el ili povis doni sciaĵon pri la reĝido, ŝi ankaŭ vidis la feston naskotagan sur la ŝipo, sciis, de kie la reĝido estas kaj kie sin trovas lia regno.

"Venu, fratineto!" diris la aliaj reĝidinoj, kaj interplektinte la brakojn reciproke post la ŝultroj, ili sin levis en longa linio el la maro tien, kie sin trovis la palaco de la reĝido.

Tiu ĉi palaco estis konstruita el helflava brilanta speco de ŝtono, kun grandaj marmoraj ŝtuparoj, el kiuj unu kondukis rekte en la maron. Belegaj orkovritaj kupoloj sin levadis super la tegmentoj, kaj inter la kolonoj, kiuj ĉirkaŭis la tutan konstruon, staris marmoraj figuroj, kiuj elrigardis kiel vivaj ekzistaĵoj. Tra la klara vitro en la altaj fenestroj oni povis rigardi en la plej belegajn salonojn, kie pendis multekostaj silkaj kurtenoj kaj tapiŝoj kaj ĉiuj muroj estis ornamitaj per grandaj pentraĵoj, ke estis efektiva plezuro ĉion tion ĉi vidi.

En la mezo de la granda salono batis alta fontano, ĝiaj radioj sin levadis ĝis la vitra kupolo de la plafono, tra kiu la suno lumis sur la akvo kaj la plej belaj kreskaĵoj, kiuj sin trovis en la granda baseno.

Nun ŝi sciis, kie li loĝas, kaj tie ŝi montradis sin ofte en vespero kaj en nokto sur la akvo; ŝi alnaĝadis multe pli proksime al la tero, ol kiel kuraĝus ia alia, ŝi eĉ sin levadis tra la tuta mallarĝa kanalo, ĝis sub la belega marmora balkono. Tie ŝi sidadis kaj rigardis la junan reĝidon, kiu pensis, ke li sidas sola en la klara lumo de la luno.

Ofte en vespero ŝi vidadis lin forveturantan sub la sonoj de muziko en lia belega ŝipeto ornamita per flagoj; ŝi rigardadis tra la verdaj kanoj, kaj se la vento kaptadis ŝian longan blankan vualon kaj iu ŝin vidis, li pensis, ke ĝi estas cigno, kiu disvastigas la flugilojn.

Ofte en la nokto, kiam la fiŝistoj kaptadis fiŝojn sur la maro ĉe lumo de torĉoj, ŝi aŭdadis, ke ili rakontas multon da bona pri la juna reĝido, kaj ŝi ĝojadis, ke ŝi savis al li la vivon, kiam li preskaŭ sen vivo estis pelata de la ondoj, kaj ŝi ekmemoradis, kiel firme lia kapo ripozis sur ŝia brusto kaj kiel kore ŝi lin kisis. Pri tio ĉi li nenion sciis, li ne povis eĉ sonĝi pri ŝi.

Ĉiam pli kaj pli kreskis ŝia amo al la homoj, ĉiam pli ŝi deziris povi sin levi al ili kaj vivi inter ili, kaj ilia mondo ŝajnis al ŝi multe pli granda ol ŝia. Ili ja povas flugi sur ŝipoj trans la maron, sin levi sur la altajn montojn alte super la nubojn, kaj la landoj, kiujn ili posedas, sin etendas kun siaj arbaroj kaj kampoj pli malproksime, ol ŝi povas atingi per sia rigardo. Multon ŝi volus scii, sed la fratinoj ne povis doni al ŝi respondon je ĉio, kaj tial ŝi demandadis pri tio la maljunan avinon, kiu bone konis la pli altan mondon, kiel ŝi nomadis la landojn super la maro.

--Se la homoj ne dronas, demandis la virineto de maro, ĉu ili tiam povas vivi eterne, ĉu ili ne mortas, kiel ni tie ĉi sur la fundo de la maro?

--Ho jes, diris la maljunulino, ili ankaŭ devas morti, kaj la tempo de ilia vivo estas ankoraŭ pli mallonga ol de nia. Ni povas atingi la aĝon de tricent jaroj, sed kiam nia vivo ĉesiĝas, ni turniĝas en ŝaŭmon kaj ni ne havas tie ĉi eĉ tombon inter niaj karaj. Ni ne havas senmortan animon, ni jam neniam reveckiĝas al vivo, ni similas je la verda kreskaĵo, kiu, unu fojon detranĉita, jam neniam pli povas reviviĝi. Sed la homoj havas animon, kiu vivas eterne, kiam la korpo jam refariĝis tero. La animo sin levas tra la etero supren, al la brilantaj steloj! Tute tiel, kiel ni nin levas el la maro kaj rigardas la landojn de la homoj, tiel ankaŭ ili sin levas al nekonataj belegaj lokoj, kiujn ni neniam povos vidi.

--Kial ni ne ricevis senmortan animon? malĝoje demandis la virineto de maro. Kun plezuro mi fordonus ĉiujn centojn da jaroj, kiujn mi povas vivi, por nur unu tagon esti homo kaj poste preni parton en la ĉiela mondo!

--Pri tio ĉi ne pensu! diris la maljunulino, nia sorto estas multe pli feliĉa kaj pli bona, ol la sorto de la homoj tie supre!

--Sekve mi mortos kaj disfluiĝos kiel ŝaŭmo sur la maro, mi jam ne aŭdados la muzikon de la ondoj, ne vidados pli la belajn florojn kaj la luman sunon! Ĉu mi nenion povas fari, por ricevi eternan animon?

--Ne! diris la maljunulino, nur se homo vin tiel ekamus ke vi estus por li pli ol patro kaj patrino, se li alligiĝus al vi per ĉiuj siaj pensoj kaj sia amo kaj petus, ke la pastro metu lian dekstran manon en la vian kun la sankta promeso de fideleco tie ĉi kaj ĉie kaj eterne, tiam lia animo transfluus en vian korpon kaj vi ankaŭ ricevus parton en la feliĉo de la homoj. Li donus al vi animon kaj retenus tamen ankaŭ sian propran. Sed tio ĉi neniam povas fariĝi! Ĝuste tion, kio tie ĉi en la maro estas nomata bela, vian voston de fiŝo, ili tie supre sur la tero trovas malbela. Ĉar mankas al ili la ĝusta komprenado, tie oni devas havi du malgraciajn kolonojn, kiujn ili nomas piedoj, por esti nomata bela!

La virineto de maro ekĝemis kaj rigardis malĝoje sian fiŝan voston.

--Ni estu gajaj! diris la maljunulino, ni saltadu kaj dancadu en la tricent jaroj, kiujn la sorto al ni donas; ĝi estas certe sufiĉa tempo, poste oni tiom pli senzorge povas ripozi. Hodiaŭ vespere ni havos balon de kortego!

Kaj ĝi estis efektive belego, kiun oni sur la tero neniam vidas. La muroj kaj la plafono de la granda salono estis de dika, sed travidebla vitro. Multaj centoj da grandegaj konkoj, ruĝaj kiel rozoj kaj verdaj kiel herbo, staris en vicoj sur ĉiu flanko kun blue brulanta flamo, kiu lumigis la tutan salonon kaj tralumis eĉ tra la muroj, tiel ke la maro ĉirkaŭe estis tute plena je lumo. Oni povis bone vidi ĉiujn la sennombrajn fiŝojn, grandajn kaj malgrandajn, kiel ili alnaĝadis al la vitraj muroj; sur unuj la skvamoj ŝajnis purpuraj, sur aliaj ili brilis kiel oro kaj arĝento.

En la mezo tra la salono fluis larĝa kvieta rivero, kaj sur ĝi dancis la viroj kaj virinetoj de maro laŭ sia propra dolĉa kantado. Tiel belajn voĉojn la homoj sur la tero ne havas. La plej juna reĝidino kantis la plej bele, oni aplaŭdadis al ŝi, kaj por unu momento ŝi sentis ĝojon en la koro, ĉar ŝi sciis, ke ŝi havas la plej belan voĉon en la maro kaj sur la tero. Sed baldaŭ ŝi denove komencis pensadi pri la mondo supra. Ŝi ne povis forgesi la belan reĝidon kaj sian doloron, ke ŝi ne havas senmortan animon kiel li. Tial ŝi elŝteliĝis el la palaco de sia patro, kaj dum interne ĉio kantadis kaj ĝojadis, ŝi sidis malgaja en sia ĝardeneto. Tiam subite ŝi ekaŭdis la sonon de korno penetrantan al ŝi tra la akvo, kaj ŝi ekpensis: "nun li kredeble ŝipas tie supre, li, kiun mi amas pli ol patron kaj patrinon, li, al kiu mi pendas per ĉiuj miaj pensoj kaj en kies manon mi tiel volonte metus la feliĉon de mia vivo. Ĉion mi riskos, por akiri lin kaj senmortan animon! Dum miaj fratinoj dancas en la palaco de mia patro, mi iros al la mara sorĉistino. Ĝis hodiaŭ mi ĉiam sentis teruron antaŭ ŝi, sed eble ŝi povas doni al mi konsilon kaj helpon".

La reĝidino eliris el sia ĝardeneto kaj rapidis al la bruanta akvoturnejo, post kiu loĝis la sorĉistino. Sur tiu ĉi vojo ŝi antaŭe neniam iris; tie kreskis nenia floro, nenia herbeto, nur nuda griza sabla tero sin etendis ĝis la akvoturnejo, kie la akvo ŝaŭme batadis, turniĝante kiel bruantaj radoj muelaj, kaj ĉion, kion ĝi kaptadis, tiregadis kun si en la profundegon. Inter tiuj ĉi ĉion ruinigantaj akvaj turnaĵoj la reĝidino devis trapaŝi, por atingi la teraĵon de la sorĉistino, kaj tie ŝi devis ankoraŭ longe iri sur varma ŝanceliĝanta ŝlimo, kiun la sorĉistino nomadis sia torfaĵo. Post tiu staris ŝia domo en la mezo de stranga arbaro. Ĉiuj arboj kaj arbetaĵoj estis polipoj, duone besto duone kreskaĵo, ili elrigardis kiel centkapaj serpentoj, kiuj kreskis el la tero; ĉiuj branĉoj estis longaj ŝlimaj brakoj kun fingroj kiel fleksaj vermoj, kaj ĉiu membro sin movadis, de la radiko ĝis la plej alta supro. Ĉion, kion ili povis en la maro kapti, ili ĉirkaŭvolvadis fortike, por jam neniam ĝin ellasi. La malgranda reĝidino kun teruro haltis antaŭ tiu ĉi arbaro; ŝia koro batis de timego; ŝi jam estis preta iri returne, sed ŝi ekpensis pri la reĝido kaj pri la akirota homa animo kaj fariĝis denove kuraĝa. Siajn longajn, libere defalantajn harojn ŝi alligis fortike ĉirkaŭ la kapo, por ke la polipoj ne povu per tio ĉi ŝin ekkapti, la ambaŭ manojn ŝi almetis kruce al la brusto kaj rapide iris antaŭen, kiel fiŝo rapidanta tra la akvo, inter la teruraj polipoj, kiuj etendadis post ŝi siajn fleksajn brakojn kaj fingrojn. Ŝi rimarkis, kiel ĉiu el ili objekton unu fojon kaptitan tenis forte per centoj da malgrandaj brakoj, kiel per feraj ligiloj. Homoj pereintaj en la maro kaj falintaj al la fundo elrigardadis kiel blankaj ostaroj el la brakoj de la polipoj. En la brakoj ili tenis partojn de ŝipoj kaj kestojn, ostarojn de bestoj surteraj kaj, kio ŝajnis al la reĝidino la plej terura--virineton de maro, kiun ili estis kaptintaj kaj sufokintaj.

Jen ŝi venis al granda, preskaŭ ĉie kovrita de ŝlimo, placo en la arbaro, kie grandaj grasaj maraj serpentoj sin volvadis kaj montradis sian abomenan blankflavan ventron. En la mezo de la placo staris domo, konstruita el la blankaj ostoj do homoj pereintaj en la maro; tie sidis la sorĉistino de la maro kaj manĝigadis testudon el sia buŝo, kiel la homoj donas sukeron al kanarieto. La malbelajn grasajn serpentojn de la maro ŝi nomadis siaj amataj kokidoj kaj lasis ilin ludi sur sia granda sponga brusto.

--Mi jam scias, kion vi volas! diris la sorĉistino, tre malsaĝe! Tamen via volo estos plenumita, ĉar ĝi ĵetos vin en malfeliĉon, mia bela reĝidineto. Vi volus liberiĝi de via fiŝa vosto kaj por tio havi du trabojn por la irado, kiel la homoj, por ke la juna reĝido enamiĝu en vin kaj vi ricevu lin kaj senmortan animon! Ĉe tio ĉi la sorĉistino ridis tiel laŭte kaj malbele, ke la testudo kaj la serpentoj falis sur la teron. Vi ne povis veni en pli oportuna tempo. Morgaŭ post la leviĝo de la suno mi jam ne povus al vi helpi, ĝis ree pasus jaro. Mi kuiros al vi trinkaĵon, kun kiu vi ankoraŭ antaŭ la leviĝo de la suno devas naĝi al la tero, sidiĝi sur la bordo kaj eltrinki la trinkaĵon; tiam via fiŝa vosto turniĝos en tion, kion la homoj nomas graciaj piedoj, sed ĝi doloros, ĝi estos al vi, kiel se akra glavo vin trancus. Ĉiuj, kiuj vin vidos, diros, ke vi estas la plej bela homa estaĵo, kiun ili vidis. Restos al vi via facila flugetanta irado, nenia dancistino povos flirtadi tiel gracie kiel vi, sed ĉe ĉiu paŝo, kiun vi faros, vi sentos, kiel vi paŝus sur akran tranĉilon. Se vi volas ĉion ĉi elteni, tiam mi al vi helpos!

--Jes! diris la virineto de maro kun tremanta voĉo kaj pensis pri la reĝido kaj pri la ricevota animo.

--Sed memoru, diris la sorĉistino, se vi unu fojon fariĝis homo, vi jam neniam pli povas refariĝi virineto de maro! vi jam neniam pli povos sin mallevi tra la akvo al viaj fratinoj kaj al la palaco de via patro, kaj se vi ne akiros la amon de la princo, tiel ke li pro vi forgesu patron kaj patrinon, alligiĝu al vi per ĉiuj siaj pensoj kaj ordonu al la pastro, ke tiu metu viajn manojn en la liajn tiel, ke vi fariĝu edzo kaj edzino, tiam vi ne ricevos senmortan animon! Je la unua mateno post lia edziĝo kun alia via koro disŝiriĝos kaj fariĝos ŝaŭmo sur la maro.

--Mi ĝin volas! diris la virineto de maro kaj ŝi estis pala kiel la morto.

--Sed vi devas ankaŭ pagi al mi! diris la sorĉistino, kaj ne malmulton mi postulas. Vi havas la plej belan voĉon el ĉiuj tie ĉi sur la fundo de la maro, per ĝi vi esperas tie ensorĉi la reĝidon, sed la voĉon vi devas doni al mi. La plej bonan, kion vi posedas, mi volas ricevi por mia kara trinkaĵo! Mian propran sangon mi ja devas doni por ĝi, por ke la trinkaĵo fariĝu akra, kiel glavo ambaŭflanke tranĉanta!

--Sed se vi prenos de mi mian voĉon, diris la virineto de maro, kio do tiam restos al mi?

--Via bela eksteraĵo, diris la sorĉistino, via flugetanta irado kaj viaj parolantaj okuloj, per kiuj vi jam povas malsaĝigi homan koron. Nu, ĉu vi perdis la kuraĝon? Eletendu vian malgrandan langon, kaj mi detranĉos ĝin por mia peno kaj vi ricevos la karan trinkaĵon!

--Ĝi fariĝu! diris la virineto de maro, kaj la sorĉistino metis la kaldronon, por kuiri la sorĉan trinkaĵon. Pureco estas duono de vivo! ŝi diris kaj elfrotis la kaldronon per la serpentoj, kiujn ŝi kunligis en unu tuberon. Poste ŝi gratis al si mem la bruston kaj engutigis en la kaldronon sian nigran sangon. La vaporo formis la plej strangajn flgurojn, tiel ke estis terure ilin vidi. Ĉiun momenton la sorĉistino metis novajn objektojn en la kaldronon, kaj kiam ĝi komencis bone boli, estis tute, kiel se plorus krokodilo. Fine la trinkaĵo estis preta; ŝi elrigardis kiel la plej klara akvo.

--Jen ricevu ĝin! diris la sorĉistino kaj detranĉis al la virineto de maro la langon; la virineto nun jam estis muta, povis jam nek kanti nek paroli.

--Se la polipoj volos vin kapti, kiam vi iros returne tra mia arbaro, diris la sorĉistino, ŝprucu sur ilin nur unu solan guton de tiu ĉi trinkaĵo, tiam iliaj brakoj kaj fingroj disfalos en mil pecojn! Sed tion ĉi la reĝidino ne bezonis, la polipoj timigite sin retiris de ŝi, kiam ili vidis la brilantan trinkaĵon, kiu lumis en ŝia mano kiel radianta stelo. Tiel ŝi baldaŭ pasis la arbaron, la marĉon kaj la akvoturnejon.

Ŝi povis vidi la palacon de sia patro; la torĉoj en la granda salono de dancado estis estingitaj; tie certe jam ĉiuj dormis, tamen ŝi ne kuraĝis iri al ili nun, kiam ŝi estis muta kaj la koro volis disŝiriĝi al ŝi de malĝojo; ŝi enŝteliĝis en la ĝardenon, derompis floron de la bedoj de ĉiuj siaj fratinoj, ĵetis al la palaco milojn da kisoj per la fingroj kaj leviĝis tra la mallume-blua maro supren.

La suno ankoraŭ ne estis leviĝinta, kiam ŝi ekvidis la palacon de la reĝido kaj supreniris sur la belega marmora ŝtuparo. La luno lumis mirinde klare. La malgranda virineto de maro eltrinkis la brule akran trinkaĵon, kaj estis al ŝi, kiel se ambaŭakra glavo trairus tra ŝia delikata korpo, ŝi perdis la konscion kaj falis kiel mortinta. Kiam la suno eklumis super la maro, ŝi vekiĝis kaj sentis fortan doloron, sed rekte antaŭ ŝi staris la aminda juna reĝido, kiu direktis sur ŝin siajn okulojn nigrajn kiel karbo, tiel ke ŝi devis mallevi la siajn, kaj tiam ŝi rimarkis, ke ŝia fiŝa vosto perdiĝis kaj ŝi havis la plej graciajn malgrandajn blankajn piedetojn, kiujn bela knabino nur povas havi. Sed ŝi estis tute nuda, kaj tial ŝi envolvis sin en siajn densajn longajn harojn. La reĝido demandis, kiu ŝi estas kaj kiel ŝi venis tien ĉi, kaj ŝi ekrigardis lin per siaj mallumebluaj okuloj kviete sed ankaŭ tiel malgaje, ĉar paroli ŝi ja ne povis. Tiam li prenis ŝian manon kaj kondukis ŝin en la palacon. Ĉe ĉiu paŝo, kiun ŝi faris, estis al ŝi, kiel la sorĉistino antaŭdiris, kiel se ŝi paŝus sur akrajn pinglojn kaj trançilojn, sed ŝi elportadis ĝin volonte. Sub la mano de la reĝido ŝi supreniris facile kiel akva veziko sur la ŝtuparo, kaj li kaj ankaŭ ĉiuj aliaj admiris ŝian gracian flugetantan iradon.

Multekostaj vestoj el silko kaj muslino estis nun donitaj al ŝi, en la palaco ŝi estis la plej bela el ĉiuj, sed ŝi estis muta, povis nek kanti nek paroli. Belaj sklavinoj, vestitaj en silko kaj oro, eliradis kaj kantadis antaŭ la reĝido kaj liaj gepatroj. Unu kantis pli agrable ol ĉiuj aliaj, kaj la reĝido aplaŭdis kaj ridetis al ŝi; tiam la virineto de maro fariĝis malĝoja, ŝi sciis, ke ŝi mem kantus multe pli bele. Ho! ŝi diris al si mem, se li nur scius, ke, por esti ĉe li, mi fordonis je eterne mian voĉon!

Jen la sklavinoj ekdancis belegajn flugetajn dancojn sub la plej bela muziko; tiam la virineto de maro levis siajn belajn blankajn brakojn, stariĝis sur la pintoj de la fingroj piedaj kaj ekflugetis sur la planko, dancante kiel ankoraŭ neniu dancis. Ĉe ĉiu movo ŝia beleco pli multe elmontriĝadis, kaj ŝiaj okuloj parolis pli interne kaj pli profunde al la koro, ol la kantado de la sklavinoj.

Ĉiuj estis ensorĉitaj de ĝi, aparte la reĝido, kiu nomis la reĝidinon lia amata trovitino, kaj ŝi dancis senhalte, kvankam ĉiufoje, kiam ŝia piedo tuŝis la plankon, ŝajnis al ŝi, kiel ŝi ekpaŝus sur akran trançilon. La reĝido diris, ke ŝi estu ĉiam apud li, kaj ŝi eĉ ricevis la permeson dormi sur velura kuseno antaŭ lia pordo.

Li lasis fari al ŝi viran vestaĵon, por ke ŝi povu akompanadi lin ankaŭ sur ĉevalo. Ili rajdadis tra la bonodoraj arbaroj, kie la verdaj branĉoj tuŝadis iliajn ŝultrojn kaj la birdetoj kantadis inter la freŝaj folioj. Ŝi levadis sin kun la reĝido sur la altajn montojn, kaj kvankam ŝiaj graciaj piedetoj sangadis, ŝi tamen ridadis je tio ĉi kaj sekvadis lin ĝis ili ekvidadis la nubojn preterflugantaj profunde sub ili, kiel se ĝi estus amaso da birdoj, iranta al la fremdaj landoj.

En domo, en la palaco de la reĝido, ŝi iradis, kiam en la nokto la aliaj dormis, sur la larĝan marmoran ŝtuparon kaj malvarmigadis siajn brulantajn piedojn en la malvarma akvo de la maro kaj tiam ŝi pensadis pri siaj parencoj en la profundaĵo.

En unu nokto ŝiaj fratinoj venis, reciproke tenante sin per la brakoj; ili kantis, naĝante super la akvo, tre malgajajn melodiojn. Ŝi faris al ili signon, kaj ili ŝin rekonis kaj rakontis, kiel profunde ŝi ilin ĉiujn malĝojigis. De tiu tempo ili vizitadis ŝin ĉiun nokton, kaj en unu nokto ŝi rimarkis en granda malproksimeco la maljunan avinon, kiu jam de tre longa tempo ne estis sin levinta al la supraĵo de la maro, kaj la reĝon de la maro kun sia krono sur la kapo. Ili etendis al ŝi la manojn, sed ambaŭ ne kuraĝis veni tiel proksime al la tero, kiel la fratinoj.

De tago al tago la reĝido ŝin ĉiam pli ekamadis, li amis ŝin, kiel oni povas nur ami bonan belan infanon, sed fari ŝin reĝino tio ĉi neniam venis al li en la kapon, kaj tamen ŝi ja devis fariĝi lia edzino, ĉar alie ŝi ne ricevus senmortan animon, sed devus en la mateno de lia edziĝo fariĝi ŝaŭmo sur la maro.

Ĉu vi ne amas min pli ol ĉiun? kvazaŭ paroladis la okuloj de la reĝidineto, kiam li ŝin prenadis en siajn brakojn kaj kisadis ŝian belan frunton.

--Jes, vin mi amas la plej multe! diris la reĝido, ĉar vi havas la plej bonan koron, vi estas al mi la plej multe aldonita kaj vi estas simila je unu juna knabino, kiun mi unu fojon vidis, sed jam kredeble neniam revidos. Mi estis sur ŝipo, kiu rompiĝis; la ondoj alpelis min al tero proksime de sankta preĝejo, en kiu multaj junaj knabinoj faris la meson. La plej juna el ili trovis min tie sur la bordo kaj savis al mi la vivon; nur du fojojn mi ŝin vidis. Ŝi estus la sola knabino, kiun mi povus ami en tiu ĉi mondo, sed vi estas simila je ŝi, vi preskaŭ forpremas ŝian figuron en mia animo. Ŝi apartenas al la sankta preĝejo, kaj tial vin sendis al mi mia bona feliĉo; neniam ni disiĝos unu de la alia!

--Ha! li ne scias, ke mi savis al li la vivon! pensis la reĝidineto, mi portis lin trans la maro al la arbaro, kie staras la preĝejo; mi rigardis lin post la ŝaŭmo kaj atendis, ĉu ne venos al li ia homo. Mi vidis la belan knabinon, kiun li amas pli ol min! La virineto de maro profunde ĝemis, plori ŝi ne povis. La knabino apartenas al la sankta preĝejo, li diris, neniam ŝi elvenos en la mondon, ili neniam renkontos unu la alian, mi estas apud li, mi vidas lin ĉiutage, mi lin flegos, mi lin amos, mi oferos al li mian vivon!

Sed jen la reĝido devis edziĝi kaj ricevi kiel edzino la filinon de la najbara reĝo; tial oni pretigis tian belan ŝipon. La reĝido veturas, oni diras, por ekkoni la landojn de la najbara reĝo, sed efektive ĝi estas farata por rigardi la filinon de la najbara reĝo; grandan sekvantaron li devis kunpreni. La virineto de maro balancis la kapeton kaj ridetis; ŝi konis la pensojn de la reĝido pli bone ol ĉiuj aliaj. "Mi devas veturi! li diris al ŝi, mi devas rigardi la belan reĝidinon; miaj gepatroj ĝin postulas, sed por preni ĝin kiel fianĉino, tion ili ne volas min devigi. Mi ne povas ŝin ami! Ŝi ne estas simila je la bela knabino en la preĝejo, je kiu vi estas simila. Se mi iam devus elekti fianĉinon, tiam la elekto pli volonte falus sur vin, mia muta trovitineto kun la parolantaj okuloj!" Ĉe tio li ŝin kisis sur ŝia ruĝa buŝo, ludis kun ŝiaj longaj haroj kaj metis sian kapon al ŝia koro, kaj pli vive ŝi ekrevis pri homa feliĉo kaj pri senmorta animo.

--Vi ja ne timas la maron, vi, muta infano, li demandis, kiam ili staris sur la belega ŝipo, kiu devis lin veturigi al la lando de la najbara reĝo, kaj li rakontis al ŝi pri ventegoj kaj senventeco, pri mirindaj fiŝoj en la profundaĵo kaj kion la subakviĝistoj tie vidis, kaj ŝi ridis ĉe lia rakontado, ĉar ŝi sciis ja pli bone ol ĉiu alia pri la fundo de la maro.

En luna nokto, kiam ĉiuj dormis, krom la direktilisto apud sia direktilo, tiam ŝi sidis sur la rando de la ŝipo kaj senmove rigardis malsupren tra la klara akvo, kaj ŝajnis al ŝi, kvazaŭ ŝi vidas la palacon de sia patro; sur la plej alta turo de tiu palaco staris la maljuna avino kun la arĝenta krono sur la kapo kaj rigardadis sendeturniĝe tra la ondanta akvo al la kilo de la ŝipo. Jen ŝiaj fratinoj elnaĝis el la internaĵo de la maro, rigardadis ŝin malgaje kaj kunerompadis la blankajn manojn. Ŝi faris al ili signojn, ridetis kaj volis rakonti, ke ĉio iras bone kaj feliĉe, sed la servanto de la ŝipo alproksimiĝis al ŝi kaj la fratinoj subakviĝis, tiel ke li pensis, ke la blanka, kion li vidis, estis nur ŝaŭmo sur la maro.

Je la sekvanta mateno la ŝipo ennaĝis en la havenon de la belega ĉefurbo de la najbara reĝo. Ĉiuj sonoriloj de preĝejoj sonoris, kaj de la altaj turoj eksonis trumpetoj, dum la soldatoj kun etenditaj standardoj kaj brilantaj bajonetoj staris orditaj en parado. Ĉiu tago estis pasigata feste. Baloj kaj kolektiĝoj sekvis unu la alian, sed la reĝidino ankoraŭ ne estis, ŝi estis edukata, kiel oni diris, malproksime en unu sankta monaĥejo, kie ŝi lernadis ĉiujn reĝajn virtojn. Fine ŝi alveturis.

La virineto de maro brulis de deziro vidi ŝian belecon kaj devis konfesi, ke personon pli belan kaj ĉarman ŝi neniam ankoraŭ vidis. Ŝia haŭto estis delikata kaj travidebla kaj post la longaj mallumaj okulharoj ridetis paro da nigrabluaj fidelaj okuloj.

--Vi ĝi estas! ĝoje ekkriis la reĝido, vi, kiu min savis, kiam mi kuŝis malviva sur la bordo de la maro! kaj li premis ŝin kiel sian ruĝiĝantan fianĉinon en siaj brakoj. Ho, mi estas tro feliĉa, li diris al la virineto de maro. La plej bona, kiun mi neniam esperis atingi, estas al mi plenumita. Vi ĝojos je mia feliĉo, ĉar vi min amas la plej multe! La virineto de maro kisis al li la manon, kaj jam nun estis al ŝi, kiel ŝi sentus, ke ŝia koro disŝiriĝas. La mateno de la edziĝo de la princo devis ja alporti al ĝi la morton kaj turni ŝin en ŝaŭmon sur la maro.

Ĉiuj sonoriloj de la preĝejoj sonoris, la heroldoj rajdadis tra la tuta urbo kaj sciigadis la fianĉiĝon. Sur ĉiuj altaroj brulis bonodora oleo en multekostaj arĝentaj lampoj. La pastroj balancadis la fumilojn kaj la gefianĉoj donis unu al la alia la manon kaj ricevis la benon de la episkopo. La virineto de maro staris en silko kaj oro kaj tenis la trenaĵon de la vesto de la fianĉino, sed ŝia orelo ne aŭdis la festan muzikon, ŝia okulo ne vidis la sanktan ceremonion, ŝi pensis pri sia nokto de la morto, pensis pri ĉio, kion ĝi perdis en tiu ĉi mondo.

Ankoraŭ en tiu sama vespero la gefianĉoj iris sur la ŝipon; la pafilegoj tondris, ĉiuj flagoj sin movadis en la aero, kaj en la mezo de la ŝipo estis konstruita reĝa tendo el oro kaj purpuro kaj provizita je la plej belaj kusenoj, sur kiuj devis ripozi la gefianĉoj en la trankvila malvarmeta nokto.

La vento blovis la velojn kaj la ŝipo glitis facile kaj sen forta ŝanceliĝado sur la klara maro. Kiam fariĝis vespero, oni ekbruligis kolorajn lampojn kaj la maristoj dancis gajajn dancojn sur la ferdeko. La virineto de maro tiam ekmemoris tiun vesperon, kiam ŝi je la unua fojo suprennaĝis el la maro kaj vidis tian saman belegecon kaj ĝojon, kaj nun ŝi sin turnadis en la danco, flugetante kiel flugetas la hirundo, kiam ĝi estas persekutata, kaj ĉiuj admirante aplaŭdadis al ŝi, neniam ankoraŭ ŝi dancis tiel belege. Kvazaŭ akraj tranĉiloj tranĉadis en ŝiaj delikataj piedoj, sed ŝi ĝin ne sentadis, ĉar pli multe ĝi tranĉadis al ŝi la koron. Ŝi sciis, ke ĝi estas la lasta vespero, ke ŝi lin vidas, lin, por kiu ŝi forlasis la amikojn kaj hejmon, fordonis sian belegan voĉon kaj ĉiutage suferadis malfacilajn dolorojn, dum li ĝin eĉ la plej malmulte ne scietis. Ĝi estis la lasta nokto, ke ŝi enspiradis tiun saman aeron, kiel li, kaj vidadis la profundan maron kaj la bluan stelan ĉielon.

Eterna nokto sen pensado kaj sonĝado ŝin atendis, ĉar ŝi ne havis animon kaj jam neniam povis ĝin ricevi. Ĉio sur la ŝipa estis plena je ĝojo kaj gajeco, multe ankoraŭ post la mezo de la nokto; ŝi ridetadis kaj dancadis kun pensoj de morto en sia koro. La reĝido kisis sian belan fianĉinon kaj ŝi ludis kun liaj nigraj haroj kaj brako en brako ili iris en la belegan tendon por ripozi.

Fariĝis trankvile kaj mallaŭte sur la ŝipo, nur la direktilisto staris apud la direktilo; la virineto de maro metis siajn blankajn brakojn sur la randon de la ŝipo kaj rigardadis al oriento, atendante la ĉielruĝon de mateno. Ŝi sciis, ke la unua radio de la suno estos ŝia alportanto de morto. Tiam ŝi ekvidis siajn fratinojn leviĝantajn el la maro, ili estis palaj kiel ŝi mem, iliaj longaj belaj haroj jam ne movadis sin en la vento, ili estis detranĉitaj.

--Ni donis ĝin al la sorĉistino, por ke ŝi donu helpon kaj por ke vi ne devu morti en tiu ĉi nokto! Ŝi donis al ni tranĉilon, jen ĝi estas! Vi vidas, kiel akra ĝi eŝtas? Antaŭ ol la suno leviĝos, vi devas ĝin enpuŝi en la koron de la reĝido, kaj kiam lia varma sango ŝprucos sur viajn piedojn, tiam viaj piedoj kunkreskiĝos en unu fiŝan voston kaj vi denove fariĝos virineto de maro, vi povos veni al ni en la maron kaj vivi viajn tricent jarojn, antaŭ ol vi fariĝos malviva sala ŝaŭmo de la maro. Rapidu, rapidu! Li aŭ vi devas morti antaŭ la leviĝo de la suno. Nia maljuna avino malĝojas tiel, ke la blankaj haroj al ŝi elfalis, kiel niaj falis sub la tondilo de la sorĉistino. Mortigu la reĝidon kaj revenu! Rapidu! ĉu vi vidas la ruĝan strion sur la ĉielo? Post kelkaj minutoj leviĝos la suno kaj vi devos morti! Kaj ili strange kaj profunde ekĝemis kaj malleviĝis en la akvon.

La reĝidineto de maro fortiris la purpuran kurtenon antaŭ la tendo kaj vidis, kiel la bela fianĉino dormas, tenante sian kapon sur la brusto de la reĝido, kaj ŝi kliniĝis, kisis lin sur la bela frunto, suprenrigardis al la ĉielo, kie la ruĝo de la mateno ricevadis ĉiam pli brulantan koloron, ekrigardis la akran tranĉilon kaj direktis ree siajn okulojn sur la reĝidon, kiu en la sonĝo elparoladis la nomon de sia fianĉino,--ŝi sola vivis en liaj pensoj--kaj la tranĉilo tremis en la manoj de la virineto de maro... sed jen ŝi ĵetis ĝin malproksime for en la ondojn, kiuj ruĝe eklumis, kie falis la tranĉilo; elrigardadis, kiel se gutoj de sango ŝprucus supren el la akvo.

Ankoraŭ unu fojon ŝi ekrigardis la reĝidon per rigardo duone estingita, ĵetis sin de la ŝipo en la maron kaj sentis, kiel ŝia korpo sin turnis en ŝaŭmon.

Nun la suno leviĝis el la maro, kviete kaj varme falis ĝiaj radioj sur la malvarman malvivan ŝaŭmon de la maro kaj la reĝidineto de maro sentis nenion de la morto. Ŝi ekvidis la sunon kaj proksime super ŝi flugetis centoj da travideblaj belegaj estaĵoj; ŝi povus tra ili vidi la blankajn velojn de la ŝipo kaj la ruĝajn nubojn sur la ĉielo. Ilia voĉo estis kiel sonorado de sferoj, sed tiel spiritia, ke nenia homa orelo povis ĝin aŭdi, kiel ankaŭ nenia tera okulo povis vidi tiujn ĉi ĉielajn estaĵojn. Sen flugiloj ili sin portadis tra la aero danke sian propran facilecon. La virineto de maro vidis, ke ŝi havas korpon tian kiel ili, kiu ĉiam pli kaj pli sin levadis el la ŝaŭmo.

--Al kiu mi venis? ŝi demandis, kaj ŝia voĉo sonis kiel la voĉo de la aliaj estaĵoj, tiel spirite, ke nenia tera muziko povas ĝin reprezenti.

--Al la filinoj de la aero! respondis la aliaj. La virino de maro ne havas senmortan animon kaj neniam povas ĝin ricevi, se ne prosperis al ŝi akiri la amon de homo. De fremda potenco dependas ŝia eterna ekzistado. La filinoj de la aero ankaŭ ne havas senmortan animon, sed ili povas ĝin akiri al si mem per bonaj faroj. Ni flugas al la varmaj landoj, kie la brulanta spiro de la pesta aero mortigas la homojn; tie ni blovetados malvarmeton. Ni disetendas la bonodoron de la floroj tra la aero kaj alportas refreŝiĝon kaj saniĝon. Se ni en la daŭro de tricent jaroj penadis fari ĉion bonan, kion ni povas, tiam ni ricevas senmortan animon kaj prenas parton en la eterna feliĉo de la homoj. Vi, malfeliĉa virineto de maro, el la tuta koro ĉiam laboradis al tiu sama celo kiel ni, vi suferis kaj paciencis, vi leviĝis nun al la mondo de la spiritoj de la aero, nun vi povas mem akiri al vi post tri centjaroj senmortan animon per bonaj faroj!

La virineto de maro levis siajn travideblajn brakojn al la luma suno kaj je la unua fojo ŝi sentis larmojn. Sur la ŝipo denove regis bruo kaj vivo; ŝi rimarkis, kiel la reĝido kun sia bela fianĉino ŝin serĉas, malgaje ili direktis siajn okulojn sur la ondantan ŝaŭmon, kiel se ili scius, ke ŝi ĵetis sin en la maron. Nevidate ŝi kisis la frunton de la fianĉino, ridetis al la reĝido kaj levis sin kun la aliaj infanoj de la aero al la rozeruĝa nubo, kiu naĝis en la aero.

--Post tricent jaroj ni tiel transflugetos en la regnon ĉielan!

--Eĉ pli frue ni povas tien veni! diris unu el la spiritoj de la aero. Nevidate ni enflugetas en la domojn de la homoj, kie estas infanoj, kaj por ĉiu tago, en kiu ni trovas bonan infanon, kiu faras ĝojon al siaj gepatroj kaj meritas ilian amon, Dio mallongigas al ni nian tempon de provado. La infano ne scias, kiam ni flugas tra la ĉambro, kaj kiam ni el ĝojo pro tiu infano ridetas, tiam niaj tricent jaroj perdas unu jaron, sed se ni vidas malbonkondutan kaj malbonan infanon, tiam ni devas plori larmojn de malĝojo, kaj ĉiu larmo aldonas al nia tempo de provado unu tagon!

* * * * *

III

ANEKDOTOJ

* * * * *

Unu advokato, tre malgranda, venis juĝejon, por defendi la aferon de sia kliento. Alia advokato, vidante lin, demandis, kiu li estas. Tiu respondis. Tiam la unua ekkriis:--Kio? tia malgranda advokato? mi ja povas vin kaŝi en mian poŝon!--Vi povas, trankvile diris tiu, kaj tiam en via poŝo estos pli da saĝo, ol en la kapo. [M. Solovjev.]

Unu malgrandruso veturis sur veturilo. Subite la veturilo kliniĝis: ĝi trafis en kavon. La malgrandruso desaltis kaj provis levi la veturilon, sed ne povis. Tiam li kolektas siajn fortojn kaj vokas pro helpo la sanktan Nikolaon. Sed ankaŭ tio ĉi ne helpis. Tiam en malespero li krias:--Ĉiuj sanktuloj helpu! kaj puŝas la veturilon kun tia forto, ke ĝi renversiĝas sur alian flankon. --Jen vi havas! li ekkriis kolere: vi ne devis puŝi ĉiuj kune! [M. Solovjev.]

Unu generalo volis rigardi, kiel oni nutras la soldatojn. Neatendite li venas en la soldatan kuirejon. Sur la korto li renkontas du soldatojn, kiuj portas kaldronon.--Haltu! li ordonas: alportu kuleron!--Sed, Via Generala Moŝto. . . . komencas la alkurinta adjutanto. . .--Silentu! krias la generalo. Li prenas kuleron.-- Levu la kovrilon! Lia ordono estas plenumata. Li ĉerpas per la kulero la fluidaĵon, provas kaj kun abomeno kraĉas.--Kio tio ĉi estas? ĝi estas tia supo? ĝi estas kotaĵo!!--Jes, Via Generala Moŝto, murmuretas la timigita adjutanto, mi tion ĉi ja volis diri al vi. [M. Solovjev.]

Unu sprita mastro de budo elpensis la sekvantan ruzan ŝercon. Sur la pordo de sia budo li skribis: "eniro senpaga". Granda amaso da publiko plenigis baldaŭ la budon. Sed kiam la gastoj volis eliri, ili renkontis du grandajn gardistojn kaj super la pordo la surskribon: "eliro kostas kvindek centimojn". La sukceso estis brilanta. Preskaŭ ĉiuj pagis, laŭte ridante pro tiu ĉi ideo. [M. Solovjev.]

La reĝo Macedona Filipo respondis al siaj amikoj, kiuj diradis al li, ke la grekoj, kvankam ĉirkaŭŝutataj per liaj favoroj, tamen insultas lin:--Kio rezultus, se mi agadus kun ili pli malbone?! [J. Seleznev.]

Temistoklo edzinigis sian filinon je homo tre bona, sed malriĉa, "ĉar, li diris, mia filino pli volas homon sen havaĵo, ol havaĵon sen homo". [J. Seleznev.]

La Roma oratoro Cicero diris al unu homo, kiu diradis, ke lia edzino havas 30 jarojn: "ĝi estas sendube vera, ĉar jam 10 jarojn mi aŭdas tion ĉi de vi". [J. Seleznev.]

Unu el la eminentaj oficiroj petis Aŭguston eksigi lin de la servo kaj lasi al li la pension.--Al mi ne la mono estas bezona, regnestro, li diris, sed mi volus, ke ĉiuj sciu, ke mi ricevis tiun ĉi favoron el viaj manoj. Aŭgusto respondis:--Bonege, diradu ĉie, ke mi kvazaŭ donas al vi pension, mi tion ĉi ne neados. [J. Seleznev.]

Pastro postulis, ke Lizandro konfesu al li sian plej ĉefan pekon. --Ĉu vi aŭ la dioj ordonas al mi malkovri mian animon? demandis Lizandro.--La dioj ordonas al vi! diris la pastro.--Bone, rediris Lizandro; foriru de tie ĉi, kaj kiam la dioj min demandos, mi respondos al ili. [J. Seleznev.]

Helvetius en sia verko "De l'esprit" rakontas la sekvantan okazon: Unu edzo konvinkiĝis pri malfideleco de sia edzino kaj komencis ŝin riproĉi. La edzino respondis, ke li diras sensencaĵon.--Sed mi vidis per miaj propraj okuloj! ekkriis la edzo.--Ha, jen kiel vi min amas, rediris la edzino: vi pli kredas al viaj okuloj, ol al miaj vortoj! [N. Borovko.]

El unu prediko. Vivis iam homo tre malbona kaj peka. Li premis ĉiun, kiun li povis, li al neniu helpis iam eĉ per unu centimo. Banante sin en la larmoj de multaj siaj oferoj, li tamen vivis feliĉe, kaj la tera justeco lin ne atingis. Sed jen li mortis. Ĝojaj, ke ili liberiĝis de li, la heredantoj faris al li belegan enterigon. Sed apenaŭ oni lin metis en la teron, la tero tuj elĵetis returne la korpon de la pekulo. Vidante, ke la tero ne volas akcepti la malbenitan korpon, oni decidis forbruligi ĝin per fajro; sed ankaŭ la fajro kun abomeno forsaltis de la korpo kaj ne volis eĉ tuŝi ĝin. Ne povante al si helpi, oni ĵetis la korpon al hundoj, ke ili ĝin disŝiru; sed ankaŭ la hundoj kun indigna bojado forkuris de la korpo kaj ne tuŝis ĝin. Oni ĵetis la korpon en profundan marĉon, por ke la koto ĝin kovru kaj ripozigu, sed la korpo restis super la marĉo kaj eĉ unu kotero ne volis aliĝi al la peka korpo.... Nun, miaj aŭskultantoj, tiu ĉi terura ekzemplo servu al vi kiel instruo! Estu bonaj, honestaj kaj piaj, kaj tiam vi povos esti tute certaj, ke la tero vin prenos, fajro vin bruligos, hundoj vin disŝiros kaj koto kovros vin en granda amaso!

Konfeso de cigano. Unu cigano venis al pastro peti lin, ke tiu ĉi benu lian edziĝon. La pastro postulis, ke li antaŭ la edziĝo faru konfeson, kaj li difinis por tio ĉi la sekvantan tagon. Veninte en la difinita tago al la pastro, la cigano vidis en la kuirejo, kie neniu estis, barelon kun pizoj kaj en tiu ĉi grandan pecon da porka sebo. Ciganoj entute estas grandaj amantoj de porka sebo, tial ankaŭ nia cigano ne povis sin deteni kaj, forirante, li prenis ĝin kun si. Jam apud la pordo li vidis ankoraŭ ĉapon, pendantan sur la muro, kaj, ĉar lia propra estis jam tute malnova kaj malbona, li prenis ankaŭ la ĉapon, pensante en si: "estas tute egale, ĉu fari unu pekon aŭ du, tiom pli, ke mi hodiaŭ faros mian konfeson kaj puriĝos de ĉiuj pekoj." Formanĝinte la sebon, li iris en la preĝejon, por fari la konfeson.--Nu, kiajn pekojn vi faris? demandas lin la pastro.--Hodiaŭ mi vidis porkon en viaj pizoj kaj forigis ĝin de tie, respondis la konfesanto.--Tio ĉi tute ne estas peko; kontraŭe, vi faris, kiel vi devis fari. Kion vi ankoraŭ povas diri?--Kiam mi estis hodiaŭ en via domo, mi deprenis la ĉapon en la kuirejo.--Ankaŭ tio ĉi estas tute laŭdinda ago. Se vi ne havas aliajn pekojn, iru en paco kaj estu trankvila! La cigano foriris de la konfeso tute kontenta, ĉar li ne kaŝis siajn pekojn kaj malgraŭ tio ĉi estis eĉ laŭdita de la pastro. Kiam poste, reveninte hejmen, la pastro sciiĝis pri la malapero de la sebo kaj la ĉapo, li tuj divenis, kiu estis kulpa en tio ĉi. --Ha, li diris al si mem, li eĉ konfesis al mi siajn pekojn kaj mi mem lin laŭdis... Sed estis jam tro malfrue revenigi la perditaĵon. [I. Lojko].

Malkompreniĝo. Prezentu al vi, amiko, mian ĉagrenon! mi forgesis en domo la monujon.... Pruntu al mi dek rublojn ĝis morgaŭ.-- Pardonu, mi ĝin ne povas, sed mi povas konsili al vi certan rimedon, por ricevi tiun ĉi monon.--Ho, mi dankas vin, vi estas vera amiko....--Jen dudek kopekoj; prenu veturigiston kaj veturu hejmen, por preni la monujon. [I. Lojko.]

Forto de la scienco. Mi komprenas, diris iu, ke oni povis fari instrumentojn kaj espolori per ili la stelojn kaj planedojn, tio ĉi estas farebla; sed kiel la instruituloj sciiĝis pri la nomo de ĉiu stelo--tion ĉi mi jam neniel povas kompreni.

Rimedo kontraŭ la Esperantismo. En unu urbeto en gaja societo oni parolis pri la ĥolero kaj pri la novaj rimedoj kontraŭ ĝi. En la societo sin trovis ankaŭ unu kuracisto kaj unu juna homo, kies sola celo en la vivo estis bone manĝi, bone trinki kaj amuzi fraŭlinojn, kaj kiu pensis pri si, ke li estas eksterordinare sprita, kaj amis ĉion kritiki, nenion sciante. Kiam la kuracisto rakontadis pri la novaj rimedoj kontraŭ la ĥolero, la junulo interrompis lin kaj diris:--Vi havas rimedojn kontraŭ ĉiuj malsanoj; sed ĉu via scienco trovis jam ankaŭ efikajn rimedojn kontraŭ la plej nova malsano, kiu nun vastiĝas en la mondo--kontraŭ la esperantismo?--Kio estas esperantismo? demandis unu fraŭlino.--Esperantismo, respondis la junulo kun mieno de granda scienculo, estas aliĝado al la nove elpensita lingvo, kiu havas la nomon "Esperanto". Tiu ĉi malsano konsistas en tio, ke homoj, kiuj ofte ĝis nun estis tute prudentaj, ricevas atakon de frenezo kaj komencas lerni la novan lingvon; ili ricevas varmegon, kaj en la deliro, kaŭzita de tiu ĉi varmego, ili komencas paroli pri la "estonteco", pri la "frateco de la popoloj" k. t. p., k. t. p.; ekster tio ili ricevas la tre danĝeran pasion infekti per sia malsano kiel eble pli da aliaj homoj, kaj en tio ĉi kuŝas la plej granda danĝero de tiu ĉi malsano. Oni diras, ke tiu ĉi malsano infektis jam multajn urbojn kaj landojn. Ĉu vi elpensis jam ian rimedon kontraŭ tiu ĉi malsano, sinjoro doktoro?--Jes, respondis la kuracisto (kiu okaze mem estis esperantisto), mi profunde esploris tiun ĉi malsanon kaj mi havas kontraŭ gi tre efikan rimedon. La baciloj de tiu ĉi malsano portas sin en la radioj de la suno, kaj en mallumo ili ne povas vivi; tial la plej bona rimedo kontraŭ la esperantismo estas: sidi ĉiam en profunda mallumo kaj allasi al si nenian radion de la suno. [P. K.]

Suboficiro. Homoj, ĉiam kuraĝe kaj diligente, kaj vi ĉion atingos! La ovo de Kolumbo ankaŭ ne estas metita en unu tago!

Ŝerca rifuzo. La verkisto Gibeau, kiu ĉiam sin trovadis en mona embaraso, skribis unu fojon al la ĉefo de la konata fabriko de ĉampano Roederer leteron kun la sekvanta enhavo: "Sinjoro! Mi ne havas eĉ unu centimon kaj mi adoras la ĉampanon. Estu tiel bona kaj sendu al mi korbon da boteloj de via dia trinkaĵo. Kun ĝi mi esperas forgesi mian mizeron". Apenaŭ Roederer ricevis tiun ĉi leteron, li tuj sendis la sekvantan respondon: "Via rimedo, por forgesi vian mizeron, nenion taŭgas. La senĉesa kaj obstina prezentado de mia kalkulo rememorigus vin ĉiuminute denove pri via malĝoja situacio."

Mi ne komprenas, kiel oni povas plendi ĉiam pri la tro karaj viandokostoj! Mi kaj mia familio estas kune dektri personoj, kaj tamen sufiĉas por ni 1½ funtoj da viando por tago. Mia edzino ne manĝas ĝin, miaj naŭ infanoj ne ricevas ĝin kaj la du servantinoj ne bezonas ĝin. Jen en tia maniero la 1½ funtoj tute sufiĉas por mi por la tuta tago. [Dumpert].

Instruitulo kaj riĉulo. Unu instruitulo entreprenis gravan sciencan laboron, sed ne havis la rimedojn por ĝin efektivigi. Li vizitas unu riĉulon kaj petas lin pri helpo. La riĉulo rifuzas, kaj inter ili komenciĝas la sekvanta dialogo: *Riĉulo*: Mirinde estas, ke nur la instruituloj ĉiam venadas al la riĉuloj kaj ke la lastaj, kontraŭe, neniam venas al la instruituloj.--*Instruitulo*: Ĉar la instruituloj komprenas, ke al ili mankas mono, sed neniam la riĉuloj komprenas, ke al ili mankas scienco.--*Riĉulo*: Kial do la riĉuloj volonte oferas al blinduloj, lamuloj kaj similaj malfeliĉuloj, sed ne amas helpi al malriĉaj instruituloj?--*Instruitulo*: Ĉar ili timas, ke fariĝi en la estonteco blindaj, lamaj k. t. p. ili povas iam mem, sed fariĝi iam instruitaj ili neniam timas! [N. Kuŝnir.]

Demando. Kiu en la XVII-a centjaro portis la plej grandan ĉapelon? --Tiu, kiu havis la plej grandan kapon.

Kuraĝulo. Sinjoro! krias unu maljuna fraŭlino el la vagono al unu sinjoro, kiu volas tien eniri: tie ĉi estas la vagono por sinjorinoj! --Ho! respondas la sinjoro, enirante kaj dismetante siajn pakaĵojn, mi ne estas timemulo!

Memfarita homo. Jes, miaj sinjoroj, predikas sinjoro A., trinkante sian glason en gaja kolegaro, mia devizo ĉiam estis: "la homo mem devas ĉion al si ellabori". Kiu mem al si helpas, al tiu ankaŭ Dio helpas! La 50000 frankojn, kiujn mi posedas, neniu al mi donacis kaj ankaŭ de neniu mi ilin heredis,--ne, mi mem ilin gajnis en la loterio!

Malfeliĉa komercisto. Juna homo, kiu en sia urbo havis nenian okupon, venis Londonon, por serĉi helpon ĉe unu sia parenco. Tiu ĉi lasta donis al li kelkan nombron da ĉapoj kaj konsilis al li stari sur la strato kaj vendi ilin. Ĝoja, ke li nun povos iom perlabori, la junulo prenis la ĉapojn kaj iris kun ili sur unu homplenan straton kaj sidiĝis en unu oportuna anguleto. Vespere li revenas al la parenco, kaj tiu ĉi demandas: Nu, ĉu vi multe vendis?--Ha, malgaje respondas la junulo, eĉ unu ĉapon mi ne vendis!--Ĉu vi al neniu proponis? kion do vi faris la tutan tagon?--Mi tenis la ĉapojn bone kaŝitajn en mia korbo, por ke la polvo ilin ne malbonigu, sed proponi al iu mi ne trovis okazon en la daŭro de la tuta tago, ĉar el la granda amaso da homoj, kiuj pasis antaŭ mi, ĉiuj havis jam ĉapojn sur la kapoj.

Apetito. Kial vi petas almozojn?--Ĉar mi volas manĝi, mia bona sinjoro.--Kial do vi ne laboras?--Ha, kiam mi laboras, mi ankoraŭ pli volas manĝi.

Niatempa amo. Mi vin amas . . .--Sed mi estas malriĉa.--Pardonu, vi ne lasis min elparoli ĝis la fino . . . mi amas vin ne tiel, por edziĝi je vi . . .--Ha, ha, ha! mi volis nur elprovi vin, mi havas grandegan kapitalon!--Pardonu, vi tamen ne lasis min fini; mi amas vin ne tiel, por edziĝi je vi pro via mono.

Zorgo. Vi estas tiel malgaja, al vi kredeble faras zorgojn viaj kreditoroj?--Jes, miaj kreditoroj *estontaj*, ĉar mi ĉiam zorgas, de kiu mi nun povos ankoraŭ prunti.

Proceso. En unu societo oni demandis pentriston, kiel oni povas la plej reliefe prezenti du procesantojn, el kiuj unu gajnis la proceson kaj la dua ĝin perdis.--Mi pentrus la unuan en ĉemizo kaj la duan nuda, respondis la pentristo.

El la pasintaj tempoj. La imperiestro Paŭlo ordonis, ke ĉiuj preterveturantaj sur la strato, renkontante lin, eliru el la kaleŝo kaj donu al li la reĝan honoron per saluto. Escepto ne estis farita ankaŭ por sinjorinoj. Unu fojon la imperiestro rajdis promene sur la strato en kota tago. Sur la strato montriĝas rapide veturanta kaleŝo, en kiu sidas elegante vestita sinjorino. Venante preter la imperiestro, la veturigisto haltigas la ĉevalojn, kaj la sinjorino rapide elrampas el la kaleŝo. La imperiestro, domaĝante ŝian riĉan veston, ekkriis: "sidiĝu!" La sinjorino ektimigita rapidas plenumi la ordonon kaj momente sidiĝas . . . sur la koton de la strato. Paŭlo rapide desaltis de la ĉevalo, alkuris al la sinjorino kaj, preninte ŝin sub la brakon, alkondukis kaj sidigis ŝin en la kaleŝon. Oni diras, ke al sia ordono la imperiestro poste faris rimarkon, ke virinoj estas liberaj de tia donado de honoro. [M. Solovjev.]

Brava vojaĝisto. Vojaĝisto, rakontante kelkajn el siaj aventuroj, diris al la societo, ke li kaj lia servanto kurigis 50 sovaĝajn arabojn; kaj kiam tio ĉi ekscitis miron, li aldonis, ke ĝi ne estas mirinda, "ĉar, li diris, ni eniris, kaj ili kuris post ni."

[B. G. Jonson.]

Du tajloroj. Barono N., reveninte hejmen de sia somera veturado en diversaj landoj, venigis kun si kelkajn metrojn da ŝtofo por surtuto. La ŝtofo estis la plej kara, kiun li povis trovi en kompetentaj magazenoj, kaj kompreneble ĝi estis bonspeca kaj belkolora. Kiam la barono elripozis de la vojaĝo, kiun oni en tiu tempo faradis per ĉevaloj, li vokis sian konatan tajloron, por kudri la surtuton. Tiu ĉi mezuris la longecon kaj dikecon de la barono, mezuris la ŝtofon, signis per kreto unu fojon kaj duan kaj fine, kvazaŭ bedaŭrante, diris:-- Via barona moŝto! el tiu ĉi ŝtofo surtuto ne povas esti eltranĉita, ĉar por ĝi malsufiĉas ankoraŭ unu metro.... La barono, kiu sciis, ke la ŝtofo estas venigita de malproksime kaj aĉeti de ĝi ankoraŭ metron estas preskaŭ io neebla, ĉagreniĝis. Post kelkaj tagoj li ekpensis kaj vokis alian, novan tajloron kaj montris al li la ŝtofon. Tiu ĉi pripensis, mezuris kaj fine li promesis ellabori oportunan surtuton. Kelkaj tagoj pasis, kaj la tajloro efektive plenumis sian vorton: li alportis pretan surtuton sufiĉe vastan kaj tiel longan, ke li devis ankoraŭ subtranĉi. Kun mirego la barono vestis la surtuton, kaj ĝoja li bone rekompencis la tajloron, kiu iris domen. Post kelkaj semajnoj, en unu tago de festo, la barono, promenante sur la strato, vidis knabon, havantan la aĝon de ĉirkaŭ sep jaroj, kiu portis manteleton el tia sama ŝtofo, kiel lia surtuto. Li ekkoleris, sed lia miro estis pli granda, ol la kolero. Demandinte, kies estas tiu ĉi knabo, li sciiĝis, ke li estas filo de la tajloro, kiu kudris lian surtuton. Veninte domen li sendis voki tiun ĉi tajloron. Tiu ĉi venis, kaj la barono diris al li:--Ke vi ŝtelis pecon da ŝtofo kaj ke vi faris al via filo veston el tiu sama ŝtofo, kiel mia surtuto, mi pardonas al vi; sed diru al mi: mi ja vidas, ke de mia ŝtofo ankoraŭ restis, kial do mia konata tajloro, kiu bone komprenas sian laboron, diris, ke neniel ĝi povas esti sufiĉa por surtuto? La tajloro rediris:--Tute simple, via barona moŝto! ĉar lia filo havas jam la aĝon de dekdu jaroj." [E. Neŭmark.]

La juĝisto de Reading. El la anekdotoj, kiuj rakontas pri Henriko VIII de Anglujo, estas nenia, kiu montrus lin de aminda flanko; sed nenia estas tiel karakteriza, kiel la sekvanta. La reĝo unu tagon sur la ĉaso perdis la vojon kaj venis ĉirkaŭ tagmezo en la vilaĝon Reading. Malsata li iris al la juĝisto kaj petis manĝon kaj trinkon. La juĝisto, kiu prenis lin por simpla gvardiano, akceptis lin kore kaj donis al li sur la tablon bovan langon kaj kruĉon da biero. La reĝo manĝis kun apetito, kaj la mastro amike rimarkis:--Mi donus cent funtojn da sterlingoj, se bova lango povus havi por mi tian bonan guston kiel por vi. Post paso de unu semajno la juĝisto estis vokita Londonon kaj metita en malliberejon. En daŭro de ok tagoj li ricevadis nur panon kaj akvon, fine la naŭan tagon oni donas al li langon de bovo kaj kruĉon da biero. La malliberulo esprimas sian miron; sed la gardisto de la malliberejo restas muta por ĉiuj liaj demandoj. Tiel la juĝisto, ne ricevinte klarigon, komencas manĝi la langon de bovo, kiu efektive havas por li tre bonan guston. Subite pordo malfermiĝas, kaj la reĝo eniras.--Mi estis via kuracisto, diras Henriko VIII al la surprizita juĝisto; mi sanigis vian malfortan stomakon. Pagu al mi sekve mian honorarion de cent funtoj da sterlingoj, kiun vi mem difinis, alie vi restos tie ĉi la tutan vivon. La juĝisto pagis kaj forlasis Londonon. Kion li pensis pri la dankemeco de la reĝo, la historio al ni ne rakontas.

Malgrandruso kaj soldato. Oni diras, ke la soldatoj estas saĝaj homoj--rakontas malgrandrusa vilaĝano, veninta el Kievo, kien li iris preĝi, al siaj kunvilaĝanoj--sed tio ĉi estas mensogo; jen mi donos al vi ekzemplon. Unu fojon mi iras en Kievo sur la strato; ekvidinte tre altan domon, mi levis la kapon, rigardante ĝian supron. --Kion vi rigardas, hundinido? ekkriis alsaltinta al mi soldato.--Mi kalkulas la korvojn, kiuj staras sur la tegmento, mi timege respondis, kaptante la ĉapon en la manon.--Kiom do vi kunkalkulis, hundinido? li denove ekkriis.--Dek tri, mi respondis.--Pagu do tuj dek tri rublojn, hundinido, ĉar, se vi ne pagos, mi tuj vin transdonos al la guberniestro, li kolere ekkriis. Mi estis ĝoja liberiĝi de li kun tia malgranda sumo, kaj, paginte, mi forkuris, eĉ ne rerigardante posten. Sed vi pensas, ke mi kunkalkulis nur dek tri korvojn? ho, ho, mi trompis la soldaton: mi kunkalkulis pli ol kvardek korvojn kaj pagis nur dek tri rublojn! [N. Kuŝnir.]

Tranĉanta komplimento. A: Kiel plaĉas al vi mia versaĵo? Ne vere, feliĉa ideo?--B: Jes, jes, la ideo estas jam per tio feliĉa, ke ĝi *elsaltis* el via kapo.

El la historio. A: Kial Hanibalo iris trans la Alpojn?--B: Ĉar tiam la tunelo ne estis ankoraŭ preta.

En la juĝejo. Juĝanto: Kiel oni vidas el la preparaj aktoj, la ŝtelado estas via *profesio*!--*Juĝato*: Kion do vi volas, sinjoro juĝanto, ke mi ŝteladu por *plezuro*?

Telegrama stilo. Juna edzino naskis filinon. La edzo volis sciigi la patron de sia edzino pri tiu ĉi fakto, aldonante, ke la fakto havis lokon en la sepa horo matene kaj ke poste per letero li skribos pli detale. Li telegrafas: "Hodiaŭ matene sepa filino naskita. Poste pli."

La pafanto. Leŭtenanto: Ni supozu, ke la malamiko staras tie ĉi antaŭ la arbo. Laŭ la komando "tri" vi ekpafos sur la arbon. Sekve atentu: unu--du--tri! ... Ha, mallerta urso, vi pafis ja *preter* la arbon!--*Rekruto*: Nu, kion do ĝi malutilas, sinjoro leŭtenanto? Kiam la malamiko efektive venos, tiam ja certe ne ĉiuj staros *antaŭ* la arbo, kelkaj staros ankaŭ *apud* la arbo!

Verkistino:--Ha, kara Julio, se mia artikolo "Kontraŭ la ornamiĝamo de la virinoj" estos presita, tiam mi por la honorario tuj aĉetos al mi pluŝan matenveston kun pelta ĉirkaŭkudro.

Juna mastrino (aranĝante kun la kuiristino la manĝotabelon por vespera kolektiĝo): Por la dua manĝo ni prenos angilon!--*Kuiristino*: Kiom vi ordonas, ke mi prenu, sinjorino?--*Mastrino:* Mi pensas, ke estos sufiĉe ĉirkaŭ dek metroj!

Mastrino (invitante la gaston manĝi):--Mi petas, prenu! Estu tute kiel dome; mi amas, ke miaj gastoj estu dome!

Fraŭlino: Vidu, estimata sinjorino, tio ĉi estas ĉio, kion ni volas! Ne vere, nun vi jam scias, kio estas la tiel nomata virina demando?--*Sinjorino*: Mi konas nur unu virinan demandon, kaj tiu ĉi estas: ĉu li jam estas edzigita?

Raporto. En Londono unu krimulo devis esti mortigita. Antaŭ sia morto li malsaniĝis kaj oni lin sendis en la malsanulejon. Post unu semajno la ĉefa kuracisto skribis al la juĝejo: "La arestito N. saniĝis, kaj oni povas lin mortigi sen malutilo por lia sano." [S. B-n.]

La ŝuldo. La malgranda Nikoĉjo, promenante kun sia patrino sur la bordo de rivero, per nesingardo tien enfalis. Unu junulo, vidinte tion ĉi, kuraĝe sin ĵetis en la akvon kaj eltiris la knabon. La patrino dankas la savinton:--Ha, sinjoro!... mi ne scias, kiel vin danki!... vi savis mian fileton!....--Ho, sinjorino, li rediris, ĝi ne estas inda je danko, ĝi estas ŝuldo de ĉiu.--Ha, kion vi diras!... Ĉu vi estos tiel bona ankaŭ eltiri lian pajlan ĉapon? Jen ĝi naĝas. [Malgranda poeteto.]

Konjektemeco. En la pafado unu soldato memvolulo neniel povis trafi la celon. La oficiro prenas lian pafilon kaj, rigardante lin kun riproĉo, diras:--Nu, vi estus trafema pafisto! La oficiro ekcelas. Paf!... maltrafo.--Jen kiel vi pafas! Li ekcelas la duan fojon-- paf!... denove maltrafo.--Jen kiel vi pafas! La oficiro ekcelas la trian fojon--paf! li trafis.--Tiel oni devas pafi, diras la oficiro, redonante la pafilon. [Malgranda poeteto.]

Advokato kaj kuracisto disputis pri tio, kiu el ili staras pli alte. Oni demandis tiam la poeton Piron'on kaj petis lin solvi la disputon.--La fripono iras ĉiam antaŭe, kaj la ekzekutisto lin sekvas, estis la respondo.

Jonathan Swift kaj la servanto. La glora aŭtoro de la "Vojaĝoj de Gullivero" estis granda amanto de pleŭronektoj (speco de fiŝoj = germana "Steinbutte"). Tion ĉi sciis lia adoranto kaj bonfaranto, lordo Temple, kiu ofte sendadis al li grandajn fiŝojn de tiu ĉi speco. La satiristo ĉiam kun plezuro ilin akceptadis, sed al la alportanta servanto li neniam donadis trinkmonon. Tio ĉi kolerigis la servanton, kaj, kiam li unu fojon denove devis iri al Swift, por alporti al li grandan pleŭronekton, li montris sian nekontentecon iom maldelikate. Tuj Swift leviĝis, sidigis la servanton sur sian seĝon kaj diris: --Mia amiko, vi ne scias, kiel oni devas plenumi komision; mi montros ĝin al vi. Swift prenis la pleŭronekton kaj alpaŝis malrapide kaj respektege al la servanto.--Mia sinjoro, li diris, salutas vin kaj petas vin, sinjoro Dekano, akcepti tiun ĉi malgrandan donacon. Nun la servanto sin levis kaj respondis:--Mi petas tre kore danki vian sinjoron. Kun tiuj ĉi vortoj li metis la manon en la poŝon, eltiris duonon da krono kaj premis ĝin al Jonathan Swift en la manon.-- Goddam! ekkriis tiu ĉi, vi estas pli saĝa, ol mi pensis. Mi rimarkos al mi la instruon kaj jam pli ne forgesos pri la trinkmono.

Kiam Swift prenadis novajn servantinojn, li ĉiam diradis al ili, ke ili en lia domo devas antaŭ ĉio observadi du aferojn: unue, fermi post si la pordon, kiam ili venas en ĉambron, kaj due-- denove fermi la pordon, kiam ili eliras. Unu fojon unu servantino petis de li la permeson iri al la festo de edziĝo de ŝia fratino.--Tre volonte, diris Swift, mi eĉ donos al vi ĉevalon kaj servanton por akompani, kaj vi povas ambaŭ kune veturi. Tute ekster si de ĝojo, la servantino, elirante, lasis la pordon ne fermita. Kvaronon da horo post ilia forveturo Swift ordonis seli alian ĉevalon kaj sendis sur ĝi rapide alian servanton kun la ordono revenigi ilin. Tiu ĉi trovis ilin en la mezo de vojo, kaj ĉu ili volis aŭ ne--ili devis veturi returne. Tute deprimita, la knabino eniris en la ĉambron de sia sinjoro kaj demandis, kion li ordonos.--Nenion pli ol nur ke vi fermu post vi la pordon, li diris kaj lasis ŝin post tio ĉi denove forveturi.

Ĉe tagmanĝo.--Mirinde! mi neniam povas manĝi bonan pecon da meleagro . . .--Kial do? ĉu vi havas tian strangan stomakon?--Ne, sed ĉar mia edzino ĝin ĉiam formanĝas.

En klubo.--Pardonu, sinjoro, ĉu ne kun sinjoro Fredo mi havas la honoron paroli?--Ne.--Mi tiel ankaŭ tuj pensis al mi! Vi ne estas eĉ simila je sinjoro Fredo.

Instruita mimikisto. En la tempo de la servuta rajto S.

Peterburgon alveturis unu instruita mimikisto, kiu publike anoncis, ke li povas per diversaj signoj de manoj paroladi ne sole pri ordinaraj objektoj de la ĉiutaga vivo, sed eĉ pri objektoj de filozofio, kaj li fanfaronis, ke neniu povos kun li eĉ iom interparoli. En tiu sama tempo en S. Peterburgo estis iu bienhavanto kun sia servutulo. Eksciinte pri la anonco de la mimikisto, la bienhavanto sendis al li sian servanton, al kiu li ordonis nepre paroli kun la mimikisto. Tiu venis.--Ĉu vi efektive povas libere paroli per mimiko? oni demandis la vilaĝanon. --Mi eĉ ne scias, kio ĝi estas "per mimiko", li respondis. Je tiu ĉi respondo ĉiuj multe ridis, tamen oni klarigis al la vilaĝano, ke "paroli per mimiko" estas tio sama, kio "paroli per signoj de manoj".-- Ha, mi komprenas! diris la vilaĝano, per manoj ... per manoj mi povas paroli tre bone: mi tiel ofte parolas, ĉar mi havas mutan fraton. --Kiam la instruitulo eksciis, kun kiu li devos paroli per mimiko, li forte ekridis kaj antaŭ atestantoj promesis doni al la vilaĝano tricent rublojn, se li efektive povos klariĝadi per mimiko aŭ almenaŭ ion kompreni el tio, kion li, instruitulo, al li parolos; tiun ĉi promeson la instruitulo konsentis eĉ doni per skribo. La bienhavanto, al kiu apartenis la nova mimikisto, ankaŭ promesis doni al li plenan liberon kaj dudek orajn monerojn, se li kompreniĝos kun la instruitulo per mimiko.--Sed se vi ne povos interparoli, vi ricevos dudek kvin bastonojn, aldonis la bienhavanto, ĉu vi volas aŭ ne?--Jes, mi konsentas kun plezuro, respondis la vilaĝano. Kaj jen en difinita horo la du mimikistoj eniris en la salonon kaj sidiĝis unu kontraŭ la dua. Tie ĉi ankaŭ sidis multegaj atestantoj, kun sciemo atendante la interesan paroladon. La instruitulo komencis la unua. Dezirante provi la scion de la vilaĝano, li montris al li unu fingron (tio ĉi en la mimiko de la instruitulo devis signifi: "Dio estas unu"). La vilaĝano, respondante, montris du fingrojn. La instruitulo ekmiris, sed li pensis, ke tio ĉi estas simpla okazeco. Li montris al la vilaĝano manplaton (signo de regno); la vilaĝano tuj montris al li pugnon. La instruitulo kaj ĉiuj alestantoj estis tre mirigitaj, precipe la instruitulo. Li ruĝiĝis de ĉagreno kaj kun kolero li montris supren kaj malsupren (tio ĉi signifas: "Dio estas en la ĉielo kaj sur la tero"). Ĉiuj ekrigardis la vilaĝanon. Li en tiu sama minuto eltiris antaŭen la manojn kaj faris signon, kvazaŭ li ion trenas. Ĉiuj estis senfine mirigitaj, la instruitulo eĉ eksaltis; li sentis sin mortigita! Li rapide elprenis el la poŝo monujon kaj tuj elkalkulis al la vilaĝano tricent rublojn, kiujn lia kunparolanto prenis kaj trankvile kaŝis en sian poŝon. Neniu komprenis, pri kio parolis la mimikistoj, kaj tial oni decidis demandi aparte la instruitulon kaj la vilaĝanon, pri kio ili interparolis. Antaŭe estis forigita la vilaĝano. Tre ekinteresitaj, la alestantoj kun sciemo kaj malpacienco atendis, kion diros la instruitulo. Tiu ĉi rapidis trankviligi ilian malpaciencon:--Mi neniam ankoraŭ renkontis homon, kiu povus tiel libere klariĝi per mimiko! Mi mem tre ofte pensas, antaŭ ol mi ion diras, kvankam mi lernis tiun ĉi malfacilan sciencon preskaŭ tridek jarojn! Tio ĉi estas tre mirinda! simpla, tute ne instruita vilaĝano, kaj tiel libere respondas per mimiko tiajn pure filozofiajn demandojn! Tre mirinde, tre mirinde!--Sed diru do al ni, sinjoro, pri kio vi interparolis?--Vidu, sinjoroj: unue, en la komenco de la parolado, mi diris al la vilaĝano, ke Dio estas unu. Li al mi respondis, ke Dio estas kvankam unu, sed Li tamen estas duobla, ĉar Li estas samtempe Dio kaj homo. Tiun ĉi ideon la vilaĝano esprimis per signo de du fingroj. Mi pensis, ke li okaze respondis al mi vere. Tial mi ŝanĝis la temon de la parolado, kaj mi montris al li manplaton, esprimante per tiu ĉi signo, ke Rusujo estas bonkonstruita regno,--kaj li respondis al mi, ke Rusujo estas regno unupotenca kaj estas sub la sceptro de Imperiestro (pugno signifas sceptron). Tiam mi ree min turnis al la unua temo, kaj montrinte supren kaj malsupren, mi diris per tiu ĉi signo, ke Dio estas en la ĉielo kaj sur la tero; kaj li flnis mian penson, dirante, ke Dio estas ĉie. Ĉio tio ĉi min konvinkis, ke tiu ĉi simpla vilaĝano, tiu ĉi malklerulo, tute libere povas paroli per mimiko, kaj mi antaŭ li min klinas.--Oni vokis la vilaĝanon kaj ankaŭ lin petis rakonti, pri kio li parolis kun la instruitulo. "Ni preskaŭ nenion parolis, diris la vilaĝano; ni nur minacis unu al la dua: li al mi, kaj mi al li. Mi, estimataj sinjoroj, povas tute bone paroli per signoj de manoj, ĉar mi havas mutan fraton, kun kiu mi ĉiam tiel interparolas. Tiu ĉi sinjoro (li montris la mimikiston) montris al mi fingron, kaj mi tuj komprenis, ke li volas al mi elpiki okulon; kaj mi respondis, ke mi povas elpiki

71

al li eĉ ambaŭ okulojn (du fingroj). La sinjoro kredeble ekkoleris pro tiu ĉi respondo kaj diris al mi, ke li donos al mi survangon (manplato); kaj mi respondis, ke mi mem preferas pugnon, kiu iafoje tre bone efikas. Tiam la sinjoro, tute ekkolerinte kaj dezirante kredeble min timigi, diris, ke li min supren levos kaj poste ĵetos al la tero. Mi respondis al li, ke se li provus tion ĉi fari, mi prenus lin per la haroj kaj trenus sur la planko. Tio ĉi estas ĉio, pri kio ni parolis". En la salono eksonis laŭta ridego de ĉiuj alestantoj, kaj la malfeliĉa instruita mimikisto tute ne sciis, kion fari: tre konfuzita, li nur mordis la lipojn kaj silentis. En tiu ĉi sama tago li forveturis el S. Peterburgo. [V. Devjatnin.]

Profesoro de zoologio N. tre ne amis, kiam la studentoj malfruis al la komenco de la lekcio kaj tiam, interrompante sian legadon, li ĉiam esprimadis sian malplezuron al la malfruinta studento. Unu fojon, kiam la profesoro legis pri ĉevalo, eniris en la legejon iu malfruinta studento. Al la miro de la studentoj, kontraŭ sia kutimo la profesoro nenion diris al la studento kaj daŭrigis sian legadon. Fininte la legadon pri ĉevalo, li diris:--Nun, sinjoroj, post la "ĉevalo" ni transiru al la "azeno", kaj, turninte sin al la malfruinta, li diris: Mi petas, sidiĝu.--Ne maltrankviligu vin, sinjoro profesoro, respondis la studento, mi povas aŭskulti azenon ankaŭ starante. [A. Gruenfeld.]

Inter bopatroj. Ĉu vi estas kontenta je via nova bofilo?--Ho, ne forte, mi faris tre malbonan elekton.--Per kio?--Vidu, mia kara, li ne povas trinki, li ne scias ludi kartojn, kaj al ĉio li havas ankoraŭ mirindan talenton de parolado.--Kion do vi volas? mi vin ne komprenas! Tio ĉi estas ja ĉiuj nur tre bonaj ecoj!--Sed vidu: li ne povas trinki kaj trinkas, li ne scias ludi kartojn kaj ludas; se li ne estus granda parolanto, tiam mi sola scius, ke li estas malsaĝa,--nun la tuta mondo tion ĉi scias.

Avarulo, elirante el la preĝejo, kie la pastro parolis pri bonfarado, diris:--La prediko tiel min tuŝis, ke mi mem estas preta peti almozojn. [P. Koĉergov].

Gradeco de riproĉoj. La ministro diris al la direktoro: La opero iris tre bone, nur la ĥoroj lasis ion por deziri.--La direktoro iras al la reĝisoro:--Sinjoro reĝisoro, mi havas kaŭzon esti nekontenta je la ĥoro; mankas al ĝi energio; mirinde estus, se lia ministra moŝto ne akceptus ĝin de malbona flanko. La reĝisoro iras al la kapelestro:--Sinjoro kapelestro, mi devas diri al vi, ke la ĥoroj estis hodiaŭ ekstreme malbonaj, tiel malbonaj, ke mi timis la falon de la opero. Mi vin petas, observu, ke ĝi estonte iru pli bone. La ministro severe punos. La kapelestro rapidas al la direktanto de la ĥoroj.--La ĥoroj estis hodiaŭ absolute abomenaj. Unu rapidas, alia restas, unu kantas tro alte, alia tro malalte, tute kiel strataj buboj. La reĝisoro orde vin regalos kaj bone faros. La sekvantan tagon la direktanto, alestante ĉe la provo de la ĥoranoj, diras:--Vi kriegis hieraŭ kiel brutaro; estas honto kaj abomeno! Ĉu vi ne havas orelojn, ne havas ideon pri takto, ke vi kantas kiel sovaĝuloj? Mi miras, kial la kapelestro ne ĵetis al vi la notojn en la vizaĝojn kaj ne forpelis ĉiujn al la diablo! Mi ripetas, vi kantis kiel brutaro, kaj se tiel okazos ankoraŭ unu fojon, mi vin ĉiujn dispelos kiel bestojn! [P. Koĉergov.]

Francisko I, reĝo de Francujo vizitis la papon Leonon X. La reĝo, mirigita de la lukso de la kortego de la papo, diris, ke laŭ la rakonto de la biblio la religiaj kondukantoj vivis malriĉe kaj simple.-- Vero, respondis la papo, sed tio ĉi estis tiam, kiam la reĝoj paŝtis brutarojn. [P. Koĉergov.]

Kion oni amas plej multe? Havante unu jaron--sian nutristinon; kvin jarojn--la patrineton; dek jarojn--la lernan libertempon; dekses jarojn--la liberecon; dudek jarojn--sian amatinon; tridek jarojn--sian edzinon; kvardek jarojn--siajn infanojn; sesdek jarojn --sian oportunecon; en ĉiuj tempoj--sin mem. [K. O. S--m.]

Senkulpiĝo. Sinjorino, forlasante sian servantinon: Jes, mi bedaŭras, sed mi ne povas repreni el via serva libro mian ateston pri via nepuremeco. Rigardu do mem ekzemple la malpuraĵon de muŝoj tie ĉi en la angulo.--*Servantino:* Tio ĉi ja estas ne mia kulpo! tiu ĉi malpuraĵo jam estis, kiam mi antaŭ jaro komencis mian servadon ĉe vi.

La leĝisto: Despota urbestro ofendis unu urbanon. La urbano rakontis sian malfeliĉon al unu el siaj konatoj, kiu pretendis, ke li estas granda konanto de la leĝoj. Indigne ekkriis la konato:-- Kiel li kuraĝis tion ĉi fari! mi tuj iros al la urbestro kaj montros al li, ke li ne konas la leĝojn, kaj mi devigos lin, ke li sur la genuoj petu de vi pardonon! Ili ambaŭ iris al la urbestro; la leĝisto eniris en la loĝejon, la ofendito jam preparadis sin, kiel li akceptos la pardonpetantan urbestron, tamen li ne estis sufiĉe kuraĝa kaj restis post la pordo. Post kelkaj minutoj la kuraĝulo eliras.--Nu, kia rezultato? demandis la atendanta.--Ha, respondis la kuraĝulo, mi tute ne atendis, ke li estos tia maldelikatulo! Prezentu al vi, kiam mi komencis mian riproĉan parolon, li tuj volis doni al mi du survangojn!--Kiel vi scias, ke li volis tion ĉi fari?--Se li ne volus, li ja tion ĉi ne farus, kaj se li faris, tio ĉi ja montras tute sendube, ke li tion ĉi volis.--Kaj vi silentis?--Enirinte al li, mi forgesis lin bone titoli, kaj ekzistas leĝo, ke se oni iun salutas per pli malalta titolo, ol li havas, li havas la rajton doni al vi tri survangojn.--Sed vi ja ricevis nur du!--Ha, mi forgesis; vidu, ekzistas leĝo, ke se la punata falas sur la teron, li jam pli da survangoj ne devas ricevi.--Kial do vi ne falis sur la teron tuj post la unua survango?--Ekzistas alia leĝo, ke tiel longe, kiel oni ĉe la survangoj havas ankoraŭ la forton stari sur la piedoj, oni devas stari. --Kaj kio estos kun mia ofendo?--Iru mem kaj provu ŝovi al li en la manon kelkan sumon da mono, eble li al vi pardonos. Mi nenion kun li povas fari, ĉar mi vidas, ke li mem scias ĉiujn leĝojn parkere kaj havas ilin ĉiam sub la mano.

La inkujo: Knabo aĉetis boteleton da inko kaj rapidis domen. En la mezo de la strato la inkujo elfalis el lia mano kaj rompiĝis kaj la tuta inko elverŝiĝis sur la teron. Konfuzite la knabo staras kaj malgaje rigardas la elverŝitan inkon.--Nu, kion vi staras, mia knabo? diris unu preteriranto; vi jam elskribis la tutan inkon kaj nun vi povas trankvilo iri domen!

Principo. Luigantino de ĉambro: Antaŭ ol vi enloĝiĝas en mian ĉambron, mi devas al vi rimarki, ke mi amas, ke oni akurate pagu la luan pagon.--*Studento*: Tio ĉi estas ankaŭ mia principo; aŭ akurate, aŭ tute ne!

Malbona memoro. De kio vi havas tian embarasan mienon?-- Ha, prezentu al vi mian teruran situacion: mi petis hieraŭ fraŭlinon Marion pri ŝia mano kaj mi ne memoras, kion ŝi al mi respondis: jes aŭ ne....

Neniom malhelpas. Sinjoro venas domen laca kaj malsata. Lia sesdekjara kuiristino donas al li la tagmanĝon, kiu estas preparita tre malbone.--*Sinjoro:* Aŭskultu, Antonino, diru al mi malkaŝe, kial vi ne prenas oficon de nutristino? ĝi estas ja multe pli enspeza, ol la ofico de kuiristino.--*Kuiristino*: Ha, sinjoro, vi ŝercas! Kiel do ĝi estus ebla? ĉu mi povus nun esti nutristino?--*Sinjoro*: Neniom malhelpas! Kuiristino vi ja ankaŭ tute ne povas esti kaj tamen estas!

Bonigo. Fianĉino: Diru, ĉu estas vero tio, kion mia patrino al mi diris?--*Fianĉo:* Kion do?--*Fianĉino*: Ke vi edziĝas je mi, ĉar mi poste havos grandan sumon da mono.--*Fianĉo*: Sed mia infano, kontraŭe! estus al mi eĉ pli agrable, se vi ĝin havus jam nun.

Tro granda postulo.--For! al sanaj kaj fortaj mi almozon ne donas.--Kiel vi volas; pro viaj kelkaj centimoj mi al mi piedon ne rompos.

Teruraj infanoj: Onklino parolas kun malgranda nevo, kiu ĵus venis el la lernejo.--Nu, ĉu vi lernis aritmetikon?--Certe!--Kion do vi lernis?--Deprenadon.--Aha! sekve se mi diros al vi, en kiu jaro mi naskiĝis, ĉu vi povos diri, kian aĝon mi havas?-- Oho! tiajn grandajn nombrojn ni en la lernejo ankoraŭ ne lernis.

Mirindaĵo en la medicino. En unu societo oni parolis pri medicino. Unu el la alestantoj diris, ke la unua montrilo en la plej multaj malsanoj estas la lango kaj se la lango estas kovrita, tio ĉi jam montras, ke la homo ne estas sana.--Kaj tamen, rimarkis alia, mi konas unu sinjorinon, kies lango ĉiam estas kovrita per tre dika tavolo da ĉikanoj kaj kalumnioj kaj ŝi tamen estas tute sana.

Ne volonte. *Juĝanto*: Viaj respondoj estas ĉiuj fonditaj sur plena vereco?--*Juĝato*: Vorto post vorto, Via moŝto! ke mi mortu, se mi iom mensogas!--*Juĝanto*: Sekve vi estas preta ankaŭ ĵuri pri ili?--*Juĝato*: Hm . . . ne tre volonte, sinjoro.

Neprospera aludo. Kara edzo, la kuracisto diras, ke mi bezonas min distri, vidi aliajn vizaĝojn ĉirkaŭ mi . . .--Nu, en tia okazo mi tuj forlasos vian servantaron kaj dungos aliajn.

Naive: La somerloĝo, kiun mi luigas, sin trovas, kiel vi vidas, apud la arbaro mem. La odoron de la abioj vi havos ĉiam en la ĉambro. Provu nur la odoron! Belega, ravanta! Kaj kiel saniga! Ĉu vi eble havas iun malsanan je la brusto en via estimata familio?--Ne!--Ha, efektiva domaĝo!

Malegala legado. Patrineto, mi ricevis leteron de sinjoro Roberto, li petas mian manon; ĉu vi permesas, ke mi ĝin donu al li?--Sinjoro Roberto? Ho, mia naiva, ĉu vi bone komprenas la dezirojn de sinjoro Roberto?--Legu do mem, patrineto, kion li skribas: "Fraŭlino, donacu al mi vian manon! mi povas vivi nur por vi! Per floroj kaj baloj mi plenigos vian tutan vivon! Kun via kiso mi iros al la fino de la mondo!" --Ha, ha, ha! sed vi ja tute ne bone legis la leteron! Rigardu, kion li skribas: Fraŭlino, donacu al mi vian monon! mi povas vivi nur per vi! Per ploroj kaj batoj mi plenigos vian tutan vivon! Kun via kaso mi iros al la fino de la mondo!"

Napoleono III kaj Benedetti. Napoleono III ofte mokadis siajn korteganojn. Tiel li diradis al Benedetti, lia konata ambasadoro, ke li havas bovan vizaĝon.--Mi ne scias, Via Imperiestra Moŝto, respondis unu fojon Benedetti al tiela ŝerco, ĉu mi efektive havas vizaĝon de bovo, sed mi tre bone scias, ke mi multajn fojojn prezentadis vian personon, kaj ĉiam kun tiu ĉi sama vizaĝo, kiun mi nun havas. [I. Lojko.]

Neantaŭvidita respondo. Unu provincano, veninte Romon, turnis al si la atenton de ĉiuj per frapanta simileco kun la imperiestro Aŭgusto. Tiu ĉi ordonis, ke oni alkonduku al li la similulon kaj, rigardante lin atente, li diris:--Junulo, ĉu via patrino neniam estis en Romo?--Ne, Sinjoro, respondis la provincano, sed mia patro ofte tie ĉi estadis. [I. Lojko.]

Kulereto. En bona restoracio estas granda amaso da homoj, kiuj manĝas kaj trinkas. Apud du tabletoj, proksime de la enirejo, sidas du sinjoroj: unu jam nejuna kun friponeta vizaĝo; antaŭ li sur la tablo staras malplena glaseto kaj telero kun duono da pantranĉo kun ŝinko; la dua--juna homo, dande vestista, videble ĵus sidiĝinta apud la tableto; li detiris siajn ŝamajn gantojn kaj disbutonumas la superveston. La nejuna sinjoro legas gazeton kaj de post ĝi li de tempo al tempo ĉirkaŭrigardas la publikon.--Servanto! vokas la juna dando: tason da kafo kaj pasteĉeton! Post kelkaj minutoj la servanto alportis. La juna homo komencas trinki la kafon, rigardas ĉirkaŭen sur ĉiuj flankoj kaj subite kaŝas la kulereton de sia kafo en la poŝon. Tion ĉi rimarkis la maljuna sinjoro. Li vokas la servanton. Tiu ĉi aperas.--Tason da kafo kaj pasteĉeton! La postulitaĵo estas alportita. La sinjoro manĝas.--Se vi volas, mi montros al vi ĵonglon, li diras al la servanto, alvokinte lin. La servanto ridetas. --Rigardu: ĉu tio ĉi estas kulereto?--Jes, sinjoro.--Kie do ĝi estas nun? demandis la sinjoro, rapide kaŝante la kulereton en la poŝon.--En via poŝo.--Ne, ne en mia, sed en la poŝo de tiu ĉi juna sinjoro. La servanto senvole returnas sin al la dando. Tiu ĉi suprensaltas.--Volu, sinjoro, elpreni la kulereton el via poŝo, turnas sin al li la nejuna homo. Vole-ne-vole la dando enŝovas la manon en la poŝon kaj eltiras la kulereton.--Nu, vi estas vera ĵonglisto, li rimarkas konfuzite.--Jes. Prenu por la kafo; la brando estas pagita, diras la ĵonglisto, ĵetante moneron sur la tablon, kaj foriĝas, akompanata per salutoj de la mirigita servanto kaj forportante la kaŝitan kulereton. [I. Lojko.]

La poeto Pope. La angla reĝo, vidinte unu fojon sur la strato Pope'on, konatan poeton, sed ĝibulon, diris al sia sekvantaro:--Mi volus scii, por kio taŭgas tiu ĉi hometo, kiu iras tiel malrekte. Pope aŭdis tiujn ĉi vortojn kaj, turninte sin al la reĝo, li ekkriis: Por igi vin rekte iradi. [I. Lojko.]

Frideriko la Granda amis disputojn kaj havis la kutimon fini ilin per ekbato de piedo en la genuon de la kundisputanto. Unu fojon, havante fortan deziron disputi, li demandis unu korteganon, kial li ne diras al li sian veran opinion.--Estas maloportune, respondis tiu ĉi, diri siajn opiniojn al reĝo, kiu havas tiajn fortikajn konvinkojn kaj tiajn solidajn botojn. [N. B.]

Unu generalo demandis unu junan soldaton, ĉu estas sufiĉa por li la porcio da pano, kiun li ĉiutage ricevas.--Jes, Via Generala Moŝto.--Kaj eble io ankoraŭ restas?--Jes, Via Generala Moŝto.-- Kion do vi faras kun la restaĵo?--Mi ĝin formanĝas, Via Generala Moŝto. [N. B.]

Rusa oficiro, ricevinte de unu alilandulo elvokon al duelo, sendis al li kiel sekundanton unu sian kolegon. Oni prezentas al li la sekundanton de la kontraŭa flanko, malgrandan kaj tre dikan homon. --Ĉu vi scias nian kutimon, demandis la lasta, ke se la batalantoj maltrafas, la sekundantoj devas batali?--Mi konsentas, respondis la oficiro.--Sed ĉu vi scias, daŭrigis la dika sekundanto, ke mi je dudek kvin paŝoj trafas en kvinkopekan moneron?--Mi ne scias, respondis la oficiro, ĉu mi trafos en tia interspaco en kvinkopekon, sed en tian ventregon, kiel via, mi trafos sendube. [N. B.]

Malriĉa saĝulo tagmanĝis ĉe avara riĉulo. La avarulo forŝovis la panon sur la tablo tiel malproksimen, ke la malriĉa gasto ne povis ĝin atingi. Ne estante ankoraŭ kontenta de tio ĉi kaj volante pli ĉagreni sian gaston, la avarulo turnis sin al li:--Mi aŭdis, ke vi estas tre saĝa homo, sed mi vidas, ke vi estas nelaborema: vi volas, ke aliaj laboru, dum vi mem sidas sur ili kiel parazito kaj manĝas kaj vestas vin per fremda kosto. Se, kontraŭe, vi estus laborema, vi povus fariĝi io, ekzemple ĉe mi kaj miaj komercoj.--Ne, mia bonfarema, respondis la saĝulo, kontraŭe: mi volus io fariĝi ĉe vi, sed vi ne permesas al mi...
.--Klarigu vin, diris la avarulo, ĉar mi vin ne komprenas.--Tute

simple, kun sarkasma rideto sur la lipoj respondis la saĝulo: mi volis ĉe vi fariĝi sata, sed vi ne permesas al mi. [N. Kuŝnir.]

Kontraŭ la germana leĝo pri la drinkemeco kelkaj gajaj filoj de la Marburga universitato en unu nokto faris al si la plezuron skribi per kreto sur la nigra tabulo de la universitata domo la sekvantan sentencon:--Kiu bone drinkas, tiu bone dormas; kiu bone dormas, tiu ne pekas; kiu ne pekas, estas bona homo; sekve: kiu bone drinkas, estas bona homo! Kian grandegan gajecon tiu ĉi sentenco la sekvantan matenon elvokis ĉe la studentoj, oni facile povas al si prezenti. [K. Huebert.]

Oni demandis la filozofon Malebranche pri la kaŭzo de la suferoj de la bestoj.--Ke la homoj suferas, tio ĉi estas komprenebla: Adamo manĝis la malpermesitan frukton; sed por kio suferas la bestoj?--Eble ili manĝis malpermesitan fojnon, respondis Malebranche. [N. B.]

Jubilea telegramo. Mallongan tempon post la 25-jara jubileo de la tago de apero de "Guberniaj Skizoj" de la rusa satiristo Ŝĉedrin-Saltikov havis lokon la ĉiujara kolega tagmanĝo de la studentoj de la N...a universitato. Unu el la alestantoj proponis, ke oni esprimu al la talenta satiristo la studentan gratulon je la pasinta jubileo. Lia ideo estis unuvoĉe akceptita kaj tuj estis kunmetita telegramo kun konvena teksto kaj kun la komuna subskribo: "Ĉiujare-tagmanĝantaj studentoj." Post unu horo de Ŝĉedrin venis respondo: "Dankas! Ĉiutage tagmanĝanta Ŝĉedrin."

Fortaj konvinkoj. Kiam Napoleono I forlasis la insulon Elbo kaj aliradis al Parizo, la Pariza gazeto "Moniteur" per la sekvantaj esprimoj sciigis pri tio ĉi siajn legantojn: (tago 1): *La malbenita hommanĝanto* eliris el sia nesto; (tago 2): *La korsika diablo* forlasis la ŝipon en la golfo Ĵuano; (tago 3): *La tigro* alvenis al Gano; (tago 4): *La monstro* pasigis la nokton en Grenoblo; (tago 5): *La tirano* trairis tra Liono; (tago 6): *La uzurpatoron* oni vidis en 60 mejloj de la ĉefurbo; (tago 7): *Napoleono* estos morgaŭ apud niaj fortikaĵoj; (tago 8): *La imperiestro* venis al Fonteneblo; (tago 9): *Lia Imperiestra Moŝto* enpaŝis hieraŭ en la palacon Tuilerian, ĉirkaŭita de siaj fidelaj regatoj.

Inter geedzoj.--La diablo prenu tian ordon! ĉiun fojon, kiam mi volas vesti novan ĉemizon, ĝi ĉiam estas sen butonoj!--Kiel vi ne hontas, grandaĝa viro, tiel brui pro kelkaj mankantaj butonoj! Rigardu la infanojn: ĉe ili la tutaj vestoj estas disŝiritaj, kaj ili ne diras eĉ unu vorton.

Solvita problemo. Unu fojon la glora Buffon invitis al tagmanĝo kelkajn aliajn naturistojn. Post la tagmanĝo la societo deiris en la ĝardenon. Estis ankoraŭ sufiĉe varmege, malgraŭ ke la suno staris jam sufiĉe malalte. En la ĝardeno turnis sur sin la atenton staranta sur postumento vitra globo, kion oni ofte vidas en ĝardenoj. Iu, metinte sur ĝin la manon, trovis, ke per ia strangeco ĝi estas sur la ombra flanko multe pli varma, ol sur la suna. Li tuj komunikis sian eltrovon al sia najbaro. Unu post la alia ĉiuj komencis metadi la manojn sur la globon kaj trovis, ke la dirita estas vero. Ĉiuj kolektiĝis ĉirkaŭ la vitra globo, kaj komenciĝis alte scienca interparolo; ĉiu, por klarigi la fenomenon, elpensis sian teorion: unu supozis englutton de la radioj de varmeco, alia montris la liberiĝon de kaŝita varmelemento, tria klarigis ĉion per rebato de la radioj. Kion unu ne sciis, tion plenigis la alia, kaj fine, apogante sin sur la leĝoj de la naturo, ili venis al la konkludo, ke la apero estas tute natura kaj ke alie ne povas esti. Buffon, kiu ne volis ankoraŭ esprimi sian opinion pri tiu ĉi apero, alvokis la ĝardeniston kaj demandis: --Nu, mia kara, diru, kial la globo sur la ombra flanko estas pli varma, ol sur la flanko turnita al la suno?--Kial? respondis la ĝardenisto, tial, ĉar mi ĵus turnis la globon, por ke tiu ĝia flanko ne tro varmiĝu. [M. Solovjev.]

Unu virino plendis al kapitano, ke ŝi estas ĉirkaŭrabita de liaj soldatoj.--Ĉu ili ĉion forportis? demandis la kapitano.--Ne, ili restigis ion.--Nu, sekve tio ĉi ne estis miaj soldatoj; miaj prenas ĉion.

La imperiestrino Katerino sonoras kaj neniu el ŝiaj servantoj venas. Ŝi iras el la kabineto en la vestejon kaj pli malproksimen, kaj fine en unu el la lastaj ĉambroj ŝi vidas, ke la hejtisto fervore ligas maldikan pakaĵon. Ekvidinte la imperiestrinon, li paliĝis kaj ĵetis sin antaŭ ŝi sur la genuojn.--Kio estas? ŝi demandis.-- Pardonu min, Via Imperiestra Moŝto!--Kion do vi faris?--Jen, kara reĝino, mia valizo estas plena de diversaj bonaj objektoj el la palaco de Via Moŝto. Tie ĉi sin trovas rostaĵo, kukaĵo, kelkaj boteletoj da biero kaj kelkaj funtoj da bombonoj por miaj infanetoj. Mi deĵoris mian semajnon, kaj nun mi iras hejmen,--Tra kie do vi volas eliri?--Jen tie, per tiu ŝtuparo.--Ne, tie ne iru; tie eble renkontos vin la ĉefo de la palaco; kaj mi timas, ke tiam viaj infanoj nenion ricevos. Prenu do vian pakaĵon kaj iru post mi. Ŝi elkodukis lin tra la salonoj sur alian ŝtuparon kaj, malferminte mem la pordon, diris:--Nu, nun iru kun Dio.

La advokato de ratoj. Chassie, unu el la plej gloraj juristoj de Francujo kaj poste prezidanto de la parlamento en la Provenco, fondis sian gloron per tio, ke li en la jaro 1522 elpaŝis kiel advokato de ratoj. Oni devas scii, ke en la fino de la mezaj centjaroj regis la malsaĝo, ke la reĝa prokuroro eĉ bestojn tiradis al juĝo. Tio ĉi havis lokon kun la ratoj en la dirita jaro; ili estis invititaj al la juĝejo, por pravigi sin kontraŭ la plendoj, levitaj kontraŭ ili. Kompreneble ili ne venis, kaj ĉiu pensis, ke oni juĝos ilin en foresto, kiam subite Chassie aperis kiel ilia defendanto kaj diris, ke liaj klientoj ne estis invititaj en leĝa ordo.--Kaj kiel oni tion ĉi povas fari? demandis la prokuroro; kaj kun ŝajna seriozeco la advokato respondis:--Oni albatu la inviton al la pordoj de la preĝejoj, sed oni forgesu nenian lokon, oni ankaŭ enŝlosu ie la katojn, la terurajn malamikojn de miaj klientoj, por ke la vojoj fariĝu liberaj, kaj oni bone klarigu al la katoj, ke ili estos severe punataj, se ili malgraŭ la malpermeso pekos kontraŭ la libereco de la vojoj.--Tio ĉi estas ja neebla, ekkriis la prokuroro.--En tia okazo mi esprimas proteston kontraŭ ĉia farita juĝa decido, respondis Chassie kaj forlasis triumfe la salonon de juĝo. De tiu momento lia gloro estis fondita; la tuta Francujo penadis en okazo de bezono ricevi lin kiel advokaton.

Sur balo.--Invitu al valso tiun fraŭlinon, kiun vi tie vidas.--Kun granda plezuro, fraŭlino! Tio ĉi estas kredeble via amikino?-- Ne, kontraŭe, sinjoro: tio ĉi estas mia plej granda malamikino, kaj vi almenaŭ plene batos al ŝi la piedojn.

Mirindaĵoj. Okaze kunvenis kvar sinjoroj, grandaj majstroj kaj amantoj de mensogado. Longan tempon ili sidis silente, fine unu diras: --Ĉu vi aŭdis, kian sukceson havis Aramburo? Mi mem vidis, ke en la teatro estis tiel malvaste, ke oni ne povis aplaŭdi en horizontala direkto, sed aplaŭdis en vertikala.--Tre povas esti, diris la dua; kaj mi unu fojon estis en teatro, kaj prezentu al vi, tie estis tiel plenege, ke oni ne povis ridi en horizontala direkto, sed ridis en vertikala. . . .--Ĉio ĉi estas malvera, diris la tria; sed jen mi, kiam mi estis en Afriko, vidis negron tiel nigran, ke oni bezonis, por lin rigardi, ekbruligi kandelon.--Nu, tio ĉi ankaŭ estas malvera, diris la kvara; sed jen mi, kiam mi estis en Anglujo, mi vidis tiel maldikan fraŭlinon, ke ŝi bezonis du fojojn eniri la ĉambron, por ke oni povu ŝin rimarki. [M. Solovjev.]

Severa bibliotekisto. Ĉiu el la regimentoj, kiuj staras en Parizo, posedas propran bibliotekon, kies gardisto estas ordinare ia maljuna suboficiro, kiu estas multe pli kompetenta en aferoj militaj, ol en literaturo. Unu leŭtenanto de la maristaro sendis unu fojon en tian bibliotekon sian servanton kun la komisio, ke li alportu al li el la biblioteko la 9-an volumon de la vortaro de Larousse (kun la literoj I, J, K). Post unu horo la soldato alportas al li la volumon unuan, raportante al li, ke la bibliotekisto ne povis doni la naŭan volumon al persono, kiu ne legis la ok unuajn, kaj ke, traleginte tiujn ĉi, la leŭtenanto ricevos tion, kion li deziras.

La Filo. Malriĉa hebreo volis kristaniĝi. La pastro instruis lin pri la preĝo, sed lia penado restis vana, ĉar la hebreo estis tre malinteligenta.--Nu, mia filo, se vi morgaŭ scios fari senerare la signon de la kruco, vi ricevos de mi sakon da terpomoj.--En la sekvanta tago la hebreo prenis kun si sian filon, portantan

sakon por la donaco, kaj li eniris en la domon de la pastro lasinte la filon en la korto.--Nu, faru la signon de la kruco, diris la pastro.--En la nomo de la Patro kaj de la Sankta Spirito. Amen.--Ne, kie do restis la "Filo"--Pardonu, via pastra moŝto, mi lasis lin ekstere; li tenas la sakon por la terpomoj.
[P. Lengyel].

Laŭ la lokoj.--Ha, via grafa moŝto, vi estas tie ĉi, en la ĉefurbo? Kaj en tia malnova, eluzita vesto!--Kial ne? Estas tre komforte portadi ĝin, kaj en la ĉefurbo neniu min konas.--Sed vi ĝin portadas ankaŭ hejme.--Nu, kial ne? hejme ja ĉiu min konas.
[P. Lengyel.]

Kurioza trompo. Tri sinjoroj, elegante vestitaj, venis en hotelon, prezentante sin kiel komisaroj Amerikaj de la ekspozicio Antverpena, kaj ekvivis tie tiel lukse, ke ilia kalkulo en la daŭro de tri tagoj kreskis ĝis kelkaj centoj da frankoj. En vespero de la tria tago antaŭ la komenciĝo de la hotela tagmanĝo aperis en la hotelo kvara gasto, kiu legitimiĝis ĉe la mastro kiel kriminala policisto el Parizo, sciigante, ke li intencas serĉi tri danĝerajn krimulojn. Dume li montris al la mastro fotografaĵojn de tri personoj, en kiuj oni tuj ekkonis la tri komisarojn Amerikajn. Nun la kriminala policisto proponis la sekvantan planon al la mastro kun la peto helpi al li en la plenumo de ĝi: la mastro zorgu, ke neniu el la tri personoj malaperu el la domo. La policisto sidiĝis al tablo kaj ĝuis kun granda apetito manĝojn kaj trinkojn. Kiam oni alportis la deserton, la policisto sin levis kaj ordonis silenton, sciigante la alestantajn terurigitajn gastojn, ke la tri kontraŭsidantaj sinjoroj estas tri danĝeraj krimuloj, kiujn li devas aresti. La tri sinjoroj provis forkuri, sed la mastro kune kun sia servantaro staris jam antaŭ la pordo kontraŭ ili. Laŭ la ordono de la policisto alveturis droŝko en kiun sidiĝis ĉiuj kvar sinjoroj.--Ĉu la trompistoj pagis sian kalkulon? demandas la policisto la mastron.--Ne.--Kiom ili ŝuldas? --295 frankojn.--Bone! Ni traserĉos ilin en la polico kaj pagos vian kalkulon per la trovita mono. Mian kalkulon vi povas ankaŭ sendi tien. Kaj nun, veturigisto, antaŭen, al la polico! Sed la mastro vidis ĝis hodiaŭ nek la krimulojn nek la kriminalan policiston.
[G. Dumpert.]

Ruso kaj tataro. Ruso kaj tataro veturis kune. En la vojo fariĝis nokto, kaj ili restis sur la kampo nokti. Ili disbruligis fajron, kuiris kaĉon kaj, manĝante la kaĉon, komencis disputi pri tio, kiu el ili devas gardi la ĉevalojn. La ruso havis ĉevalon malbonan kaj de koloro blanka, la tataro havis bonan nigran ĉevalon. La nokto estis nigra, kaj jen la ruso diras al la tataro: mi ne havas bezonon gardi mian ĉevalon: mi mian ĉevalon tuj ekvidos, kiam mi vekiĝos, ĉar ĝi estas blanka; sed vi ne devas dormi, sed, gardi vian nigran ĉevalon. La tataro ne havis grandan deziron maldormi pro la ĉevalo, kaj li faris kun la ruso interŝanĝon kun la ĉevaloj. La ruso prenis la bonan ĉevalon kaj, ridante je la tataro, diris al li:--Nun mi tute ne gardos mian ĉevalon, ĉar ŝtelisto en la nigra nokto ne ekvidos mian nigran ĉevalon, sed vian blankan li tuj ekvidos kaj ŝtelos. La tataro devis ne dormi, sed gardi sian ĉevalon. La nokto pasis. La ruso kaj tataro veturis plu. Por manĝi ili bavis nur unu kokinon. Por du personoj ĝi ne estis sufiĉa, kaj tial ili decidis, ke manĝos nur unu--nome tiu, al kiu la sorto ĝin decidos. La tataro diras:--Ni endormiĝu, kaj tiu, kiu vidos pli bonan sonĝon, manĝos la kokinon. Ili kuŝiĝis. La tataro ne dormas, sed elpensas sonĝon, vekas la ruson kaj demandas:-- Kion vi vidis en sonĝo? La ruso postulas, ke la tataro antaŭe diru, kion li vidis en sonĝo. La tataro diras:-- Ha, ruso! bonan sonĝon mi vidis: oni prenis min en la ĉielon; en la ĉielo mi vidis multajn spiritojn. . . . ha, kiel bone tie estis!-- Jes, diras la ruso, mi ankaŭ vidis, kiel oni prenis vin en la ĉielon; mi pensis, ke vi de tie jam ne revenos, kaj mi formanĝis la kokinon. La tataro restis tiel sen bona ĉevalo kaj sen manĝo kaj ne volis jam pli iradi iam kun ruso. [J. Polupanov.]

Singardema komuniko. Kiam nia mortinta juĝisto Begli glitiĝis en la juĝejo, falis de la ŝtuparo kaj rompis al si la kolon, ni ekmeditis pri grava demando, kiel komuniki tiun ĉi malĝojan sciigon al lia malfeliĉa edzino. Fine ni decidis tiel: ni metis la korpon en la veturilon de nia maljuna honesta veturigisto kaj ordonis al tiu ĉi lasta liveri la mortinton en la domon de sinjorino Begli, sed ĉe tio ĉi agi kun granda takto kaj singardemo. Precipe ni turnis lian atenton sur tion, ke li ne komuniku la okazintan malfeliĉon al la maljunulino subite, sed ke li antaŭe preparu ŝin al tio ĉi. Alveturinte al la loko de la difino, nia veturigisto komencis kriegi el la tuta gorĝo, ĝis sur la sojlo aperis la edzino de la juĝisto. Tiam li demandis ŝin:--Ĉu tie ĉi loĝas la vidvino Begli?--Vidvino Begli? . . . Ne ŝi ne loĝas tie ĉi.--Kaj mi povas veti, ke ŝi loĝas tie ĉi! . . . Sed tio ĉi ne estas grava. Diru, ĉu tie ĉi loĝas la juĝisto Begli?--Jes, li loĝas tie ĉi.--Kaj mi povas veti, ke li ne loĝas tie ĉi. Cetere tio ĉi ne estas grava. Mi ne disputos kun vi. Diru, ĉu li ne estas hejme?--Ne, li ne estas hejme.--Sed mi povas veti, ke li estas hejme . . . Sinjorino, mi konsilas al vi apogi vin al la muro, mi diros al vi ion tion, ke vi kredeble ne eltenos sur la piedoj. Okazis malfeliĉo! Jen en mia veturilo kuŝas la maljuna juĝisto. Ekrigardu lin, kaj vi vidos, ke li jam neniam sin levos. [El Mark Twain. Tradukis S. Borovko.]

Dupieda leono. Juna kaj tre bela dresistino de leonoj permesis al leono preni pecon da sukero el ŝia buŝo.--Tion povas ankaŭ mi fari, diris unu rigardanto.--Kio, vi, malforta junulo? respondis la bela dresistino.--Jes, egale bone kiel la leono. [O. J. Olson.]

* * * * *

IV

RAKONTOJ

* * * * *

NOKTO

(De Eube el Odeso.)

Trankvila stela nokto kaj trankvila senlima maro. Kun meza rapideco ŝovas sin sur la mara ebenaĵo, unu post alia, tri hispanaj "karaveloj" de la XV centjaro. Mizeraj, facile rompeblaj ŝipoj; ŝipanaron oni ne vidas: ĝi jam longe dormas; sur la ferdekoj oni vidas nur la senmovajn gardstarantojn. Sed nur en la meza ŝipo, kiu portas sur la rando la surskribon "Santa Maria" kaj admiralan flagon sur la masto, en la malvasta kajuto brulas lumo, kaj apud la tablo, kovrita de geografiaj kartoj, sidas en profunda meditado la granda admiralo de Hispanujo, Kristoforo Kolumbo. Dormo ne volas tuŝi liajn okulojn. Jam la duan nokton la admiralo ne kuŝigas sin, la duan tagon turmentas lin unu sama premanta penso. Ankoraŭ du tagoj--kaj, se li ne renkontos teron, la ŝipoj iros returne Hispanujon. Hieraŭ la ŝipanaro arogante sciigis, ke ĝi ne volas iri plu, kaj kun granda malfacileco la admiralo elpetis de ĝi limtempon de tri tagoj. La suno malleviĝis kaj denove leviĝis, --antaŭ li etendis sin tiu sama senlima ebenaĵo da trankvila mistera akvo. Estas vero, ke hodiaŭ la maro alportis du verdajn branĉetojn, ian pikan arbetaĵon, tabulon kaj rabotitan bastoneton--sendubajn signojn de proksimeco de tero. Ankaŭ sen tio ĉi li scias, ke tero sin trovas antaŭ li, ke tiu ĉi tero estas proksima, sed ĉu li havos tempon veni al ĝi en tiuj ĉi du tagoj? Ĝuste antaŭ unu monato li renkontis ion similan je rompita masto: la mara fluo forportis ĝin malproksimen; post kelkaj tagoj--akvokreskaĵon kaj unu eĉ kun viva kankro, kaj birdojn oni vidis ankoraŭ antaŭ du semajnoj. La tero, komprenetle, estas proksima, eble en la interspaco de nur kelkaj tagoj da vojo, sed kie preni tiujn ĉi kelkajn tagojn? Kaj ankoraŭ antaŭ tri horoj la admiralo kaj kontrolisto de la ekspedicio, Rodrigo Sanchez, vidis sur la maro iajn briletantajn lumetojn, sed la ŝipoj, kompreneble, venis jam al tiu loko, kie la lumoj estis viditaj,--kaj ĉiam ankoraŭ oni ne vidas la atendatan bordon. Sufiĉe da eraroj: jam du fojojn, la 25-an de Septembro kaj la 7-an de Oktobro, ili eraris, vidante imagatan teron, kaj ambaŭ fojojn tiuj ĉi eraroj terure influis la ŝipanaron. Hodiaŭ la tutan tagon la admiralo estis forte ekscitita, kaj nur la fiereco ne permesis al li pasigi la tutan tagon sur la ferdeko, avide celante la rigardon en la puran horizonton. Kaj antaŭ unu horo, ĵetinte la lastan rigardon, plenan de muta malespero, sur la malluman mason da akvo, li kun kaŝita turmentiĝo deiris en sian kajuton. Ankoraŭ 48 horoj--kaj ĉio estas perdita!

Jes, ĉio estas perdita. Rompita, neniigita, polvigita estas la granda celo de lia vaga vivo. Oni ne povas iri, se la piedoj estas ligitaj, oni ne povas batali, se oni elŝiras el la manoj la lastan batalilon. La ĉielon kaj la homojn li povas voki kiel atestantojn, ke li faris ĉion, kion li povis kaj devis fari. Kiam en lia kapo plene formiĝis la plano de lia entrepreno, li estis vigla, plena de fortoj kvardek-ok-jara viro,--kaj nur nun, kiam grizeco dense arĝentigis liajn harojn, kiam li havas jam la aĝon de 66 jaroj, nur nun li ricevis la eblon alpaŝi al la efektivigo de tiu ĉi plano. Tutan serion da jaroj li sendekliniĝe iris al la elektita celo, kaj ne estis tago, en kiu li ne pensus pri ĝi, kaj ne estis ofero, kiun li ne alportus por ĝi. Li venkis ĉiujn malhelpojn, kiujn tiel malavare prezentis al li la kruela sorto, li venkis eĉ la tempon mem. Preskaŭ sepdekjara maljunulo, li enportis en sian aferon freŝecon de la plej bonaj jaroj de juneco, kaj kun heroa trankvileco li komencis la ekspedicion, kiu ektimigis eĉ la kuraĝajn maristojn de Palos. Li faris ĉion de sia flanko, kaj nun li estas preta pensi, ke super li pendas ia malbeno. Travivi tion, kion li travivis, penante pri la efektivigo de siaj planoj --estis jam tro multe; sed esti sur la vojo al ilia efektivigo, trairi naŭ dekonojn de tiu ĉi vojo kaj ekiri returnen, nenion farinte-- tio ĉi estis tro multe eĉ por liaj fortoj! Tio ĉi estis neaŭdita, nekredebla moko de la sorto, tio ĉi estis bato, kiu estis kapabla rompi eĉ lin!

Kaj en la malvasta kajuto de "Santa Maria" en tiu ĉi turmenta nokto la admiralo en pensoj travivis sian tutan pasintan vivon. Oni diras, ke se homo komencas rememori sian tutan travivitaĵon, tio ĉi estas signo de lia proksima morto. Al li ankaŭ minacas morto, se ne fizika, tiam ankoraŭ pli terura-- morala. Povas esti, ke pro tio ĉi li senvole turnas sin antaŭen. Jen li, plej maljuna el la kvar infanoj de Dominiko Kolumbo, itala komercisto de drapoj, estante ankoraŭ preskaŭ infano, la unuan fojon iras en la maron. Li ĵus forlasis la universitaton, li, dekkvarjara gracia bela knabo. Li veturas sur italaj ŝipoj en Malgrand-Azion, Anglujon, Portugalujon, al la bordo de Gvineo. La vojaĝoj disvolvas lian fortan naturan saĝon kaj kun la jaroj ellaboras el li bravan mariston. La Genua respubliko konas lin, kiel bonan mariston, kaj en la milito kun Venecio ĝi faras lin komandanto de galeroj. Lia nomo estas sufiĉe konata en Italujo, kaj la Neapola reĝo faras lin estro de la ekspedicio kontraŭ la piratoj de Tuniso. Kun sia kutima kuraĝo li kondukas siajn ŝipojn kontraŭ la sovaĝaj korsaroj. Sed la ŝipanaro montriĝas ne inda je sia estro: ĝi timas la rabistojn, kaj jam antaŭ la bordo de Berberujo ĝi faras ribelon. La ŝipanoj postulas, ke oni iru returnen. La estro de la ekspedicio konsentas plenumi ilian postulon; li levas la velojn; la ŝipanoj, konvinkitaj, ke ili iras returnen, trankviliĝas, kaj la sekvantan matenon ili kun miro ekvidas la bordon de Afriko. Tiel pasas dudek jaroj, plenaj de vojaĝoj, ventegoj, renkontoj, aventuroj,--pasas preskaŭ nerimarkite. Havante la aĝon de tridek kvar jaroj, en la tuta floro de siaj fortoj, li venas Lisabonon. Tie li laboras super kartoj kaj globoj geografiaj, kiuj turnas sur sin la atenton de la instruita mondo, korespondas kun instruituloj. Poste li denove estas sur la maro: li naĝas al la malproksimaj bordoj de Islando. Reveninte Lisabonon, li diras al fraŭlino Felipa Perestrello tion, kion li jam longe sentas, kiam li ŝin renkontas: ke li ŝin amas. Fraŭlino Felipa sentas tion saman: la majesta figuro de la kuraĝa maristo, lia nekaŝita rigardo, kiu brilas per tia mirinda fajro, lia nobla elokventeco--ĉio en tiu ĉi neordinara persono de longe profunde frapis ŝian imagon. Kaj ŝi fariĝas lia edzino. En tiu tempo jam en lia kapo komencas formiĝi la plano de lia granda entrepreno. La patrino de lia edzino transdonas al li la kartojn kaj tagolibrojn de sia mortinta edzo, Bartolomeo Munhiz Perestrello, gubernatoro de la insulo Porto-Santo, kaj ŝi ne povas kompreni tiun ĝojon, kiun kaŭzas al ŝia bofilo la amaso da flaviĝintaj paperoj. Kaj dume por li tio ĉi estas tuta trezoro, kaj li tutajn tagojn sidas super ili kaj kun ĝojo trovas en ili jesigon de liaj teoriaj supozoj. En tiu ĉi sama tempo li daŭrigas labori super siaj kartoj, partoprenas en la portugalaj ekspedicioj al la bordo de Gvineo, ĉion aŭskultas, ĉiujn eldemandas, korespondas kun sia instruita amiko Paŭlo Toscanelli, al kies leteroj li tiom multe dankas. Poste la malgranda familio forlasas Lisabonon kaj transloĝiĝas sur la insulon Porto-Santo. Tie ĉi li konstante renkontiĝas kun vojaĝantoj, kiuj veturas al la bordo de Gvineo aŭ revenas de ĝi, kaj iliaj komunikoj, la interparoloj kun ili ĉiam pli kaj pli ekflamigas lin. Lia multjare ellaborita projekto jam ricevis precizajn, difinitajn formojn: siajn supozojn, naskitajn per la legado de Aristotelo, Plinio, Strabono, li fortigis per multo da faktoj, kiujn li kolektis; la karto de Toscanelli, kiun tiu ĉi alsendis al li, tute konsentas kun liaj konkludoj. Ĉio estas klara kiel tago: kiu havos sufiĉe da kuraĝo, por tratranĉi la misteran maron, kiu etendas sin post la Gibraltara pordego, tiu trovos la serĉatan plej proksiman vojon al Hindujo. Li havos por tio ĉi sufiĉe da kuraĝo, sed li ne havas la materialajn rimedojn. Oni devas trovi tiujn ĉi rimedojn, oni devas trovi fortan manon, kiu povus subteni lin. Jen kial li denove venas Lisabonon,--kaj de tiu ĉi minuto komenciĝas la granda dramo, kiu daŭras tutan serion da jaroj.

Jen li, modeste vestita alilandulo, metas sian projekton al la favora trarigardo de lia reĝa moŝto, la reĝo de Portugalujo. Tio ĉi estas lia unua paŝo sur tiu pikaĵa vojo, sur kiun kondukis lin la malfeliĉo esti naskita neordinara homo. La sorto volas, ke li, kiu tiel bone ellernis la maron kun ĝiaj ondegoj kaj ventegoj, akiru ankoraŭ pli gravan scion--scion de la homoj. Lia reĝa moŝto, Johanno II de Portugalujo, ekinteresiĝis je la propono de la malriĉa Genuano kaj difinas komision por trarigardo de tia neaŭdita projekto. Forta eraro: kion povas kompreni en tio

89

ĉi tiu ĉi komisio? Ĝi estas dispremita de ĝia grandeco, kaj al la reĝo oni raportas, ke la projekto de la Genuano Kristoforo Kolumbo estas sensenca kaj meritas nenian atenton. Kun tio ĉi li povas ankoraŭ paciĝi: li laboris super sia projekto ne kun la celo konvinki pri ĝia efektivigebleco malsaĝulojn. Sed kiam la reĝo, ne metinte atenton sur la raporton de la komisio, malaltiĝas al ŝtelado, kiam li, postulinte liajn paperojn kvazaŭ por persona trarigardo, sekrete, sen lia scio preparas ekspedicion,--li estas profunde indignigita. Nur unu fojon la sorto batalas por li: ventego apenaŭ ne dronigis la ŝipojn, kiuj volis ŝteli lian gloron, kaj la timema ekspedicio venas returnen. Lia indigno estas senlima; neniam lia kredo je homoj, je ilia honesteco ricevis tian fortan frapon. Kaj kiam la reĝo, komprenanta, kiu staras antaŭ li, proponas al li denove komenci traktadon, li fiere rifuzas ĉiajn komunikiĝojn kun tia reĝo. Ne, jam pli bona estas malriĉegeco kaj nekonateco, ol esti tiel malhoneste trompata ankoraŭ dek fojojn. Li rifuzas, kaj se ne venus la morto de la edzino, kiu lasas al li malgrandan filon, li trankvile paciĝus kun tiu ĉi unua malsukceso. Sed ankaŭ tiun ĉi baton li elportas kun tia sama vireco, kun kia li renkontadis kaj elportadis la marajn ventegojn. Tiam li rememoras, ke li estas Genuano, kaj li forlasas Portugalujon, por proponi la efektivigon de sia granda plano al tiu, kiu la plej multe tion ĉi meritas--al sia patrujo.

Kaj jen li denove estas en la patrujo. Multo da jaroj pasis de la tempo, kiam li forlasis la patran urbon, kaj kun forta espero li nun eniras en ĝin. Kvankam li estas malriĉe vestita, kvankam li estas preskaŭ almozulo, sed li alportas al la urbo reĝan donacon: li proponas al ĝi sian projekton. Sed la patrujo tute ne povas nun pensi pri li. La urbon Kaffa en Krimo okupis la turkoj kaj al la Genua ŝiparo minacas ekstermo. Krom tio la projekto estas tute fantazia kaj meritas nenian atenton. Kaj se en Portugalujo oni volis ĉirkaŭŝteli lin, en la patrujo la renkonto montriĝas ankoraŭ pli malbona: tie almenaŭ troviĝis homoj, kiuj povis lin kompreni,--tie ĉi lia propono estas renkontita per malsaĝa mokado. La espero distriĝis, kiel fumo, kaj montriĝas, ke li absolute ne havas, kion fari en la patrujo. Kaj kun maldolĉo en la koro li forlasas Genuon por nova migrado kaj novaj provoj.

Ĉiuj konas la malĝojan historion de tiuj ĉi provoj, sed kiu scias, kion li travivis en la tempo de ili? Li estas en Hispanujo, en la ĉirkaŭaĵoj de Palos. Laca kaj ĉirkaŭŝirita, preskaŭ duonnuda, li vagas kun la malgranda filo sur la brakoj kaj kun brulanta turmentiĝo aŭdas, kiel la infano, premata de malsato kaj soifo, balbutas pri pano kaj akvo. Dank' al Dio, jen estas monaĥejo de franciskanoj, kaj eble tie li povos ion elpeti por la malfeliĉa infaneto. Kaj li, kiu iam komandis la ŝipojn de la Genua respubliko, kiel almozulo haltas apud la pordego de la monaĥejo kaj pelas la pordiston pri kruĉeto da akvo kaj peco da pano por sia infano. En tiu ĉi minuto preteriras la abato de la monaĥejo, la nobla Juan Perez de Marchena. Estu por ĉiam benita tiu ĉi okaza renkonto, kiu donis al li la plej bonan amikon, sen kies helpo li eble neniam ekvidus tiun ĉi maron! Se li atingos sian celon kaj plej mallonga vojo al Hindujo estos eltrovita, la mondo dankos tion ĉi tiom same al Perez de Marchena, kiom al li, Kristoforo Kolumbo. Ho, li rekompencos inde tiun ĉi luman noblan kapon! Jen li, frapita de la majesta eksteraĵo de la ĉirkaŭŝirita migranto, haltas kaj demandas lin, kiu li estas. Kaj la migranto komencas rakonti pri sia malĝoja migrado kaj ne sen miro trovas en la monaĥo-franciskano homon, kiu tute lin komprenas. Oni gastame invitas lin esti gasto en la monaĥejo; la abato sendas en la urbon Palos inviti sian amikon, la kuraciston Fernandez, kaj en la modesta Andaluza monaĥejo komenciĝas varmaj priparoladoj de lia projekto. Jes, tiuj ĉi homoj komprenas lin, antaŭ tiaj homoj estas inde paroli. Li entuziasmigas ilin per sia flameco kaj elokventeco; ili kune pentras belajn pentraĵojn de la estonteco, kreita per la efektivigo de lia ekspedicio, kaj Perez de Marchena direktas lin al la reĝa kortego. Lia filo restos tie ĉi en la monaĥejo por edukado, kaj li kun la letero de la abato al Talabera, la konfesprenanto de la reĝino, devas veturi Kordovon. Talabera estas persono influa, kaj la amikoj disiras, plenaj de la plej lumaj esperoj.

Li venas Kordovon kaj prezentas sin al Talabera. Neniam li

forgesos, per kia fiera rigardo renkontis lin la konfesprenanto de la reĝino. Li estas vestita malriĉe kaj malbone; lia parolo tuj montras en li alilandulon: sendube tio ĉi estas unu el tiuj multegaj aventuristoj, kiuj nur serĉas okazon kapti fiŝojn en malklara akvo. Lia projekto? Talabera bonkore aŭskultas tiun ĉi sensencaĵon kaj li ne dubas, ke la kreinto de la projekto mem ne povas kredi tian absurdon, t. e. ke antaŭ li staras simple lerta ĉarlatano. Sed li tro bone konas la homan animon, por permesi, ke oni lin tiel senceremonie trompu. Ne, li absolute per nenio povas servi al la petanto: la projekto estas infane naiva, kaj li kompreneble ne povas raporti pri tiaj aferoj al la reĝaj moŝtoj. Ĉu Juan Perez pensis pri tia akcepto, kiam li skribis sian leteron al Talabera? Ankoraŭ unu fojon oni devas humiliĝi al la forto de la cirkonstancoj kaj al la forto de la malklereco kaj serĉi aliajn vojojn al la reĝa trono. La someron kaj aŭtunon li loĝas en Kordovo, faras konatecojn kaj trovas eĉ amikojn por sia afero: la edukanton de la reĝaj infanoj, lian fraton, la nuncion de la papo kaj la regnan financestron de Kastilujo. Tiuj ĉi personoj bone konas la kortegon, ĉiujn ĝiajn enirojn kaj elirojn. Estas necese prezenti lin al la ĉefepiskopo de Toledo, Pedro Gonzalez de Mendoza, kies vorto ĉe la kortego havas pli grandan signifon, ol la opinioj de Talabera. La gereĝoj nenion entreprenas sen la konsilo de tiu ĉi grava persono. Tio ĉi estas la plej certa vojo, kaj ĝi efektivo alkondukas al la dezirita celo: Mendoza aranĝas por li aŭdiencon.

Trankvile kaj fiere li aperas antaŭ la reĝa paro. Li estas malriĉe vestita, sed lia parolo spiras konscion de sia propra indo, liaj certaj klarigoj montras en li rimarkindan mariston, eĉ instruitulon, kiu longe kaj multe pensis pri tio, kion li parolas. Li nenion petas: li faras al Kastilujo kaj Leonujo preskaŭ fabelan proponon--riĉiĝi per plej facila rimedo: per efektivigo de lia projekto. Oni donu al li la eblon iri en la maron--kaj li solvos la eternan problemon, li trovos tiun ĉi novan filozofian ŝtonon--la plej mallongan vojon al Hindujo,-- kaj Hispanujo fariĝos la plej riĉa lando de la mondo. Kaj tiu ĉi propono estas farata tiel simple, tiel memfide, ke antaŭ la gereĝoj staras aŭ frenezulo, aŭ efektive eksterordinara homo.

Tiun ĉi demandon devas decidi instruitaj homoj; Talabera devas kunvoki komision, por prikonsiderado de tia neordinara propono kaj raporti al la reĝaj moŝtoj pri la rezultatoj de la konsiliĝo. La plua iro do la afero dependos de la respondo de la komisio.

Kaj jen en la monaĥejo de la Sankta Stefano la komisio komencas la esploradon de lia projekto. Dio vidas, ke li estas bona katoliko: ĉu li ne pensas pri konvertado de idolistoj al kristaneco? ĉu li ne revas alporti ĉiujn siajn estontajn riĉecojn al ankoraŭ pli granda celo--liberigo de la tombo de Dio? Sed la membroj de la komisio estas profundaj malkleruloj. Ili citas Lactantius'on kaj diras, ke la projekto kontraŭparolas al li, sekve ĝi estas sensenca kaj eĉ hereza. Jes, Lactantius! Sendube li estis granda homo kaj bona kristano, sed tio ĉi ne malhelpis al li skribi malsaĝaĵojn pri la formo de la tero. Li legis kaj relegadis tiun ĉi malfeliĉan lokon el la III libro de la "Diaj instruoj"; per tiu ĉi loko oni pikadis al li la okulojn, ĝi apenaŭ ne mortigis lian grandan entreprenon; li scias ĝin parkere. "Kiu estas tiom senprudenta, ke li povas kredi, ke ekzistas homoj, kiuj iras kun la piedoj supre kaj tenas la kapon malsupren; ke ĉio, kio tie ĉi kuŝas, tie pendas, ke la herbo kaj arboj tie kreskas malsupren, ke pluvo kaj hajlo falas tie de malsupre supren?" Kaj jen tiu ĉi mizera rimarko apenaŭ ne mortigis la celon de lia tuta vivo! Poste venas cito el Aŭgustinus: "instruo pri antipodoj estas nekonforma al la principoj de la religio, ĉar tio ĉi signifus, ke ekzistas homoj, kiuj ne devenas de Adamo, ĉar estas neeble, ke ili estu transirintaj trans la oceanon, kiu ĉirkaŭas la tutan teron!"

Poste venas jam simple malsaĝaĵoj, ekzemple de tia speco, ke la ekspedicio ne povos veni returnen, ĉar la ŝipoj, dank' al la elfleksiteco de la tero, devus naĝi de malsupre supren. Kaj li devis disputi kun tiuj ĉi sovaĝaj malkleruloj kaj ankoraŭ danki Dion, ke oni ne kulpigis lin je herezo kaj ke prosperis al li konvinki almenaŭ kelkajn personojn. Sed la plej granda parto de la membroj de la komisio firme decidas, ke la projekto senkondiĉe estas absurda. Kaj dum daŭras la disputoj inter ili, la gereĝoj, okupitaj je milito, forveturas Kordovon, kaj la konsiliĝoj de la komisio ĉesas.

Nun komenciĝas la tagoj de liaj plej pezaj suferoj. Li sekvas post la kortego. Denove li komencas eldonadon de kartoj, kaj jaro post jaro, kvar malfacilajn jarojn, iel trabatas sin, ne forlasante sian celon, atendante, kiel almozon, kiam al la reĝaj moŝtoj plaĉos rememori pri la malriĉa Genuano. Jes, kvar senfinaj, teruraj jaroj, plenaj de transiroj de espero al malespero, de revo pri estontaj riĉecoj al malsato, al malfacila batalado pro peco da pano. Li sendas sian fraton Anglujon, al la reĝo Henriko VII, por fari en lia nomo proponon elserĉi vojon al Hindujo. Sed la frato revenas kun malĝoja respondo. Ankoraŭ unu bato kaj ankoraŭ unu fojon oni devas humiliĝi. Grizeco, kiu jam longe montriĝis en liaj haroj, ĉiam pli kaj pli blankigas lian noblan kapon, sed antaŭ lia energio estas senforta eĉ la tempo mem. Li havas jam la aĝon de 65 jaroj, kiam la reĝo denove kunvokas komision. Kaj Talabera kun plena plezuro faras al la reĝo raporton en ĝia nomo: la projekto de Kristoforo Kolumbo estas simple sensencaĵo. Sed la konvinkitaj de la membroj de la komisio fine elpaŝas por li. Ili aperas antaŭ la reĝo kaj defendas lian planon, kaj eble nur dank' al tiu ĉi defendo la reĝo promesas denove trarigardi lian proponon--post la fino de la milito kun la Maŭroj.

Tio ĉi estas super ĉiuj homaj fortoj! Malespero lin atakas: oni povas pensi, ke tiuj ĉi sinjoroj esperas, ke li neniam mortos. Li turnas sin al la riĉa grandsinjoro Medinaceli, sed tiu, kvankam eĉ kunsentas al li, ne povas armi ekspedicion: tio ĉi estus konkuri kun la reĝo mem. Nur li kaj la ĉielo scias, kion li travivis en la daŭro de tiu tempo! Fine el tiu ĉi mallumego ekbriletas radio da lumo: la reĝo de Francujo afable invitas lin al si. Lia energio denove vekiĝas en sia tuta forto. Sur hispanaj aŭ francaj ŝipoj--li enpenetros en tiun ĉi kvazaŭ ensorĉitan por li maron! Li rapidas al Perez. Antaŭ ses jaroj li forlasis la Palosan monaĥejon, kaj forte maljuniĝinta li nun denove eniras en ĝin. Granda estas la malĝojo de la nobla Perez, kiam li aŭdas la longan rakonton de sia amiko pri liaj malsukcesoj. Ĉu efektive lia patrujo montriĝos tiel blinda, ĉu efektive ĝi permesos, ke alia nacio efektivigu la grandan planon de lia amiko? Tio ĉi ne devas esti! Kaj li petas Kolumbon atendi, ĝis li faros la lastan provon. Iam li estis konfesprenanto de la reĝino, kaj nun li skribe petas ŝin permesi al li veni al la kortego por defendi la projekton de sia amiko. Ne sen maltrankvilo la amikoj atendas la respondon de la reĝino. Fine ĝi estas ricevita: al Perez de Marchena estas permesite veni al la kortego kaj Kolumbon oni petas atendi iom kun sia forveturo. Tiam Perez aperas antaŭ la reĝino. Kun flama elokventeco li defendas la planon de sia amiko. Li montras al la reĝino la grandegajn sekvojn de la malkovro de nova vojo; li antaŭdiras al ŝi, ke ondegoj da oro enverŝiĝos Hispanujon; li prezentas al ŝi, la pia reĝino, pentraĵon de vasta kristana predikado, parolas al ŝi pri la milionoj da novaj servantoj de Kristo kaj pri tio, ke la savo de tiuj ĉi milionoj da animoj apartenos antaŭ ĉio al ŝi kaj jam poste al Kristoforo Kolumbo, kiu montros la vojon al tiuj ĉi pereantaj animoj. Antaŭ tia pentraĵo la reĝino ne povas sin reteni, kaj ŝi difinas komisiulojn por trakti kun Kolumbo.

Pasis multe da tempo de la tago, kiam li respondis per fiera rifuzo la proponon rekomenci traktadon kun la reĝo de Portugalujo, sed, kiel antaŭe, antaŭ la komisiuloj nun aperas ne petanto, sed batalanto por la majesteco de sia ideo. Li metas siajn kondiĉojn: li, Kristoforo Kolumbo, estos farita granda admiralo de Hispanujo, li estos farita vicreĝo de la nove malkovrotaj landoj, li ricevos la dekonon de ĉiuj multekostaj produktaĵoj, kiuj estos akiritaj en tiuj ĉi landoj. La rajton por siaj postuloj li pagis per kara kosto, kaj vane la indignigita Talabera krias pri avideco kaj aroganteco de la Genua ĉarlatano. Li ne miras Talaberan. Sed li estas frapita kaj profunde indignigita, kiam oni raportas al li en la nomo de la reĝino, ke liaj postuloj estas iom tro grandaj kaj ke estus bone, ke li ilin malgrandigu. La reĝino, kiel ŝajnas, pensas, ke antaŭ ŝi staras vendisto, kiu postulas tri fojojn pli multe, por ke li havu, de kio fari rabaton. Sed li scias pli ol ŝi, kion li povas postuli, kaj li petas raporti al la reĝino, ke li povas konsenti neniajn cedojn. Lia rifuzo estas preskaŭ rifuzo de la celo de sia vivo; ĝi estu tiel, sed li ne konsentos malnoblan malaltiĝon. Kaj li forveturas, kun firma decido forlasi por ĉiam tiun ĉi sendankan landon.

Sed dum li, kun premanta malĝojo en la koro, veturas sur la vojo al Grenado, en Santa Fe estas decidata lia sorto. La regna financestro de Kastilugo kaj Sant-Angel, la kolektisto de la depagoj por preĝejoj --du saĝaj homoj--decidas alpaŝi al la lasta rimedo. Ili petas aŭdiencon ĉe la reĝino kaj petegas ŝin ne rifuzi la postulojn de la fiera Genuano. Ili estas financistoj, kaj neniu povas montri al Isabella pli bone ol ili ĉiujn profitojn de la efektivigo de lia projekto. Kredeble iliaj paroloj estas konvinkaj, se la entuziasmigita reĝino ekkrias, ke ŝi prodonos siajn briliantojn, por armi ekspedicion. Tiam Sant-Angel respondas al ŝi, ke tia ofero ne estas bezona, ĉar li estas preta doni al la reĝino rimedojn prunte el la preĝejaj enspezoj. Kaj el Santa Fe al Grenado jam rapidas kuriero, atingas la malriĉe vestitan vojaĝanton apud Grenado kaj raportas al li, ke ŝia moŝto la reĝino de Kastilujo petas lin reveni en Santa Fe. Denove la malvarma malespero cedas lokon al ekbrilo de luma espero, kaj li turnas la ĉevalon returnen. Li estas en Santa Fe, li estas akceptita de la reĝino; la 17-an de Aprilo de la jaro 1492 li subskribas la kontrakton. Nun li estas sur la vojo al sia celo. Dum daŭras la preparoj al la ekspedicio, li estas bona gasto ĉe la gereĝoj; kun plezuro ili aŭskultas lin, kiam li, plena de junula flameco, parolas al ili pri la konvertado de la idolistoj de Azio al kristaneco kaj modeste komunikas al ili siajn esperojn efektivigi ankoraŭ pli altan celon de sia vivo--oferi la kolektotajn de li riĉecojn por la liberigo de la tombo de Kristo. La pia reĝino aŭskultas kun profunda intereso sian noblan kunparolanton. Tiuj ĉi tagoj almenaŭ iom rekompencas lin por la malfacila pasintaĵo. Kaj fine venas la longe dezirita minuto: li kolektas en Palos bravulojn por siaj tri karaveloj. Sed la bravaj maristoj de Palos estas timigitaj de lia ekspedicio. Kun helpo al li venas la kuraĝa maristo Marteno Alonzo Pinzon; li entuziasmigas per sia ekzemplo la ŝipanojn, kaj en vendredo, la 3-an de Aŭgusto, la tri karaveloj fine forpuŝas sin de la bordo, plenigita de popolo, kaj sub krioj de bondeziroj de la rigardantoj ili kuraĝe elveturas renkonten al la malluma estonteco.

Fine efektiviĝis lia revo, fine li estas sur la maro! Sed ankaŭ sur la maro, kiel sur la tero, la sorto daŭrigas metadi al li malhelpojn. La direktilisto de "Pinta", subaĉetita de ĝia mastro, difektas la direktilon, por ke la karavelo reiru Paloson. Kvar semajnoj pasas por la bonigado de la karaveloj apud la Kanariaj insuloj; la ŝipanoj krias, ke tio ĉi estas malbona antaŭsigno. Ĉio timigas tiujn ĉi malsaĝulojn--eĉ la vulkano Teneriffa. Ju pli profunde li penetras en la oceanon, des pli granda ĉiufoje estas la teruro de la ŝipanoj. En la interspaco de ducent mejloj de la insulo Ferro komenciĝas dekliniĝo de la magneta montrilo--nova teruro por la ŝipanoj. La admiralo devas malaltiĝi al la plej malagrabla ruzo: konduki du taglibrojn, unu-- veran--por la gereĝoj, la duan-- kun pli malgrandigitaj mezuroj de la traveturita vojo--por la timema ŝipanaro. La malkontenteco de tiu ĉi lasta kreskas kun ĉiu tago, kaj jen hieraŭ ĝi akceptis la formon de nekaŝita ribelo. Kion povas fari li sola kontraŭ cent dudek homoj? Kiel dronanto kaptas pajleton, tiel li serĉas savon en tritaga limtempo. Se en la daŭro de tiuj ĉi 72 horoj li ne ekvidos teron--li ekiros returnen. Ĉio estas metita sur la karton: lia tuta vivo. Dek ok jarojn li kun fera energio iradis al sia alta celo, dek ok jarojn, plenigitajn de obstina laborado de la kapo, malsukcesoj, disreviĝoj, malriĉegeco kuj eĉ mokoj kaj ofendoj. Jes, eĉ ofendoj. Ĉu en Genuo kaj en Hispanujo oni ne nomadis lin revisto kaj frenezulo? Ĉu eĉ la strataj buboj de Kordovo, renkontante lin, ne montradis sur sian kapon, amuziĝante je li, kiel je frenezulo? La envio kaj senkaŭza blinda malamo de liaj malamikoj iris ankoraŭ pli malproksimen: lin, kiu oferis sian tutan vivon al granda afero, lin oni malhonoris per la nomo ĉarlatano! Sed li ĉion elportis, ĉion! La malriĉegeco, malsato, fatalaj malsukcesoj, sovaĝa malklereco, mokoj, kalumnioj--ĉio tio ĉi estis venkita de la superhoma forto de lia persisteco, kaj fine venis tiu granda tago, kiam li levis la velojn en la haveno de Palos. Granda tago. Kaj jen nun, kiam ĉiuj rigardoj estas direktitaj sur lin, kiam la tuta mondo kun pasia scivoleco atendas la rezultaton de la heroa entrepreno, kiam restas fari nur kelkajn paŝojn por pravigi siajn esperojn kaj la esperojn de siaj nemultaj varmegaj amikoj, por kroni tiujn ĉi dek ok jarojn--nun li estos devigita ekiri returnen! Kun honto

97

kaj malhonoro li revenos Hispanujon, kie la ekflamema reĝino povas ĵeti al li en la vizaĝon la nomon de trompisto, kie la malamikoj mokados lin, la mizeran aventuriston, kaj jam neniam, neniam li havos la eblon efektivigi sian amatan revon! Malhonoro, malriĉegeco kaj rompita vivo--jen estas ĉio, kio lin tie atendas,--kaj ĉio tio ĉi estas nur tial, ke tiu ĉi timema brutaro, kiu kuŝas sur la ferdeko, estas pli forta ol li sola, nur tial, ke en tiu ĉi okazo maldelikata besta forto havas pli grandan signifon, ol la spirita forto de genio! Se en liaj manoj sin trovus la egido de Zeŭso, se per unu ekbato li povus ekstermi tiun ĉi tutan malkuraĝan bestaron, li ekstermus ĝin kaj li sola irus antaŭen. Sed la forto estas sur ilia flanko, kaj post du tagoj la karaveloj ekiros returnen. La admiralo kun malespero apogis la kapon sur la manojn, kaj la plaŭdado de la akvo sur la flankojn de "Santa Maria" sonis en liaj oreloj kiel funebra sonorado.

Jes, ĉio, ĉio pereis. La tuta vivo, ĉiuj laboroj kaj esperoj-- ĉio estas neniigita, kaj neniigita ĝuste tiam, kiam ĉio kuniĝis, por pravigi ilin, por elmontri la ĝustecon de liaj supozoj! Serio da faktoj pruvis, ke tero sin trovas en la okcidento, la transflugo de birdoj klare parolas pri la proksimeco de tiu ĉi tero, la hodiaŭaj trovoj povus konvinki eĉ liajn plej obstinajn kontraŭulojn. Ĉio diras, ke li divenis la grandan sekreton de la oceano,--kaj en tiu ĉi sama tempo li, kiel ligita aglo, devas tordi sin en siaj ligiloj, ne povante eksvingi la potencajn flugilojn, por ĵeti sin renkonte al tiu ĉi tero, kiun oni forprenas de li! Ĉu tiuj ĉi malsaĝuloj komprenas, kion ili faras, ĉu ili komprenas, ke returniĝo ĝuste nun estas por li pli malbona ol morto,--ĉu ili povas tion ĉi kompreni? Ĉu ili povas lin kompreni?! Sur la tuta tera globo lin komprenas nur kelkaj dekoj da kapoj tiel penetremaj, kiel li, kaj ekster ili-- seninterrompa muro da malamikoj, enviantoj kaj malkleruloj, kiuj malamas ĉiun provon eliri al lumo el tiu sovaĝa nokto, al kiu ili memvole sin kondamnis. Kiel ĝoje krios tiu ĉi sovaĝa amaso, kiam li malhonore venos returne, per kiaj mokoj ĝi superĵetos lin, kun kia triumfo ĝi kriados, ke ĝi estis prava kaj ke li estas simple frenezulo! Sed ne grava ankoraŭ estas tio, ke li estos premita en koton kaj neniigita: terura estas tio, ke lia ideo, lia infano, elnutrita per lia ŝvito kaj sango, devos perei kaj perei ĝuste tiam, kiam ĝia praveco estas metita ekster ĉian dubon. Ĉu efektive li devas eltrinki ankoraŭ tiun ĉi kalikon? Ĉu estis ne sufiĉa tio, kion li elsuferis--kaj por kio elsuferis? por ke en la antaŭtago de granda venko fali kiel ofero de blinda besta forto?! Ĉu efektive estis absolute nenia senco en tiuj tentoj, tra kiuj lin kondukis la enigma sorto, kaj vane li kondamnis sin al la suferoj de vaga vivo, malriĉegeco kaj mokado de malsaĝuloj?! Ne povas esti! Ankoraŭ restis du tagoj, ankoraŭ ne ĉio pereis. Ankoraŭ kvardek ok horoj restas ĝis la fino de tiu ĉi batalo kun la lin persekutanta fato--kaj li batalos ĝis la fino mem! La admiralo fiere sin elrektigis . . . kaj subite li ekŝanceliĝis, kvazaŭ en la tablon, apud kiu li sidis, ekbatus tondra sago. De la antaŭa karavelo ektondris pafego.

Tero!!!

Estis la dua horo je mateno, la 12-an de Oktobro de la jaro 1492. Sur la ferdeko de "Santa Maria" oni ekaŭdis paŝojn de homoj, vekiĝintaj el dormo, kaj subite sur ĉiuj tri ŝipoj ekbruis la ĝoja krio: "Tero, tero!"

Li venkis. La admiralo--kaj de tiu ĉi minuto vicreĝo-- malrapide falis sur la genuojn, kaj neniam en la vivo liaj lipoj murmuris tian varmegan preĝon. "Tero! tero!" ĝoje ripetadis dekoj da voĉoj. La admiralo mallaŭte preĝis. "Te Deum laudamus, Te Dominum confitemur", murmuris la lipoj de la admiralo. "Salve Regina" ĥore bruis la ŝipanaro. Kaj kiam, klara kaj majesta, la admiralo aperis sur la ferdeko, la ŝipanaro kun estimego liberigis al li vojon, la ŝipanoj salutis lin per entuziasmaj krioj kaj, falante antaŭ li sur la genuojn, kisis liajn manojn. Kaj li staris inter ili, kiel duondio, lumigita de la unuaj radioj de la leviĝanta suno, salutante per trankvila rideto "sian" teron, kaj en liaj okuloj brulis la fajro de genio, kiu venkis sian sorton. La nokto de lia vivo finiĝis, kaj komenciĝis hela, solena tago.

*****

LA HEJMO DE LA METIISTO

(De Nov-Jorka kuracisto. Rerakontita de E. Weilshaeuser).

Unu vesperon, en la unua parto de la vintro, la sonorilo estis forte ektirita, kaj la servantino, kiu malfermis la pordon, raportis al mi, ke ia homo deziras paroli kun mi. Servanto faras certajn diferencigojn inter "homo", "sinjoro" kaj "persono". La homo staris en la antaŭĉambro, sed mi miris, kial li ne estis raportita kiel "sinjoro". Lia vesto estis tre pura, sed simpla, kaj el ne tre delikataj ŝtofoj. Lia supra ĉemizo, tiu ĉi signo de pli delikata stato, estis blanka, en plena ordo kaj preskaŭ eleganta. Ĉio en li montris certan solidecon, sed nenio prezentis al mi klarigon pri lia situacio en la vivo. Laŭ sia eksteraĵo li ŝajnis konvena homo. Lia parolado estis simpla, klara, rekta kaj kun certa nuanco de memfideco, kion oni ĉe simpla homo ordinare tre malofte trovas.

--Sinjoro doktoro, li diris, mi volus vin peti veni al mia infano; ni timas, ke al ĝi minacas atako de krupo.

Mi prenis mian ĉapelon kaj premis lin antaŭen, ĉar, se lia supozo estus ĝusta, oni tie ĉi ne devis perdi tempon. Ĉe tiu ĉi malsano unu horo povas decidi inter vivo kaj morto--Post minuto ni estis sur la strato kaj paŝis rapide tra unu el niaj larĝaj aleoj. La infano, li diris, ludis antaŭ la pordo, manĝis kun apetito sian vespermanĝon, iris poste dormi, kaj antaŭ mallonge ĝi vekiĝis tre raŭka kaj kun sufoka tusado. Tiu ĉi okazo prezentis preskaŭ nenian dubon, kaj mi rapidigis miajn paŝojn kaj post kelkaj minutoj mi atingis kun mia akompananto la pordon de la domo. Ni levadis nin ĉiam pli kaj pli alte ĝis la kvara etaĝo. La lasta etaĝo de la ŝtuparo estis kovrita per tapiŝoj kaj de supre lumis al ni malgranda lampo. Antaŭ la pordo kuŝis bonega kaj tre fortika mato. Vi poste vidos, kial mi turnas atenton sur tiujn ĉi malgrandajn detalaĵojn.--Mi eniris en la malfermitan pordon kaj estis salutita de sufiĉe bela, pure kaj orde vestita virino, kiu ne povis esti iu alia, ol la edzino de mia akompananto.

--Mi ĝojas, ke vi tiel baldaŭ venis, ŝi salutis min kun mola, pura akcento. Vilĉjo, kiel ŝajnas, estas tiel elturmentita, ke li apenaŭ povas spiri. Kaj post minuto, kiam ni aliris al lia lito, mi aŭdis la senduban sonon de krupo, kiu tute prave plenigis per tia timo la korojn de la gepatroj.

--Ĉu tio ĉi estas krupo, sinjoro doktoro? demandis la patro kun ekscitita voĉo, kiam mi klinis min super la infanon, belan trijaran knabon.

--Sendube, tre serioza atako. De kiam la afero ekŝajnis al vi suspekta?

--Antaŭ ĉirkaŭ unu horo, estis la respondo, en kiu sonis forteco de karaktero. Mi ekrigardis la patrinon. Ŝi estis tre pala, sed ne kuraĝis paroli.

--En tia okazo estas kredeble nur tre malmulte da danĝero, mi diris, sed ni devas tamen ion fari. Ĉu vi havas akvon en la domo?

La viro aliris al unu kabineto, malfermis du pordojn, kaj oni povis nun vidi belan banan kuvon, parte plenigitan de akvo. Tio ĉi estis pli, ol mi kuraĝis esperi, sed mi ne havis tempon, por miri. La malgranda knabo estis en forta febro kaj malfacile bataladis pro spiro. Mi elprenis lin el lia malvarma lito, en kiu li kuŝis sur bela hara matraco, je kiu nenia princo bezonus honti, senvestigis lin de liaj noktaj vestoj, starigis lin en la kuvon kaj ordonis al lia patro verŝi tri sitelojn da malvarma akvo super lian kolon kaj bruston, dum mi per mia mano energie lin frotadis. Poste ni lin sekigis kaj frotadis tiel longe, ĝis la tuta korpo fariĝis flame ruĝa. Poste mi eltordis grandan viŝilon, trempitan en malvarman akvon, metis ĝin ĉirkaŭ lian kolon kaj envolvis lin en lanajn litkovrilojn. La malgranda brava knabo ĉion trankvile elportis, kvazaŭ li komprenus, ke en apudestado de lia patro povus fariĝi al li nenio malbona. Post dekkvin minutoj aperis riĉa ŝvitado, la infano falis en sanan dormon kaj povis denove libere spiri. La danĝero pasis; tiel rapide pasas tiu ĉi malsano kaj tiel facile ĝi estas kuracata.

La zorgoplena vizaĝo de la patro beliĝis, kaj super la vizaĝon de la patrino kuris radio da feliĉo. Mi direktadis miajn rigardojn de unu al la alia, kaj pli ol iam mi estis en dubo, kian pozicion en la vivo ili povas okupi. Signoj de eminenta deveno aŭ pli alta eduko ne estis videblaj; ili ne faris la impreson de bonklasaj homoj, kiuj falis en malriĉecon. Pli ĝuste ŝajnis, ke ni havas tie ĉi okazon kontraŭan: ŝajnis pli ĝuste, ke ili de pli malalta ŝtupo de la vivo levis sin al pli alta. Mi rigardis ĉirkaŭen en la ĉambro, kiu okaze estis la dormoĉambro. Ĉio estis en plej bona ordo. La litoj estis puraj, sed simplaj, la blanka stebita litkovrilo ne povis kosti pli ol 10 ŝilingojn, sed kiel bele ĝi elrigardis! La blankaj flankkurtenoj estis el malkara muslino, sed iliaj faldoj pendis tiel dense, kvazaŭ ili estus el damasko--kaj kiel konvene ili elrigardis! La banan kuvon kun la dense falditaj kurtenoj mi ne povis taksi pli ol 10 dolaroj. La tualeta tablo de eleganta formo kaj tute kovrita estis sendube el pina ligno kaj kostis duonon da dolaro. La pentraĵoj sur la muro estis bone koloritaj litografaĵoj--pli belaj, multe pli belaj, ol oleaj pentraĵoj, kiujn mi vidis en domoj de milionuloj: ili povis kosti po tri ĝis kvin ŝilingoj kaj la kadroj po unu dolaro. La planko estis kovrita per belaj tapiŝoj, kaj la muroj estis de hela koloro. Per unu vorto, la ĉambro estis tuta ornamujeto--en ĉiuj partoj tiel en ordo, kvazaŭ artisto ĝin aranĝis.

Lasante la knabon al trankvila dormado kaj donante la necesajn klarigojn pri la bano post lia vekiĝo, mi iris kun la gemastroj en la duan ĉambron, kiu posedis alian, sed egale belan aranĝon. Oni povus ĝin preni por gastoĉambro, por laborejo de artisto aŭ por manĝoĉambro. La muroj estis kovritaj per pentraĵoj--portretoj, historiaj skizoj kaj pejzaĝoj-- ĉio pentraĵoj, kiujn povis elekti nur homo kun gusto ĉe modestaj rimedoj, kiuj tamen havas tiom same grandan indon, kiel bonaj libroj. Kaj parolante pri tiuj ĉi lastaj, mi devas tie ĉi rimarki, ke apud la kameno pendis malgranda biblioteko, kiu ĉe la unua rigardo montris al mi, ke ĝi enhavas la plej elektitajn trezorojn de la angla literaturo.

La mastro iris al la skribotablo, malfermis unu fakon kaj elprenis monon.--Kiom mi ŝuldas al vi, sinjoro doktoro? li demandis, tenante prete la monon.

Levante min sur la ŝtuparon, mi pensis, ke mi devos atendi je mia honorario, aŭ ke mi ĝin neniam ricevos, sed nun ĉio ŝanĝiĝis. Mi ne bezonis nun, kiel ĝi ofte okazas, sciiĝi pri la pli detalaj cirkonstancoj kaj mezuri laŭ tio ĉi mian postulon. La homo staris antaŭ mi preta, por pagi; tamen videble li apartenis al la klaso de laboristoj kaj estis tre malproksima de bonhaveco; mi tial povis difini al li nur la plej malaltan sumon.

--Unu dolaro ŝajnas al mi ne sufiĉa, li respondis. Vi havis pli grandan laboron, ol la solan skribadon de recepto.

--Ĉu vi laboras por via sintenado? mi demandis, esperante iom malkovri la sekreton. Li ridetis kaj montris al mi sian manon, kiu prezentis la signojn de honesta laborado. Vi estas metiisto, mi diris kun la intenco sciiĝi pli multe.

--Prenu tion ĉi, li diris kaj metis kun nerifuzebla gesto dudolaran banknoton en mian manon, kaj mi kontentigos vian scivolecon, ĉar vi ja ne povas kaŝi, ke vi estas iom scivola.

En ĉio tio ĉi estis ia honesta, estiminda sincereco, kiu havis por mi apartan ĉarmon. Mi metis la banknoton en la poŝon, dum la mastro iris al la pordo, malfermis ĝin kaj montris al mi kabineton de meza grandeco, en kiu mi de la unua rigardo ekkonis metiejon de botisto.

--Vi estas kredeble eksterordinara laboristo, mi diris, ĉirkaŭrigardante la ĉambron, kiu ŝajnis al mi preskaŭ lukse meblita, dum ĉe pli proksima observado de ĉiu objekto fariĝis al mi klare, ke ĝi ne povas multe kosti.

--Ne, vi eraras. Mi perlaboras nur iom pli ol unu dolaron en tago. Mia edzino iom helpas. Krom la domaj laboroj kaj la zorgado pri la infano ŝi perlaboras tiom, ke nia semajna enspezo prezentas mezonombre ok dolarojn. Ni komencis per nenio, kaj ni nun vivas tiel, kiel vi vidas.

Tiu ĉi komforto, tiu ĉi konvena aranĝo, kiu prezentis preskaŭ lukson, ĉio tio ĉi por ok dolaroj semajne! Mi esprimis mian miregon.

--Mi estus en granda timo, se ni tiom devus elspezi, li rimarkis. Ni kun tio ĉi ne sole vivis ĝis nun, sed ni havas ankaŭ jam ion en la ŝpara banko.--Ĉu vi volos esti tiel bona kaj klarigi al mi, kiel vi tion ĉi faras? mi demandis, ĉar mi efektive forte volis sciiĝi, kiel botisto kun edzino kaj infano, perlaborante ok dolarojn semajne, povas vivi en komforto kaj eleganteco kaj ankoraŭ kolekti monon.

--Kun plezuro, li respondis, ĉar eble vi aliajn, kiuj ne estas en pli bona stato, ol mi, povos konvinki, ke ili faru al si sian situacion kiel eble plej oportuna.

Mi prenis la donitan al mi seĝon, kaj ni sidiĝis, dum lia edzino, aŭskultinte la facilan kaj regulan spiradon de sia infano, sidiĝis, por kudri.

--Mia nomo estas William Carter, li diris. Mia patro mortis, kiam mi estis ankoraŭ juna, kaj, posedante ordinaran lernejan sciadon, mi estis donita al botisto, por lerni. Mi estis granda amanto de legado, kaj mian liberan tempon mi pleje uzadis tiel, ke mi konatiĝadis kun la libroj el la biblioteko de la metiolernantoj. La plej multe plaĉis al mi la plenaj je saĝo de la vivo verkoj de W. Cobbet. Mi decidis sekvi lian ekzemplon kaj labori, kiom mi povas, por mia kleriĝo, kaj mi pensas, ke mi ne vane laboris. Sed la edukado de la homo daŭras la tutan vivon, kaj ju pli mi lernas, des pli multe mi vidas, ke mi devas aukoraŭ lerni.

Mi estis ankoraŭ de nelonge submajstro, kiam mi enamiĝis en mian Marion tie, kiun multaj nomas tre bela, kiun mi tamen ekkonis kiel tre bonan.

Mario ekrigardis kun tia gaja, ĉarma rideto, ke la opinio de multaj ŝajnis al mi tute prava.

--Laborinte unu jaron kiel submajstro kaj ŝparinte kelkajn dolarojn (mi havis gravan kaŭzon por ŝpari), mi edziĝis kun mia Mario. Mi loĝis ĉe ŝia patro, kaj ŝi ĉirkaŭkudradis ŝuojn por la magazeno, por kiu mi laboradis. Tiel ni vivis kelkajn semajnojn en la domo de ŝiaj gepatroj, sed tio ĉi ja ne estis nia propra hejmo, kaj tiel ni decidis aranĝi propran mastraĵon. Ni povis pensi nur pri modesta loĝejo, kaj mi tutan semajnon serĉis tian, ĉar jen loĝejo estis por mi tro kara, jen tro mizera. Fine mi trovis tiun ĉi loĝejon. Ĝi estis nova kaj pura, alta kaj kun bona aero, kaj mi pensis, ke estus oportune loĝi en ĝi. Mi luis ĝin por kvindek dolaroj por jaro, ĉar kvankam la loĝejoj ĉirkaŭ ni ĉiuj estas pli karaj, nia mastro kontentiĝas je tiu ĉi sumo, ĉar li estas kontenta je ni kiel luantoj. La loĝejo tiel jam estis, sed ĝi estis malplena, kaj krom ni mem ni havis nur tre malmulte por enporti, sed ni gaje komencis labori, ni penadis perlaboradi kiel eble pli multe, ni ŝparis, kiom ni povis,-- kaj vi vidas, kion ni atingis.

--Mi vidas, sed mi ne komprenas, mi diris kun la intenco aŭdi ion pri la mastrumado de tiu ĉi modesta kaj bela hejmo.

--Nu, tio ĉi estas sufiĉe simpla. Kiam mi kun mia edzino tie ĉi enloĝiĝis kaj ni okupis nian loĝejon kun unu tablo, du seĝoj, unu forno por kuirado, unu aŭ du patoj kaj unu mallarĝa lito kun pajla matraco, ni faris konsiliĝon de milito. Nu, kara Mario, mi diris, ni estas tie ĉi; dume ni havas ankoraŭ nenion kaj devas ĉion ankoraŭ akiri, kaj por tio ĉi ni povas kalkuli nur je niaj dek fingroj.

--Ni trovis, ke ni povas mezonombre perlabori ok dolarojn. Ni tial decidis vivi tiel malkare, kiel nur eble, ŝpari, kiom ni nur povos, kaj kiom eble--ĉion fari mem. Nia pago por la loĝejo prezentis la sumon de unu dolaro semajne, nia brula materialo, lumigo, uzado de akvo kaj aliaj bagateloj ankoraŭ unu dolaron. Tian saman sumon ni difinis por vestoj, kaj per tio, ke ni aĉetas la plej bonajn ŝtofojn kaj penas konservi la vestojn, kiom ni nur povas, ni povas ĉiam esti bone vestitaj. Eĉ mia edzino estas kontenta je sia vestaro kaj trovas, ke kruda silko po 6 ŝilingoj por ulno estas kompare kun la tempo de uzado pli malkara, ol kalikoto po 1 ŝilingo. Tio ĉi faras 3 dolarojn semajne, kaj nun restas ankoraŭ la manĝaĵoj. Por tio ĉi mi kalkulas por ni tri unu dolaron semajne.--Tio estas unu dolaron por ĉiu persono?--Ne, unu dolaron por ni ĉiuj. Ŝajnas, ke vi estas surprizita, sed la kalkulo estas ĝusta.

--En la komenco ni elspezadis por tio ĉi pli multe, sed kun la tempo ni lernis vivi pli bone kaj pli malkare, tiel ke post la pagado de ĉiuj elspezoj por loĝejo, hejtado, lumigado, vestoj, akvo kaj manĝaĵo restas ankoraŭ pura superfluo de 4 dolaroj semajne. Mi ne kalkulis kompreneble flankajn elspezojn, ekzemple se ni iam vizitas la teatron aŭ koncerton, aŭ havas gastojn ĉe ni.

Rimarkinte rideton sur miaj lipoj, li daŭrigis:--Jes, ni akceptas ankaŭ gastojn kaj amuzas nin ĉe tio ĉi tre bone. Iafoje ni havas dekon da gastoj, kaj ilia regalado per ĉokolado, kukoj k. t. p. kostas al ni ne pli ol 2 dolarojn; sed tio ĉi ankaŭ ne tro ofte okazas. Tiel al ni en ĉia okazo restas ankoraŭ 200 dolaroj jare, por kiuj ni nin aranĝis, kiel vi vidas, kaj rezervis kapitaleton en la ŝpara banko.

--Mi vidas ĉion tion ĉi, mi diris, nur ne kiel vi vivas. Multaj metiistoj elspezas pli ol tion ĉi por cigaroj, ne parolante jam pri drinkoj. Mi petas vin, rakontu al mi, kiel vi vivas.--Kun plezuro. Mi ne fumas cigarojn, ankaŭ ne maĉas tabakon kaj nek mi nek mia edzino flaras tabakon.

La edzino eniris kun agrabla rideto, sed ne interrompis nin, ĉar ŝi pensis, kiel ŝajnas, ke ŝia edzo ja ankaŭ sen ŝia helpo komprenas paroli.

De la tago de mia edziĝo mi uzis nenian alkoholaĵon, nur kvar fojojn en jaro mi trinkas glaseton da vino, kaj nome: en la

festo de Kristonasko, en la Nova Jaro, la 4-an de Julio
[Piednoto: La jartago de la sendependiĝo de la Nord-Amerikaj
Ŝtatoj.] kaj en la naskotago de nia filo. Tiu ĉi tago estas por ni
aparta festo. Mi legis sufiĉe da higienaj libroj kaj scias, ke teo
kaj kafo estas narkotikaj trinkaĵoj sen nutra enhavo, kaj mi
sufiĉe longe esploris la manĝon kreskaĵan kaj mi lernis dece
estimi ĝin; mi ekkonis ĝian pli grandan indon en komparo kun
la dieto miksita kaj trovis, ke ĝi pli bone servas al mi, ol tiu ĉi
lasta, kaj ĉar ni kune legas kaj eksperimentas, tial mia edzino
pensas tiel same, kiel mi.

--Sed kion do vi manĝas kaj trinkas? mi demandis scivole, por
sciiĝi, kiel malproksime la memedukita filozofo progresis en
la leĝoj de higieno.

--Venu, kaj mi montros al vi, li diris, prenante kandelon kaj
kondukante min en vastan provizejon. Jen vi vidas antaŭ ĉio
muelilon, kiu kostas al mi 10 ŝilingojn. Ĝi muelas mian tutan
grenon, donas al mi la plej freŝan kaj belan farunon kaj ŝparas
al mi la monon por muelado. Jen estas bareleto da tritiko. Mi
aĉetas la plej bonan, kaj mi estas certa, ke ĝi estas pura kaj
bona. Ĝi kostas malpli ol 3 cendoj por funto, kaj funto da
tritiko estas sufiĉa, kiel mi scias, por la taga nutrado de homo.
Ni preparas el ĝi panon, kukon kaj kaĉon. Jen estas sako da
terpomoj. Jen estas maizo. Jen estas faboj, kesto da rizo,
tapioko kaj makaronoj. Jen estas bareleto da plej bonaj pomoj.
Jen skatolo kun sukero kaj jen nia poto butera. Ni prenas
ĉiutage kvarton da vilaĝa lakto, kaj niajn ceterajn manĝaĵojn
mi aĉetas tie, kie mi ilin ricevas la plej bone kaj plej malkare.
Se vi kalkulos, vi facile trovos, ke unu dolaro semajne por tiaj
rimedoj de nutrado ne sole estas sufiĉa, sed ke al ni estas
permesita ĉe tio ĉi sana kaj preskaŭ luksa malsameco. Ekster
tio ĉi ni manĝas verdajn legomojn, fruktojn kaj berojn, kiujn
alportas ĉiufoje la responda jartempo. En la somero ni havas
fragojn kaj persikojn, kiam ili estas maturaj kaj bonaj; el ĉiuj
tiuj ĉi simplaj materialoj mia edzino preparas manĝojn, kiujn
mi certe preferas al la manĝoj el la kuirejoj de la plej bonaj
hoteloj.

Mi aŭdis sufiĉe. Tie ĉi mi trovis komforton, prudentecon, guston kaj modestan lukson ĉe simpla metiisto, kiu komprenis vivi kun malgrandaj elspezoj. Kiom da senbezonaj plendoj povus esti evititaj, kiom da ĉagreno kaj suferoj povus esti forigitaj, se ĉiuj laboristoj vivus tiel prudente, kiel William Carter. Neniam mi premis al iu la manon kun pli sincera estimo kaj koreco, ol tiam, kiam mi diris "bonan nokton" al tiu ĉi feliĉa paro, kiu en tiu ĉi kara urbo kun 8 dolaroj de semajnaj enspezoj vivas lukse kaj riĉiĝas kaj levas la benketon de botisto al la indo de instrua seĝo de praktika filozofo.

Leganto, se vi volas profiti de tiu ĉi malgranda historio, sekvu nur la vortojn de la Biblio: "iru kaj faru tion saman."

* * * * *

LA FORGESITA PIPO

Rakonto de A. Edelmann. Tradukis I. Kaminski.

En unu el la pluvaj tagoj de Marto per grandaj paŝoj iris sur la kota strato de la vilaĝo Vindirkovo unu vilaĝano, havanta la aĝon de ĉirkaŭ tridek jaroj; sed ŝajnis, ke li estas multe pli maljuna. Li portis disŝiritajn lankitelon kaj ĉemizon, tra kiuj elrigardis la malgrasa brusto; lia piedvesto ne estis pli bona-- unu fliko sur alia; el la truaj plandoj estis vidata la pajla substerno; sur la kapo maldece sidis disŝirita, grasmakulita lana ĉapo. Lia bruna senforma malsobra vizaĝo, sur kiu ankoraŭ restis signoj de antaŭa beleco, estis tuta kovrita per ruĝaj ŝvelaj aknoj; la okuloj estis ruĝaj kaj elstarantaj; la kapo jam brilis en kelkaj lokoj per grizaĵo.... Per unu vorto, jam laŭ la sola eksteraĵo de la vilaĝano oni povis juĝi pri la diboĉa vivo, kiun li kondukis.

Kaj efektive, granda drinkanto estis tiu ĉi vilaĝano, Doroteo Nilov. Jen pasis jam pli ol jaro, ke li komencis drinkadi; sed en tiu ĉi jaro li jam havis tempon fordrinki sian tutan havon kaj la havon de sia edzino. Lian domon oni antaŭ nelonge vendis publike por depagaj mankorestoj. Ne dezirante prilabori mem la pecon da tero, kiu restis ĉe li, li farmigis ĝin, kaj la farman monon li fordrinkis en unu semajno.

De frua mateno ĝis malfrua nokto li pasigadis la tempon en la drinkejo, kaj ĉion, kio enfalis en liajn manojn, li forportadis al la drinkejmastro Vavilo Panfiloviĉ, kiu pro sia boneco ne abomenis eĉ ĉifonon. Nia Doroteo Nilov ankaŭ estis malbona edzo kaj patro. Li neniam pensis pri sia malsatanta familio, kaj lia kvieta, bona edzino Malanja devis akiradi la mizeran ĉiutagan nutraĵon por si, sia edzo kaj infano--dujara bubeto-- per kudrado, lavado aŭ ia alia laborado. Sed Doroteo ne sole ne estis danka al ŝi por tio, sed batadis ŝin preskaŭ ĉiutage, revenante hejmen malsobre. Pri sia infano li tute ne zorgis kaj, oni povas diri, tute ĝin ne konis.

Ankoraŭ antaŭ nelonge Doroteo Nilov estis kalkulata la plej riĉa mastro en Vindirkovo. Li havis vastan dometon, multon da tero, bruto kaj ĉia havo. Sian edzinon Malanja'n, kiu fraŭline estis la plej riĉa kaj plej bela fianĉino en la tula vilaĝo, li amis pasie. Laborante fervore, li vivis kviete kaj estis estimata de ĉiuj Vindirkovanoj. Sed "nek eterne daŭras la ĝojoj, nek senfinaj estas la malĝojoj", diras rusa proverbo. La ĝojoj pasis ankaŭ ĉe nia Doroteo, sed li mem estis la kaŭzo de tio ĉi: li amikiĝis kun malbonaj kolegoj kaj komencis drinkadi, diboĉadi, kaj ĉio transturniĝis la fundo supren. Post unu jaro ĉe Doroteo jam nenio restis--ĉio transiris al la drinkejmastro Vavilo.

Nun ni vidas Doroteon, sin direktantan al sia kaduka dometo, kiu staris sur la rando mem de la vilaĝo, modeste alpreminte sin al la plektobaro. Lia vizaĝo esprimis ĉagrenon. Kaj efektive, ekzistis kaŭzo por ĉagreno: li devis forlasi en la drinkejo la gajan drinkantaron kaj foriri hejmen, por preni la pipon, kiun li tie forgesis sur la breto. . . .

La dometo estis fine atingita, kaj li eniris. La mastrino forestis; ŝi foriris ien al najbaro, por preni prunte kelke da terpomoj por sia infano.

La internaĵo de la dometo konsistis el malgranda kaverno, kies tri kvaronojn okupis granda rusa forno. Duo da makulitaj seĝoj, tablo kun diskrevinta tabulo, malgranda kesteto, en kiu estis konservata la tuta havoresto de la malfeliĉuloj, kaj tre malgranda malnova sanktfiguro-- jen estas la tuta ornamaĵo de tiu ĉi kaverno. Krom tio estis alligita al la plafono lulilo, en kiu la infano de Doroteo ripozis per trankvila dormo. Sur ĉio kuŝis la sigelo de malriĉeco, tamen ĉio estis pura kaj bonorda kaj sur ĉio estis vidata la mano de bona kaj zorgema mastrino.

Enirante, Doroteo rekte sin direktis al la breto, prenis la pipon, sed ankaŭ kunprenis la hakilon, por ĉe la okazo forporti en la drinkejon, kaj li estis jam kaptinta la fermilon de la pordo, por eliri, sed en tiu ĉi momento eksonis en la ĉambro sonora infana rido. Doroteo rapide sin returnis. . . . En la lulilo, eltirante la manetojn, nur en ĉemizo sole, staris blonda infano, vekita de la pezaj paŝoj de la patro. Sur la malgrandegaj lipetoj ludis ĝoja rideto, kaj gaje balancante la vilan kapeton, la infano babiladis: "Patreto! Paĉjo!". . . .

Io ekmoviĝis en la malmola animo de Doroteo. Malrapide li aliris al la lulilo, elprenis per siaj maldelikataj manoj la infanon kaj ekkisis ĝin. La infano ĉirkaŭprenis per siaj manetoj la kolon de la patro kaj algluiĝis al lia brusto, gaje krietante kaj senĉese babilante: "Patreto! Paĉjo!", la solajn vortojn, kiujn ĝi jam povis libere elparoli. Doroteo ekkisis la infanon ankoraŭ unu fojon kaj volis kuŝigi ĝin ree en la lulilon. Sed la infano ne deprenis siajn manetojn kaj sendeturne rigardadis la patron per siaj klaraj nigraj okuletoj. Denove io ekpikis la koron de Doroteo, kvazaŭ la rigardo de la senkulpa infano trabruligus lin trae kaj disfluidigus la glacion, per kiu estis kovrita lia koro. Al li ŝajnis, ke la infano rigardas lin riproĉe kaj ke ĝi kvazaŭ volas diri per tiu ĉi rigardo:--Patreto! vi volas forlasi min, por foriri en la drinkejon, fordrinki la lastan hakilon, tute ne zorgante pri la malfeliĉa panjo, kiu nun malaltigas sin ĉe la najbaroj. . . . Kaj kion donas al vi la malbenita drinkado?

Li mem iel nevole ekrigardis en la okulojn de la infano . . .kaj ektremis, kvazaŭ en tiu ĉi spegulo de la senkulpeco kaj pureco li ekvidis sian vivon en ĝia tuta abomeninda nudeco.

Malvarma ŝvito montris sin sur lia vizaĝo; lia koro forte ekfrapis. Li estis kiel en febro: la kapo al li brulis kaj tra la korpon trakuris tremfrosto, liaj piedoj ne volis lin teni kaj la tero kvazaŭ ŝanceliĝis sub ili. En tiu ĉi minuto Doroteo sentis teruran internan bataladon. Li deziregis denove foriri en la drinkejon, por diboĉi kun siaj gajaj senzorgaj kolegoj, sed la konscienco, vekita de la infana rigardo, kvazaŭ alforĝis lin al la tero, al la loko, kie li haltis. . . . En tiu ĉi minuto la pordo malfermiĝis kaj eniris Malanja, portante bastaĵon kun terpomoj.

Kiam ŝi ekvidis sian edzon, starantan kun la infano sur la manoj, ŝi pretervole haltis sur la sojlo, kiel alforĝita. Dume li pretervole ekrigardis ŝin kaj ekvidis tion, kion li antaŭe tute ne rimarkadis, tiel bone, tiel klare, kvazaŭ liaj okuloj subite malfermiĝis. Li ekvidis ŝian delikatan, malgajan vizaĝon, ŝiajn grandajn, belajn okulojn, ŝiajn palajn, velkintajn lipojn kaj la vangojn, kiuj antaŭ nelonge estis ruĝaj kiel papava floro. Li ekvidis ĉion ĉi, kaj lia vizaĝo ekruĝiĝis de honto. Sed de tiu ĉi momento ĉesiĝis la interna batalo en lia animo, li subite eksentis ian abomenon kontraŭ si mem kaj iel instinkte komprenis, ke li nun por nenio en la mondo revenus en la drinkejon. En atako de ĝojo kaj konfuzo, kun koro trankvila, sed konsumata de amo kaj kompato, li rigardis la elturmentitan vizaĝon de Malanja kaj ne sciis, kion diri.

--Bonan tagon, Malanjeto, kial vi ektimiĝis? fine apenaŭ elparolis Doroteo kaj ĉe tiuj ĉi vortoj ekrigardis la edzinon per tia rigardo, kiu rememorigis al la malfeliĉa virino la pasintan feliĉan tempon. Ŝi komprenis, ke ŝi nun ne devas lin timi; forte, sed ĝoje ekfrapis ŝia koro, kaj klara rideto eklumigis ŝian vizaĝon.

Dume Doroteo aliris al ŝi, ekkisis ŝin kaj poste, montrante per la okuloj la infanon, li ekmurmuris:

111

--Li estos bona bubo. Li ne ektimiĝis antaŭ mi, Malanjeto. Li estos bubo-bravulo! Kaj denove li ĉirkaŭprenis per la dekstra, libera mano la edzinon, altiris ŝin al si kaj mallaŭte diris al ŝi:

--Mi scias, Malanja, ke mi multe estas kulpa antaŭ vi... sed nun estas fino al ĉio, Malanja.... Neniam pli... Mi ĵuras, ke mi pli ne drinkos.... Ĉu vi aŭdas, Malanja... neniam, neniam.... La infano estu atestanto, ke mi ĝis la morto ne prenos en la buŝon tiun malbenitan trinkaĵon....

Ŝi estis pala, kiel tolo, kaj ne povis elparoli eĉ unu vorton; ŝi nur ĉirkaŭprenis Doroteon kaj forte, forte ekkisis lin.

--Mi estas peka antaŭ vi, Malanja; mi devas peti vin kaj stari sur la genuoj antaŭ vi, ĉar mi, malbenita, pereigis, tre malfeliĉigis vin. Kaj li efektive, ankoraŭ tenante la infanon, mallevis sin antaŭ la edzino sur la genuojn kaj forte kliniĝis antaŭ ŝiaj piedoj. Kaj li tiel longe ne levis sin, ĝis ŝi, laŭte plorgante, levis lin kaj sidigis lin sur la benkon.

--Ha, mi malsaĝulo... malhonorulo... granda malsobrulo... parolis Doroteo, sidante sur la benko kaj direktinte siajn okulojn al la planko. Jen kion kaŭzis al mi la drinkado! Vi nur pardonu min, kaj mi ĵuras per Dio, mi ĉesos drinki! Li, li estos atestanto! La lastajn vortojn li elparolis, montrante per unu mano la infanon kaj la duan manon kunpreminte en pugnon. Malanja ploris; ŝi forte bedaŭris sian edzon.

--Mi pardonas vin, kara; Dio kaj la homoj ankaŭ vin pardonos. Nur ĉesu, Doĉjo, drinki la malbenitan vinon; ĝi ja pereigis vin!

--Ho, ho, mi, malfeliĉulo, ne kvietiĝis Doroteo. Kial mi vin senkulpan pereigis!... Mi nun nenion havas, nek ĉevalon, nek bovinon... Kie estis mia konscienco!

Kaj Doroteo laŭte ekĝemis. Longe konsoladis lin Malanja, kiel ŝi povis. Sed li tute trankviliĝis nur en la vespero.

Kaj longe ankoraŭ ili parolis inter si pri tio, kiel komenci novan vivon, kaj nur tiam, kiam la vilaĝa sonorilo malgaje eksonis noktomezon, ili sin levis de apud la tablo. Varmege ili preĝis antaŭ sia sanktfiguro, kaj kun feliĉaj vizaĝoj, sur kiuj estis esprimita ia anĝela kvieteco, ili iris dormi...

Tiel finiĝis la feliĉa tago de niaj malriĉuloj.

* * *

Pasis kelkaj jaroj. Sur tiu loko, kie staris antaŭe la mizera dometo de Doroteo, staris nun vasta pina domo kun peroneto. Apud la domo, gaje babilante, ludis du malgrandaj infanoj, kaj sur la peroneto sidis, okupita de kudrado, juna bela virino en ruĝa sarafano. Estis malfacile rekoni en ŝi la antaŭan malsaneman, palan Malanja'n. Ĝi estis la familio de Doroteo, kiu severe plenumis la donitan promeson kaj ĉesigis sian antaŭan diboĉan vivon.

Kiel ofte rememoradis la geedzoj pri tiu feliĉa tago, kiam Doroteo forgesis en la domo la pipon kaj, por preni ĝin, venis el la drinkejo, por jam neniam tien reveni.

* * * * *

ARTURO

(Rakonto de V. Devjatnin.)

I

Sinjorino Anneto, kvankam sufiĉe matura en sia aĝo (ŝi havis preskaŭ 50 jarojn), tre bone ankoraŭ sin konservis, almenaŭ laŭ ŝia ekstera vido oni ne povis ŝin nomi maljunulino: la koloro de ŝia vizaĝo estis ĉiam tiel roza, la dentoj tiel blankaj kaj ebenaj, ke iafoje eĉ nevole naskiĝadis tre ofenda por ŝi suspekto. Sinjorino Anneto, laŭ la volo de la sorto, ĝis nun ankoraŭ estas fraŭlino, sed... ŝi estas jam vidvino!... Ŝi mem rakontis al mi (mi ĝis nun estas ŝia amiko), ke ŝi perdis sian junan belan edzon tuj post la edziniĝo; apenaŭ la junaj geedzoj revenis el la preĝejo, ŝia edzo falis kaj mortis! Al li fariĝis kredeble disŝiro de koro, tro multe plenigita de amo. Dank' al tiu ĉi okazo la malfeliĉa sinjorino restis vidvino, travivinte kun la edzo nur proksimume duonon da horo. De tiu tempo pasis jam tridek jaroj, la amo de sinjorino Anneto havis jam tempon tute malvarmiĝi, sed edziniĝo entute tiom ŝin timigis, ke ŝi decidis senrefare jam eterno resti fraŭlino kaj eĉ ĵuris sankte plenumi tiun ĉi decidon. Sed la petolema sorto subite devigis ŝin ankoraŭ unu fojon facile tuŝi la katenojn de Himeneo. Jen kio okazis.

II

Unu fojon sinjorino Anneto veturis sur fervojo, revenante el la malgranda urbeto K. post enterigo de sia kuzo. Okupinte en la vagono tre oportunan kanapeton, ŝi volis ekdormi, dezirante almenaŭ per tio ĉi sin liberigi de ŝin premanta ŝarĝa impreso de morto,--sed subite, rigardinte okaze la plankon, ŝi vidis ian libron, forgesitan kredeble de elirinta veturanto. Sinjorino Anneto levis ĝin kaj malfermis: tio ĉi estis franca tradukita romano sub la titolo: "Terura sekreto". Ŝi estis tre ĝoja je tiu ĉi neatendita trovaĵo kaj komencis avide legi paĝon post paĝo. La romano estis tre interesa: en ĝi estis teruraj mortigoj kaj sekretaj malaperoj kaj malfeliĉa amo, per unu vorto, en ĝi estis ĉio, kio devas esti en ĝusta romano,--kaj entute en la romano estis tia miksaĵo, ke sinjorino Anneto nur kun granda malfacileco povis kompreni kvankam malmulte tiun ĉi mirindan produktaĵon de la genia aŭtoro. Tiu ĉi malfacila laborado de la kapo lacigis la malfeliĉan legantinon, kaj ŝi ekdormis . . .

Jen ŝi sonĝas, kvazaŭ ŝi estas ankoraŭ tre juna knabino. Ŝi senfine amas lin kaj li, bela, flama junulo, varmege, pasie ŝin amas. Sed la kruela patro elektis por ŝi malbelegan, maljunan, senharan baronon, kiu scias ian teruran familian sekreton de ŝia patro kaj per tio ĉi tenas lin en siaj manoj. La terura tempo proksimiĝas: jam estas difinita la tago de edziniĝo kun la barono . . . La patro ŝin enŝlosis en malgrandan ĉambreton kaj alstarigis al ŝi maljunan diablistinon servantinon, kiu atente ŝin gardas kaj ne permesas al ŝi eĉ paŝon fari libere,--kaj ŝi, malfeliĉa ofero de la patra krueleco kaj de la malbonega barono volupto, ne povas eĉ sciigi lin, sian amatan, pri sia terura situacio!... En malespero ŝi ŝiras siajn harojn, sin ĵetadas en la ĉambro, kaj fine, tute freneziĝinte, ŝi saltas kun kapo malsupren el la fenestro sur la pavimon kaj... ho mirindaĵo!... ŝi enfalis en la brakojn de sia amanto! Ili flugas, flugas, flugas kun nekredebla rapideco en ia sorĉa kaleŝo al la rando de la mondo, al plej feliĉa Arkadujo... Jen jam estas proksime, al ŝi jam blovetis feliĉo... Sed subite post ili fariĝis forta bruo. Ili rigardas kaj... ho, teruro: persekuto!... Sur nigra flugila ĉevalo rapide flugas la barono!... Minace brilas liaj verdaj okuloj, liaj haroj estas disblovitaj, liaj longaj malgrasaj manoj kun akraj kurbaj ungegoj estas etenditaj antaŭen... Lia forta ĉevalo flugas kun rapideco de sago, distranĉante kun fajfo la aeron per sia larĝa fortika brusto... Ankoraŭ unu momento, kaj la geamantoj nepre devas perei!... La juna fraŭlino pli proksime sin alpremis al sia karulo, ĉirkaŭprenis lin, li forte, dolĉe ŝin kisis kaj... ŝi vekiĝis.

En la preskaŭ tute malplena vagono estis mistera duonlumo: kelkaj lanternoj estis estingitaj, kaj la ankoraŭ brulantaj estis kovritaj per mallumaj verdaj kurtenetoj, tra kiuj ili apenaŭ ĉirkaŭlumis du aŭ tri dormantajn veturantojn.

Sinjorino Anneto eksentis, ke iu delikate premas ŝian manon, kaj nur nun ŝi ekvidis starantan antaŭ ŝi sur genuoj ian nekonatan viron, kiun ŝi, mem ne komprenante per kia maniero, forte ĉirkaŭprenis per la maldekstra libera mano... Ŝi eksaltis, kvazaŭ pikita de serpento, kaj kun teruro rigardis ĉirkaŭen: en la vagono estis tute silente.

--Kion vi volas, sinjoro?

La nekonato malrapide sin levis kaj kun petego etendis al ŝi la manojn.

--Pardonu! li murmuretis: pardonu, se mi vin nevole ofendis... Sed vi tiel afable respondadis miajn karesojn, ke mi pensis... Ho, pardonu, pardonu min!...

Kaj li ree stariĝis sur la genuoj, kaptis ŝian manon kaj alpremis ĝin al siaj lipoj. Al sinjorino Anneto ŝajnis, ke tio ĉi estas ankoraŭ sonĝo... Fine ŝi mallaŭte liberigis de li sian manon.

--Levu vin, pro Dio! kion vi faras? ŝi diris al la nekonato: ni ja povas fariĝi objekto de atento por ĉiuj veturantoj!

Li senvorte obeis. Sinjorino Anneto iom post iom komencis trankviliĝadi, kaj vidante, ke la stranga sinjoro tute ne estas por ŝi danĝera, sed, kontraŭe, li mem timas ion, ŝi tute trankviliĝis kaj eĉ ekinteresiĝis je tiu ĉi neatendita aventuro kaj ankaŭ je la mistera nekonato, kiu silente sidis antaŭ ŝi sur la kanapeto. Sinjorino Anneto sin levis, forŝovis la kurteneton de la plej proksima lanterno kaj, dank' al ĝia lumo, ekvidis antaŭ si belan kaj eksterordinare simpatian viron en la aĝo de ĉirkaŭ 35 jaroj. Liaj densaj nigraj ondaj haroj kun intenca nezorgeco estis forĵetitaj posten kaj bone ombris la agrablan palecon de la bela maldika vizaĝo kun malgranda barbeto; la vivaj esprimaj okuloj de ia nedifinita koloro lumis de sento, kiun tuj oni ne povas kompreni,--sed tiu ĉi sento havis ian forlogantan forton... Sinjorino Anneto nun rememoris, ke ŝi sufiĉe ofte renkontadis tiun ĉi belulon sur la strato en K.,-- kaj sekve li estas al ŝi iom konata. Ŝi decidis ekparoli kun li.

--Pardonu, ŝi komencis, mian ne tute modestan demandon, sed mi tre volas scii, kiu vi estas. Al mi ŝajnas, ke mi vin renkontadis en K., kaj tial... tial via vizaĝo estas al mi iom konata. De kie, kien kaj pro kio vi veturas?

La nekonato ekĝemis.

--Tro malgaja kaj, la plej grava, tro longa estas la historio, respondis li nevolonte: post duono da horo ni estos jam en K., kaj mi ne havos sufiĉe da tempo, por kontentigi vian scivolecon,--sekve oni ne devas eĉ komenci. Mi diros nur sole, ke mi estas la plej malfeliĉa homo en la tuta mondo, mi estas de ĉiuj pelata, de ĉiuj malamata kaj de neniu amata... Ĉiujn viajn demandojn: de kie mi veturas, kien kaj pro kio, mi nur povas respondi: mi ne scias, ne scias, ne scias!... Kaj la nekonato, kaŝinte la vizaĝon per la manoj, restis en profunda silento. La koro de sinjorino Anneto tropleniĝis per kompato al tiu ĉi malfeliĉa homo: ŝi jam estis preta ekplori.

--Rakontu al mi vian malĝojon, ŝi diris kore: per tio ĉi vi eble faciligos vian animon.

La nekonato levis la kapon, kaj liaj okuloj ekbrilis.

--Ho, kiel mi estas feliĉa! li ekkriis kun profunda sento: Mi aŭdas kompatajn vortojn de virino, kiun mi tiel longe kaj tiel pasie amas! kiun mi...

--Kion vi diras? interrompis lin sinjorino Anneto: rekonsciiĝu! rigardu min: ĉu oni povas enamiĝi en tielan maljunulinon?

--Mi ne diris, ke mi enamiĝis, rediris la nekonato, denove prenante ŝian manon: ne, mi jam longe ĉesis enamiĝadi, sed mi ne perdis ankoraŭ la kapablon de amo... Jes, sinjorino Anneto...

--De kie vi scias mian nomon? mirege ekkriis sinjorino Anneto: kiu vi estas?

--Vi min ne konas kaj kredeble neniam aŭdis mian nomon. Mi estas Arturo de...

--Via nomo estas Arturo?! Dio! kia stranga okazo!

Sinjorino Anneto rememoris, ke la ĉefa heroo de la romano, kiun ŝi trovis antaŭ nelonge tie ĉi en la vagono, ankaŭ estas "Arturo". Ŝi kredis je diversaj antaŭsignoj, kaj tiu ĉi egaleco de la nomoj ŝin forte ekfrapis: ŝi vidis en ĝi ian antaŭsignon de la ĉielo mem.

117

--Jes, daŭrigis la nekonato, mi estas Arturo de Buler. Mi vin ekkonis preskaŭ antaŭ du jaroj (per kia maniero--mi ne diros), kaj de tiu sama tempo mi amas vin per ĉiuj fortoj de mia animo! De tiu tempo mi ĉiam serĉis renkonti vin, kaj al tiu ĉi celo mi tre ofte veturadis en la urbon K. Dank' al multaj kaŭzoj, pri kiuj mi ne kuraĝas paroli, mi ne volis konatiĝi kun vi... Sed fine mi decidis fari tiun ĉi danĝeran por mi paŝon kaj... nun mi jam tute ne bedaŭras tion ĉi, ĉar mi estas multe rekompencita!

Arturo kun fajro kisis la manon de sinjorino Anneto, kiu kun tremanta koro aŭskultis liajn flamajn parolojn.

--Mi ne volas lacigi, li daŭrigis, vian atenton per rakontado pri mia tuta malgaja vivo,--kaj tio ĉi eĉ ne estas necesa: nia okaza konateco finiĝos, kiam ni alveturos en K., kaj disiros en diversajn flankojn, por eble neniam jam nin renkonti... Post kelkaj minutoj estos jam K... Tial ne estas ĝustatempe eĉ komenci!...

--Ha, ne, pro Dio! vive rediris sinjorino Anneto: mi tiel multe partoprenas en via sorto, tiel korege vin kompatas... Mi petas vin, sinjoro, diru al mi vian malĝojon!...

En tiu sama minuto la vagonaro brue venis al la K-a stacidomo. Arturo etendis al ŝi la manon.--Adiaŭ! li diris kun tremo en la voĉo: ankoraŭ unu fojon mi petas vin: pardonu kaj ne rememoru min malbone!

--Ĉu efektive nia konateco nur per tio ĉi finiĝos? kun sincera malĝojo demandis sinjorino Anneto, retenante kaj facile premante lian manon.

--Tio ĉi dependas de vi, respondis Arturo.

--Sed kion do mi devas fari? Mi ne loĝas aparte en mia propra domo, kaj sekve mi ne povas inviti vin rekte al mi...

--Tio ĉi tute ne estas necesa, tiom pli ke mi kun la unua

vagonaro veturas reen en B., kie mi loĝas. Sed se vi deziras
fari min senfine feliĉa, donu al mi vorton respondadi miajn
leterojn kaj iam min viziti en mia malriĉa hejmo: B. estas ja
tiel proksima! ...

Sinjorino Anneto kun plezuro plenumis lian modestan
deziron,--ŝi donis al li sian adreson, prenis de li lian,--kaj ili
disiĝis amike.

III

Pasis semajno. Sinjorino Anneto preskaŭ forgesis sian vojan
aventuron, kaj eĉ la vizaĝo mem de ŝia voja kolego komencis
iel mallumiĝi en ŝia memoro,--kaj jen subite ŝi ricevis leteron.
Ŝian koron kvazaŭ io pikis. Per manoj tremantaj de interna
ekscitiĝo ŝi disŝiris la koverton kaj rigardis la subskribon; jes,
ŝia antaŭsento ne trompis ŝin: la letero estis de li! Ŝi avidege
komencis legi. Jen kion skribis Arturo: "Kara mia Anneto!
Pardonu al mi tiun ĉi nevolan senceremoniecon, sed la amo
ne scias paroli alie. Vi tiel forte deziris ekscii mian historion.
Mi plenumas vian deziron, kiun mi estimas, kiel plej sanktan
leĝon. Sed mi korege petas pardonon, mia anĝelo, se tiu ĉi
malgaja historio vin malĝojigos. Mi devas komenci de
malproksime. Mi naskiĝis en la ĉirkaŭaĵo de Moskvo en genta
patra bieno. Mia patro estis tre riĉa homo, natura aristokrato,
bonege edukita, sed bedaŭrinde senkaraktera. Li estis vidvo,
kaj mi--lia sola filo kaj heredanto de lia tuta grandega riĉeco.
Li ekiris vojaĝadi kaj prenis kun si ankaŭ min, tiam ankoraŭ
dekkvinjaran knabon. Kiam ni estis en Parizo, li enamiĝis en
unu belan kantistinon, edziĝis je ŝi kaj aĉetis por ŝi riĉan
bienon en la ĉirkaŭaĵoj de Parizo, kie ni ankaŭ enlokiĝis. Mia
vivo en tiu tempo estis neelportebla: mia duonpatrino jam de
la unuaj tagoj de nia kuna loĝado komencis min malami kaj
baldaŭ ekscitis kontraŭ min mian patron, kiu ŝin senfine amis
kaj plenumadis ĉiujn ŝiajn kapricojn. Post duono da jaro mia
patro povis jam rimarki, ke lia edzino kondutis tiel same, kiel
ŝi kondutis, estante ankoraŭ kantistino, en li do ŝi vidis ne
edzon, sed simple homon, kiu devas ŝin provizadi: ŝi senĉese
postuladis de li monon, kiun ŝi elspezadis eksterordinare

rapide, dank' al baloj, koncertoj, maskobaloj k. t. p. Ŝi preskaŭ ĉiutage mendadis por si ĉiam novajn ornamojn kaj ĉiusemajne devigadis mian patron pagi grandegajn kalkulojn de tajlorinoj, meblistoj, kaleŝistoj, oraĵistoj. La patro kun teruro rimarkis, kiel rapide malaperis lia riĉeco, sed li sin tenis, li silentis. Fine li tute perdis la paciencon kaj decidis serioze interparoli kun la edzino,--sed ŝi tiel bone lin renkontis, ke li por ĉiam forlasis la deziron interparoli kun ŝi kaj, eksilentinte tute, humiliĝis al sia sorto. Per tia maniero lia tuta riĉeco post unu kaj duono da jaro malaperis tute, kaj mia malfeliĉa patro flnis la vivon per memmortigo,--kaj lia edzino fariĝis kromvirino de iu bankiero.--Post la morto de la patro mi, dank' al helpo de bonaj homoj, forveturis Rusujon, kie estis ankoraŭ unu nia genta bieno, en kiu mi enlokiĝis kaj komencis min okupi per vilaĝa mastraĵo. Tiel pasis du jaroj, en la daŭro de kiuj mi, tute ne sciante mastrumi, tiel malbonigis ĉiujn miajn aferojn, ke fine mia bieno pro ŝuldoj estis vendita per publika vendo, mi fariĝis preskaŭ almozulo, kaj nur kun helpo de unu mia parenco ricevis servon sur fervojo. Nun mi venis al la plej terura momento de mia vivo!. . . Kiam mi havis la aĝon de dudek du jaroj, mi edziĝis je unu bela juna fraŭlino . . . Ho, kiel doloras mia malfeliĉa koro ĉe tiu ĉi ŝarĝa rememoro! Dio vidas, kiel multe mi amis mian edzinon! Sed kredeble ne estis al mi sorto longe ĝui tiun ĉi feliĉon . . . Post du monatoj de nia edziĝo (per ĉiuj fortoj de mia animo mi malbenas tiun ĉi teruran momenton!) mi tute okaze trovis mian edzinon en la brakoj de malnobla amanto! . . . Ho, mia kara! En tiu ĉi loko la plumo elfalas el miaj manoj, mi ne havas forton daŭrigi kaj mi proponas, ke vi mem alplenigu tiun ĉi teruran pentraĵon . . . Mi devas nur diri, ke mi forkuris de tiu ĉi malnobla virino, kvazaŭ de pesto, kaj de tiu tempo mi jam ŝin ne renkontadis, sed proksimume post tri jaroj mi tute okaze eksciis, ke ŝi estis mortigita ie en Germanujo per la mano de ŝia amanto, kiun ŝi trompis tiel same, kiel min! . . . Jen estas la malgaja rakonto de mia disrompita vivo.--Pardonu, mia kara! Donu al vi la potenca Dio multe da feliĉo. Varmege vin amanta via Arturo."

Traleginte tiun ĉi leteron, sinjorino Anneto eksentis ion tian, kion ŝi mem komence ne povis kompreni. Tiu ĉi sento ne estis ordinara partopreno en la sorto de proksimulo, ĝi ne estis ankaŭ sento de kompato al malfeliĉa homo,--ne, ĝi estis io multe pli forta: ĝi estis amo, jes, amo! ... Sinjorino Anneto kontraŭ sia propra volo en la profundaĵo de la animo tion ĉi konfesis. Ŝi decidis tuj respondi la leteron de Arturo, respondi en tia sama senco, kaj sendi al li pro signo de sia amo antikvan diamantan ringon, kiun ŝi ricevis, kiel heredon, ankoraŭ de sia avino. Jen ŝi en tiu sama tago vespere sin enŝlosis en sia ĉambro kaj tute plenskribis du grandajn foliojn da poŝta papero. Kiel Arturo, nur pli detale, ŝi en la komenco priskribis sian tutan vivon per tiel fortaj vortoj, ke eĉ ŝi mem ekploris, tralegante la produkton de sia libera fantazio,--kaj poste jam ŝi alpaŝis al vasta klarigo de sia amo, kiun ŝi esprimis senfine pli bone kaj elokvente, ol Arturo. La duan tagon la sigelita letero kaj la atente ĉirkaŭkudrita multekosta sendaĵo estis forportitaj en la poŝtan oficejon,--kaj post tri aŭ kvar tagoj matene ŝi ricevis jam de Arturo respondon: la tuta letero de la komenco ĝis la fine estis plenigita de signoj de ekkrio, de punktaroj, de signoj de demando kaj ekkrio kune kaj simple de demandoj,--sed ordinaraj punktoj kaj komoj preskaŭ tute forestis. Li petegis sinjorinon Anneton alveturi al li en B-n, por "per sia apero ĉirkaŭlumigi kaj sanktigi la malluman neston de malfeliĉa ermito, kaj doni al li la eblon vidi sian diinon" ... Traleginte tiun ĉi leteron, ŝi decidis la sekvantan tagon kun la matena vagonaro veturi en B-n, kaj per telegramo ŝi sciigis pri tio Arturon, por ke li povu ŝin renkonti.

IV

Suferante de senpacienco, ŝi pasigis la tagon kaj la sekvantan nokton, kaj matene frue ŝi alveturis al la stacidomo, kiam ankoraŭ iris nenia vagonaro: timante malfrui, ŝi atendis du horojn la tempon de forveturo,--kaj, enirinte fine en la vagonon, ŝi sidis kvazaŭ sur pingloj, ĉiuminute elrigardadis tra la fenestro kaj malbenadis la neelporteble malrapidan, laŭ ŝia opinio, iradon de la vagonaro kaj la maŝiniston kaj la konduktoron kaj entute ĉiujn servantojn de fervojo, forgesinte en sia malpacienco, ke ŝia Arturo ankaŭ servas sur fervojo. Fine la vagonaro haltis, kaj tra la malfermitaj fenestroj de la vagono ŝi ekaŭdis la longe atendatan vokon de la konduktoro "stacio B., la vagonaro staras dekkvin minutojn!" Kun eksterordinara viveco, kiun eble envius eĉ dekkvinjara knabino, ŝi elsaltis el la vagono,--kaj ŝi tuj ekvidis Arturon, kiu ankaŭ ŝin rimarkis kaj jam rapidis al ŝi renkonte. Li ŝin ĉirkaŭprenis kaj karese kisis.

--Ho, mia kara, fine vi alveturis! li ekkriis ĝoje. Sinjorino Anneto de ekscito ne povis eĉ paroli. Ŝi aŭtomate sin apogis sur la brakon de Arturo, kaj ili eliris sur la veturilejon. Arturo zorge ŝin sidigis en malnovan disbatitan veturigistan kaleŝon, li mem sidiĝis kaj delikate ĉirkaŭprenis ŝian dikan rondan talion. Sinjorino Anneto sentis kapturnon de ravo. La maljuna ĉevalo uzis ĉiujn siajn fortojn, por kontentigi sian tro postulantan mastron, kiu ĉiuminute batadis ĝiajn malgrasajn flankojn,--ĝi svingadis la voston, spirblovadis kaj, balancante la kapon, vane penis kuri pli rapide. La kaleŝo kun laŭta krakado ruliĝadis sur la malbona pavimo kaj fine, laŭ la montro de Arturo, haltis apud la pordego de malnova ligna dometo. Arturo helpis al sinjorino Anneto elrampi el la kaleŝo kaj kondukis ŝin tra malpura malgranda korteto, plenigita per iaj bareloj, al flankodomo, klarigante al ŝi, ke la ĉefan parton de la domo oni en tiuj ĉi tagoj komencos rebonigi kaj ke, dank' al tiu ĉi cirkonstanco, li devas dume "iel" lokiĝi en flankaĵo.

--Por mi, diris Arturo, kiel por fraŭlo, estas tute egale, kie ajn mi loĝas,--vi do min ne mallaŭdos. Ili aliris al la pordo, kiu estis fermita. Arturo ekfrapis. La pordon malfermis ia stranga ekzistaĵo-- viro aŭ virino, tre malfacile estis ekkoni-- malpurigita, ĉifona. Li trairis malbonodoran kuirejon kaj eniris en negrandan malaltan ĉambreton kun deŝiritaj tapetoj kaj kun ne blankigitaj fornoj; tiu ĉi ĉambreto prezentis kredeble la gastoĉambron, ĉar apud la muro inter la fenestroj staris kanapo, kovrita per nigra senŝeligita vakstolo, antaŭ la kanapo estis ronda tablo kaj apud ĝi de unu flanko seĝo tute ligna, de la dua flanko--seĝo kun leda kuseno; ankoraŭ unu seĝo, en kiu mankis unu piedo, staris apud la muro en angulo.

Krom tiuj ĉi en la tuta ĉambro estis nenia meblo. Sinjorino Anneto kun mirego rigardis ĉirkaŭen.

--Vi ne atendis vidi min en tia malriĉegeco? demandis Arturo.

--Malriĉeco ne estas malvirto, respondis Anneto.

--Jes, sed ĝi estas pli malbona, ol malvirto, kun ĝemo diris Arturo: almenaŭ mi plivolus esti riĉa. En la nuna materiala tempo riĉeco estas unu el la plej necesaj kondiĉoj de feliĉo, ĉar nur ĝi donas sendependan situacion, sen kiu tute ne estas ebla vera feliĉo.

Sinjorino Anneto singardeme sidiĝis sur la kanapon, kaj Arturo eliris, por ordoni tagmanĝon. Post kelkaj minutoj li revenis kaj sidiĝis apud sinjorino Anneto. Ŝi karese prenis lian manon kaj diris kun sincera partopreno:

--Mi bone prezentas al mi, kiel malfacile estis por vi, mia karulo, post tiu lukso, al kiu vi alkutimis de infaneco, humiliĝi al via nuna sorto! . . .

--Jes, mia amikino, kun profunda ĝemo respondis Arturo: komence estis tre malfacile, sed poste nenio . . . mi alkutimis. Homo estas tia ekzistaĵo, ke ŝajne ekzistas nenio, al kio li ne povus alkutimi: mi mem tion ĉi spertis. Nun mi tiel kunviviĝis kun mia situacio, ke mia tuta pasinta vivo, al mi ŝajnas, estis nur ia mirinda sonĝaĵo, sendita al mi de iu sorĉisto.

--Kaj ĉu efektive vi neniam bedaŭris tiun ĉi sonĝaĵon? Kaj la riĉegeco, kiun posedis via patro, ĉu efektive vi eĉ ĝin ne bedaŭris?

--Antaŭe mi neniam pensis pri riĉeco, ĉar ĝi ne estis al mi necesa. Sed nun . . . nun estas alia afero . . .

--Kial do nun estas alia afero?

--Arturo pasie ĉirkaŭprenis sinjorinon Anneton kaj komencis

senfine ŝin kisi.

--Nun, ekkriis li kun fajro, nun mi havas celon en la vivo, celon, kiun mi povas atingi nur ekriĉiĝinte,--tial mi nepre devas riĉiĝi, nepre, nepre!...

--Ho, mia kara, rediris sinjorino Anneto, karesante lin: per honesta vivo estas tre malfacile riĉiĝi.

--Sed mi volas kaj esperas per honesta vivo tion ĉi atingi.

--Ne, mia amiko, tion ĉi vi ne povos fari.

--Kaj mi pensas, ke mi povos, almenaŭ la espero min ne forlasas.

--Kion do vi volas entrepreni? demandis sinjorino Anneto multe ekinteresite.

--Mi eĉ jam entreprenis. Kaj se mi havus kvankam malmulte pli bonajn monajn rimedojn, mia entrepreno sendube havus plenan sukceson.

--Sed kia do estas tiu ĉi entrepreno.

--Vidu, mia kara, komencis Arturo: kiel vi jam scias, mi havis tre bonan bienon, kiu estis vendita pro ŝuldoj. Tiun ĉi bienon aĉetis unu mia malproksima parenco, kiu, kiel mi antaŭ nelonge eksciis, pruntis de mia patro kvindek mil rublojn laŭ kambioj. Tiujn ĉi kambiojn mia patro, ankoraŭ antaŭ sia forveturo Parizon, sendis por enkasigo al la Moskva Granda Juĝejo, kiu decidis, ke tiu ĉi enkasigo estis komencita tute regule. Sed mia parenco petis mian patron, ke li permesu al li pagi tiun ĉi ŝuldon post tri jaroj. La patro plenumis lian peton; poste li baldaŭ forveturis el Rusujo kaj kredeble forgesis tiun ĉi ŝuldon: almenaŭ al mi li nenion parolis pri ĝi. Mi eksciis pri tio ĉi tute okaze: iu mia bondeziranto sciigis min per anonima letero, ke tiu ĉi afero ĝis nun ankoraŭ troviĝas en la Moskva Juĝejo. Kaj jen mi decidis relevi tiun ĉi aferon. Sed jam ĉe la unuaj paŝoj mi renkontis preskaŭ nevenkeblan baron: mi devas dungi bonan advokaton kaj mi tute ne havas monon... Mi volis prunti la necesan sumon, sed al mi oni rifuzis, kaj nun mi estas en tia situacio....

Arturo ne finis sian penson, ĉar lin interrompis sinjorino Anneto, fajre lin ekkisinte.

--Karulo mia, ŝi diris: plenumu mian unuan peton!

--Ho, jam antaŭe mi donas mian vorton de honoro! rapide respondis Arturo: por vi mi estas preta ĉion fari,--nur ordonu!

--Prenu de mi la necesan sumon da mono!... Mi ne estas riĉa, sed mi ĝoje, kun plezurego helpos al vi kvankam malmulte... kiom vi bezonas?

Arturo ne respondis. Li videble ne atendis tian peton; sed, antaŭe doninte vorton, li ŝajne ne sciis, kion li devas respondi.

--Ne, mia bona, mia kara, li diris fine: mi ne povas, mi ne havas la rajton preni de vi monon... Vi postulas ion neeblan...

--Sed via vorto?

--Pardonu, mia amiko, mi donis ĝin en rapideco, mi eĉ ne povis pensi, ke vi min petos pri tio ĉi... Ne, ne, mi ne povas, tute ne povas!...

--Arturo, amata mia, mia karulo, petegis sinjorino Anneto: se vi min efektive amas, vi ne rifuzos al mi en tiaj bagateloj. Mi ja ne donacas al vi tiun ĉi monon, mi ĝin pruntas. Ĉu estas al vi pli agrable kuradi al fremdaj homoj, de kiuj vi facile povas ricevi rifuzon? Kaj fine--ĉu povas esti inter ni iaj kalkuloj?! La afero, kiun vi entreprenas, estas ja por mi tiel same interesa kaj grava, kiel ankaŭ por vi mem,--tiu ĉi afero estas ja nia komuna... Karulo mia, diru, kiom vi bezonas?

Arturo ankoraŭ ŝanceliĝis, sed post kelka tempo, cedante al ŝiaj admonoj kaj petegoj, li diris, ke li bezonas mil rublojn. Sinjorino Anneto kvankam ne atendis aŭdi pri tia tre granda por ŝi sumo, tamen, vidante, ke ŝia Arturo sendube gajnos la aferon, ŝi tute ne domaĝis la monon,--kontraŭe, ŝi estis eĉ ĝoja, ke ŝi povas helpi al Arturo, kiun ŝi havis jam tempon senfine ekami. La tuta tago pasis en viva gaja parolado pri la estonteco,--sed venis la vespero, kaj sinjorino Anneto forveturis en K-n.

En tiu sama semajno Arturo ricevis per la poŝto mil rublojn, kaj de ĝojo li eĉ iom pli, ol ordinare, diboĉis en unu el la B-aj restoracioj kun siaj bonaj kolegoj.

V

Pasis monato. Arturo nenion skribis. Sinjorino Anneto tute ne provis kompreni la kaŭzon de tiel longedaŭra silento kaj forte maltrankviliĝis. Fine Arturo skribis al ŝi longegan leteron, en kiu li dankis por la sendita mono, kun kies helpo lia afero rapide ekiris antaŭen, kaj diris, ke nun li jam estas tute konvinkita pri plena sukceso; poste li petis pardoni lian longan silenton, kiu okazis pro tiu kaŭzo, ke li devis persone veturi Moskvon kaj ne havis eĉ unu minuton liberan; poste li promesis post unu monato alveturi en K-n, por kunigi eterne sian sorton kun la sorto de la amata virino. En la fino de la letero li skribis, ke li jam elspezis la tutan monon, kiun li havis, kaj petis sian "belan anĝelon" alsendi al li ankoraŭ mil rublojn, por ke li povu prepari diversan necesaĵon por la edziĝo.--Sinjorino Anneto estis tre kontenta, ke ŝia honesta amiko estas tiel senceremonia rilate ŝin, kaj tuj sendis al li la deziritan sumon da mono, skribinte kune kun tio ĉi plej aman, plej karesan leteron,--kaj ŝi mem solene anoncis al ĉiuj siaj parencoj kaj konatoj, ke ŝi jam estas fianĉino. Ĉiuj ŝin gratulis, ĉiuj tre ekinteresiĝis kaj demandis ŝin, kiu estas ŝia fianĉo, kie ŝi konatiĝis kun li, kie li loĝas k. t. p. Ĉiujn tiujn ĉi demandojn sinjorino Anneto respondis, ke tio ĉi estas ŝia sekreto, kaj nur kontente ridetis. Post kelkaj tagoj la feliĉa, gaja sinjorino Anneto komencis pretiĝadi al la edziniĝo. Ŝi kuradis de unu magazeno al alia, ŝi aĉetadis ŝtofon por vestoj, tolon; ŝi mendis edziĝofestan veston, aĉetis edziĝofestajn kandelojn. Post du semajnoj ŝi jam ĉion pretigis, kaj kun senfina malpacienco komencis atendi sian fianĉon. Sed la stranga fianĉo denove nenion skribis. Sinjorino Anneto en la komenco vidis en tio ĉi nenian signifon, pensante, ke li estas nun okupita. Sed pasis ankoraŭ unu monato, pasis dua,--sinjorino Anneto skribis al li leteron post letero, li nenion respondis. Ŝi jam forte maltrankviliĝis. En ŝia imago sin prezentis plej teruraj pentraĵoj: jen ŝi vidis, ke ŝia Arturo estas malsana --eble eĉ mortas, kaj apud li neniu alestas; jen ŝi pensis, ke li perfidis al ŝi kaj ekamis alian virinon. Ŝi per ĉiuj fortoj penis forpeli de si tiujn ĉi mallumajn pensojn, kaj ĉiam konsolis sin per tio, ke Arturo kredeble en la klopodoj ne havas tempon, por skribi al ŝi, aŭ eble li denove forveturis Moskvon. Tiel en senfrukta turmenta atendado pasis ankoraŭ du monatoj, en la daŭro de kiuj la malfeliĉa fianĉino ne havis eĉ unu minuton trankvilan. Fine, tute perdinte la paciencon, ŝi mem forveturis en B-n.--Alveturinte tien, ŝi venis al la konata dometo. Kia do estis ŝia mirego, kiam ŝi ekvidis, ke la fenestroj en tiu ĉi dometo estis tute albatitaj per tabuloj kaj sur la pordo estis malgranda tabuleto, sur kiu per grandaj literoj estis skribita: "tiu ĉi domo estas vendata". Ŝi staris senmove kaj eble jam centan fojon legis tiun ĉi mallongan anoncon. Subite ŝi ekaŭdis ies fortan malagrablan voĉon kun hebrea akcento:

--Eble vi volas aĉeti tiun ĉi dometon? Bone, tre bone, la dometo estas inda, ke vi ĝin aĉetu.

Sinjorino Anneto ekrigardis returnen. Antaŭ ŝi staris ia hebreo, li ridetis kaj pinĉis sian akran barbeton.--Ĉu iu loĝas en la flankoparto? ŝi demandis la hebreon.

--Ne, nun tie loĝas nur la gardisto, sed antaŭ du aŭ tri monatoj tie loĝis unu sinjoro . . .

--Kie do estas nun tiu ĉi sinjoro? kun viva malpacienco interrompis lin sinjorino Anneto: kien li forveturis? . . .

--Fi! malestime diris la hebreo: Sinjoro!... Li eĉ ne estas sinjoro, sed fripono, ŝtelisto! Dio lin malbenitan forbatu!...

Sinjorino Anneto ne kredis al siaj propraj oreloj. Ŝi staris, kvazaŭ frapita de tondro. Ne! ne povas esti!... Ŝia Arturo... Dio, Dio!... Ŝi volis kredi, ke la hebreo parolas pri iu alia.

--Ĉu vi povas al mi priskribi lian eksteraĵon?

--Eksteraĵon? Malbonan eksteraĵon li havas, respondis la hebreo, kaj li komencis plej detale pentri la portreton de la fripono kaj ŝtelisto, en kiu sinjorino Anneto tuj ekkonis sian Arturon!...

La hebreo rakontis al ŝi, ke Arturon arestis la polico, ke li estis du aŭ tri semajnojn en la malliberejo, el kiu li lerte forkuris kaj malaperis, oni ne scias kien.

En tiu sama tago vespere sinjorino Anneto, malgaja, ofendita, kun dispremita koro, revenis en K-n. Ŝi multe kaj longe suferis: en la daŭro de kelkaj monatoj ŝi preskaŭ tute ne eliradis el sia ĉambro, malbenante la sorton, kiu tiel kruele mokis ŝian amon, kaj bedaŭrante sian senrevene perditan monon.

* * *

Pasis du jaroj. Sinjorino Anneto tre ŝanĝiĝis: ŝi fariĝis pli maljuna, ŝia vizaĝo flaviĝis, kaj sur ĝi aperis multaj maljunulaj sulkoj; en la buŝo mankis multaj dentoj; ŝi ĝibiĝis; ŝia kapo kaj manoj ĉiam tremadis, la okuloj malfortiĝis. Du malgrandaj ĉambraj hundetoj fariĝis la escepta objekto de ŝia amo kaj aldoniteco. Ĉiutage post la tagmanĝo ŝi kondukadis siajn amatajn bestojn promenadi.

Unu fojon ŝi, promenante, renkontis okaze amason da arestitoj, enforĝitaj per katenoj kaj ĉirkaŭitaj de forta grandanombra gardo. Vidante en tiu ĉi renkonto malbonan signon, sinjorino Anneto volis jam reiri, kaj subite el la amaso da arestitoj ŝi ekaŭdis konatan mokan voĉon:--Kiel vi fartas, sinjorino Anneto? Jam longe mi vin ne vidis. Kiam do estos nia edziĝo? Ŝi ekrigardis kaj kun plej granda teruro ekvidis Arturon! ...

Sin mem ne komprenante de tumulto, ŝi alkuris hejmen, kaj de tiu tempo ŝi jam por ĉiam ĉesis promenadi, plivolante restadi dome kaj amuziĝadi kun siaj kvarpiedaj amikoj.

* * * * *

LA NIGRA VIRINO

(El la lingvo sveda tradukis B. G. Jonson El Oestersund)

En la vojaĝo, kiun mi entreprenis antaŭ nelonge de Ĉikago al Nov-Jorko, mi trovis, kiam mi maldormiĝis en la mateno, ke la vagonaro haltis. La kelnero rakontis, ke ĝi staras jam 1 ½ horojn. Mi vestis min, kaj elirinte eksteren, mi trovis, ke ni estas ĉe malgranda stacio sur la kampo. Mi eniris en la manĝosalonon kaj matenmanĝis kaj poste promenadis sur la perono.

Sur la lokomotivo la lokomotivestro sidis sola kaj atendis. Mi haltis kaj babilis kun li kelkan tempon pri la maŝino. Kiam mi proponis al li cigaron, kiun li kun danko akceptis, li min petis eniri en la malgrandan kaverneton de lia lokomotivo.

La estro, bela, granda viro en la aĝo de 40 jaroj, klarigis al mi, kiel oni uzas la apartajn partojn de la maŝino. Ĉio, kio nur povis esti briligita, radiis kiel la suno; ĉar la lokomotivestroj estas egale fieraj, kiam iliaj maŝinoj estas ornamitaj, kiel domestrino, kiam ŝiaj ĉambroj estas ordigitaj.

--Kia ornamo tio ĉi estas? mi demandis, montrante sur ion, kiu estis simila je insekto kaj, enkadrigita en oran kadron, pendis sur la mureto. La estro ridis. Ĝi estas malpli ornamo ol memoraĵo, li diris; mi ĝin pendigis tien ĉi, ĉar ĝi savis mian vivon kaj la vivon de 250 aliaj homoj.

--Kiel do insekto povas savi la vivon de homoj? mi demandis.

--Mi ĝin rakontos al vi. Ni havas multon da tempo antaŭ la forvojaĝo.

Mi sidigis min sur la lokon de la forestanta hejtisto kaj preparis min al la aŭskultado.

--Ĝi okazis antaŭ nelonge, komencis la estro, antaŭ nur unu jaro, en printempo. Mi vojaĝis sur tiu samo vojo, kiel nun, kaj havis tiun saman maŝinon, kiel nun,--la karan 499. Mia hejtisto estis tiu sama, kiun mi havas nun,--Jim Moode. Jim estas bonega knabo, sed tre ema kredi spiritojn, sonĝojn kaj antaŭsignojn. Komence mi ridadis je lia malprudenteco, sed nun mi jam ne ŝercas tiel multe pri li,--de tiu tempo, kiam ni vidis la nigran virinon.

Mi devis forlasi M. ĉirkaŭ la unua horo matene kaj esti en S. je la sesa horo. En tiu nokto blovis terura ventego kaj la pluvo faladis per riveroj jam de la komenco de la vespero. Kiam mi venis al la lokomotivejo, la ventego blovis plej terure.

Kiam Jim kaj mi estis en la vojo al la stacio kun la lokomotivo, li diris: Ni havos malgajan veturon, Frank; mi dezirus, ke ni estu jam feliĉe en S.

Mi ridis kaj demandis:--kio tiel malkuraĝigas vin en tiu ĉi nokto?

--Mi sentas, ke io okazos, li diris.

Por diri la veron, mi ankaŭ sentis min iom malkuraĝa mem.

La vagonaro, kiun mi devis konduki, estis longa, multepeza kaj konsistis preskaŭ nur el personvagonoj. Mi fariĝis nerva ĉe la penso havi sub mia flego kaj respondeco tiel multajn centojn da personoj.

Mi ridis je mi mem pro mia malkuraĝo, kiam mi unuigis la

lokomotivon kun la vagonaro kaj poste esploris kaj trovis, ke ĉio estas preta. La signo eksonis, kaj ni ekvojaĝis en la blovegadon. La mallumo estis netrapenetrebla, nur de la lanterno sur la antaŭaĵo de la lokomotivo estis distrata antaŭen elektra lumo. Jim metadis diligente en la fajron kaj subtenadis la plej altan premon de aero tiel, ke ni iris antaŭen, kiel furioj.

Apud la unua stacio, kio ni haltis, por preni akvon, mi ekzamenis precize, ĉu ĉio estas en ordo, kaj Jim esploris la lanternon. Ĉio estis bona, kaj ni veturis pluen.

La mallumo fariĝis, se estas eble, pli firma. La pluvo falis ankoraŭ per riveroj. Subite mi vidis tra la pluvo kaj nebulo glitantan antaŭ ni gigantan virinan figuron, envolvitan en longan nigran mantelon, kiu flugis en la blovado. Ŝi ĵetis siajn brakojn posten kaj antaŭen, ĝis ŝi nevidebliĝis.

Mi estis tute muta de miro kaj forgesis fari ian signon al Jim, kiu staris antaŭ la forno. Kiam li ekrigardis returnen, li ekkriis: Halo, Frank! kio estas? vi elrigardas, kiel vidinto de spiritoj!

Mi nenion respondis. Miaj pensoj estis okupitaj je la stranga figuro, kiun mi vidis.

Nun ni estis proksime de Rock Creek, kie ponto kondukas super profunda rivero.

Mi fariĝis pli nerva ol antaŭe. Ni veturis rapide, kaj signo estis donita de la stacio de Rock Creek, kiu estas nur unu mejlon malproksima de la ponto. Kiam ni pasis preter la stacio, mi aŭdis, ke Jim ekkriis. Mi kuris al li kaj vidis lin tremantan de teruro. Li montris eksteren en la mallumon, kaj kiam mi ekrigardis, teruro atakis min mem.

Tie sur la reloj montriĝis tiu sama giganta virino, kiel antaŭe, jen trankvila, jen en la plej sovaĝa danco.--Frank, murmuretis Jim kun malfacileco, ne iru sur la ponton! Pro la ĉielo, ne faru tion ĉi! Ne iru, antaŭ ol vi scias, ke ĉio estas en ordo!

Mi ne povis kontraŭstari al la penso haltigi la vagonaron kaj malfermis la ventolilon kiel eble plej forte. Apenaŭ ni haltis, mi povis aŭdi la akvon, kiu muĝis en Rock Creek rekte antaŭ ni. Kiam mi eliris el la maŝino, la konduktoro venis al mi renkonte.

--Kio estas? Kio estas? li demandis. Mi sentis min tre konfuzita. Nun estis videbla jam nenia giganta virino. Ni ne povis vidi pli malproksime ol unu metron aŭ du antaŭen super la reloj. Mi nenion vidis, sed diris:--Mi ne scias, kio estas, sed ŝajnis al mi, ke mi vidis grandan nigran spiriton, kiu etendis la brakojn kaj faris al mi signon ne iri plu. La konduktoro rigardis min tute mirigita.--Ĉu vi estas freneza, Frank? li diris.--Oni ĝin preskaŭ povus kredi. Sed ni estas ja en la proksimeco de la rivero kaj ni povas esplori.

Ni prenis niajn lanternojn kaj iris antaŭen. Jim ricevis la ordonon gardi la maŝinon. Sed apenaŭ ni faris kelkajn dekojn da paŝoj, ni haltis, rigidigitaj de teruro. Antaŭ niaj piedoj estis profunda faŭko, kie la rivero muĝis, ŝveligita de la printempaj pluvoj. Kiam ni nin returnis, ni vidis la nigran virinan figuron, kiu dancadis en sovaĝaj turnoj. La konduktoro rigardis antaŭe la faŭkon, poste min.

--Ĉu tion ĉi vi vidis, kiam vi haltigis la vagonaron?

--Jes.--Io alia, ol feliĉo, nin savis tiun ĉi nokton.

Ni reiris malrapide al la vagonaro, plenaj de pensoj kaj kun malgaja animo. Diversaj veturantoj venis renkonte al ni. Inter ili sin trovis dekokjara junulo el Ĉikago, kiu estis pli rapidepensanta, ol iu el ni. Kiam li ekvidis la nigran virinon, li iris al la lokomotivo kaj enrigardis en la lanternojn, kiuj staris tie.--Tie ĉi estas nia nigra virino! diris la Ĉikaga junulo. Kaj tie estis efektive tiu sama insekto, kiun vi vidas sub tiu ĉi vitro. Kiam mi malfermis la lanternon, ĝi flugis kontraŭ la reflektoron.

Jen estas la tuta historio, mia sinjoro. Kiam la insekto flugis antaŭ la elektra lumo, ĝi ĵetis ombron, kiu similis virinon, svingantan la brakojn. Ni ne scias, kiel ĝi eniris, sed kredeble ĝi eniris tiam, kiam Jim esploris la lanternon apud la akvostacio. Kiel ajn ĝi estis, ĝi savis nian vivon per tio, ke ĝi min timigis per tiu nigra virino.

Jen estas la kaŭzo, ke tiu ĉi malgranda insekto estas sub vitro kaj en kadro. Tio ĉi estas, por min memorigi, kiel ni estis savitaj per tiu ĉi insekto. Jes, vi nomas ĝin okazo,--mi kredas, ke ĝi estis sendaĵo de Dio.

--Ĉio en ordo! ekkriis la konduktoro, elirante el la telegrafa stacio, portante paperon en la mano.

Jim, la hejtisto, venis en la maŝinon kaj mi en mian vagonon.

* * * * *

LA KARAJ BRACELETOJ

Estis en la plej gloraj tagoj de la unua franca imperio. Parizo estis tre gaja. Festoj kaj baloj sekvis unu post la alia, kaj ŝajnis, ke la stelo de la imperiestro brilas la plej hele, antaŭ ol ĝi por ĉiam estingiĝos. Ĉio, kion Parizo havis en si da brilo kaj beleco, devis hodiaŭ sin kolekti en la opero, ĉar oni sciis, ke la imperiestro intencas honori ĝin hodiaŭ per sia alesto, kaj pro tio la opera teatro estis plenigita de la plej brilanta Pariza societo.

La uverturo pasis; la imperiestro, akompanata de la imperiestrino brilanta de beleco kaj diamantoj, ĵus eniris en sian loĝion; lia sekvantaro en uniformoj de ĉiuj koloroj de ĉielarko staris en la posto de la loĝio. Post minuto la kurteno devis esti levita kaj la opero komenciĝi. Sed en tiu sama momento, kiam ĉiu retenis la spiron en atendado, oni ekaŭdis la bruon de vesto; la dua loĝio, dekstre de la loĝio imperiestra, malfermiĝis, kaj eniris la belega edzino de la ambasadoro N. Ne miro, ke neniu plu observadis la levadon de la kurteno; ne miro, ke ĉiu okulo kiel ensorĉita direktiĝis sur la virinon, kiu ĵus okupis sian seĝon kaj trankvile, kun aristokrata malŝateco, rigardis ĉirkaŭen, ĉar sur ŝiaj brakoj, radiante kiel fulmo, brilis braceletoj, pri kiuj Parizo jam tiom multe aŭdis kaj kiujn la imperiestro vane provis aĉeti. Murmuro de admiro kuris tra la teatro, kaj nur poste oni sin turnis al la agado sur la sceno. Kiam la kurteno post la unua akto falis, unu servanto en imperiestra livreo eniris en la loĝion de la ambasadoro N.

--Ŝia Imperiestra Moŝto rimarkis la braceletojn kaj estis frapita de admiro; ŝi demandas, ĉu sinjorino la dukino volos havi la bonecon permesi al la imperiestrino rigardi unu el ili de proksime?

En momento la bela brako estis nudigita de la multekostaĵo, kaj kun ekkrio de raviĝo la imperiestra servanto salutis kaj eliris el la loĝio, portante kun si la braceleton, kiu kostis pli ol milionon da frankoj.

La kurteno falis post la tria akto, leviĝis denove al la kvara, kaj ĉiam ankoraŭ la edzino de la ambasadoro kun boneduka ĝentileco atendis la redonon de siaj multekostaj juveloj. La kortego imperiestra sin levis kaj foriris, kaj ĉiam ankoraŭ la braceleto ne estis redonita.

La duko fine fariĝis malpacienca, veturis en la imperiestran palacon kaj petis pri la redono de la diamantoj. La afero klariĝis, kaj la duko konvinkiĝis, ke la imperiestrino neniam sendis peti la braceleton kaj ke la homo en la imperiestra livreo estis unu el la plej kuraĝaj ŝtelistoj de la ĉefurbo. Li ordonis al sia veturigisto veturi al la estro de la polico, kaj, antaŭ ol la nokto pasis, centoj da plej lertaj policaj oficistoj traserĉis la tutan Parizon pro la ŝtelitaj juveloj. La duko, plena de timo, dume restis en la polica oficejo, dum la dukino en la domo maltrankvile atendis la reporton de ŝia braceleto.

Ĵus batis la sesa horo, kiam ĉe la pordo de la palaco de la duko forte eksonis la sonorilo kaj unu polica oficisto deziris paroli kun la dukino. Profunde salutante, tiu ĉi rakontis, ke oni kaptis la ŝteliston kaj trovis ĉe li la braceleton. Sed la fripono persistas, ke li ne estas ŝtelisto, kaj la braceleto jam de multaj jaroj sin trovas en posedo de lia familio. Tial la duko petas sinjorinon la dukinon, ke ŝi transsendu al li la duan braceleton, por ke oni povu kompari la ambaŭ.

Ne dirante vorton, la dukino malfermis sian juvelujon kaj donis al la policisto la duan braceleton. Tiu ĉi kun profunda saluto forlasis la ĉambron, kaj la sinjorino iris dormi kaj sonĝi pri siaj braceletoj.

Kiam la horloĝo batis la naŭan horon, la ambasadoro, laca de maldormo kaj en malbona humoro, venis en la ĉambron de sia edzino kaj ĵetis sin malespere sur seĝon. La sinjorino malfermis la okulojn kaj kun gaja rideto demandis pri siaj braceletoj.

--Malbenita bando! ekkriis la duko, ni nenion povas sciiĝi pri ĝi.

--Kio! ekkriis la sinjorino, ĉu vi ĝin ne ricevis returne? La oficisto, kiu prenis la duan braceleton, diris, ke la ŝtelisto estas kaptita kaj la braceleto trovita ĉe li.

La duko eksaltis kun krio de teruro kaj petis sian edzinon kun raŭka voĉo, ke ŝi donu al li klarigon.

Ŝi ĝin faris, kaj ĝemegante la duko falis sur la seĝon.

--Mi ĉion komprenas! li ekkriis. La friponoj ŝtelis de vi ankaŭ la duan braceleton, ĉar ni neniun sendis tien ĉi. La homo, al kiu vi ĝin donis, ne estis oficisto, sed ankoraŭ pli aroganta ŝtelisto, ol la unua.

Kaj tiel ĝi efektive estis. La braceletoj neniam estis retrovitaj, kaj nur per ĝemo ofte la ambasadoro rememoradis la paradan operon, kiu faris lin je kelkaj milionoj malpli riĉa, ol li estis, kiam li sian belegan edzinon levis en la kaleŝon kaj ordonis al la veturigisto veturi al la opero.

135

* * * * *

NUR UNU VORTON!

(Noveleto de L. E. Meier.)

Estis la mateno post dancado. Tio ĉi daŭris ĝis la kvara horo; tiam ankoraŭ oni kunesidiĝis, por trinki nigran kafon ĝis ĉirkaŭ la kvina horo. Post tio ĉi oni disiris hejmen.

Ho, kiel bela estis tiu dancado! Amuzoj ne mankis kaj, kontraŭ la ordinaro, la nombro de la dancantoj estis granda; eĉ sufiĉe maljunaj sinjoroj estis enŝiritaj per la plezurego kaj alportis oferojn al la diino de la dancado. Kiam matene oni reiradis hejmen, la plej junaj el la mondo sinjora estis la ĝentilaj akompanantoj de la sinjorinoj kaj fraŭlinoj. La maljunaj sinjoroj jam longan tempon estis dormintaj, ĉar la mateno ĉiam apartenas al la junularo.

Tiel ankaŭ Ella, la belega filino de la komerca konsilano Balding, feliĉe venis al la pordo de la gepatra loĝejo, kaj ŝi estis kune kun la patro kaj patrino, ĉirkaŭita de amaseto da junaj herooj de danco. Oni ŝercadis kaj ridadis dum la irado; la komerca konsilano estis gaja, kaj la patrino havis sian "bonan tagon".

La disiĝado iom longiĝis: ĉiu el la sinjoretoj penis diri ion aparte agrablan, kaj ĉiu el ili pensis, ke li ricevis de Ella premon de mano aparte signifan,--ĉiu kredis, ke li estas sole preferita.

Ĉu ĉiuj?

La plej poste tie restis unu juna sinjoro, kiu atendis ĝis ĉiuj antaŭirintoj ricevos sian "maneton"; tiam ankaŭ li mem povus diri adiaŭ al Ella.

Tio estis la doktoro Gering, juna juĝisto. Li estis tre trankvila kaj modesta. "Trankvilaj akvoj estas profundaj", diras proverbo germana, kaj modesteco ofte kaŝas firman certecon.

Kiam la lasta antaŭstaranto diris adiaŭ--la konsilano kun lia edzino jam staris en la nefermita pordo, kaj post ili servanto kun brulanta kandelo--Gering iris antaŭen, por komenci sian preparitan parolon de adiaŭ. Sed en la minuto kiam li levis la manon por saluti Ella'n, tiu ĉi sin turnis al la amaseto de la foririntaj sinjoroj:

--Vi ne forgesu do, kion vi promesis, sinjoro de Stetten!

Kaj de tie voko eksonis:

--Certe ne, mia fraŭlino, mi ne bezonas ja pli ol unu vorton!

--Ella, nun venu do! eksonis voko de en la pordo, kaj la sinjorino konsilanedzino jam preninte la veston de sia filino altiris tiun ĉi en la domon.

--Bonan nokton! ankoraŭ ekkriis Ella. Bonan nokton! resonigis la amaseto. Gering ankoraŭ staris kun levita mano-- Ella jam eniris en la domon, la pordo fermiĝis--jen li staris sen "maneto" kaj sen adiaŭdiro, kaj la parolo restis neparolita!

Trankvile kaj modeste Gering reiris en sian loĝejon.

Li iris tre meditante kaj tre malrapide. Ĉiuj aliaj jam de longa tempo estis foririntaj.

Veninte en sian loĝejon, li fine memoriĝis je si mem. Li ekĝemis kaj parolis al si mem, kiel post la eldono de ia juĝo mortiga:

--Nur unu vorton--nur unu vorton se ŝi dirus al mi! La juĝisto Gering ankoraŭ la duan fojon ekĝemis kaj poste ekdormis en la veninta mateno.

Estis luma tago, kiam Ella maldormiĝinte vidis la sunon brilantan tra la kurtenoj de la ĉambro.

137

Ŝi pripensis la faritaĵojn de la tago pasinta kaj ridetis kontente. Sed jen per unu fojo ŝi malgajiĝis. Jen unu rememoro malagrabla. Ŝi rememoris la disiĝon, rememoris la juĝiston Gering, kiu estis la sola, kiu ne diris al ŝi eĉ unu vorton! Ĉiuj sinjoroj premis ŝian manon, ĉiuj diris ion amindan, sed li sola silentis. Li eĉ ŝajne intence restis poste!

--Mi tamen kredas, ke li estas senkulpa, diris ŝia plej bona amikino Mathilde, kiu, vizitinte Ella'n en la vespero, sidis kun ŝi en la ĉambro de Ella, por paroleti pri la dancado pasinta.-- Vi scias, ke tro alproksimiĝi estas tute kontraŭ la karaktero de Gering--kvankam mi devas konfesi, ke tio ĉi estas eco stranga ĉe juĝisto; sed kiu scias, ĉu li ne estos tute alia en lia juĝa servado?

--Tro alproksimiĝi? respondis Ella. Inter tro alproksimiĝi kaj *intence retiriĝi* estas ja granda diferenco!

--Certe! Sed . . .

--Kio povas lin fari tia? Certe li bone scias, ke mi lin amas. Ĉu mi ne kun li dancis la unuan valson? Ĉu ne li sidis kune kun mi ĉe la vespermanĝo? Kion pli mi povus fari? Ĉu mi mem devas alforĝi lin per ia aparta atento? Ĉu eĉ ne estas lia propra afero diri . . . kio devos esti dirita? Ho! tia modesteco! Nur unu vorton li bezonas diri, kaj tiam ĉio estos farita. Sed neniel li diras tiun vorton!

--Kara mia Ella! Ne ĉiuj homoj havas egalan karakteron! Ofte en ia viro oni trovas ian econ, kiu konvenus multe pli bone al virino. Diru mem: kio hodiaŭ pli multe devigas la virinojn plendi: la modesteco aŭ la tro granda proksimiĝado de la sinjora mondo? Certe! Gering estas escepto el la regulo, kaj tio ĉi distingas lin!

--Kaj kiel fine ni venos al la celo? mi ne povas rekte diri la vorton liberigontan, kaj li mem--estas tro modesta!

Ella parolis iom kolere: ŝiaj vangoj ruĝiĝis, kaj Mathilde vidis, ke la okuloj de la amikino malsekiĝis.

--Jen estas la tempo por agi, diris Mathilde interne kaj pripensadis, kiel ŝi mem povus helpi la aferon. Kun la tempo vi alvenos al la celo, ŝi konsolis la amikinon. Eble Walter iel povos helpi!

Tiuj ĉi vortoj videble reanimis Ella'n.--Walter, ŝi respondis, jam promesis al mi sian helpon. Kiam ni hodiaŭ matene disiĝis, mi diris al li: "Sed ne forgesu, kion vi promesis!

--Kaj kion li diris?

--Certe ne! Mi bezonas nur unu vorton!

Walter de Stetten, oficiro husara, estis la fianĉo de Mathilde, kaj pro tio li estis ankaŭ la konfidulo de la du amikinoj. Li koniĝis kun la juĝisto, kiam ili estis kolegoj-studentoj, kaj li nun volonte akceptis la laboreton, kiun Ella al li transdonis ŝi mem kaj per sia amikino: certiĝi, ĉu Gering efektive amas Ella'n.

Post tagmanĝo, kiun Stetten kaj Gering kutime prenadis kune en restoracio, la oficiro--fidela al sia principo ne longe pripensi, sed rekte aliri al la celo--komencis sen ia antaŭparolo pri Ella.

Stetten estis rekte la kontraŭaĵo de sia amiko. Dum tiu ĉi pro multa pripensado kaj granda modesteco ŝanceliĝadis frapi al la pordo de sia sanktejo, Stetten iam estis preta enbati tiun ĉi pordon.

--Kiam do estos via fianĉiĝo? li demandis la amikon.

Gering lin mirigante ekrigardis; li intencis respondi, sed ne povis.

--Sen ia ŝerco, jen estas la tempo por fine konfesi vian intencon! La tuta urbo parolas pri vi du kiel pri estontaj geedzoj. Nun aliru al la celo! Vi estas enamita en Ella'n--vi mem min tion sciigis. Ŝi ankaŭ amas vin. Tion mi scias, kaj vi ĝin scias ankoraŭ pli bone!

Gering lin aŭskultadis ne ferminte la buŝon.

--Ho! ne rigardu min do tiel miregante! parolu fine!--Stranga juĝisto vi estas--al vi mankas la parolo por defendiĝi! Ĉiam nur ian unuan vorton vi bezonas por komenci!

--Jes, la unuan vorton! diris Gering malgaje. Kial ŝi ne decidiĝas paroli?

--Jen! diris nun kvazaŭ miregante Stetten, la unuan parolon ĉiam devas diri vi! Ĉu la fraŭlino eble devus sin turni al vi: Sinjoro juĝisto, mi intencas havi vin,--ĉu vi volas, jes aŭ ne!

--Tion mi ne pensas, ne!

--Kion do?--Mi vin ne komprenas: Nun vi du jam unu kun la dua koniĝis antaŭ kelkaj monatoj; ĉiu homo ellegas el viaj vizaĝoj, ke vi amas unu la duan--sed nek vi nek ŝi decidiĝas ĝin konfesi! Vi mem ankoraŭ pli malmulte ol Ella--kvankam vi estas viro! Mi estas tute certa, ke vi ne ricevos rifuzon--kaj vi mem ĝin scias pli bone ankoraŭ.

--Mi?--Ho, se mi ĝin scius! Vi mem diru: kian certecon mi havas por ĝi? Ĉu Ella parolis nur unu solan fojon eĉ plej malgrandan vorteton, kiu min certe esperigus? Eĉ ne unu solan vorton! Kaj mi timas esti rifuzita!

--Grandegan estimon mi sentas por juĝisto, kiu tiel malmulte konas la pruvojn efektivajn!--Ni ne ŝercu, Herman,--la afero devas esti finita. Kian pruvon vi atendas de Ella por fari vin certa je via feliĉo?

--Nur unu vorton!

--Tion saman Ella atendas de vi!

--Ho!

--Mi certigas vin per mia honoro!

--Ej! Tiam . . .

--Tiam via sorto dependas de tiu, kiu el vi du diros la unuan vorton? aŭ pli bone vi ambaŭ devos diri unu vorton--tio estas tiel komprenebla, kiel unuoble unu estas unu!

Gering restis pripensanta: jen li staras antaŭ tiu foso, kiun li devus transsalti! Lia malgaja vizaĝo ridigis lian amikon.--Mi nun bone komprenas, ke mi mem devos helpi la aferon, diris Stetten.

--Vi? demandis mirante Gering, kaj en tiu sama minuto la espero reanimis lian vizaĝon.

--Jes, respondis Stetten, mi mem estos sekundanto por vi, kaj Mathilde por Ella. Ho, la duelo estos gajega! Mi estas sciema, kiu el vi unue vundos la duan! Sed mi estas certa, ke la frapo estos sen malbona rezultato, de kiu ajn flanko ĝi venos!

Gering ne multe esperis de la provo, sed ridetis.

Stetten sin levis kaj kune kun Gering foriris el la manĝejo.

--Mi vin sciigos pri la sekvantaĵo, estu certa! diris Stetten, premante la manon de Gering kaj disiĝante kun li.

Stetten iris al sia militistejo, Gering iris al sia juĝejo. Li tiam skribis parolon defendan, kaj kiu el liaj konatoj legus la lertan parolon, kiun Gering skribis, tiu neniel kredus, ke la skribanto tiel vane serĉis nur unu vorton!--

Post kelkaj tagoj--estis la lasta semajno de la monato Majo, kaj la vetero estis plej bela--Herman Gering sidis antaŭ siaj skribaĵoj. Estis ĉirkaŭ la sepa horo de vespero, kaj la juĝisto sin preparis eliri. Tiam la skribisto de Gering venis en la ĉambron kaj donis al Gering ian leteron. Tiu ĉi letero venis de Stetten, kiu per ĝi invitis sian amikon fari kun li promenon en la morgaŭa dimanĉo. La lastaj vortoj de tiu letero estis la jenaj:

--Diru al la transdonanto nur unu vorton: "jes" aŭ "ne" estos sufiĉe.

Gering komisiis la skribiston diri al la alportinto nur "Jes", kaj li eliris el la juĝejo.

Je la mateno de la veninta dimanĉo la du amikoj kune promenis tra la kampoj en la ĉirkaŭaĵo de la urbo kaj eniris en belegan arbaron. La tago estis belega, aero kaj lumo plenaj je gajeco kaj freŝeco. Stetten mem estis aparte gaja kaj tiel li faris sian amikon Gering ankaŭ gajeta. La du amikoj iradis, parolante pri diversaj objektoj.

Stetten parolis pri multaj objektoj, sed ne tuŝis eĉ per unu vorto la aferon de kelkaj tagoj antaŭe.

--Stranga ĝi estas, interne pensis Gering; li do komencu!

Gering de tempo al tempo penis igi la amikon tuŝi la aferon, sed Stetten ŝajnis ne kompreni kaj intence parolis pri aliaj objektoj.

Tiel ili ambaŭ fine venis al loko, kie la arbaro estis iom travidebla. Preterirante, Gering rimarkis ne malproksime antaŭ ili du sinjorinojn, kiuj nerapide iradis antaŭen. Li ne povis ilin rekoni, sed io nekonata faris pli rapide bati lian koron.

Stetten ne diris eĉ unu vorton, ŝajnis, ke li ne vidas la virinojn. Gering intence silentis. Post kelkaj paŝoj la sinjorinoj ne estis pli videblaj. La parolado estis finita, kaj Gering meditante iradis sur la nelarĝa vojo post sia amiko, kiu, disŝovante ie kaj ie la branĉojn, nelaŭte kantadis la kanton de Heine: "Mi ne scias, kion signifas . . ."

Fine Gering rekomencis paroli:

--Tie ĉi estas pli kaj pli interese. Ni iras tra efektiva densaĵo antaŭmonda!

--Jes, respondis Stetten, estos ankoraŭ pli interese, kiam fine la arbaro finiĝos. Estis beleta vojo, certe!

La arbaro iom post iom maldensiĝis, kaj kiam Stetten disŝovis la lastajn branĉojn, montriĝis herba loko ĉirkaŭita de la arbaro, kaj en la fino de tiu loko estis bela dometo arbarista.

--Ĉu tie ĉi ne estas belege? demandis Stetten.

--Belege, certe! respondis Gering; sed Stetten aldonis:

--Mi diras al vi, amiko, ni trovos ankoraŭ ion pli belegan!

--Kion do li intencas? sin demandis Gering.

La du amikoj aliris al la dometo. En la mezo de la vojo Stetten sin turnis al la dekstra flanko.

--Ni eniros en la dometon per poste, li diris. Ili tiel ĉirkaŭiris la dometon tra la arbaro kaj proksimiĝis al ĝardeno. Stetten estis kelkan pecon pli antaŭe.

Jen du sinjorinoj elirintaj el la pordo alvenis al la du amikoj.

--Ho! kontraŭvole ekkriis Gering, ĉar li rekonis la samajn du virinojn, kiujn li antaŭe vidis en la arbaro.

Kiam la du sinjorinoj eliris el la ĝardeno, Stetten rapide alproksimiĝis al ili, salutinte ilin ĝentile.

Ĝi estis Mathilde kun Ella.

Stetten mallaŭte diris al Ella kelkajn vortojn, kaj tiam tiu ĉi ruĝiĝis.--Certe! diris Stetten laŭte, demandu do lin vi mem!

Gering dume alvenis. Antaŭ ol li povis saluti la sinjorinojn, Ella alpaŝis al li kaj diris:

--Ĉu tio estas efektive vera, kion sinjoro de Stetten min sciigis?

--Jes aŭ ne! rapide ekkriis Stetten al Gering. Nur unu vorton--jes aŭ ne! Kaj li rigardis sian amikon kiel sciante, ke tiu ĉi ne povus respondi ion alian krom "jes".

La rigardo de Ella nun ekbrilis. Ĝi estis tia rigardo, ke Gering ĝin sentis en sia koro--tiel magnete Ella nenie ankoraŭ lin rigardis! Ŝi atendis la respondon; ŝajnis al li, ke li vidas kaj sentas, ke ŝi atendas nur la unu vorton: "jes". Kaj tamen li ne sciis, pri kio propre ŝi lin demandas. Sed en la demando estis io, kion li komprenis tre bone; ŝi ĝin elparolis per sia malseka rigardo; ŝia brusto sin levadis kaj mallevadis, kaj jen ŝia mano estis donita al li.

--Ĉu estas vere, Herman? ekparolis ŝi nun tiel karese kaj plene je amo, ke Gering tute forgesis la ĉirkaŭaĵon. Li vidis pli nenion krom ŝi, li aŭdis nur ŝian voĉon; la tuta mondo ŝajnis foresti. Li nun sentis feliĉon, tiu ĉi sento lin venkis, li prenis ŝian manon. Tiel varme kiel nenie ankoraŭ li ekparolis al ŝi, li respondis:

--Jes, Ella, jes!

Kaj la du amantoj sin ĉirkaŭprenis.--Jen! ekkriis Stetten. Ĉu mi ne plenumis mian promeson? Mi plenumis eĉ pli ol tion, ĉar mi promesis nur unu vorton, sed Gering nun elparolis eĉ tri vortojn!

Kiam la sekvantan tagon Stetten venis en la loĝejon de sia amiko, li mirante lin vidis vestitan en nigra surtuto kun kravato kaj gantoj blankaj.

Stetten ne bezonis longe demandi.

--Ĉu vi iras al la komerca konsilano Balding?

--Jes.

--Kaj kion vi respondos, kiam tiu ĉi vin demandos sinjoro juĝisto, kion vi deziras?

--Nur unu vorton, Stetten!

--Kaj tiu ĉi vorto estos?

--Ella'n!

* * * * *

LA PORCIO DA GLACIAĴO

(Rakonto de L. Dilling, tradukita de Eduard Hall el Joensuu (Finnlando)).

Estis tre agrable en la buduareto de sinjorino Breine. La meblaj kovriloj estis el blua atlaso, kaj la lignaĵo de la seĝoj estis origita. Tie sin trovis ankaŭ multaj etaĝaretoj, egale kovritaj per blua ŝtofo kaj ornamitaj per bluaj franĝoj, kiujn najletoj origitaj firme tenis. Ĉirkaŭe en la ĉambro estis distrita ankoraŭ multo da sendifinaj puf-seĝoj, aŭ kiel ili estas nomataj, tiuj remburitaj, rondaj, kvarangulaj kaj ovalaj objektoj kun bluaj atlasaj kovriloj kaj amaso da nekompreneblaj laĉaĵoj kaj penikaĵoj. En unu angulo de la buduaro, apud la fenestro, staris pianeto kun la postflanko turnita al la interno de la ĉambro. Kiam oni sidiĝis al la piano, oni sidis tie efektive kaŝita, ĉar grandaj foliokreskaĵoj sur la ambaŭ flankoj de la instrumento formigis vere tropikan laŭbon en tiu ĉi malgranda Edeno de la sinjorino.

Estis trankvile kaj pace en la buduareto, ĉar neniu tie sin trovis; kaj duonhela kvieta lumo sin vastigis tra la tuta ĉambro. Vere, la origita lampo, pendanta de la plafono, brulis, sed tiel super ĝi, kiel ankaŭ super la kandeloj sur la skribotablo estis koketaj ŝirmiloj. La blua silka pordokurteno estis tirita antaŭ la pordo, sed el la flankaj ĉambroj estis aŭdata dancmuziko kaj viva interparolado; ĉar tiun ĉi vesperon estis balo ĉe la komercegisto Breine, la sinjoro de la domo.

La muziko silentiĝis momente, la pordokurteno ekĵetiĝis flanken, kaj sur la sojlo de la pordo sin montris alta, gracia virina figuro. Kelkaj frake vestitaj sinjoroj, kun la haroj kombitaj sur la frunto kaj la klakĉapelo sub la brako, ĉirkaŭis ŝin; sed ŝi forigis ilin kun mieno de reĝino, antaŭtiris rapide la kurtenon antaŭ la pordo kaj falis poste laca sur unu el la silkokovritaj kanapoj. Ŝia vizaĝo estis tre delikate formita kaj pala, la okuloj mallumaj, grandaj kaj radiantaj, kaj la nigraj haroj, frizitaj a la Titus, portis neniajn aliajn ornamojn, ol paro da diamantaj steloj. Ŝia tre dekoltita vesto, el salmokolora atlaso kaj brodita silko, estis unu el tiuj nepriskribeblaj, majstraj tualetoj el Parizo, kie puntoj kaj bantrozetoj, faldoj kaj festonoj sin kuniĝis en miranda bonordita senordeco, dum kelkaj grandegaj girlandoj da artaj rozoj faris surprize belan efikon, precipe tial, ke ili estis metitaj en la plej neimageblaj lokoj.

Ŝi estis bela, kiel ŝi kuŝis tie, lace etendita sur la kanapo, ludante kun monstra ventumilo; kaj pli bela ankoraŭ ŝi estus, se ŝia vizaĝo ne havus tiun malŝateman fieran esprimon. Ŝi estis laca de la bala muziko kaj vanila glaciaĵo, de amindumaj rigardoj kaj sengusta flataĵo de la frake vestitaj sinjoroj kaj naŭzaj salonparfumoj.

Ŝi estis fiera, ĉar ŝi estis ĉiam kutiminta, ke oni ŝin starigu sur piedestalon, ĉirkaŭatan de genufleksantaj kavaliroj; sed ŝi nun estis jam tute laca de tiu ĉi adorado, ŝi estis laca esti diino de balo. Vere, ŝi bone sciis, ke ŝi prezentis tre belan figuron sur la piedestalo, ĉar ŝi estis bela statuo; sed ŝi sciis ankaŭ, ke oni admiradis la statuon pleje tial . . . ke ĝi havis veran originaĵon.

Stella Adler--tia estis ŝia nomo--restis ne longe ne malhelpata. La pordokurteno kraketis, Stella levis senpacience siajn lacajn okulojn, sed kiam ŝi ekvidis, kiu envenis, ĝoja rideto eklumis sur ŝia bela vizaĝo. La eniranto estis belega sinjorino de ĉirkaŭ tridek jaroj, kun plena figuro kaj floranta gajema vizaĝo. Ŝiaj nigraj haroj estis kunvolvitaj en pezaj plektoj super la kapo kaj ornamitaj per kufeto da blankaj plumoj kaj ruĝaj rozoj. Ŝi havis sur si veston el vinruĝa veluro kaj atlaso kun riĉa garnituro da kremkoloraj puntoj. Ŝi estis sinjorino. Breine, la edzino de la komercegisto Breine kaj la regantino de tiu ĉi eleganta domo.

--Mi sciis bone, ke mi vin tie ĉi trovos, diris sinjorino Breine, sin sidigante apud sia amikino. Kiel mi ĝojas, ke mi vidas vin ĉe mi tiun ĉi vesperon. Pensu nur, ke ni du ne parolis jam unu kun la dua de unu tuta longa jaro! Kaj tio estis en la bona urbo Parizo, kiam mi, post mia edziniĝo, vojaĝis tien kun mia kara edzo, kaj vi estis ankoraŭ en pensio. Nun ni havos ree agrablan horon por babili.

--Se ni nur ne faras maljustaĵon al viaj aliaj gastoj, Fanny.

--Ne, nun mi estas absolute ekster danĝero, ĉar nun la tuta bestaro estas en la manĝejo por sin nutri, aŭ pli delikate esprimite, por vespermanĝi. Kiam ni laste estis kune en Parizo, tio estis ankaŭ sur balo, ĉu vi tion memoras? Tion devus patreto Breine scii, ke lia edzino veturis al opera maskobalo, dum li estis en la kolektiĝo nacia kaj kuŝis en Versailles! Kaj ĉu vi ankoraŭ memoras, ke ni perdis unu la duan en la premado kaj devis reveni hejmen ĉiu aparte?

Stella ekĝemis kaj murmuretis duone por si mem:--Ha, jes! tiun maskobalon mi ne facile forgesos!

--Sed vi ne volus iom manĝi, Stella?

--Ne, mi dankas, mi ne estas malsata.

--Jes, malkaŝe dirate, vi ne multon perdas per tio ĉi, ĉar tie

147

estas nek birdo, nek fiŝo, aŭ pli ĝuste, estas de la ambaŭ specoj. Kiel tiuj bufedoj estas tamen bonega elpensaĵo! Oni pakas kune ĉiujn eblajn kaj neeblajn homojn en la plej malgranda loko, oni ŝarĝas el ĉiuj eblaj kaj neeblaj pladoj sur unu kaj tiu sama telero, kaj tiam oni tion manĝas en la plej maloportuna situacio! Sed unu glason da vino vi povas tamen trinki?

--Ne, mi estas tiel laca, mi bezonas nur iom ripozi.

--Sur viaj laŭroj, jes! Ha, kian feliĉon, aŭ pli ĝuste malfeliĉon, vi faris en la bala salono! Sur la tuta planko estas disĵetitaj koroj, kiujn la malfeliĉaj sinjoroj perdis! Mi devos lasi ilin elbalai, antaŭ ol ni komencos danci, ĉar alie oni povas faleti sur ili! La sinjoroj flugetis ja ĉirkaŭ vi . . .

--Jes, kiel muŝoj ĉirkaŭ sukero aŭ teologo ĉirkaŭ paroĥo! diris Stella kun malŝatema trajto ĉirkaŭ sia bela buŝo. La vivopano, mia kara, estas por ili la grava demando. Sed la edziĝoĉasantaj sinjoroj faras laboron vane! Mi volas esti amata pro mi mem kaj ne pro mia mono!

--Malsaĝulineto! diris Fanny, donante al sia amikino nefortan frapon per la ventumilo; ĉu vi estas do tiel malbela, aŭ ĉu vi pensas, ke la sinjoroj estas tute blindaj? mi opinias ĉiam, ke juvelo estas duoble pli bela, kiam ĝi estas enkadrigita en oro.

--Ili estas por mi tute indiferentaj.

--Ha, mi komencas kompreni. Via koro ne estas plu libera.

--Jes, sincere dirate, kara Fanny, mi estas efektive enamita; kaj kiam oni havas unu en la koro, oni ne havas lokon tie por multaj.

--Tio dependas de la konstruo de la koro. Estas koroj, kiuj estas tiel elastaj, ke en ili dudek trovus bone lokon! Sed kiel la feliĉa homo sin nomas? Ĉu mi lin konas?

Stella mallevis la kapon.

--Mi lin ne konas mem! mi ne scias lian nomon, kaj eble mi lin revidos neniam!

--Kiaj sentimentaj kapricoj tio estas? demandis sinjorino Breine kaj skuis la kapon. Sed oni devigas sin ĉiam havi ion por sin turmenti! Se oni ne havas zorgojn pro pano, oni tiam faras al si zorgojn de amo! Sed ĉu vi permesos al mi demandi....

La sinjorinoj estis interrompitaj de frizita kelnero, kiu eniris dancante sur la pintoj de la piedoj. Kelnero Olsen estis ĉiam melankolia. Li suferis konstante doloron de kapo kaj de malfeliĉa amo, kaj ambaŭ doloroj naskiĝis de lia penema partoprenado en la societa vivo; ĉar li trinkadis ĉiam grandan kvanton da restoj de vino en la nokto, kaj tio ĉi malsanigis lian kapon, kaj li vidadis multon da belaj sinjorinoj, kaj tio ĉi malsanigis lian koron. La lastajn estis permesate al li nur rigardi, sed ne tuŝi, kaj tion li nomis "vandalaj turmentoj", volante diri "Tantalaj turmentoj".

--Ĉu mi povas servi per io al la sinjorinoj? demandis Olsen kun malgaja rideto, dum liaj akvobluaj okuloj glitis super la rondaj ŝultroj de sinjorino Breine.

--Alportu al mi porcion da glaciaĵo, diris Fanny.

--Post kvin minutoj mi ĝin metos ĉe viaj piedoj, sinjorino.

--Mi preferas, ke vi ĝin metu tie ĉi, sur la tablon!

--Tuj, sinjorino, tuj.

Li fordancis. Fanny rigardis post lin kun rideto.

--La interkomunikiĝo estas infekta, ŝi diris. Nun la kelneroj eĉ volas esti kaviliroj.

--Tio estas ja tute natura, respondis Stella, kiam ĉiuj miaj kavaliroj volas esti kelneroj por mi!

Ŝi levis la brovojn kaj apogis sian Titus-kapon al la klarebluaj silkaj kusenoj. En tiu ĉi sama minuto la pordokurteno estis ĵetita flanken, kaj la komercegisto eniris en la buduareton.

La komercegisto Breine estis malgranda, grasa sinjoro kun maldikaj lume-brunaj haroj kaj lume-bruna vangbarbo iom griza. La komercegisto, kiel ŝajnis, ne estis en bona humoro.

--Kiel vi fartas, sinjorinoj? li demandis, penante doni al sia vizaĝo komplezan esprimon.

--Ho, bonege! respondis Stella.

--Estas por mi plezuro vidi, ke vi nun iom ripozas, li diris al sia edzino. Vi kredeble sentas vin jam tre laca esti tiel ĵetata el la brakoj de unu sinjoro al la brakoj de alia!

La sinjorino ludis kun sia ventumilo kaj kantetis valson.

--Vi estas, kiel ŝajnas, en tre bona humoro, diris Breine ofendite.

--Tion oni vere ne povas diri pri vi, sinjoro Breine, rimarkis Stella ridetante.

--Kontraŭe, mi estas en la plej brilanta humoro . . .

--Ne kredu al li, Stella, diris la sinjorino. Mi vidas laŭ lia nazo, ke li estas forte atakema. Li venis tien ĉi nur por aranĝi disputojn.

--Tiam estas plej bone sin savi per forkuro.

--Vi ja komprenas, ke mia edzino nur ŝercas?

--Mi devas tamen iri en la salonon. Mi ŝuldas, jes, la dioj scias, kiel multajn dancojn, kaj se mi ne pagos miajn ŝuldojn tiel baldaŭ kiel eble, mi timas, ke miaj kreditoroj min trenos tien per forto.

Ŝi foriris ridetante, lasante la edzan paron sola.

--Estu tiel bona, komencu, ju pli frue, des pli bone! Ne ĝenu vin! Mi estas preparita por la plej malbona.

--Sed, Fanny kara, mi ne diris eĉ unu vorton.

--Ne, sed vi estas kolerega. Tio estas ja tute videbla laŭ via nazo, kiu estas pli staranta, ol ordinare.

--Fanny!

--Mi estas tro bela tiun ĉi vesperon, ne vere?

--Vi estas jam tro modesta!

--Mi koketis tro multe kun la junaj sinjoroj, ne vere? mi estis tro ĵetata el la brakoj de unu sinjoro en la brakojn de alia, kiel vi vin tiel bonguste esprimis!

--La tuta nia edzeco estis neinterrompita dancado.

--Mi certe ne povas diri, ke mi dancis super rozoj.

--Ha, Fanny, se vi nur scius, kia turmentiĝo estas vidi sian edzinon, prematan al la brusto de alia, ĉirkaŭprenatan de lia brako, sin ruli en kapturnanta valso. Ho, tiuj baloj, tiuj baloj!

--Sendanka! kaj tamen ĝi estis sur unu el tiuj ĉi baloj, ke vi trovis vian feliĉon! Ĉu vi memoras? Tio estis ne pli ol unu kaj duono jaro antaŭe. Tiam vi sidis tie kun bela meblita loĝejo kaj tamen sen la plej belega meblo en domo--juna edzino; kaj tiam vi komencis trovi, ke esti tute sola en ok ĉambroj kaj kuirejo ne estas tute sane por la homo. Kie tio ĉi estis tiam, kiam ni renkontis unu la duan?

--Jes, estis sur balo.

--Kaj kie ĝi estis, ke vi petis mian manon?

--Ankaŭ sur balo.

--Tial vi havas nenian kaŭzon plendi. Ni vivas bone kune.

--Ho, oni vivas tre bone, kiam oni ĉiam veturas al baloj!

--Mi estas laborema edzino.

--Jes, vi manĝas vian panon en la ŝvito de via frunto sur ĉiuj baloj de la urbo.

--Ŝercu nur! Vi pentos iam vian konduton, kiam mi estos for!

--Mi jam tute kutimis vidi vin forkuradi al baloj, diris la komercegisto, nerve ludante kun la ventumilo de sia edzino, kiun ŝi estis metinta sur la tablon.

--Hodiaŭ vere vi superas vin mem, diris Fanny, sin levante ofendite. La komercegisto sin levis ankaŭ.

--Jes, mi ne povas plu tion suferi. Tie ĉi devos fariĝi alia danco! Li prenis la ventumilon en ambaŭ manojn kaj disrompis ĝin en du pecojn.

--Vi fariĝas ĉiam pli kaj pli bona, mia amiko. Nun mi ne mirus, se vi komencus disrompi spegulojn kaj vitrojn de fenestroj.

--Mi estus sufiĉe inklina por tio ĉi.

--Ne ĝenu vin, mi petas. Mi volonte helpos al vi. Jen estas forna fero! vi povas ja komenci rompi la spegulojn, dum mi ekspedos la porcelanajn vazojn kaj la malgrandaĵojn!

Hontigita kaj duone disarmita per la trankvileco de sia edzino, la komercegisto forĵetis la rompitan ventumilon sur la tablon kaj volis eliri, kiam la kelnero Olsen en tiu sama minuto enkondukis en la kabineton junan sinjoron.

--Estu tiel bona, la gesinjoroj estas tie ĉi.

Li estis altkreska, bela fraŭlo kun kuraĝa, fiera vizaĝo, buklaj lumaj haroj kaj paro da dikaj blondaj lipharoj kun al tiuj aliĝanta pinta barbo.

--Mi ne malhelpas?

Breine sin returnis vive.

--Georgo, vi, mia amiko? Neniel, neniel! Mia edzino kaj mi estis nur okupitaj je kelkaj mastrumaĵoj. Lasu, mi vin prezentos, mia plej bona amiko, leŭtenanto Georgo Felsen, ĵus reveninta hejmen el la eksterlando--Fanny, mia edzino.

--Mia edzo tiel ofte parolis pri vi, ke mi vin jam tute konas.

--Estas por mi ankaŭ plezuro fariĝi via konato, mia sinjorino!

--Mi aŭdis, ke vi revenis, kaj mi tiam tuj sendis al vi inviton. En ia alia vespero vi kredeble ne renkontus mian edzinon; sed tiun ĉi vesperon ŝi estas okaze hejme, ĉar ŝi donas mem balon.

--Ne aŭskultu lin, sinjoro leŭtenanto, li estas nur tiel malica.

--Mi lin bone konas, mia sinjorino. Tia li estis jam antaŭ mia veturo Parizon.

--Parizon? ekkriis Breine. Mi pensis, ke vi estis en Italujo; mirinde, ke ni ne renkontis unu la duan en Parizo. Tie mi estis en la antaŭa jaro.

--En tiel grandega urbo ne estas mirinde.

--Ni forveturis kelkajn tagojn post la granda opera maskobalo, diris Fanny.

Georgo sin returnis vive.

--Vi estis en la opera balo, sinjorino?

--Ne, kial . . . kial vi povas tion supozi?

--Tiu maskobalo, kiel ŝajnas, faris eksterordinaran impreson sur vin, diris Breine.

--Sinjoro Felsen estas tiel flamiĝema.

--Tio . . . tio estis nenio!

--Ne, nun mi devas fari viziton en la salono kaj ne pli longe malŝati miajn aliajn gastojn . . .

--Faru al mi la honoron, danci kun mi, sinjorino.

--Malfeliĉe mi jam estas invitita; sed mi provos elzorgi por vi fraŭlinon, kaj mi pensas, ke vi ne perdos per la ŝanĝo. Ŝi estas juna, bela, kaj riĉa. La lasta eco estas ja tio, kion la plej multaj sinjoroj estimas pleje. Mi revenos baldaŭ.

Felsen apenaŭ aŭdis ŝiajn lastajn vortojn. Li staris en profundaj pensoj kaj vekiĝis el sia revado nur tiam, kiam lia amiko lin frapis sur la ŝultron kaj lin premis malsupren sur la sofon.

La komercegisto, metinte siajn ambaŭ manojn sur la ŝultrojn de la leŭtenanto, rigardis al li rekte en la okulojn.

--Kio estas al vi? Kiajn rememorojn vekis tiu opera balo ĉe vi, kiam vi fariĝis tiel ekscitita?

--Mi havis tie la plej mirindan aventuron de mia vivo. Mi tiel bone kiel fianĉiĝis kun fraŭlino, ne vidinte eĉ ŝian vizaĝon.

--Kion vi babilas! Kiel tio povis okazi?

--Dum mi promenadis ĉirkaŭe en la premado de la maskoj, mi ekaŭdis fraŭlinan voĉon post mi, dirantan en pura norvega lingvo: --Dio, kion mi faros! Mi min returnis kaj ekvidis gracian virinan figuron en nigra domeno kun nigra masko antaŭ la vizaĝo. Ke ŝi estis juna kaj bela, pri tio mi estis tute konvinkita. La rondaj brakoj, la marmorblanka kolo, la purpuraj lipoj, kiuj vidiĝis inter la puntoj de la masko, kaj la brilantaj okuloj--ĉiuj tiuj malgrandaj ĉarmaj detaloj estis sufiĉaj por mi, por autaŭsenti ravantan tutaĵon. Mi iris kuraĝe antaŭen kaj, prezentinte min mem kiel samlandulo, proponis, ke mi estos ŝia kavaliro. Ŝi akceptis kun danko mian brakon: mi estis ja senmaska. Eble ŝi konis min el Kristianio. Mian nomon ŝi ne demandis. Ni iradis ĉirkaŭe, por retrovi ŝian amikinon, kiun ŝi estis perdinta en la premado. Ili ambaŭ havis nigrajn domenojn sen iaj signoj, kaj tie nature sin trovis amaso da tiaj nigraj domenoj. Sekve ni promenadis longan tempon kune kaj prenis lokon en loĝio. Ŝi estis sprita, edukita kaj aminda; mi estis duone malsobrigita de amo, ĉampano kaj dancmuziko; kaj ni ambaŭ enspiradis per plenaj pulmoj la aromon de romaneco, kiu troviĝis en nia tuta aventuro. Mi prenis ŝian manon en mian kaj petegis ŝin levi la maskon, sed ŝi estis nemovebla. --Ne disŝiru la misteran vualon, kiu estis ĵetita sur nian renkonton kaj kiu aldonis al ĝi ĝian ĉarmon. Ni renkontiĝos en Kristianio la venontan vintron, ŝi diris.--Lasu min nun iri, akompanu min nur al veturilo kaj ne penu scii, kiu mi estas, aŭ sekvi min. Mi konfidas al via kavalireco. Mi prenis diamantan ringon de mia malgranda fingro kaj metis ĝin sur ŝian manon.--Per tiu ĉi ringo mi vin katenas, mi diris; kiam mi vin revidos, ni disiĝos neniam. Ĉu vi volas ĝin porti? --Jes, ĉiam! ŝi respondis. Kiam ŝi estis en la veturilo, ŝi sin klinis super min kaj kisis min sur la frunto.--Ni renkontos nin en Kristiano, estis ŝiaj lastaj vortoj. Kaj nun mi tien ĉi venis. Mi iros en teatron kaj al koncertoj, al baloj kaj vespermanĝoj, kaj la diamanta ringo sur ŝia mano estos la stelo, kiu montros al mi la vojon al la Bethlehemo de la amo."

--Tion oni povas nomi romano, diris la komercegisto, sin levante. Oni povus pensi, ke vi estas naskita en la kavalira tempo. Sed kien la sinjorinoj foriris? Ĉu ni ne iros al ili?

--Mi preferus resti en paco tie ĉi. Estas tiel agrable en tiu ĉi buduaro.

--Bone, tiam mi sendos la sinjorinojn al vi. Tie ĉi estas la plejsanktejo de Fanny, tien ĉi venas nur la endediĉitaj!

Kiam la komercegisto foriris, Felsen sin amuzis per rigardado de ĉiuj belaj malgrandaĵoj kaj floroj, kiuj estis dismetitaj ĉirkaŭe en la plej bongusta senordeco. Oni rimarkis tuj en ĉiuj tiuj elegantaj, kokete distritaj luksaĵoj la delikatan manon de edukita virino. Li haltis antaŭ la piano.

--Kia bongusta aranĝo, li murmuretis. La piano en la angulo estas ĉirkaŭata de tropikaj kreskaĵoj.

Li sidiĝis sur la seĝo antaŭ la piano kaj komencis transturnadi la foliojn en la notolibro.

Li ne rimarkis, ke Fanny kaj Stella eniris.

--Tie ĉi estas ja neniu, diris Stella. Des pli bone.

--Mi estas certa, ke li plaĉos al vi, diris Fanny vive. Li estas juna, bela, edukita kaj eleganta. Li vivis multajn jarojn en la alilando.

--Li kredeble vivis tie tiel multe, ke li nun revenis hejmen, por trovi ion, per kio li povus daŭrigi vivi! Li fariĝos kredeble unu el miaj plej varmaj adorantoj!

--Kia senhonteco! murmuris Felsen.

--Ho, li havas tamen ion alian, per kio li povas vivi krom vi, diris Fanny incitita.

--Tio estas la plej bona vojo, kiun li povus elekti. Dudek mil kronoj da procentoj en jaro kaj nenion alian fari, ol esti la edzo de sia edzino!

--Fi, Stella!

Felsen leviĝis, pala, kun kunpremitaj dentoj.

--Nu, diris Stella, irante al la tablo, elserĉu la pekulon, konduku lin tien ĉi kaj starigu lin en la vicon de miaj adorantoj. Li estas ja leŭtenanto. Eble mi povos lin uzi, por komandi la aliajn!

Felsen elpaŝis.

--Mi estas jam tie ĉi kaj tuj, kiam mi estos prezentita, fariĝos por mi plezuro, akcepti la deciditan por mi lokon.

Ĉe la sono de lia voĉo Stella turnis la kapon. Ŝi estis mortpala kaj apogis sin konvulsie al la marmora tablo. Ĝi estis li, la idealo de ŝia vivo, ŝia sekreta fianĉo, kiun ŝi nun tiel dolore insultis kaj por ĉiam forpuŝis! Ŝi rigardis meĥanike sian manon. Feliĉe ŝi portis gantojn kun sep butonoj, tiel la ringo estis bone kaŝita.

--Pardonu, se mi vin ektimigis, miaj sinjorinoj, diris Georgo, Sed mi sidis tiel absorbita per la notoj, ke mi ne rimarkis vian eniron.

Sinjorino Breine saĝe decidis rigardi la tutan aferon kiel ŝercon.

--La situacio estas vere malagrabla, ŝi diris ridetante. Nun estas jam tro malfrue, por sveni. Mi faras, kiel mia amikino, kaj serĉas mian rifuĝon en la ventumilo. Kiam ĝi estas malfermita, ĝi faras la servon de kurteno, kiu estas antaŭtirita, dum la vizaĝo faras tualeton. Nu, nun mi pensas, ke ĝi pli-malpi rehavas la ĝustan esprimon! Lasu min prezenti: leŭtenanto Felsen--fraŭlino Adler ... Sed, kara Stella, vi tiel tremas ... Sidiĝu!

--Tio baldaŭ pasos. Mi estas iom nerva.

--Mi bedaŭras, diris Georgo, ke mi estas la kaŭzo...

--Nu, interrompis lin Fanny, pro puno mi vin kondamnas resti tie ĉi kaj flegi la fraŭlinon, ĝis vi povos konduki ŝin, perfekte refortigitan, en la salonon. Mi devas forlasi vin. Miaj ŝuldoj de mastrino min vokas.

Fanny foriris. Stella sidis kun mallevitaj okuloj, Felsen staris malvarmega kaj apogis sin al la dorso de unu seĝo. Stella levis la kapon kaj diris kun devigita trankvileco:

--Sidigu vin, sinjoro Felsen.

--Mi dankas.

--Diru al mi, ĉu ni parolos pri la vetero kaj blovo, aŭ ĉu ni estos sinceraj?

--Kiel al vi plaĉos.

--Nu, lasu nin esti sinceraj. Vi min abomenas, ne vere?

--Lasu nin unue konsenti, ke mi vin ne adoras, mia fraŭlino. Se mi vin komprenis ĝuste, vi timas min pli kiel adoranton, ol kiel malamikon.

--Sed tiam mi juĝis ne konante. Nun, kontraŭe... kontraŭe...

--Nun, vi min konas egale malbone.

--Jes, vere, sed...

--Sed?

--Sed...

--Ĉu vi estos efektive sincera, fraŭlino?

--Mi deziras nenion pli volonte.

--Sed, trovinte, ke mi estas sufiĉe malhonta ne tuje fali sur miajn genuojn, vi eble havus la deziron meti min venkitan ĉe viaj piedoj, por poste havi la plezuron--min forpuŝi.

--Sinjoro leŭtenanto! ekkriis Stella vive kaj levis sin de sia seĝo.

--Ĉu la gesinjoroj ion deziras? eksonis murmuretanta voĉo post ŝi. Ĝi estis la melankolia kelnero Olsen, kiu, enirinte senbrue, nun staris tie kun kapo klinita kaj kun porcio da glaciaĵo en la mano.

Stella reĵetis sin sur la seĝon kaj kaŝis sian vizaĝon en la manoj.

--Ne, iru nur!

--Mi alportis nur tiun ĉi glaciaĵon al sinjorino Breine.

--Metu ĝin tie ĉi sur la tablon kaj alportu al mi ankaŭ unu porcion, diris Georgo senpacience. Mi bczonas min iom malvarmetigi, li murmuretis al si mem.

--Tuj, sinjoro, tuj! Nenion alian, sinjoro?

--Ne.

Stella sidis daŭrige kun sia buklita Titus-kapo en la manoj, ŝia blanka kolo estis fleksita, kaj parto de la delikate formita orelo rigardetis el la grandaj salmokoloraj rozoj, kiuj estis alfortikigitaj sur ŝia ŝultro. Georgo sentis, ke li estis tro kruda.

--Fraŭlino!

Ŝi relevis la kapon kun la malnova fiera esprimo en la mallumaj okuloj.

--Ĉu vi havas ankoraŭ ion nediritan?

--Mi estis tro ekflamiĝa, mi estis rapidema, mi volus nur...

--Vi volus nur pagi mokon per moko kaj min humiligi. Gratulu vin mem, leŭtenanto Felsen, vi atingis perfekte vian celon!

--Fraŭlino!

--Mi kuraĝis preni vin por ĉasisto de edziĝo, vi kuraĝis ĵeti en mian vizaĝon, ke mi estas senkora koketulino, kiu sin amuzas per enjungado de malfeliĉaj amantoj al sia veturilo de triumfo. Ĉu ni nun estas kvitaj?

--Mi povas nenion diri por mia pravigo.

--Mi povus eble diri multe por la mia, sed mi ne scias vere, kiel ni tiun ĉi interparolon komencis, kaj mi scias ankoraŭ pli malmulte, kial ni ĝin... daŭrigus.

--Jes, vi estas prava, fraŭlino. Mia efektiva intenco estis inviti vin por la sekvanta danco.

--Mi dankas. En tiu ĉi minuto mi estas tiel laca, ke mi devas iom ripozi.

--Tiam mi vin ne pli longe maloportunos.

Li salutis malvarme kaj eniris rapide en la salonon.

Stella leviĝis. Kiam li estis ekster la pordo ŝi falis sur la sofon, ĵetis sin en unu angulon kaj kaŝis la kapon en la klarbluaj silkaj kusenoj.

Multaj kaj doloraj pensoj trairis la kapon de Stella, dum ŝi kuŝis tie kun la vizaĝo enpremita en la silkaj kusenoj. Tio estis do la unua renkonto, kiun ŝi en sia fantazio tiel bele elpentris al si mem, kaj tamen--la ŝuldo estis ja ŝia propra. Sed eble li eĉ ne memoris ilian malgrandan aventuron,--kaj ŝi, kiu konsideradis tiun ĉi ringon, kiun li metis sur ŝian fingron, kiel ringon de fianĉiĝo, ŝi, kiu tiel ame flegis la puran floron de sia unua amo kaj ĝin nutris per sia revado ... kia malsaĝulino ŝi estis! Kaj ŝi povis vere kredi, ke en nia proza tempo iom da poezio ankoraŭ povus ekzisti! Ŝi leviĝis, kaj, detirinte la gantojn, ŝi longan tempon rigardis la ringon. Ŝia amo estis profunda kaj pura, kiel tiu ĉi diamanto. En ties kvieta fajro kuŝis mira sorĉo, ĉar ĝi pruntis sian brilon el la poezio de la animo. Tiun ĉi vesperon ĝi ne brilis kiel kutime. Eble la roso en ŝiaj okuloj kaŭzis, ke ĝia brilo perdiĝis. Nun ĝi estis nur la lasta larmo sur la tombo de ŝia amo!

--Sed li neniam scios, ke mi estas tiu, kiun li renkontis en la balo, ŝi murmuretis. Ŝi ja tenis en sia mano la ŝlosilon de la enigmo, ŝlosilon, pri kiu ŝi kredis, ke ĝi malfermos al ŝi la teran paradizon. Neniu ĝin vidis, des pli bone, eĉ ne Fanny.

--For, for!

Ŝi kuris al la fenestro, por ĵeti la ringon sur la straton, sed ŝi sin detenis. La malgranda vipero tiel fortike enmordiĝis en ŝian koron, ke ŝi ne povis suferi, ke ĝi estu dispremata sub la piedoj de la preterirantoj. Kiam ŝi revenis de la fenestro, ŝia rigardo falis okaze sur la porcion da glaciaĵo, kiu staris sur la tablo, kaj tiam subite venis al ŝi ideo. Li petis ja la kelneron alporti al li porcion da glaciaĵo; ŝi lasos lin ricevi ĝin--kune kun la ringo. Ŝi sin sidigis apud la skribotablo kaj iom pensinte, ŝi skribis la sekvantajn liniojn:

Tiun signon portu Sur mano via! En mistero restu La nomo mia!

Kunvolvinte la papereton, ŝi ŝovis la ringon super ĝin kaj enpremis ĝin en la glaciaĵon. Ŝi lasis la telereton stari sur la tablo kaj eniris en la salonon, por elserĉi la kelneron.

Momenton post la eliro de Stella Fanny eniris en la kabineton, pri kiu la kelnero Olsen diris al ŝi, ke tie la glaciaĵo staras sur la tablo. Ĵus kiam ŝi volis porti la kuleron al sia buŝo, ŝi rimarkis la papereton kun la ringo, elprenis ĝin el la glaciaĵo kaj legis la versaĵon. Traleginte ĝin multajn fojojn, pensinte pri la afero kaj skuinte konfuzite la kapon, sinjorino Breine metis la ringon sur sian fingron, prenis la glaciaĵan telereton en la manon kaj iris en la manĝejon al la kelnero.

--Kiu donis al vi tiun ĉi glaciaĵon?

--La kuiristino, li respondis kun sia kutima melankolia rideto.

--Ne, li scias nenion, pensis Fanny. Ĉu ĝi staras longan tempon en la kabineto?

--Mallonge, sinjorino. La bela leŭtenanto--mi pensas, ke li estas nomata Felsen--petis min ĝin meti tien. Li tiel fervoris, ke mi foriru, kaj sendis min serĉi por li mem porcion da glaciaĵo; sed jam nenio restis.

--Li povas ricevi tiun ĉi.

--Ĉu mi ĝin devas porti al li?

--Ne, mi ĝin faros mem. Servu vi la limonadon al la gastoj.

--Nu, pensis Fannv, donaco de Felsen! Delikata ĝentileco! Sed post tiel mallonga konateco! Ĝi estas nature pro mia edzo. Mi eniros, por lin danki en ia delikata maniero, kaj mi ne metos la ganton, por ke li vidu, ke mi ricevis la ringon.

Ŝi eniris en la salonon kaj alproksimiĝis al Felsen, kiu staris sola en unu angulo de la ĉambro.

--Vi deziris glaciaĵon, diris la kelnero. Permesu al via humila servantino doni ĝin propramane al vi.

--Vi estas tro bonega!

Ŝi antaŭportis al li kokete la glaciaĵon kaj lasis samtempe la diamanton ekbrili. Li ektremis kaj preskaŭ faligis la telereton, dum liaj okuloj ripozis sur la ekbrilinta ŝtono. Neniaj duboj plu! Li trovis la ringon; sed la posedantino, la sekreta adoratino de liaj revoj, estas la edzino de lia plej bona amiko! Ho, tio estis terura!

--Vi rigardas mian ringon, diris Fanny kun fripona rideto. Ĝi estas bela, ne vere?

--Jes... jes... ĝi estas... tre bela.

--Ĝi estas memoro de unu amiko, kiu estas al mi tre kara, kvankam mi lin konas nur mallongan tempon. Mi konservos ĉiam tiun ĉi memoraĵon kaj mi ĉiam ĝin alte ŝatos, ŝi diris, forirante kun koketa klineto de la kapo.

Felsen staris tute surdigita kun la telereto en la mano.

Dume Stella estis irinta al la kelnero kaj petinta lin doni la glaciaĵon al Felsen.

--Li ĝin jam ricevis, diris Olsen. Li staras kun ĝi en la mano. Jen li estas.

Li estis prava. Felsen tenis la telereton en la mano kaj ŝajnis esti ekscitita. Fanny staris apude kaj parolis vive kun li. Io brilis forte sur ŝia mano. Ŝi portis ordinare nur sian fianĉiĝan ringon. Kion tio signifas?

Nun ŝi forlasis lin kaj iris al la buduaro. Ŝi estis haltigita sur la vojo de paro da kavaliroj. Stella preterglitis tien nerimarkita kaj lokis sin post la piano, kie ŝi sidis, kaŝata de la ĉirkaŭstarantaj grupoj da kreskaĵoj. Momenton post tio eniris Fanny, kaj, starante sub la lustro, ŝi lasis la ringon ekbrili kaj admiradis ĝin. Stella rigardadis ŝin tra la kreskaĵoj.

Jes, estis tute certe. Ĝi estas ŝia ringo; sed kiel Fanny ĝin ricevis? Ĉu li vere ĝin senpere fordonacis, kiel senvaloran objekton? Fanny estis tiel profundigita en la konsideradon de la ringo, ke ŝi ne rimarkis la eniron de sia edzo.

--Nu, Fanjo, ĉu vi estas tute sola? diris la komercegisto. Ĉu vi estas aŭkoraŭ kolera?

Li prenis ŝian manon, kiun ŝi penis fortiri.

--Vi ja scias, ke se mi estas ankaŭ iafoje iom viva kaj ĵaluza, tio estas ĉar mi vin tiel amas kaj ĉar mi timas, mi maljuna urso, ke mi ne povas fari vin tiel feliĉa, kiel vi meritas.

Li karesis ŝian manon, sed subite ektremis.

--Kia... kia ringo estas tio?

--Ĝi... ĝi estas anonima donaco, respondis Fanny iom konfuzite.

--Kiu ĝin donis al vi?

--Oni ne povas koni la donanton de anonimaj donacoj, diris Fanny petole.

--Sed mi lin konas. Ĉu diri al vi tiun nomon?

--Vi scias do?

--Ĝi estas Georgo Felsen. Mi scias ĉion.

Stella sidis, kiel falinta el nuboj. Ĉu Felsen vere estas enamita en Fanny'n, kaj ĉu li, ne oferante eĉ unu solan penson al ilia renkonto, ne penante elserĉi, el kie la ringo venis, senpere ĝin metis sur ŝian fingron? Aŭ ĉu Fanny trovis la ringon kaj metis ĝin sur la fingron, por pensigi lin, ke ŝi estas la elektita? Sed ne, tio ĉi estis malsaĝa penso. Fanny nenion sciis pri la historio de la ringo, ŝi neniam ĝin vidis. Oni povus freneziĝi.

La komercegisto falis malespere sur seĝon.

--Kaj ĝi estas mia plej bona amiko kaj mia propra edzino, kiuj min trompas!

--Jes, la edzinoj de aliaj homoj tute ja ne povas havi intereson vin trompi! diris Fanny trankvile.

--Ne elturnu vin per malkaraj ŝercoj! mi scias nun ĉiujn viajn sekretojn. Vi volas eble nei, ke vi estis sen mia scio en la opera balo en Parizo?

--Ha, Stella babilis?

--Stella nenion diris, sed tiu ĉi malfeliĉa ringo malfermis miajn okulojn kaj montris al mi, kiel facilanime kaj mensoge vi agis.

--Diru al mi, kara Breine, ĉu vi efektive ne trinkis tro multe post la manĝo?

--Ho, Fanny, Fanny, kiel vi povas esti tiel kruela?

--Pro Dio, Breine, mi ne bone komprenas, kion mi faris. Ni devas trovi sinjoron Felsen, li klarigos al ni ĉion.

En tiu minuto envenis la kelnero Olsen, por sciigi, ke la dancado komenciĝis kaj ke oni demandas pri la gemastroj.

--Ĉu sinjoro Felsen estas tie?

--Ne, li prenis sian superveston kaj forlasis la balon antaŭ kelkaj minutoj, diris Olsen.

--Ne dirinte adiaŭ al mi! Sed kion do signifas ĉio ĉi? murmuris Fanny.

La interparolado estis interrompita de bela kavaliro, al kiu la sinjorino estis promesinta la unuan dancon post la vespermanĝo. Fanny prenis lian brakon kaj eniris en la salonon.

La komercegisto ripozis, tute dispremita, en sia apoga seĝo. Stella sidis post la piano kaj ploris. El la salono sonis danca muziko, ridado kaj ŝovado de piedoj.

--Jes, ĝi estas efektive animita balo kaj luksa vespermanĝo, kiujn komercegisto Breine donas tiun ĉi vesperon, li ĝemis. Tiel vigla dancado daŭriĝas tie interne, kaj tamen la komercegisto mem sidas tie ĉi sur la ruinoj de sia feliĉo!

Li kaŝis la vizaĝon en siajn manojn.

--Ĉu ekzistas en la mondo pli malfeliĉa homo ol mi? li ĝemis laŭte.

Mola mano estis metita sur lian ŝultron. Stella staris apud lia flanko.

--Ekzistas ankoraŭ unu alia, ŝi diris.

--Ĉu vi estas ankaŭ malfeliĉa, fraŭlino?

--Ho, jes!

--Sed vi ne havas edzinon, kiu vin trompas.

--Ne, sed unu kaj tiu sama homo estas la kaŭzo de nia malfeliĉo.

--Felsen?

--Jes. Mi lin amis tiel profunde, tiel kore, kaj nun li min forpuŝis kaj forgesis pro Fanny, kaj ĉio tio post konateco de nur duono da horo. Ĉio estas tiel freneze malsaĝa, ke mia kapo preskaŭ turniĝas.

--Ili konas unu la duan jam pli ol unu jaron. Mi estas certa pri tio.

--Edzinigita virino--kia senfunda maltaŭgeco!

--Ĝi estas la francaj ideoj. Sed kion vi pensas fari?

--Mi? mi almenaŭ neniam edziniĝos!

--Mi ankaŭ neniam faros ĝin plu, diris la komercegisto. Mi petos eksediĝon.

--Sed eble Fanny estas senkulpa?

--Ne, mi scias, kiel facilanime ŝi komencis tiun ĉi rilaton, kaj mi neniam povas havi plu konfidon al ŝi.

--Ĉio povos fariĝi ankoraŭ bona, sinjoro.

--Neniam, neniam.

Li donis al ŝi signon, ke ŝi sidiĝu. Ŝi sin sidigis kontraŭ li.

--Diru al mi, ĉu mi ne estas sufiĉe maljuna, por povi esti via patro?

--Mi vin ne komprenas . . .

--Mi opinias, ke ni ambaŭ staras tute sole en la mondo. Vi ne havas plu gepatrojn. Ĉu vi ne volus fariĝi mia adopta filino?

--Tiu ĉi propono estas tiel subita, ke mi trovas, ke ni ambaŭ devas precize pripensi ĝin.

Sinjorino Breine dume venis el la salono kaj, vidante sian edzon kaj Stella'n en viva kaj konfida interparolado, stariĝis en la mezo de la ĉambro.

--Vidu, daŭrigis la komercegisto, kiam la eksediĝo kun Fanny estos atingita, mi sentos min mem tiel sola.

--Ĉu ni nun eksediĝos! pensis Fanny.

--Kiel feliĉa mi estus tiam, se amika anĝelo volus vivigi mian malplenan hejmon kaj flegi min en la maljunaj tagoj.

Fanny staris kolere kaj ludis kun sia ventumilo.

--Nun ili do kune vivos!

Stella donis al li sian manon.

--Estos ĉiam agrable al mi, se mi iel povos helpi al via feliĉo, sed...

--Ho, ne faru al vi penojn, diris Fanny, rapide aperante. Mi liveros mem al li la feliĉon, kiun li bezonas.

Fanny sin turnis vive kaj kolere al sia amikino:

--Vi, Stella, vi estis do la serpento en mia edzeca paradizo? Ĝi estas tial vi, kiu elpensis mi ne scias kiel malhonoran historion pri mi kaj Felsen, kiun mi tamen tiun ĉi vesperon vidas la unuan fojon antaŭ miaj okuloj! Kaj kun kia intenco vi ĝin faris? Pro malamo al mi ĝi ne povas esti, ĉar mi neniam faris malbonaĵon al vi; kaj pro amo al Breine ĝi ankaŭ ne povas esti, ŝi daŭrigis preskaŭ plorante, ĉar ĉu iu alia ol mi mem povus esti sufiĉe malprudenta, por ami tian sovaĝan beston, kiel mia edzo?"

--Fanny, aŭskultu min, diris Stella.

--Sed nek al vi, nek al alia prosperos forŝiri lin de mi,--mi amas lin tro forte, ŝi diris kaj ĵetis la brakojn ĉirkaŭ lian kolon.

--Lasu min, mi volas disiĝi!

--Jes, sed mi ne volas!

En tiu minuto eniris Georgo Felsen.

--Pardonu al mi, se mi malhelpas; sed mi estos mallonga. Mi intencis komence skribi al vi, sed mi komprenis, ke mi pli bone povos doni al vi buŝan klarigon.

--Mi foriros, diris Stella.

--Ne, mia fraŭlino, kion mi diros, vi povas libere aŭskulti. Ĝi eble klarigos mian konduton kontraŭ vi. Ĉar kiam mi nun ree forlasos mian patrujon, kaj kredeble por ĉiam, mi ne dezirus, ke vi pensu pri mi kun tro granda maldolĉeco.

--Vi forveturos? demandis Fanny.

--Jes, sinjorino; post tio, kio okazis inter ni, mi ne volas resti pli longe tie ĉi.

--Kio okazis inter ni...?

--Mi konas la tutan historion de la diamanta ringo, diris Breine.

--Tiu historio ne estas tamen tiel danĝera, respondis Fanny trankvile.

--Estas eble, ke vi, sinjorino, prenas nian aventuron kiel ŝercon, diris Georgo. Mi rigardas ĝin tute alie. Mi estis tuŝita de la romaneco kaj pikanteco en la situacio, mi kreis al mi mem figuraĵon de vi en mia fantazio, kaj, ne konante la originalon, mi adoris tiun ĉi fantazian portreton.

 Stella ektremis, komencante kompreni, ke tie ĉi estis ia malkompreniĝo kaj ke ŝi estis maljusta kontraŭ ambaŭ, Georgo kaj Fanny. La trankvileco de la lasta ne povis esti ŝajniga.

--Sed, granda Dio, kio min tuŝas viaj fantaziaj portretoj? ekkriis Fanny surprize.

--Ŝajnas, ke vi ĉion forgesis, diris Georgo. Nun, de la momento, kiam mi vidis, ke la edzino de mia amiko portas tiun ĉi fatalan ringon, mi decidis ankaŭ forgesi ĉion kaj mi komencis kompreni, ke mia amo estis nur romanaj kapricoj kaj ke mi efektive vin neniam amis.

--Ho, kiel eksterordinare malĝoje! ekkriis Fanny, ridegante. Jes, ke Breine perdis la malgrandan porcion da prudento, kiun li posedis, tio estas jam longe klara al mi, sed nun mi vere komencas kredi, sinjoro Felson, ke via supra etaĝo ankaŭ estas iom en malordo.

--Sed ĉu vi povas nei, ekkriis Breine, ke tiu ĉi diamanta ringo. . .

--Jes, tiu ĉi malfeliĉa ringo estas la kulpo de ĉio, diris Fanny. Estu tiel bona, sinjoro Felsen, jen mi ĝin redonas al Vi. Mi ĝin ricevis en porcio da glaciaĵo kune kun versaĵo. Mi metis la ringon sur la fingron, kaj de tiu ĉi momento ĉio estas freneza. Breine estas freneza, Stella estas freneza, Felsen estas freneza, kaj nun mi mem fariĝos baldaŭ ankaŭ freneza, tio estas kredeble la plej prudenta, kion mi povas fari.

--Mi neniam sendis al vi ian glaciaĵon aŭ ian versaĵon. Vi scias tamen, ke mi metis la ringon sur vian fingron antaŭ unu jaro.

--Ne, nun estas jam tro freneze, ekkriis Fanny.

Stella elpaŝis pli proksime.

--Permesu al mi enporti kelkan klarigon en tiun ĉi senordigitan aferon. Mi estas tiu, kiu ricevis de vi la ringon en la opera balo.

--Vi?

--Jes, kaj mi ne hontas konfesi, ke mi ĝin rigardadis kun tiaj samaj profundaj sentoj, kiel vi. Poste ni nin rerenkontis en kolero, kaj mi decidis, ke vi neniam sciu, kiu mi estas. Mi metis la ringon en la vanilan glaciaĵon, kaj ĝi nun erare venis en la manojn de Fanny.

--Tiel, tamen . . . Ha, fraŭlino, kiel vi min faras feliĉa!

--Sed kia operbala historio tio estas? demandis Fanny.

Tion mi rakontos al vi poste, diris la komercegisto. Ni iru en la balan salonon kaj ne plu malŝatu niajn gastojn. Georgo estos jam tiel bona amuzi fraŭlinon Stella dume...

Kaj tiel bona estis sinjoro Felsen volonte. La interparolado estis kredeble tre viva kaj interesa, ĉar kiam la gastoj ĉiuj jam estis for kaj Breine kaj la sinjorino post unu horo tien eniris, Georgo kaj Stella sidis ankoraŭ en animita interparolado. Ili sidis sur la klarblua silka kanapo--tute proksime, tiel proksime, ke la kolosaj salmokoloraj rozoj sur la ŝultro de Stella estis tute depremitaj. La diamanta ringo estis nun ree sur la fingro de Stella, sed oni ne povis ĝin vidi, ĉar Felsen tenis ŝian manon en la ambaŭ siaj.

--Nu, diris Breine, ŝajnas, ke ni povas gratuli.

--Jes, nun estas ĉio en ordo.

--Kaj la gastoj foriris, diris la komercegisto kaj frotis kontente la manojn, tial nun ni estas la mastroj en la domo, kaj nun ni havos ekstran festenon.

Li vokis Olsen'on, kiu estingadis la lumojn en la salono.

--Alportu al ni botelon da ĉampano.

--Kun glacio?

--Ne, mi dankas. Mi kredas, ke ni ĉiuj ricevis jam sufiĉe de tiu ĉi artikolo. Tiu lasta glaciaĵo estis tiel bruliga!

La ĉampano estis alportita, la glasoj plenigitaj kaj la sano de la novaj gefianĉoj trinkita.

--Mi petas ankaŭ la permeson tre humile gratuli, diris la kelnero Olsen; mi estas ankaŭ fianĉigita!

--Ho, kun kiu?

--Kun la vidvino Kaspersen, la kuiristino.

--Kiam tio fariĝis?

--Antaŭ kelkaj minutoj, sed ni konatiĝis unu kun la dua jam antaŭ longe, ĉar en la lastaj tempoj ni estis tiel ofte kune ĉe invitaĵoj.

--Sed tiun ĉi vesperon vi vin klarigis? demandis Stella.

--Jes, ŝi staris en la kuirejo, kaj ŝi estis tiel dolĉa, kaj tiam mi diris, ke mi ŝin amas, kaj tiam ŝi min ĉirkaŭprenis, kaj tiam mi tiel blankiĝis, ĉar ŝi estis faruna, kaj tiam ni kisis unu la duan. Ho, estis tiel Die bonege!

Olsen mallevis la okulojn kun dolĉa melankolia rideto kaj flugetis en la salonon, por estingi la lastajn lumojn.

Kiam Felsen kondukis sian amatinon al la veturilo, li premis kison sur ŝian manon kun la brilanta ŝtono, kiu nun fariĝis la stelo de lia feliĉo.

Nia reala, proza tempo eble skuos malestime la ŝultrojn pro la romanaj fantazioj de la juna paro; sed tiel longe, kiel amo ekzistos en la mondo--kaj ĝi ekzistos tie ĝis la mondo pereos--tiel longe ankaŭ la romaneco vivos.

*****

V

EL LA VIVO KAJ SCIENCOJ

*****

BAGATELOJ

Rimarkinda horloĝo. Per kia originala maniero en Ĥinujo malriĉaj homoj, kiuj ne posedas horloĝon, difinas la tempon, pri tio la franca vojaĝanto Le Hube rakontas sekvantan okazon: "Unu tagon, kiam ni volis viziti niajn ĥinojn, kiuj antaŭ nelonge akceptis la kristan religion, ni envoje renkontis knabon, kiu paŝtis bovon. Preterirante, ni demandis lin, ĉu jam estas la 12-a horo. La knabo rigardis al la suno, sed ĝi estis kaŝita post densaj nuboj, tiel ke li ne povis konsiliĝi kun tiu ĉi horloĝo.--La ĉielo estas kovrita tro plene per nuboj, li diris, sed atendu unu momenton! Li kuris en la plej proksiman korton de vilaĝano kaj post unu minuto revenis kun kato sur la brako.--Rigardu, li diris, ankoraŭ ne estas la 12-a horo, kaj samtempe li montris al ni la okulojn de la kato, suprenŝovante ĝiajn palpebrojn. Ni kun mirego rigardis la knabon, sed lia eksteraĵo estis tute serioza, kaj la kato, kvankam la operacio ŝajne ne tre plaĉis al ĝi, tamen videble kutiminta al ĝi, tenis sin tre trankvile, kvazaŭ ĝia speciala okupiĝo konsistus en tio, esti horloĝo. Ni diris: Tre bone, mia knabo, plej bonan dankon! Kaj ni hontis, ricevinte instruon de la knabo. Kiam ni trovis niajn amikojn, nia unua afero estis sciiĝi pri tiu kata orakolo. Ili tre miris pro nia malscio kaj rapide kolektis kelkajn dekojn da katoj el la tuta najbaraĵo, por montri al ni, ke la horloĝoj en iliaj okuloj ĉiuj iras regule. La pupiloj de la okuloj de la katoj ĝis tagmezo iom post iom malgrandiĝas kaj tiam atingas sian plej mallarĝan kuntiriĝon en formo de maldika streko, metita, kiel hareto, perpendikulare sur la mezon de la okulo. Poste la pupiloj iom post iom ree etendiĝas, ĝis ili je noktomezo ricevas la formon de rondo. Oni nin certigis, ke ĉiu infano en mallonga tempo akiras grandan lertecon kaj akuratecon en la montrado de la tempo el kataj okuloj. Ni konvinkiĝis tre baldaŭ, ke tiuj ĉi horloĝoj iras tute regule kaj ĉiuj en preciza konsento." [K. Huebert.]

La homa voĉo. D-ro Delaunay en antaŭ nelonge publikigita laboro pri la homa voĉo esprimas la konvinkon, ke la antikvaj loĝantoj de Eŭropo estis tenoroj. La nunaj iliaj posteuloj estas baritonoj, iliaj nepoj posedos voĉon basan. La racoj pli malaltaj, kiel ekzemple negroj k. t. p., havas voĉon pli altan, ol la blankaj. La homa voĉo kun la tempo ĉiam fariĝas pli malalta; tiel ekzemple tenoro deksesjara povas en la dudekkvina jaro de la vivo fariĝi baritono kaj en la tridekkvina--baso. La blonduloj havas voĉon pli altan, ol homoj kun haroj mallumaj; la unuaj havas ordinare voĉon sopranan kaj tenoron, la lastaj--kontralton kaj bason. La tenoroj estas pli maldikaj, la basuloj pli larĝaj kaj fortaj. Homoj pensantaj kaj inteligentaj havas pleje voĉon malaltan, sed malmulte pensantaj kaj supraĵemaj--altan. La voĉo antaŭ la tagmanĝo estas pli alta, ol post la tagmanĝo. Singardaj kaj prudentaj kantistoj evitas, kiel oni scias, trinkojn alkoholajn, precipe la tenoroj; basuloj povas ilin ĝui, kiom ili volas. Tenorojn oni pli renkontas en la landoj sudaj, kaj en la nordo --pli da basoj; tiel ekzemple laŭ la vortoj de Delaunay ĉiuj gloraj francaj tenoroj elvenis el la suda Francujo, dum ĉiuj basuloj--el la departementoj nordaj.

Maso por kungluado de marmoro, gipso, porcelano k. t. p. Preni da estingita kalko pulvorigita 100 gramojn, da ovoblanko bone batita 10 gramojn kaj da aluno pulvorigita 12 gramojn; miksi ĝin, bone disfrotante, kaj ricevinte specon de nedensa pasto, ŝmiri per ĝi la randojn, kiujn oni volas kunglui, kunpremi ilin forte kaj lasi tiel en la daŭro de 48 horoj. Aldoninte al tiu ĉi miksaĵo pli da ovoblanko aŭ da gluo solvita en nafto, por ĝin pli maldensigi, oni povas ĝin uzi por laki vazojn kaj diversajn objektojn, por fari ilin netramalsekiĝaj. Kartono, tiel lakita, fariĝas malmola, kiel ligno. Ŝipetoj, lakitaj per tiu ĉi maso, estas belaj kaj fortikaj; tiel same ankaŭ kuvoj kaj aliaj lignaj vazoj kaj ankaŭ vazoj argilaj, uzataj por konservado de grasoj kaj fluidaĵoj.

Ĉu lakto estas kun akvo, oni povas sciiĝi en la sekvanta maniero: bone poluritan trikilon (trikkudrilon) oni trempas en profundan vazon da lakto, tuj ĝin elprenas returne kaj tenas ĝin rekte malsupren. Se la lakto estas pura, tiam guto da lakto restos pendanta sur ĝi; sed se eĉ tre malgranda kvanto da akvo estis verŝita en la lakton, tiam nenia guto pendos sur la trikilo.

Serĉistoj de postesignoj en Hindujo formas apartan kaston. En kelkaj lokoj de la orienta Hindujo, precipe super la bordoj do Gango kaj Hindo, la bruto prezentas la ĉefan riĉecon de la loĝantoj; tial ankaŭ ŝtelado de ĉevaloj kaj bovoj estas tie tre ofta. Sed tie al la posedantoj de brutaroj alportas helpon la serĉistoj de postesignoj. Kiel preskaŭ ĉiuj okupoj en Hindujo, tiel la specialeco de postesignistoj transiras de patro al filo; la "khojoj"--tiel en la lingvo hinda sin nomas la postesignistoj-- de frua infaneco sin ekzercas en sia metio. Bona "khojo" sciiĝas facile, per kie la ŝtelinto forkondukis la bruton, kiel longe li haltis por nokti, aŭ por ripozi en tago, kion li kondukis kun si k. t. p. Unu el la anglaj vojaĝantoj rakontas, ke unu fojon oni ŝtelis al li tolaĵon kaj vestojn; li tial sin turnis al serĉisto de postesignoj, kiu post unuhora serĉado trovis la postesignon de la ŝtelintoj kaj post dutaga persekutado alkondukis la vojaĝanton al la loko, kie la ŝtelintoj ripozis post la migrado, jam tute certaj ke ili ne estos punataj. La postesignisto klarigis al si diversajn detalaĵojn, kiuj por la eŭropanoj estis absolute nerimarkeblaj. Tiel ekzemple en unu loko, kie la vojo disiris en kelkaj direktoj, la hindo per ĉifitaj folioj sur la apudvojaj arboj rimarkis, ke per tie ĉi kaj ne per alia vojo la ŝtelistoj forkuris. La kronikoj de juĝo montras fakton, ke unu khojo iris laŭ la postesignoj de unu mortiginto 300 kilometrojn, ĝis li fine trovis lin en la malliberejo de provinca urbeto, kien la krimulo estis metita por ia malgranda ŝtelo, plenumita antaŭ kelkaj tagoj. Alian fojon postesignisto, ricevinte la komision trovi ŝteliston, kiu ŝtelis juvelojn el la trezorejo de la maharaĝi, iris laŭ la postesignoj de la krimulo ĝis la rivero Bias. Tie li perdis la postesignon, ĉar antaŭ unu horo trans la riveron iris taĉmento da soldatoj el 200 personoj. Ŝajnis tute neeble, ke la hindo inter la enpremoj de la piedoj de 200 homoj povus eltrovi la bezonatan postesignon. Sed la khojoj ne perdas la kuraĝon antaŭ malfacilaĵoj. Tiel ankaŭ nun la postesignisto iris returne kelkajn kilometrojn kaj tiel bone konatigis sin kun la postesigno de la ŝtelisto, ke li helpis al si eĉ inter la postesignoj de ducent homoj, kaj transirinte la riveron, li trovis la ŝteliston. Kompreneble la rezultatoj de tia sperto estas atingeblaj nur por la kasto de khojoj kaj estas tenataj en plej granda sekreto antaŭ la profanoj. La metio de postesignistoj tute ne estas sendanĝera, ĉar la krimuloj uzas ĉiun okazon, por liberigi sin de la homoj danĝeraj por ili per helpo de veneno aŭ ponardo.

En la Malviva Maro, kiel oni almenaŭ pensis ĝis nun, nenia viva organa kreitaĵo povas ekzisti. La senvivecon de tiu ĉi maro oni klarigadis al si per tio, ke la supraj partoj de la akvo enhavas ĝis 25% da salo, tiel ke homo povas tie ĉi naĝi sen movado de la manoj kaj piedoj, kaj la malsupraj partoj estas en tre granda amaso sorbigitaj de bromo, kio ankaŭ malhelpas la vivon en la Malviva Maro. Dume la esploroj de la germana instruitulo Cortet montris, ke malgraŭ tiaj malfavoraj kondiĉoj en la sal-broma akvo de la Malviva Maro ekzistas vivaj kreitaĵoj, kiuj, estas vero, apartenas al la organismoj de la plej malalta grado.

Esploroj de la maro. Profesoro Agassiz publikigis la rezultatojn de siaj esploroj pri la floro kaj faŭno de la Silenta Oceano. Kiel oni vidas el la raporto, vivaj kreitaĵoj ekzistas en la maro nur ĝis certa profundeco, nome ne pli malsupre ol 171 klaftoj sub la supraĵo de la akvo. Pli malsupre komenciĝas jam la regno de absoluta morto, kiu sin etendas ĝis la spaco trovanta sin en malproksimeco de 50-60 klaftoj de la fundo de la maro. Tie ĉi denove komencas montriĝi vivaj kreitaĵoj. Kompreneble, la konstruo de tiuj ĉi bestoj kaj maraj kreskaĵoj estas konformigita al la grandega pezo de la akvo, kiun tiuj ĉi kreitaĵoj devas porti sur si.

Lumantaj briliantoj. Jam en la jaro 1663 la siatempe glora instruitulo, Robert Boyl, montris, ke ekzistas diamantoj, kiuj havas la kapablon lumi en mallumo. Nun, kiel certigas la ĵurnalo "Nature", dediĉita al sciencoj naturaj, la ĥemiisto Kunz konfirmas la supozojn de Boyl. Kunz elmetis diamantojn por la daŭro de pli aŭ malpli granda tempo al la efikado de la radioj de la suno, post kio la briliantoj lumis en mallumo kun pli aŭ malpli granda forto. Tiun ĉi saman aperon la dirita ĥemiisto konstatis, kiam li la esploratajn diamantojn frotadis sur ligno, drapo aŭ metalo. La cirkonstanco, ke la kapablon lumi la diamantoj ricevas per frotado sur metaloj, pruvas, ke la lumo, kiun ili ricevas, ne havas naturon elektran. La eco de la diamantoj, montrita de Kunz, povas doni utilan pruvilon ĉe diferencigado de briliantoj veraj de malveraj.

La fino de la mondo. La penso pri fino de la mondo turmentis la homojn jam longe kaj trovis esprimon en granda serio da antaŭdiroj. Ne parolante jam pri la kredo je "millenium", t. e. ekzistado de la mondo nur en la daŭro de mil jaroj post Kristo (kredo fondita kvazaŭ sur kelkaj esprimoj de la Biblio), ni trovas en la mezaj centjaroj tre oftajn antaŭdirojn de tiu ĉi speco. Bernardo el Turingujo en la jaro 960 antaŭdiris proksiman finon de la mondo, li eĉ difinis la tempon, nome, kiam la festo de Anunciacio falos sur la Grandan Vendredon. Tia fakto havis lokon en la jaro 992, sed tiu ĉi jaro pasis, kaj la mondo ne esprimis eĉ la plej malgrandan intencon perei. En la daŭro de la X-a centjaro ĉiuj reĝaj decidoj komenciĝadis per la vortoj: "Ĉar la fino de la mondo estas jam proksima . . ." En la jaro 1186 la astrologoj ektimigis la popolojn per antaŭdiro, ke baldaŭ fariĝos kuniĝo de ĉiuj planedoj. En la komenco de la XIV-a centjaro la alĥemiisto Villeneuve anoncis, ke en la jaro 1335 venos la Antikristo. La glora hispana predikisto, Vincento Ferrier, certigis, ke la mondo ekzistos nur tiom da jaroj, kiom da versoj sin trovas en la Psalmoj, t. e. ĉirkaŭ 2537 jaroj. La fino de la mondo estis decidita por la jaro 1832, pri tio ĉi restis eĉ signo en la kanteto de Beranger: "Finissons-en, le monde est assez vieŭ". La antaŭdiro por la jaro 1840 faris grandegan impreson. La finiĝo de la monda vivo devis havi lokon la 6-an de Januaro. Miloj da homoj finis la aferojn terajn kaj atendis rezignacie la morton. Ni tamen scias, ke ankaŭ tiu ĉi antaŭdiro montriĝis ne tiel danĝera. Ni preterlasas multajn aliajn astrologiajn kaj kabalajn antaŭdirojn kaj transiras al pririgardo de la teorioj, sur kiuj liaj antaŭdiroj estis fondataj. La glora naturisto Buffon elkalkulis, ke la tero iom post iom malvarmiĝas, sed la homaro povos vivi sur ĝi ankoraŭ 93 291 jarojn, ĝis la ŝelo de la tero tiel forte malvarmiĝos, ke ĉia vivo sur ĝi malaperos. Sed de la tempo, kiam oni elmontris, ke la interna varmo de la tero ne havas influon sur ĝian supraĵon kaj ke la vivo sur ĝi dependas sole de la suno, tiu ĉi hipotezo havas jam signifon nur historian. Alia teorio, kreita ankoraŭ en tempoj antikvaj, diras, ke la internaĵo de la tero konsistas el fajra fandita maso kaj, se la vulkanoj, tiuj ĉi klapoj de sendanĝereco de la tera globo, ŝtopiĝos, la tero krevos, kaj ĝiaj partetoj malaperos en la universo. Per tia maniero ni devus perei ne de malvarmo, sed de fajro. Ekzistas ankoraŭ unu teorio, laŭ kiu la mondo mortos malrapide kaj trankvile, en sekvo de ebeniĝo de la tera supraĵo. La ventoj kaj pluvoj deportados la suprojn de la montoj en la valojn, kaj la tero per la riveroj kaj riveretoj estos iom post iom forportita en la maron. La neebenaĵoj de la tera supraĵo glatiĝos, la maro ĉiam pli superverŝos la bordojn, kaj kiam ĝi kovros la tutan supraĵon de la tero, la tuta vivo ĉesiĝos. Laŭ la teorio de Adhemar la fino de la mondo povas esti kaŭzita de superakvego, elvokata de ŝanĝo de la centro de pezo de la tero kaj per tio ĉi ankaŭ de transnaĝo de la glacio kaj akvo de la suda poluso al la norda. Tia fakto havis lokon antaŭ 2020 jaroj kaj denove venos post 6307 jaroj. Ekzistas aliaj instruituloj, kiuj diras, ke ni povas perei en la okazo, se ia el la kometoj kunpuŝiĝos kun la tero. En tiu ĉi okazo ne la ekbato estus terura, sed la ĥemia kuniĝo de la densigita vosto de la kometo kun la oksigeno de nia atmosfero. Tiam sur milionojn da mejloj en la spacego eksplodus belega bengala fajro, kaj en tiu ĉi grandioza iluminacio estingiĝus en unu momento la tuta tera vivo. Fine en la sekvanta formo la glora franca astronomo Kamilo Flammarion, pentras al ni la lastajn tagojn de la tero: La suno estas stelo, kiu ne restas sen ŝanĝoj. Jam nun sur ĝia supraĵo montras sin multaj makuloj; ili senĉese pligrandiĝas, kaj la suno malvarmiĝas. Fortrenante kun si la teron kaj planedojn tra la frostaj dezertoj de la universo, ĝi perdas sian varmon kaj lumon, kaj venos tempo, kiam ĝia malvarmiĝinta supraĵo ne radios pli lumon nek varmon, kiuj donas vivon al la naturo. Sed la homaro ne alvivos ĝis tiu tempo kaj ne rigardos la lastajn radiojn de la estingiĝanta suno. En sekvo de malgrandiĝo de la varmo de la suno ĉiam pli vastiĝados la regionoj glaciaj; la maroj kaj la teroj de tiuj ĉi regionoj ne povos reteni vivon, kiu malrapide iom post iom koncentriĝos en la regionoj subekvatoraj, kie la lastaj infanoj de la tero kondukos la lastan batalon kun la morto. Fine la tero, senforta, sekiĝinta kaj dezerta, prezentos unu grandegan tombejon. La suno fariĝos ruĝa, poste nigra, kaj nia tuta planeda sistemo transformiĝos en kolekton da nigraj masoj, turnantaj sin ĉirkaŭ tia sama nigra globego. Tia estas la hipotezo de Flammarion.

El Ĥinujo. Trairante tra la plej ĉefaj stratoj de Pekino, oni povas ofte en la loko de kruciĝo de du stratoj trovi grandegan kovrilon, kiu sin etendas tra la tuta larĝo de la strato, sur du altaj kolonoj. Tiaj kovriloj estas metataj antaŭ detruitaj sanktejoj aŭ en la lokoj de ia katastrofo, sed ordinare oni ilin metas, kiam la regnestro devas traveturi. En tiaj okazoj kurieroj anoncas al la popolo pri la proksimiĝo de la monarĥo kaj la urbanoj rapide sin kaŝas en la domoj kaj kaŝitaj anguloj. La ĥina regnestro estas la sola persono en Ĥinujo, kiu ne scias, kiel elrigardas ĥinoj, ĉar liaj korteganoj ne estas reprezentantoj de tiu ĉi popolo. Oni diras, ke ankaŭ la plej altaj provincestroj nenion scias pri la loĝantoj kaj rilatoj de la regionoj konfiditaj al ili.--Neniu el la ĥinoj savas iam dronanton. Ĉar en Ĥinujo oni kredas, ke la malbona spirito de dronanto vagas super la supraĵo de la akvo, atendante novan oferon, kaj ke tio ĉi estas la sola momento, kiam la demono havas nenian servon. Tial neniu volas savi dronantan homon, el timo, ke la kolerigita diablo venĝos por la forŝirita de li certa akiro.

Jubileo de tabako. La kvarcenta jubileo de la eltrovo de Ameriko prezentas ankaŭ tian saman jubileon de la eltrovo de la tabako. Kristoforo Kolumbo en siaj memoraĵoj lasis detalan sciigon, en kia maniero la homoj konatiĝis kun tiu ĉi kreskaĵo. La glora maristo alvenis kun sia ŝiparo al la bordoj de Kubo. La hindoj, ekvidinte de malproksime blankajn homojn, forkuris. Tiam Kolumbo sendis post ili du ŝipanojn, kiuj, veninte en la hindan vilaĝon, ekvidis multajn hindojn, kiuj tenis en la buŝo iajn torditajn kaj ekbruligitajn foliojn, kies fumon ili elspiradis. En tia maniero estas eltrovita la tabako, kiu de tiu tempo ricevis multajn amikojn kaj kontraŭulojn. Ankoraŭ Las Casas predikis kontraŭ la moro de fumado, kiun oni heredis de la kolonianoj, sed la tuta elokventeco de la glora misiisto restis senfrukta. La unua en Eŭropo kontraŭulo de fumado de tabako, Jakobo I, sin esprimis: "La pasio fumi tabakon estas abomena kaj danĝera tiel por la kapo, kiel ankaŭ por la pulmoj." En Hispanujo la granda inkvizitoro Bartolomeo en la jaro 1659 malpermesis al la pastroj fumi tabakon en la daŭro de unu horo antaŭ la Diservo kaj du horoj post la Diservo, kaj sub minaco de ekskomuniko kaj de la plej severaj punoj malpermesis al ĉiuj flari tabakon en la daŭro de la Diservo. La papoj Urbano VIII kaj Innocento IV eldonis bullojn malpermesantajn la fumadon, kaj en tiuj ĉi bulloj la buŝo de persono fumanta estis komparata kun forno de diablo. La Sorbono, invitita doni sian opinion, ne donis respondon decidan, kaj la jezuitoj permesis fumi kaj flari tabakon tiom, kiom ĝi servas al la digestado kaj al la sano. Ludoviko XIV estis granda malamiko de tabako kaj malpermesis uzi ĝin ĉe la kortego. La sultano Murado IV punadis la fumantojn per morto. En Persujo oni la fumantojn batadis sur stangon. Tamen ĉiuj tiuj ĉi malpermesoj neniom helpis kaj la pasio fumi tabakon disvolviĝis ĉiam pli multe. Richelieu, kiu pasie amis flari tabakon, la unua metis sur tabakon depagon en la alteco de 2 frankoj por ĉiuj 100 funtoj. En tia maniero la tabako de la jaro 1674 fariĝis fonto de enspezoj por la regno kaj alportis al la regna kaso milionojn.

Kio estas vegetarismo? La vegetarismo, t. e. vivado per la produktaĵoj de la regno kreskaĵa kun escepto de ĉiuj manĝoj, akirataj per difektado aŭ detruado de besta vivo, ricevas en la lasta tempo ĉiam pli da partianoj. En Londono sin trovas jam ĉirkaŭ 40 restoracioj, en kiuj oni donas nur manĝon kreskaĵan kaj kie ĉiutage ĉirkaŭ 30 000 personoj akceptas malkaran kaj fortigan tagmanĝon. En Berlino en Januaro de 1893 jam ankaŭ ekzistis ĉirkaŭ 20 restoracioj, kaj en ĉiuj pli grandaj urboj de Anglujo, Ameriko kaj Germanujo ekzistas por personoj solestarantaj la okazo vivi vegetare, ne parolante pri la multegaj, distritaj en la tuta mondo familioj, kiuj elstrekis la viandon el sia tabelo de manĝoj. Granda nombro da societoj kaj gazetoj penas konatigi kun la afero de sensanga nutriĝado pli grandajn rondojn da homoj, kaj tiuj ĉi penoj estas forte subtenataj de la ĉiam pli vastiĝanta senmedikamenta kuracado de malsanoj aŭ la sistemoj naturkuracaj de diversaj direktoj, kiuj preskaŭ ĉiuj faris el la forĵeto de manĝado de viando la unuan kondiĉon ĉe siaj malsanuloj. Estus tial utile esplori pli proksime la motivojn de la vegetarismo. Ni vidas, ke ĉe ĉiu viva estaĵo, de la plej malgranda fungo ĝis la plej disvolvita besto laktosuĉanta, la partoj de la korpo, kiuj estas difinitaj por la nutro, estas tute precize aranĝitaj por la prilaborado de la respondaj manĝoj: la dentoj, stomako, intestaro de la viandomanĝanta leono estas esence malegalaj je la samaj organoj de la kreskaĵomanĝanta elefanto, de la ĉiomanĝanta urso aŭ de la insektomanĝantaj birdoj. Ne povas esti alie ankaŭ kun la homo, kiu laŭ la aranĝo de sia korpo havas la plej grandan similecon je la fruktomanĝanta simio kaj sekve jam laŭ sia deveno devus ankaŭ esti fruktomanĝanto. Ni vidas tamen, ke la nuntempa kultura homo kontraŭe preskaŭ nur en esceptaj okazoj vivas de fruktoj kaj ordinare uzas manĝon miksitan, konsistantan el viando kaj kreskaĵoj, kaj tamen povas vivi kaj ĝis certa grado esti sana. Sed tio ĉi montras nur, ke la naturo zorgis pri tio, ke ne tuj pereu ĉiu ekzistaĵo, kiu vivas ne precize laŭ ĝiaj reguloj. Sed difekto longe ne povas forresti, kaj la ĉiam pli grandiĝanta malsanemeco kaj korpa degenerado de nia gento, kiu parte certe dependas ankaŭ de aliaj malĝustaj kondiĉoj de vivo, montras kun timiga klareco, ke la miksita manĝo tamen ne povas esti la ĝusta. Kio do estas pli proksima, ol la reiro al la maniero de vivado, dezirita de la naturo, t. e. al la vegetarismo? Preskaŭ ĉiuj buĉataj bestoj estas malsanaj, la grasigado estas fondita sur agado malsaniga (manko de sango kaj grasa degenero), la viando sekve estas preskaŭ ĉiam malsana kaj malbonigita; krom tio komenciĝas ĝia putrado, kiam la vivo forlasis la korpon. La homo kultura sekve en efektivo nutras sin per mortintaĵo. Dume la manĝaĵo de la vegetarano estas ankoraŭ plena de vivo. Se oni fruktojn kaj grenon elmetas al respondaj influoj, tiam nova vivo naskiĝas el ili. Kaj al ni ŝajnas, ke por la konservado de nia vivo, la plej bone taŭgas nur tia manĝo, en kiu ne mortis ankoraŭ la ĝermo de vivo. Nur tiam, kiam fruktoj kaj greno fariĝas putraj, ili trovas sin en tia stato, en kia la viando sin trovas jam tuj post la buĉo! Ĉu estas tial miro, ke la gazetoj konstante alportas sciigojn pri veneniĝo de viando, kiu sekvigas aŭ malfacilajn malsanojn, aŭ la morton?! Kontraŭe, ĉe manĝo kreskaĵa tiu ĉi danĝero estas preskaŭ absolute esceptita, kaj se nur la ceteraj kondiĉoj de la vivo estas iom konformaj al la naturo, la vegetarano ĝuas pli bonan sanon, ne estas tiel forte elmetita al malsanoj aŭ elportas tiujn ĉi multe pli bone, ol la viandomanĝanto. Nemezurebla estus la rekompenco, se manĝo kreskaĵa okupus la lokon de viando. Nun la vilaĝano estas sklavo de sia bruto. La dekono de la nun bezonata tero estus sufiĉa por la nutrado de lia familio, se li plantus sur ĝi fruktojn kaj legomojn. Al tio ĉi lia laborado estus pli pura, pli facila kaj pli interesa, ol ĉe la malnova mastrumado bruta kaj kampa, kie la plejmulto da laboro devas esti uzata por produktado de manĝo por la bruto. Kun plantado de fruktoj ankaŭ la homo klera volonte sin okupados, ĉar ĝi postulas lian tutan spriton, lasas lin ĉiam pensi pri la estonteco kaj per la originaleco de la laboroj ligas la printempon kun la aŭtuno, la someron kun la vintro kaj en tia maniero faras el lia agado ĉiam laboron sub espero. Tutan homan vivon, eĉ centjarojn daŭras la fruktoj de laborado de fruktoplantisto kaj ofte nur la infanoj atingas plenan ĝuon de la plantoj, kiujn iliaj patroj faris. Nenie la nun tiel ofta, nur por la momento kalkulita kaj sekve nemorala raba prilaborado havas pli malmulte lokon, ol ĉe plantado de fruktoj. Tial la fruktoplantado devas influi noblige sur tiujn, kiuj sin okupas je ĝi. Pli grandaj ankoraŭ estas la moralaj rezultatoj de la forĵetado de manĝo vianda, kiu estas ja la unua kondiĉo por la disvolviĝo de la plantado de fruktoj kaj legomoj, dank' al la per tio ĉi forte pligrandigita bezono de nutraĵo kreskaĵa. La akirado de viando estas neebla sen barbareco; ĝi povas esti farata nur per mortigado de vivaj, sentantaj ekzistaĵoj, kiuj estis kreitaj por vivo, ne por morto. En ĉiu senpartia, sentanta homo vivas abomeno al detruado de vivo, kaj nur la kutimo povas silentigi la internan voĉon, kiu krias al ni: "ne mortigu!" Multaj tabloj restus sen viando, se la mastrino de la domo devus mem mortigi barbare la beston. En neklara konscio de la nemoraleco de la buŝado oni ja sen tio forpelis jam en malproksimigitajn buĉejojn la scenojn de mortigado de bestoj, kiuj ne estas eblaj sen fluoj de sango, sen kompatinda kriado kaj agonio de la mortantaj bestoj, sen sangitaj vestoj kaj manoj de la buĉistoj. Riveroj da sango, kriado de mortantaj, odoro de putrado-- kia kontrasto al la korĝojiga vido kaj bonodoro de ŝarĝita fruktarbo aŭ de pure aranĝitaj magazenoj de fruktoj! La ankoraŭ ne malbonigita instinkto de la infanoj ne dubas, kion ĝi devas elekti--sangan ĉifonon de mortinta besta korpo aŭ ridantan pomon, bongustan vinberon. Per la ĉeso de grasigado kaj buĉado tiel delikatiĝo de moroj estus necesa sekvo de la vastiĝo de la vegetarismo. Ke la bestoj nin manĝos, se ni ilin ne manĝus (la ordinara rediro de la nevegetaranoj), ni ne devas timi; oni ja nur ekmemoru la grandan penon, kiun la brutedukisto havas kun la edukado de buĉaj bestoj. Baldaŭ ekzistus nenia bruto, se neniu plu zorgus pri tio ĉi. Kaj la laborado de la bestoj ja sen tio ĉiam pli kaj pli estas anstataŭata per forto de maŝinoj, kaj anstataŭ la buĉado la homoj baldaŭ fordonus sin al la pli sana profesio de ĝardenisto, kiam ili vidus, ke tio ĉi donas pli grandan profiton. Ke la homo tre bone povas ekzisti kaj esti tre forta de manĝo kreskaĵa, eĉ se ĝi estas kunmetita tre unuforme, tion ĉi pruvas la milionoj da vilaĝanoj, kiuj nur malofte ricevas sur sian tablon peceton da viando kaj el kies mezo ja ĉiam nova freŝa sango venas en la malsanemajn, sangomankajn familiojn de la urbo. La vilaĝanoj sekve senkonscie estas praktikaj vegetaranoj. Sed kiel riĉe oni povas kunmeti sian tabelon de manĝoj, oni vidas el la sekvanta tabelo de kreskaĵaj nutraĵoj, kiuj per riĉeco de sia enhavo ne lasas ion por deziri: 1) Fruktoj: kun kernoj, kun ostetoj, kun ŝeloj, nuksoj, beroj, sudaj fruktoj; fruktaĵoj, kiel ekzemple fruktoj sekigitaj, fruktaj gelatenoj, marmeladoj, konfitaĵoj, fruktaj sukoj; oleo de olivoj, de nuksoj, de migdaloj, butero de kokosoj. 2) Grenoj: tritiko, sekalo, hordeo, aveno, rizo, maizo, poligono, spelto, milio k. t. p. en iliaj prilaboraĵoj en formo de faruno, grio, makaronoj, vermiĉeloj, pano, bakaĵo kaj farunaĵo de diversaj specoj. 3). Fruktoj ŝeletaj: faboj, pizoj, lentoj, kiel ankaŭ la faruno el ili. 4). Legomoj: radikaj, foliaj, trunketaj, floraj kaj fruktaj; fungoj, salatoj kaj supaj herboj. Fine oni devas ankoraŭ montri, ke la kuirejo de vegetaranino estas esence pli simpla, ol la kuirejo vianda. En ĉiuj tempoj memstaraj pensantoj levadis sian voĉon kontraŭ la mortigado de bestoj por la celoj de nia nutrado; eĉ tutaj popoloj, kiel ekzemple la pli altaj kastoj de la hindoj-buddistoj, uzas pro motivoj religiaj nur manĝon kreskaĵan. Ke por la sindefendo la mortigo de al ni malutila besto estas permesata, eĉ ŝuldo, tion ankaŭ la vegetarano ne neas; en tiaj okazoj estaĵo pli malalta devas cedi al estaĵo pli alte organizita. Ni devus tro multe paroli, se ni volus priskribi pli detale la ĉiuflankan efikadon de la vegetarismo. Ni devas nin kontentigi je la supre donitaj mallongaj rimarkoj kaj sendi la dezirantojn al la tre riĉa literaturo, kiu aperis rilate tiun ĉi objekton. Kiu deziras ekkoni la objekton pli proksime, tiu povas venigi per ia librejo la katalogon de Max Breitkreuz en Berlino, de Theod. Grieben (L. Fernau) en Lejpcigo, do Hartung et Sohn en Rudolstatt, aŭ li turnu sin al ia el la kluboj vegetaranaj, kiuj ekzistas en ĉiuj pli grandaj urboj.

La lingvo de Ĥinujo. En Eŭropo oni ordinare pensas, ke en la tuta Ĥinujo oni parolas nur unu lingvon--la ĥinan. Estas vero, ke la loĝantoj de Pekino, kiel ankaŭ la loĝantoj de Kantono, Ŝanĥajo, Futŝano aŭ Amojo parolas ĥine, sed de la dua flanko estas ankaŭ vero, ke la plej granda parto de la loĝantoj de unu el la diritaj urboj povus kompreni la loĝanton de alia urbo ne pli bone, ol ekzemple la Berlinano la Londonanon aŭ la Parizano la Holandanon. La naturo de la diversaj dialektoj de Ĥinujo havas nenion komunan kun la "patois" aŭ la simpla "dialekto de la ordinara vivo": ili estas parolataj de la plej altaj statoj, kiel ankaŭ de la simpla popolo, de la instruituloj, kiel ankaŭ de la malklera amaso, de la oficisto, kiel ankaŭ de la "kuli". La dialekto estas aparta lingvo, unu el la multaj kaj tre malsamaj inter si lingvoj, kiujn oni trovas en Ĥinujo. Estas vero, ke ili estas parencaj inter si kaj trovas sin inter si reciproke en tia sama rilato, kiel ekzemple la araba al la hebrea, sira kaj aliaj semitaj lingvoj, aŭ kiel la germana al la angla, holanda, dana, sveda k. t. p. Tiujn ĉi multegajn "dialektojn" oni povus laŭ la "Orient-Azia Blojdo" dividi en la sekvantajn ok ĉefajn klasojn: la Kantona, Hakka, Amoja, Svatana, Ŝanĥaja, Ningpoa, Hajnana kaj Mandarina. El tiuj ĉi lingvoj la lasta estas la plej juna; tio ĉi renversas la tre vastigitan opinion, ke la Mandarina dialekto estas la lingvo de Ĥinujo kaj ke la ceteraj lingvoj estas nur dialektoj. La Kantona lingvo pli ol la Mandarina estas simila al la antikva lingvo de Ĥinujo, kiu estis parolata antaŭ ĉirkaŭ 3000 jaroj. La plej multe vastigita lingvo estas la Mandarina, kiu en tia aŭ alia formo estas parolata en dek kvar aŭ dek kvin el la dek naŭ provincoj, en kiujn Ĥinujo estas dividita. Malgraŭ la diversaj dialektoj oni povas per la lingvo Mandarina kompreniĝi sin ĉie, kie tiu ĉi lingvo estas parolata. Se oni kalkulos, ke la loĝantaro de Ĥinujo estas 360 000 000, oni povas diri, ke ĉirkaŭ 300 000 000 el ili parolas la lingvon Mandarinan. Ĉiuj mandarinoj devas koni tiun ĉi lingvon, kaj ĉiuj, kiuj ĝin ankoraŭ ne parolas, devas ĝin lerni. La aliaj lingvoj de Ĥinujo estas parolataj de pli malgranda nombro da homoj, tamen en ĉia okazo tiu ĉi nombro estas ankoraŭ sufiĉe granda. Tiel ekzemple ĉirkaŭ 20 milionoj parolas la lingvon Kantonan en tiu aŭ alia formo. La enkonduko de unuforma lingvo en Ĥinujo anstataŭ la multegaj tiel nomataj dialektoj estas, almenaŭ por la plej proksima tempo, ankoraŭ nur revo. Antaŭ ĉirkaŭ 200 jaroj la imperiestro Kang-Hi ordonis aranĝi por tiu ĉi celo en diversaj partoj de la regno lernejojn, tamen la plano donis nenian rezultaton. Ke Ĥinujo en la estonteco havos ian unuforman lingvon, estas tamen tre kredeble, kaj la lingvo Mandarina kredeble fine fariĝos la regna kaj nacia lingvo de la tuta Ĉiela Imperio.

Kiel elrigardas la norda poluso? La Amerika astronomo Jonson, supozante, ke la ekspedicio de Nansen havos sukceson, priskribas la aperojn, kiujn vidos la esplorantoj sur la norda poluso. Tiel, ekzemple, la taga lumo daŭros sen interrompo de la 21 de Marto ĝis la 22 de Septembro, la tuta resta parto de la jaro konsistos el malluma nokto, simila al niaj aŭtunaj noktoj. La steloj estos vidataj, sed Nansen ne vidos ilian leviĝon nek malleviĝon. Ĉirkaŭe regos silento premanta. Poste en tiu ĉi maro glacia komenciĝos ventegoj kaj huraganoj. Inter senlima mallumo oni aŭdos la bruadon de ventegoj, ĝemojn, plorojn, kvazaŭ en la mondon enŝiriĝis ĉiuj fortoj de la infero, kaj al ĉio tio ĉi la nokto mallumega, nigra, senfina... Sur la malfortan ŝipon premas de ĉiuj flankoj montoj da glacio, sube estas maro kaj nenio pli. La ventegoj bruas kaj fajfas, la ŝipo krakas terure. Poste Nansen ekvidos naskiĝantan lumon, flaman brilon de matena ĉielruĝo, anoncanta la venon de la suno. La ĉielo kovriĝos per ora koloro kaj en la daŭro de tri monatoj iom post iom leviĝados la suno, kaj en la daŭro de la tri sekvantaj monatoj ĝi malleviĝados. Sed en la tuta daŭro de tiuj ĉi ses monatoj estos konstante lume. Poste denove fariĝos mallumo kaj nokto.

Rimedo kontraŭ ondegoj. En unu el la lastaj kunsidoj de la franca societo de savado de dronantoj estis montrita nova aparato, kiu kvietigas la ondegojn kaj konsistas el reto, plektita el facila sed fortika materialo. Tiu ĉi reto efikas kiel oleo, kiu, kiel oni scias, havas la kapablon kvietigi la forton de la ondoj. La provoj, kiujn oni faris kun tiu ĉi reto sub Quiberon, sur la spaco de 800 kvadrataj metroj, donis rezultaĵojn tiel bonajn, ke la franca ministro de maro difinis specialan komision, por esplori la efikadon de la reto sur la ondojn de maro.

El la historio de la grafologio. Jam longe oni antaŭvidis la eblon diveni la karakteron de la persono el la karaktero de ĝia skribado. En la jaro 1602 la itala instruitulo Bilbo publikigis verkon: "Pri la rimedo ekkoni la morojn kaj la ecojn de skribanto laŭ lia skribado". Lavater okupadis sin je tiu ĉi sama objekto, sed nur en la komenco de tiu ĉi centjaro (1806) la franco Johanno Hipolito Michon alkondukis tiun ĉi arton, aŭ kiel aliaj diras, "sciencon" al sufiĉa grado da perfekteco, donis al ĝi certan formon kaj metodon. Nun ekzistas en Parizo Societo Grafologia (strato de Bonaparte N-ro 62); en la nombro de ĝiaj honoraj prezidantoj sin trovas: Aleksandro

Dumas (filo) kaj Mgr. Barbier de Montant; sub la redakcio de Varinard la societo eldonas monatan gazeton "La Graphologie", kiu inter aliaj donas "portretojn grafologiajn".

Antaŭ nelonge la Luksemburga juĝistaro oficiale konfesis la ekzistadon de la grafologio, turnante sin al la redaktoro de la dirita gazeto en unu juĝa afero, en kiu ordinaraj kaligrafoj ne povis helpi. S-ro Varinard solvis bone la problemon. De tiu tempo la juĝo Luksemburga fariĝis eterna abonanto de la "Graphologie". Krom tiu ĉi servo publika, la redakcio faras multajn servojn privatajn, divenante ekzemple al enamitoj pri la karaktero de iliaj idealoj, al bankieroj pri iliaj kontoranoj k. t. p.

Higieno de longevivado. D-ro Javal dissendis antaŭ nelonge serion da demandoj al multaj centjaraj maljunuloj, dezirante el iliaj respondoj kunmeti regulojn, kion oni devas fari, por longe vivi. Ĉirkaŭ 50 personoj sendis al li respondojn. Ilia esenco estas la sekvanta: Manĝado simpla kaj sufiĉa; precipe kreskaĵa; la plejparto de la centjaruloj tute ne uzadis alkoholon, kelkaj trinkis vinon. Ĉe la manĝado esti varme vestita; tabakon ne fumi. Estas strange, ke preskaŭ ĉiuj ili amas frandaĵojn, ekzemple sukeron. Fine ĉiuj senescepte sciigis, ke ili tra la tuta vivo kiel eble plej pene evitadis ekscitiĝojn.

El Kalifornio. Kiel oni scias, Kalifornio apartenas al la lokoj tre riĉaj kiel per mineraloj, tiel ankaŭ per produktaĵoj de la regno kreskaĵa. La kreskaĵoj tie ofte distingas sin per tiaj grandegaj mezuroj, ke ni, eŭropanoj, tute ne povus ĝin kredi. Tuj ĉe la eniro en la montojn, en la loko Kalaveraso, sur la alteco de 1400 metroj super la nivelo de la maro, troviĝas angulo de arbaro, en kiu kolektiĝis tuta familio da grandeguloj el la speco de la tiel nomataj "mamontaj arboj". Grizaj, maljunaj, ornamitaj per nudaj branĉoj nur sur la pintoj, ili staras jam ne la unuan miljaron kaj estas ĉirkaŭkreskitaj de densa musko. Flamaj floroj nestiĝas en la fendoj de iliaj radikoj kaj sur la sulkita ŝelo. La freŝa muska supraĵo de la tero estas tre mola sub ili. Iliaj folietoj estas tre malgrandaj, kaj ilia korpo--la ligno--estas malmola, de ruĝeta koloro, sed tre rapide nigriĝas de la tempo. La plej granda el la Kalaverasa familio de tiuj ĉi arboj, sub la nomo "Maljuna arbo", jam pli ne ekzistas. Kiam ĝi ankoraŭ vivis, ĝi havis la alton de 90 metroj kaj ĉirkaŭ 10 metrojn en la diametro. Antaŭ 40 aŭ 60 jaroj la eŭropaj enmigrintoj-kolonianoj ekvolis faligi tiun ĉi arbon. Ĉu ĝi malhepis al la konstruo de kolonio aŭ al trameto de vojo, ĉu oni simple bezonis tiun arbegon por iaj laboroj, ekzemple por fari el ĝi trabojn aŭ tabulojn,--fakto estas, ke la kolonianoj komencis ĝin elhaki. Trasegi aŭ trahaki grandegulon, kiu havas 10 metrojn en la diametro, estas afero ne facila. Kian grandegan multegon da ekbatoj devis fari la malgrandaj hakiloj de la laborantoj ĝis la atingo de la internaĵo! Ili submordetus ĝin tiel same, kiel mordetas la arbaraj skaraboj niajn betulojn, alnojn kaj pinojn. Sed la laboro de la kolonianoj iris pli rapide. Per grandegaj boriloj ili traboris la arbon en multaj lokoj, hakadis en la daŭro de ses semajnoj kaj fine ĝin faligis. La arbo falis, kaj sur la supraĵo de la freŝa ŝtipo, kiun oni purigis kaj glatigis, estis konstruita--areno por dancoj! La aĝon de la arbo oni difinis per la nombro de la tavoloj sur la ŝtipo, kaj oni trovis, ke la arbo havis la aĝon de 3000 jaroj! En la daŭro de tri semajnoj oni deŝiradis de la subhakita grandegulo la ŝelon; la ŝelo havis la dikecon de 2/3 da metro kaj estis sendita al la ekspozicio en San Francisko. Ni montros ankoraŭ unu ekzemplon de arbara grandegulo. Tio ĉi estas la tiel nomata "Ĉevala arbo", kiu mem falis kaj kuŝas jam kelkajn centjarojn. Ĝia grandega trunko havas inter la radikoj, kiuj estas elturnitaj eksteren, ĉirkaŭ 40 metrojn en la diametro, kaj en la malplena internaĵo, en la spaco de 30 metroj, rajdanto sur ĉevalo povas tute libere traveturi la tutan arbon trae! Kia nevidebla forto, kia ventego aŭ tertremo povis elŝiri el la tero tian grandegulon, kies aĝo dank' al la putreco kaj neklareco de la tavoloj ne povas esti difinita eĉ proksimume! Pri aliaj arboj de tiu loko ni diros nur kelkajn vortojn. Grandeguloj en tiu loko ekzistas multaj ankoraŭ nun, kaj oni nomas ilin ĉiun per propra nomo. Inter ili estas: "Tri fratinoj", ĉiu po 90 metroj de alto; "Geedzoj", malmulte pli malgrandaj ol la "Fratinoj". Ekzistas tuta "familio", konsistanta el 26 arboj-kolosoj; la plej maljuna el ili--la patro--havis la alton de ĉirkaŭ 150 metroj; subputrinte kaj falinte, ĝi rompiĝis sur unu el siaj najbaroj en du partojn, kaj la pli malgranda el ili, havanta la longon de 90 metroj, kuŝas sur la tero en nia tempo. [N. Kuŝnir.]

Nova nutra kreskaĵo. Sur unu el la insuloj de Japanujo oni okaze eltrovis novan nutran kreskaĵon, al kiu oni donis la nomon "Polygonum Saghalae" de la nomo de la insulo Sagalo, sur kiu oni ĝin eltrovis. Ĝi distingiĝas per kreskado tiel rapida, ke en la daŭro de tri ĝis kvar monatoj ĝi atingas la altecon de 2 metroj kaj kovriĝas per grandegaj folioj, kiuj prezentas bonegan manĝon por la bruto. Unu arbetaĵo de tiu ĉi kreskaĵo ombras la spacon de tri kvadrataj metroj, kaj la tuta maso da folioj de unu arbetaĵo pezas 30 kilogramojn. La trunko kaj ĉiuj aliaj partoj de la kreskaĵo enhavas en si multe da amelo kaj aliaj nutraj ŝtofoj. Tiu ĉi kreskaĵo, kiel montris la unuaj provoj, ne postulas penan edukadon. Antaŭ nelonge kelkaj arbetaĵoj estas elsenditaj Francujon, kie oni intencas fari provojn de ĝia plantado en granda mezuro.

Konservado de vivaj fiŝoj. Oni scias, ke kelkaj specoj da fiŝoj enfosas sin por la vintro en ŝlimon kaj restas en ĝi en la stato de plena rigidiĝo. La ĥinoj turnis atenton sur tiun ĉi fakton kaj, apogante sin sur ĝin, elpensis spritan rimedon por konservado de vivaj fiŝoj. La kaptitan fiŝon ili tuj ĉirkaŭkovras per malseka argilo kaj kaŝas ĝin en glaciejo. Post kelkaj, eĉ post dek monatoj la tiel konservita fiŝo, enlasita en akvon, reviviĝas. En tia maniero la pli riĉaj ĥinoj konservas en siaj glaciejoj grandajn provizojn da vivaj fiŝoj. Tamen ne ĉiujn specojn da fiŝoj oni povas konservi en tia maniero.

Kolonio komunista de Aŭstraliaj elmigrantoj estas nun fondata en Paragvajo. Multaj personoj kune kun siaj familioj forlasis sian landon kaj formigris en la novan patrujon. La Belga konsulo en Buenos-Ayres sendis al sia registaro la sekvantajn sciigojn pri tiu ĉi kolonio: La registaro de Paragvajo fordonis al la kolonianoj por ĉiam spacon da tero, kiu okupas 40 mejlojn kvadratajn kaj kuŝas sur la norda bordo de la rivero Tebikuara, en la interspaco de 6 mejloj de la fervojo Villa Rica. Ĝis la jaro 1894 devas loĝiĝi tie 400 familioj en la nombro de 2000 personoj. La profitoj, kiuj estos atingataj per komuna laborado, devas ĉiujare esti dividataj inter ĉiuj plenaĝaj personoj, tiel viroj, kiel ankaŭ virinoj. La kolonio estos regata de direktoro kaj de aldonitaj al li konsilanoj. Ĉiuj plenaĝaj loĝantoj de ambaŭ seksoj havas la rajton de voĉdonado. La lernejoj kaj malsanejoj estos tenataj je la kalkulo de la komunumo. Ĉiuj religioj havas egalajn rajtojn, kaj ĉiu familio povas havi religion, kiun ĝi volas. La societo posedas sufiĉajn rimedojn, por atendi 1 ½ jarojn la unuan rikolton de la kampoj. La spaco da tero, donita de la Paragvaja registaro estas tre fruktoporta, sed arbara kaj postulanta multe da prepara laborado.

La deveno de la kiso. La konata itala instruitulo Lombroso publikigis en la "Nouvelle Revue" artikolon pri la deveno de la kiso. Laŭ lia opinio ĉiuj popoloj sovaĝaj kaj eĉ duone-civilizitaj, enkalkulinte ankaŭ la Japanojn, ne vidas en la kiso simbolon de amo. Tiel same ankaŭ la Novo-Zelandanoj, Somalisoj, Eskimosoj k. t. p. Inter kelkaj popoloj oni ne diras: "kisu min", sed "flaru min". Lombroso diras, ke la kiso naskiĝis iom post iom kaj havas sian komencon en la akto patrina, t. e. en la nutrado de la brustaj infanoj de ilia patrino. Ĝis nun kelkaj virinoj-patrinoj en tia maniero dorlotas siajn infanojn. Tiu ĉi moro estas precipe disvastigita inter la loĝantoj de la insuloj Fidĝi. Ili ne havas vazojn por trinki, kaj la homoj trankviligas tie sian soifon rekte el la rivereto, per helpo de tubeto, kaj la infanoj tie mortus de soifo, se la patrinoj ne trinkigadus ilin per enverŝado al ili akvon en la buŝon el sia propra buŝo. En la poemoj de Homero kaj Heziodo ne estas dirita eĉ unu vorto pri la buŝo nek pri la kiso en senco de seksa amo, tie estas parolate pri ili nur kiel pri kareso patrina. Tiel ekzemple Hektoro en la sceno kun Andromaĥo tute ne kisas sian edzinon, sed nur karesas ŝin per la mano. Nenio ankaŭ estas dirita pri kiso en la rakontoj pri Venero kaj Marso, pri Uliso kaj Kalipso, Uliso kaj Circeo, Pariso kaj Heleno aŭ Hero en la XIV kanto de Iliado. Ne ekzistas tie eĉ unu epiteto, kiu karakterizus la buŝon de Heleno, Andromaĥo, Brizeido, Kalipso aŭ Circeo. En la antikvaj Hindaj poemoj Lombroso ne trovis eĉ postesignon de kiso erotika. Ĉio tio ĉi montras, ke en tiuj tempoj ĝi ne ekzistis, sed naskiĝis nur en la tempo de pli granda disvolviĝo de la civilizacio.

Memvola vivisekcio. Du Amerikaj kuracistoj antaŭ nelonge publikigis en la gazeto "New-York Herald" originalan anoncon, en kiu ili proponas 5000 dolarojn da rekompenco al la persono, kiu konsentus, ke oni faru al ĝi operacion, konsistantan en farado de truo en la stomako kaj fermado ĝin poste per vitro, por farado de esploroj super la funkciado de la stomako. Al tiu ĉi propono alsendis sian konsenton 142 homoj, precipe laboristoj. La "feliĉa elektito" fariĝis unu atleto, kiu ne havis sukceson en la cirkoj.

Sekigado de marĉoj. Malgraŭ la grandegaj spacoj da ankoraŭ ne okupita prilaborebla tero, la Amerikanoj jam frutempe pensas pri akirado de novaj pecoj da tero. En la ŝtato Georgio oni komencis la sekigadon de grandegaj marĉoj, kiuj ĝis nun estis nur la loko de loĝado de aligatoroj kaj aliaj akvaj bestoj. Unu ĉefa kanalo kaj multo da kanaloj paralelaj flankaj liberigos de sub la akvo spacon da 250 000 hektaroj da tero. Ekster tio ĉi funkciados, kiel ordinare en Ameriko, maŝinoj vaporaj, pumpantaj la akvon en la kvanto de 135 000 litroj en minuto. Sub la tavolo da ŝlimo kaj sur la nemultaj insuletoj de la marĉo oni jam trovis sendubajn postesignojn de ekzistado de la antikvaj loĝantoj de Ameriko en tiu ĉi loko. La arĥeologoj promesas al si riĉan rikolton, kiam la inĝenieroj finos la laborojn senakvigajn.

Nova diamanto. La gloro de la Kohi-Noor, Regento, Orlovo kaj aliaj eksterordinare belaj kaj grandaj diamantoj devas nun paliĝi antaŭ la diamanto-grandegulo, kiun oni antaŭ nelonge trovis en la suda Afriko, en la libera regno Oranĝo, en la loko Jagersfontein. La 30-an de Junio de la jaro 1893 unu kafro, interparolante kun la observanto de laboro, rimarkis, ke proksime io lumas sur la tero. Li kovris la lumantan objekton per la piedo, kaj kiam la observanto foriris li elfosis grandegan ŝtonon, havantan la alton de ĉirkaŭ 8 centimetroj kaj la larĝon de ĉirkaŭ 5 centimetroj. Ĝia pezo estas 971 karatoj. Ĝia prezo superas ĉion, kion oni ĝis nun pagadis por diamantoj. La kafro poste mem fordonis ĝin al la entreprenanto; li ricevis por ĝi 150 funtojn da sterlingoj, ĉevalon kaj selon kaj revenis hejmen forte feliĉa. Estas interese, ke ia societo farmis la tiean fosejon kun la rajto aĉetadi laŭ pezo en karatoj ĉiajn ŝtonojn, suprajn, malsuprajn kaj indiferentajn; la kontrakto finiĝis la 30-an de Junio de tiu ĉi jaro, kaj tiu grandega diamanto estis preskaŭ la lasta ŝtono, kiun oni trovis en tiu ĉi tago. Al la posedantoj oni proponis jam por ĝi 1 500 000 frankojn, sed kelkaj pensas, ke la prezo atingos la sumon de 15 000 000. La ŝtono havas koloron blanka-bluan kaj estas preskaŭ tute pura. Sur ĝi troviĝas malgranda nigra makuleto, pri kiu oni pensas, ke ĝi malaperos post la facetado. Nun la ŝtono sin trovas en Londono.

Timo. En unu el la Amerikaj bestejoj oni faris antaŭ nelonge provojn, por konvinkiĝi, en kia grado estas vera la proverba timo de leonoj, tigroj, elefantoj kaj aliaj grandaj bestoj antaŭ simpla muso. Antaŭe oni enlasis muson en la kaĝon, en kiu sin trovis du grandegaj leonoj; tiuj ĉi forsaltis kun timego, terure kriante kaj penante eliĝi el la kaĝo. Iom post iom ili trankviliĝis tiom, ke ili ĉirkaŭflaris la gaston kaj poste jam turnis sur lin nenian atenton. Tiel same tenis sin granda reĝa tigro. Elefanto tremis de teruro kaj maltrankvile movadis la rostron; sed lia dresita kolego kun plej malvarma sango dispremis la gaston per la piedego. Hienoj kaj lupoj, rigardante la aferon pli praktike, sufokis tuj la ratojn kaj musojn, kiujn oni enlasis al ili en la kaĝon.

Viroj kaj virinoj. Profesoro Bucher el Lejpcigo elkalkulis la rilatan nombron de la viroj kaj virinoj en Eŭropo. Montriĝas, ke, esceptinte Grekujon, Italujon kaj la regnojn Danubajn, inter la 300 milionoj da loĝantaro en Eŭropo sin trovas 4 1/2 milionoj pli da virinoj, ol da viroj. La plinombreco de la virinoj estas la plej forte disvolvita en la aĝo, kiu estas la plej responda por edziĝo, nome en la aĝo de 20 ĝis 30 jaroj; la plej rimarkebla ĝi estas en la urboj, precipe en tiuj urboj, kie staras tre malgrandaj garnizonoj, ekzemple en Svisujo aŭ Skandinavujo. En Portugalujo kontraŭ 1 000 viroj estas 1 091 virinoj, en Norvegujo 1 090, en Polujo 1 076, en Anglujo 1 060. Berlino havas kontraŭ ĉiuj 1 000 viroj 1 080 virinojn, Dresdeno 1 113, Frankfurto sur Majno 1 123. La kaŭzo de tiu ĉi plinombreco estas la pli granda mortado de knaboj en la aĝoj suĉula kaj infana.

Internacia universitato por memlernuloj. En la Amerika ŝtato Nov-Jorko, sur la bordo de la lago Chautauque, troviĝas la universitato por memlernuloj, konata en Ameriko sub la nomo C. L. S. C. (Chautauque Literary and Scientific Circle). Tiu ĉi universitato estis fondita en la jaro 1867 de la Amerikano D-ro Vincent. La unua penso de la organizatoro estis: doni la eblon al pli maljunaj homoj plenigi la mankojn, devenantajn de nepreciza lerneja edukado aŭ de tro frua ĉesiĝo de tiu ĉi edukado, sed en tia maniero, ke la lernado ne alportu malhelpon al la ĉiutagaj devoj kaj okupoj de la lernantaj homoj. La por tiu ĉi celo fondita rondo estas ĝis nun la ĉefa akso de la societo C. L. S. C. Organizata memlernado ŝajne estas ideo ne nova, sed nova estas la sistemo de d-ro Vincent de popularigado de sciencoj inter personoj pli maljunaj kaj loĝantaj malproksime de centro de civilizacio. En Bostono ekzistas jam rilate de longe societo sub la nomo "Study at Home Society", kiu por du dolaroj jare alsendadas al la interesatoj instrukciojn kaj bonegajn konsilojn tuŝante la metodon de memedukado per legado; ŝajnus, ke tia societo respondas tute al sia celo; sed "Study at Home Society" havis en la jaro 1886 nur 2 000 membrojn, dum C. L. S. C. posedis ilin 60 000!

D-ro Vincent mem estis devigita de diversaj malfeliĉaj cirkonstancoj forlasi en la aĝo de 20 jaroj la kolegion kaj fariĝi Metodista predikisto; tial, sciante, per kia malfacila maniero oni akiras en pli malfrua aĝo la necesajn sciaĵojn, li el la tuta koro bedaŭris tiujn, kiuj iras sur tiu vojo; la penson helpi al ili li portadis en si tra 25 jaroj, kaj nur en la jaro 1867, trovinte en la persono de L. Miller efikan kunlaboranton, li sian penson transformis en fakton. La pretan materialon la organizatoroj trovis en la societo "Teachers Retreat", kiu ĝis nun ekzistas en Chautauque. La membroj de la dirita societo, instruistoj de dimanĉaj lernejoj de Metodistoj, kunvenas en Chautauque en somero por trisemajna kunestado, por priparoli siajn demandojn kaj trovi novajn rimedojn, por riĉigi siajn sciojn. Uzinte tiun ĉi materialon, d-ro Vincent kaj Miller kreis la universitaton en la plej simpla formo, intencante perfektigadi ĝin laŭ alvenontaj bezonoj kaj demandoj. La sukceso estis tre granda. La nova plano de universitato estis publikigita en la jaro 1878, kaj tuj aliĝis al la societo 700 personoj. La kredo je luma estonteco estis granda kaj la entuziasmo eksterordinara: kiam la membroj revenis el Chautauque hejmen kaj rakontis al la amikoj kaj konatoj pri la nova entrepreno, ŝutiĝis tuj petoj pri akcepto en la societon de plej diversaj flankoj de la lando. Tiel en la fino de la jaro 1878 la societo posedis jam 8 000 membrojn, en 1885 la nombro de la membroj estis 35 000, kaj kun ĉiu jaro la nombro de la membroj rapide kreskas. La membroj estas disĵetitaj en urboj, urbetoj kaj vilaĝoj de la Unuigitaj Ŝtatoj, Kanadujo, Meksikujo, Anglujo, Svisujo, Italujo, Hindujo kaj aliaj landoj.

Por fariĝi membro de C. L. S. C. estas nur necese sciigi pri sia deziro per letero la sekretarion de la societo, kun aldono de 50 centimoj en signoj de poŝto; tiu ĉi malgranda sumo, alportita de la membro unu fojon por jaro, servas jam por elspezoj de korespondado, sendado de programoj, tabeloj da demandoj k. t. p. La sekretario, ricevinte la leteron de kandidato, sendas al li presitan tabelon da demandoj, petante efektive veran respondon. La demandoj estas sekvantaj: 1) kia estas via nomo; 2) adreso; 3) ĉu vi estas fraŭlo, fraŭlino aŭ edzigita; 4) via aĝo; 5) se vi estas edzigita, kiom da vivantaj infanoj vi havas; 6) je kio vi vin okupas; 7) kia estas via religio; 8) ĉu vi estas decidita oferi 4 jarojn, por trairi la kurson de lernado; 9) ĉu vi promesas oferadi 4 horojn ĉiusemajne por legado de rekomendotaj al vi libroj; 10) ĉu vi povas aldoni al tiuj ĉi 4 horoj ankoraŭ iom da tempo, kaj kiom nome? Profesoroj, esplorinte la respondojn de la interesato, sendas al li katalogon de libroj, kiujn li devas legi en la daŭro de unu jaro. La nombro kaj enhavo de la libroj estas tia, ke oni povas ilin tralegi en unu jaro, uzinte por tio ĉi ĉirkaŭ 40 minutojn ĉiutage. Por la rekomendataj libroj ne ekzistas ia gradigado, tiel ke studanto de la unua kaj kvara jaroj legas ofte tiujn samajn verkojn. Ekzemple por la jaro 1884/5 la universitato rekomendis la sekvantajn kelkajn verkojn: "Historio de Grekujo" de Burns; "Arto de elokventeco" de Toundsend; "Historio de la reformacio" de Heret; "Ciro kaj Aleksandro de Macedonujo" de Abbot; "La karaktero de Jezo" de Beschnel; "Ĥemio" de prof. Apilton; "Facilaj lecionoj de biologio de la bestoj" de Uyeyt; "Esploroj pri la kulinara scienco kaj arto", "Priskribo de la antikva greka vivo", "Mitologio greka" kaj diversajn aliajn librojn kaj gazetajn artikolojn. Ŝajne tia sistemo ne havas sencon, ĉar al persono, kiu komencas legi, ne sole estas malfacile bone konatiĝi kun la legita objekto, sed li devas ankoraŭ antaŭ ĉio lerni legi la pli gravajn verkojn. Sed tiun ĉi sistemon oni klarigas per tio, ke ekster la komuna kurso la plimulto da membroj, pasinte la unuan aŭ duan jaron, ordinare jam ricevas deziron studi ian specialan branĉon de scienco. Tre multaj membroj studas samtempe la specialan kurson de seminario por instruistoj. Al ĉiu membro la sekretario de la universitato sendas ĉiujare krom la katalogo de komuna kurso ankaŭ la katalogojn de specialaj verkoj, senpagan gazeton "Alma mater" kaj multon da diversaj gravaj kaj interesaj katalogoj, broŝuroj kaj dokumentoj. La libroj, kiuj konsistigas la instruan materialon, kostas por jaro ĉirkaŭ 7 dolarojn (en librejoj 15 dolarojn). La malkarecon de la libroj d-ro Vincent atingas per la sekvanta rimedo: li turnas sin al libreja firmo kun la demando, ĉu ĝi ne donus rabaton, se ĝi por tio ĉi ricevos la garantion, ke ĝi disvendos la donitajn librojn en la nombro de 20-30 miloj da ekzempleroj; kompreneble la firmo konsentas, ĉar ĝia profito estas tiam tre granda; eĉ ne-membroj, sciiĝinte, kiujn verkojn la universitato rekomendis, aĉetas ilin en granda nombro. Por la specialaj verkoj la membroj devas ankaŭ elspezi 6-8 dolarojn ĉiujare, sed tiujn ĉi ili ricevas ankaŭ por rabatita kosto. La plimulto da membroj, loĝantaj profunde en la provinco, estas devigitaj aĉetadi ĉiujn verkojn kaj lerni mem, dum aliaj, loĝantaj en urboj, pruntas la necesajn librojn el bibliotekoj, aŭ unu de alia, kaj ofte ili kreas specialajn klubojn, kie ili kunvenas, por priparoladi kaj klarigadi la legitan objekton. Membroj, kiuj distingas sin per scienco aŭ specialeco, ekzemple inĝenieroj, instruistoj, kuracistoj, pastroj k. c. donas senpage la respondajn klarigojn kaj konsilojn al la membroj, kiuj lernas ilian specialecon.

En la fino de lerna jaro ĉiu membro ricevas longan tabelon da demandoj, kiujn li devas respondi, se li deziras posedi ateston de C. L. S. C. La demandoj, malgraŭ la ŝajna komplikiteco, ne prezentas tamen ian malfacilecon, se la studanto efektive atente legis la donitan verkon. Bonaj 85 por 100 respondoj sufiĉas, por elteni la ekzamenon kaj ricevi ateston. Tia ekzameno ne estas ekzameno en la propra senco; al la membroj eĉ estas permesite la pli malfacilajn respondojn ĉerpi el libroj; sed ili devas esti esprimitaj per propraj pensoj kaj vortoj de la studanto. La societo opinias: nia celo estas posedi la eble plej grandan nombron da membroj, sed ne doni kaŭzon por malpliiĝado de ili; severaj do ekzamenoj timigas nur tiujn membrojn, kiuj pleje nian helpon bezonas; cetere regulaj ekzamenoj estas eĉ neeblaj pro tiu kaŭzo, ke multaj membroj troviĝas malproksime kaj alveni ne povas. Tamen ekzistas en Chautauque tiel nomata "somera popola universitato". Tiu ĉi nomo ne estas preciza, ĉar la lerna jaro limas sin per 10 monatoj kaj la somera kunveno sur la bordo de la lago Chautauque servas sole kaj propre por spirita ripozo, ferioj, plu por finado de la lerna jaro kaj por disdono de diplomoj al tiuj membroj, kiuj trovas eblon alveni en Chautauque. Tiel la nombro de ĉiuj finintaj la kurson ne prezentas sin tie en plena kompleto. Ekzemple en la jaro 1885 finis la kurson 1 600 personoj, tamen alvenis en Chautauque nur 600. Sed la nombro de la personoj flankaj, kiuj en 1885 vizitis en somero Chautauque'on estis 75 000!

La lago Chautauque, havanta longon de 20 anglaj mejloj, kuŝas sur la alteco de 1 400 futoj super la nivelo de la Atlanta Oceano, en malproksimeco de 9 mejloj de la lago Erie, kaj estas ĉirkaŭita de arbaroj, montoj, kun pura, freŝa aero. En la jaro 1878, kiam d-ro Vincent fondis la someran universitaton, Chautauque okupis 150 akrojn da bela tero, sed trovis sin en tre praa stato. La alvenintaj membroj devis loĝi en transportaj tendoj. Post 4 jaroj Chautauque posedis jam hotelon por 500 personoj kaj multegon da domoj. En la daŭro de la supre diritaj du someraj monatoj en Chautauque estas granda movado. Per vaporŝipoj kaj fervojoj alvenas senĉese novaj homoj el plej diversaj punktoj de la Unuigitaj Ŝtatoj kaj Kanado. Krom la membroj alveturas multego da gastoj. La vizito en Chautauque apartenas jam al la bona tono. Tiel en la jaro 1880 estis tie Garfield, la universitaton vizitis ankaŭ generalo Grandt, kaj laŭ lia ekzemplo sekvis generalo Lohan en 1885, tiam ankoraŭ kandidato por vic-prezidanto.

Por akiri prozelitojn, la societo faras, kion ĝi povas, ligante utilaĵon kun diversaj agrablaĵoj. En la daŭro de la tutaj 2 monatoj, kelkajn fojojn en tago, oni povas tie aŭdi diversajn publikajn parolojn kaj lecionojn. Ĉiu povas havi voĉon; en la intertempo inter la paroloj oni produktas artajn fajrojn, iluminaĵojn. Artistoj ludas koncertojn, oni donas spektaklojn, oni entreprenas procesiojn, promenadojn sur la lago per en vespero lumigitaj ŝipetoj, k. t. p. Precipe la publikaj paroloj havas altirantan forton. La societo por tio ĉi invitas parolantojn kun nacia aŭ internacia gloro; la plejmulto de tiuj ĉi talentaj publikaj paroloj havas por objekto Eŭropon, Azion kaj Afrikon. En la jaro 1885 inter aliaj objektoj la sekvantaj personoj parolis pri la sekvantaj objektoj: Syman Abbot parolis pri la homa naturo; d-ro S. J. M. Eaton--pri la planoj de konstruo de la piramidoj de Egiptujo; A. M. Fairbaern, prezidanto de la Airedale College en Anglujo--pri la historio de la filozofio, pri John Locke, pri H. Spencer, pri J. Bright, pri Comte kaj la pozitivistoj; d-ro Finch--pri la uzado de brando; Julius N. Seelye, prezidanto de la Amherst College--pri la potenco de la ideo, k. t. p. En la jaro 1886 grandan rolon tie ĉi ludis la oriento, pri kiu parolis: Babn Keshub Chandra, Ram Chandra Bose kaj Sau Ah Brah.

La specialajn sciencojn kaj artojn oni povas studi en la daŭro de la 4-jara komuna kurso aŭ poste. Tamen en la jaro 1884 la societo organizis la unuan specialan fakultaton, konsistantan el profesoroj, kiuj guvernas per korespondado; la profesoroj plenumas siajn devojn en la loko de ilia loĝado, kaj unu fojon en jaro ili alveturas en lokon difinitan por ekzamenoj; la studantoj do ĉerpas klarigojn kaj sciencan helpon ĉe specialistoj, kiuj troviĝas tie, kie la studantoj loĝas. La sekvanta eltiro el la cirkulero de la profesoroj klarigos la celon de tiu ĉi universitato: "Oni kreas universitaton, por doni la eblon atingi pli altan kaj praktikan edukiĝon al tiaj junaj homoj de ambaŭ seksoj, kiuj ne povas forlasi la domon, por vizitadi kolegion, kiuj estis devigitaj forlasi universitaton, aŭ kiuj deziras plenigi siajn sciencajn mankojn. La progresoj en la lernado kaj la grado de la akiritaj scioj estos metitaj al severa esploro per skriba ekzameno ĉe alesto de senpartiaj kaj konformaj atestantoj."

En la jaro 1886 la universitato posedis jam 9 specialajn fakultatojn: akademion de la greka kaj latina lingvoj, kolegion de novaj lingvoj, fakultaton de matematiko, de historio, de literaturo, kurson de mikroskopio, kurson teologian, kurson de retoriko kaj de ĥemio. En la jaro 1887 oni malfermis: fakultaton de fiziko kaj natur-historio, fakultaton de filozofio kaj logiko, instituton de orientaj lingvoj, lernejon de industriaj sciencoj, kiu enhavas en si telegrafiadon, konstruadon kaj diversajn fabrikadojn, lernejon de komerco kaj de praktikaj aferoj (Business and practical affairs), lernejon de agronomio, de belaj artoj, de aferoj ekleziaj, muzikan kolegion, instituton de inĝenieroj de montolaboroj, pontoj kaj vojoj, antropologian fakultaton por anatomio, flziologio, higieno, psiĥologio kaj sociologio.

Persono, kiu deziras esti akceptita en la nombron de la studantoj, enportas krom 5 dolaroj de enskribiĝo ankoraŭ 10 dolarojn por la universitato kaj 3 dolarojn kiel aldono, se li deziras studi kune du specialajn sciencojn. Oni supozas, ke studanto povas lerni la kurson de latina kaj greka lingvoj, uzante en la daŭro de 4 jaroj po unu horo ĉiutage, sed ankoraŭ li povas unu horon oferi por studadi samtempe la matematikon. Ĉiuj temoj kaj ekzercoj estas korektataj de la profesoroj kaj resendataj al la studantoj.

Mi finis. Imagu al vi, kara leganto, ke la dirita universitato posedas tian ilon, kia estas la lingvo Esperanto... La komentarioj ne estas necesaj.

Jan JANOWSKI

* * * * *

EL LA POŜTO

La Bremena vaporŝipo "Lloyd" staras en la haveno de Nov-Jorko, preta al forveturo; jam la duan fojon estas donita la signalo per la sonorilo, kiu admonas ĉiujn personojn, kiuj ne veturas, forlasi la ŝipon. La kaldronoj de la ŝipo kun muĝo kaj bruo ellasas vaporon, la piloto estas sur la ŝipo, la amerika havena komisio ĵus per la transĵetita ponto forlasas la ŝipon, trovinte ĉiujn paperojn en ordo kaj doninte la permeson por elveturo el la haveno.

Jen supre sur la bordo de la haveno en la lasta minuto rapide alkuras ankoraŭ kelkaj kaleŝoj. Sakoj de diversa grandeco estas rapide ĵetataj malsupren kaj poste kun granda rapideco portataj sur la ŝipon kaj internen, kaj post kelkaj minutoj la ŝipo en plena veturado forkuras de la havena ponto kaj, lasante la grandegan monumenton de la libereco sur la insulo Bedloe dekstre, elveturas el la golfo de Nov-Jorko.

Tiu lasta pakaĵo, kiu venis ankoraŭ en la lasta minuto sur la ŝipon, estis la poŝto. La vaporŝipo portas sur la posta flanko la germanan standardon, nigra-blanka-ruĝan, sur la antaŭa masto la standardon de Bremeno, blanka-ruĝan, sur la meza masto la standardon de la Nord-Germana Lloyd, bluan ankron kaj bluan ŝlosilon kruciĝantajn sur blanka kampo, kaj sur la krucmasto la standardon de la germana poŝto, tute similan al la standardo de la milita ŝiparo, nur havantan en la maldekstra malsupra kampo flavan kornon de poŝto.

Se ni sekvos post la poŝta pakaĵo, kiu tra la malfermoj estis transportita en la malsupran parton de la ŝipo, ni venos en sufiĉe grandan salonon, kiu estas aranĝita tiel same elegante, kiel la unua kaj dua kajutoj de ĉiuj Lloyd'aj vaporŝipoj. Granda, per verda drapo kovrita tablo kun multaj fakoj super la skriba plataĵo, apud kiu oportune povas labori kvar homoj, prezentas la ĉefan meblon de tiu ĉi salono, almenaŭ la moveblan. Unu el la muroj laŭlongaj estas okupita de polurita masiva breto, kiu enhavas grandegajn fakojn, kies fundoj ĉiuj estas klinitaj malrekte al la muro. Kelkaj ŝranketoj por konservado de formularoj, stampiloj, kolorigaĵo, fadenoj, ŝnuretoj, sigelvakso k. t. p. plenigas la meblaron de tiu ĉi naĝanta poŝta oficejo. Ŝova pordo kondukas en grandegan ĉambron najbaran, kiu tuta estas plenigita de paketoj; tiuj ĉi lastaj estas tiel firme kunmetitaj kaj tiel lerte pakitaj unuj sur la aliaj, ke ili ĉe ĉiu movo de la ŝipo ne ruliĝas tien kaj reen, sed eĉ en granda ventego, kiam la ŝipo saltas kaj batas, ili ne tre multe disŝutiĝas; en alia okazo ne multaj el ili venus Eŭropon.

 Se ni eliros en la koridoron, ni venos en elegante aranĝitan ĉambron kun du litoj unu super la dua kaj alia meblaĵo, simila al tiu, kiun havas la vojaĝantoj de la dua klaso. La ĉambro estas difinita por la du poŝtaj oficistoj, la germana kaj amerika. Malpli eleganta, sed tre praktike meblita apudĉambro estas difinita por la du suboficistoj, la germana kaj amerika.

 De la komenco de la jaro 1891, post longaj kaj detalaj traktadoj inter Nord-Ameriko kaj Germanujo, oni fine decidis, ke ĉiu vaporŝipo devas esti akompanata de amerika kaj germana poŝta oficisto kaj po unu helpanto pro ĉiu el ili, por ke oni povu ankoraŭ en la daŭro de la septaga transveturo tiel prepari la poŝton, ke ĝi, veninte Bremenon aŭ Nov-Jorkon, povu tuj esti dissendata pluen, sen perdo de duontago aŭ de tuta tago por la specigado. Antaŭe la ŝipestro aŭ la unua oficiro akceptadis la poŝton; sub lia observo ĝi estis enportata de la amerikanoj, poste la ĉambroj estis ŝlosataj kaj la ŝipestro prenadis la ŝlosilon, kiun li transdonadis poste nur al la germana poŝta estraro en Bremeno aŭ en Nov-Jorko al la amerikaj poŝtaj oficistoj.

Per tiu ĉi plej nova poŝta progreso, la aranĝo de naĝantaj poŝtaj oficejoj kun germana kaj amerika oficisto, oni atingas en la dissendado de la poŝtaĵoj plifruigon de preskaŭ tuta tago. La oficistoj kaj suboficistoj, tiel la amerikaj kiel ankaŭ la germanaj, estas "borduloj", t. e. homoj, kiuj konas la marajn cirkonstancojn, faris marajn veturojn kaj estas sufiĉe harditaj kontraŭ la mara malsano. Tiu ĉi cirkonstanco estas tre grava, ĉar en aŭtuno kaj vintro la transveturo de la vaporŝipo estas ofte tiel malkvieta, ke kredeble la tuta poŝto restus nepreparita, se la poŝtaj oficistoj estus atakitaj de mara malsano.

La oficistoj ricevas tablon oficiran, kompreneble je la kostoj de Germanujo kaj de la Unuigitaj Ŝtatoj de Ameriko, kaj manĝas kune kun certa grupo da ŝipaj oficiroj. La suboficistoj en rilato de tenado kaj manĝado estas kalkulataj en tiu sama rango, kiel la maatoj, t. e. homoj starantaj en rango inter ŝipsoldatoj kaj ŝipoficiroj.

En la veturo al Germanujo, sekve en tiu, en kiu ni en spirito partoprenas, la amerika oficisto estas la kondukanto. La poŝto, kiu estas transveturigata, estas ja amerika propraĵo ĝis la momento, en kiu ĝi en Bremeno estas transdonata al la germana regna poŝto; kontraŭe, en la veturo al Nov-Jorko la germana oficisto estas la kondukanto kaj komandanto en la oficejo.

Ni rigardu iom pli proksime la poŝton, kiu estas transportata de Nov-Jorko al Bremeno. Ĝi enhavas antaŭ ĉio la tutan poŝton, kiu kolektiĝis en Nov-Jorko kaj en ĝia ĉirkaŭaĵo, kaj tio ĉi estas ne malgranda, ĉar inter Nov-Jorko kaj Germanujo estas komercaj komunikiĝoj, kiuj prezentas la spezon de centoj da milionoj markoj ĉiujare. Al tio ĉi venas la tuta poŝto de la okcidentaj Unuigitaj Ŝtatoj ĝis San-Francisko kaj plu ankoraŭ parto de la poŝto Azia kaj Aŭstralia, kiu tra la Granda Oceano venas per ŝipoj al San-Francisko, de tie ĉi iras en la daŭro de kelkaj tagoj per la fervojoj al Nov-Jorko kaj tie estas ŝarĝata sur la vaporŝipojn, por esti transveturigita tra la Atlantan Oceanon. Se oni konsideros, kiel granda estas la komerca komunikiĝo de Germanujo kun la Unuigitaj Ŝtatoj de Ameriko, kiom multaj centoj da miloj da elmigrantoj ĉiujare iras Amerikon, restante ja ĉiam en rilatoj kun sia patrujo, kun siaj parencoj, kiom multe da germanoj vivas en Ameriko, tiam oni facile komprenos, ke la poŝta komunikiĝo estas grandega kaj ke ĝi konstante kreskas.

Sed tiu ĉi poŝto alportas objektojn ne sole por Germanujo, sed ankaŭ transire por Polujo, Rusujo, Aŭstro-Hungarujo, Turkujo, Svedo-Norvegujo, eĉ por la norda Italujo. Precipe grandega nombro da gazetoj estas sendataj sub banderolo el Ameriko Eŭropon, ne alportante grandan ĝojon al la germanaj poŝtaj oficistoj, kiuj nomas tiujn ĉi gazetajn sendaĵojn "bastonoj". La amerikanoj ordinare ne faldas la gazetojn kvarangule, kiel la eŭropanoj, sed kunrulas ilin kaj poste ĉirkaŭigas ilin per papera strio kun la adreso. Tiuj ĉi rulitaj, rondaj, bastonformaj poŝtaĵoj estas pli facile pakeblaj, sed la adresoj estas legataj ĉe la specigado tre malfacile, kaj sperta oficisto specigas egalan nombron da "bastonoj", t. e. amerikaj rulitaj gazetoj, trioble pli malrapide, ol leterojn eĉ kun sufiĉe malklaraj adresoj.

Krom leteroj, banderoloj kaj ĵus nomitaj poŝtaj paketoj, oni devas ankoraŭ prilabori la leterojn rekomenditajn, t. e. enskribitajn, kaj leterojn ŝarĝitajn, t. e. enhavantajn monon kaj kostaĵojn. Ĉiuj pecoj kune, kiujn unu sola naĝanta poŝto transportas, prezentas la nombron de ĉirkaŭ 400 000 poŝtaĵoj de diversaj specoj; sed ofte tiu ĉi nombro altiĝas ĝis pli ol miliono da pecoj. La devo de la poŝtaj oficistoj, kiuj veturas kun la ŝipo, estas dividi la poŝtaĵojn laŭ la apartaj poŝtaj kursoj. La objektoj, kiuj estas difinitaj por la trairo transite, estas metataj en unu el la fakoj de la grandaj bretoj, kaj kiam la ŝipo estas en movo, tiam oni vidas, kial la fundo de la apartaj fakoj en la grandegaj bretoj iras tiel malrekte malsupren. Se la fundo estus plata, tiam ĉe ĉiu leviĝo de la ŝipo ĉiuj poŝtaĵoj elfalus, el la diversaj fakoj la objektoj denove miksiĝus inter si, kaj la tuta laboro estus vana.

Krom la transira komunikiĝo, kiu iras tra Berlino, se la afero ne tuŝas Holandon aŭ Svedo-Norvegujon, devas ja antaŭe jam esti pakitaj la kursoj, kiuj iras el Bremeno. Ĉefa diskruciĝejo por la norda, orienta kaj suda Germanujo estas Hannovero. La transoceana poŝto venas el Bremeno Hannoveron, kaj tie ĉi en la daŭro de kelkaj minutoj, dum la kruciĝo de la vagonaroj, la grandegaj sakoj kun la amerikaj poŝtaĵoj devas esti disdividitaj en la poŝtajn vagonojn de la fervojoj, por ke tuj poste, en la tempo de la plua veturado, oni povu specigi ilin laŭ la diversaj stacioj. La specigantaj oficistoj devas scii preskaŭ pri ĉiu loko en Germanujo, kie ĝi sin trovas kaj al kiu poŝta kurso ĝi apartenas. Sako post sako el la amerikaj poŝtaĵoj estas malfermata, la enhavo estas ŝutata en korbojn kaj nun dividata en la diversajn fakojn. Kiam unu fako estas tute aŭ duone plena, tiam oni pakas la leterojn, poŝtajn kartojn, poŝtajn asignojn, banderolojn k. t. p. en sakojn kun diversaj surskriboj, kaj la rekomenditajn kaj monajn sendaĵojn denove en aliajn sakojn, kiuj ankaŭ portas sur si la surskribojn de la respondaj poŝtaj kursoj.

Aparta ekzerciteco estas necesa, por legi la amerikajn adresojn. La amerikano ekzemple havas la kutimon meti tuj sub la nomo de la adresato la straton kaj numeron, dum ni ĝin skribas ordinare sub la nomo de la urbo. Al tio ĉi ĝuste la amerikaj leteroj, kiujn la elmigrintoj sendas hejmen, estas pleje skribitaj de homoj, kiuj ne bone posedas la plumon kaj nur malofte okupas sin per skribado de leteroj. Sur tia letero la diversaj partoj de la adreso kuras unu sur alian, duone germane, duone angle, kaj la amerika kolego, kiu estas kompetenta en tiaj aferoj, devas tiam helpi en la deĉifrado de la adresoj, tiel same kiel ankaŭ la enportadon de la rekomenditaj kaj monaj leteroj en la registrojn li faras kune kun la germana kolego.

Se la vetero estas bona kaj la preparado de la poŝto iras bone, tiam la poŝtaj oficistoj ofte havas ankaŭ tempon, por iri sur la ferdekon kaj ĝui la belegan maran aeron; sed ordinare restas al ili tempo nur por la manĝado, dormado kaj por la plej necesa ripozo vespere en la oficira salono aŭ en la fuma salono de la dua kajuto. Ili devas forte labori, se ili volas veni

203

al fino kun sia laboro. Kiam la oceano estas traveturita kaj oni alproksimiĝas al la kanalo, tiam parto de la poŝto devas esti tute preta, ĉar ja ankaŭ anglaj poŝtaĵoj por Southampton estas alportitaj el Ameriko.

En la lastaj horoj komenciĝas la fermado de la sakoj da leteroj. Ĉiuj amerikaj sakoj estas jam malplenigitaj, kaj la specigita enhavo migris en la sakojn germanajn. Ĉiu sako estas fermita per ŝnuro, kiun oni povas kuntiri. La finojn de tiu ĉi sufiĉe dika ŝnuro oni tratiras tra du truoj en la fundo de lada pladeto, kiu havas pli-malpli la grandecon de monero dumarka. Sur la fundo de tiu ĉi pladeto staras la surskribo "U. S. Mail", t. e. poŝto de la Unuigitaj Ŝtatoj. La finojn de la ŝnuro oni ligas, kaj en la kavon de la pladeto oni nun fandas sigelvakson, kiu tute kovras la ŝnuron, kaj poste oni premas sur ĝin la amerikan sigelon, kiu portas sur si la surskribon: "U. S. German Sea Post" (Mara poŝto de la Unuigitaj Ŝtatoj al Germanujo).

Nun la poŝtaĵoj estas kvankam jam specigitaj laŭ la germanaj kursoj, sed ili ĉiam ankoraŭ estas amerika propraĵo kaj la Unuigitaj Ŝtatoj de Ameriko estas respondaj por tiuj ĉi objektoj.

La fajra ŝipo en la Weser fariĝas videbla. La vaporŝipo alproksimiĝas al la hejma haveno. Jam prete pakitaj estas ĉiuj sakoj, ankaŭ la paketojn oni en la lastaj tagoj elprenis el la kestoj kaj specigis ilin laŭ la kursoj kaj lokoj de difino. La lumturo de Rothesand estas preterveturita, pli malrapide veturas la Lloyda vaporŝipo laŭ la Weser, ĝis ĝi venas al la granda alvetura ponto de Nordenham. Kun bruo la ankroj estas delasitaj, la estraro venas sur la ŝipon, kaj kun ili la reprezentantoj de la germana imperia poŝto, kiuj tuj iras en la ŝipan oficejon, kaj tie ĉi en la apudesto de la ambaŭ germanaj oficistoj, kiuj kunvenis de trans la oceano, ili transprenas de la amerikaj oficistoj la sendaĵon. La diversaj pozicioj en la formularoj estas komparataj, oni kvitancas, rapidaj manoj portas trans la havena ponto la poŝtajn sakojn el la ŝipo sur la bordon, kie jam staras la grandaj flavaj kaleŝoj por la akceptado de la sakoj kaj paketoj, kaj rapide oni veturas aŭ al la poŝta oficejo en Nordenham, aŭ al la stacidomo de la fervojo, kie en la vagonaron estas enaranĝitaj apartaj poŝtaj vagonoj, kiuj la tutan transmaran poŝton portas al Bremeno. Tie ĉi oni disapartigas la poŝtajn kursojn, kaj parton de la paketoj kaj sakoj oni lasas. Sed la plej granda parto iras senpere kun la kuriera vagonaro, kiu aliĝas en Bremeno, pluen al Hannovero, kie ĉe la alveno de la transmara poŝto denove disvolviĝas viva poŝta movado. El la Bremenaj poŝtaj vagonoj elflugas la sakoj kaj paketoj, ili estas ŝarĝataj en la poŝtajn vagonojn de la aliaj vagonaroj, kiuj staras sur la diversaj relaj vojoj, kaj post kelkaj minutoj elveturas preskaŭ laŭ ĉiuj direktoj la poŝtaj vagonaroj, kiuj disportas la transmaran poŝton por Germanujo kaj la alilando.

La Berlina poŝto sendas ĉiutage Hannoveron specigistojn, por ke ili la leterojn difinitajn por Berlino tuj specigu laŭ la poŝtaj oficejoj. En la tagoj, kiam venas la transmara poŝto--kaj tio ĉi nun havas lokon kelkajn fojojn en la semajno--tiuj ĉi specigistoj ricevas helpantojn, kaj dum la vagonaro kuras de Hannovero Berlinon, ili uzas sian tutan forton kaj sian mirindan sciadon de la Berlinaj stratoj kaj domoj, por tiel pretigi la poŝtaĵojn, ke ili en Berlino jam de la stacidomo povas esti disdividitaj per kaleŝetoj al la apartaj poŝtaj oficejoj, kie tuj post la alveno komenciĝas la disportado de la poŝtaĵoj. La poŝtaĵoj, kiujn oni ne havis tempon pretigi, kiel ankaŭ la poŝtaĵoj difinitaj por la eksterlando kaj por transita trairo, per la grandaj kaleŝoj de la stacidomo estas alportataj rekte al la Berlina ĉefa urba poŝtejo en la Reĝa Strato, tie ĉi ili estas specigataj kaj iras kun la plej proksimaj kurieraj vagonaroj pluen al la orienta kaj suda Germanujo.

En tia maniero estas eble, ke letero, kiu en Nov-Jorko estis donita sur la poŝton en la tago de forveturo de Lloyda vaporŝipo, la plej malfrue post ok tagoj trovas sin jam en la manoj de la adresato eĉ en la plej malproksima anguleto de Germanujo. Se oni al tio ĉi konsideros la malkaran poŝtan pagon de dudek pfenigoj, tiam oni efektive devas miregi pro la progresoj de la poŝtaj aferoj, precipe se oni ekmemoros, ke ankoraŭ antaŭ ĉirkaŭ sesdekjaroj letero el la suda Germanujo al la orienta Prusujo iris tiom same longe, kiel hodiaŭ letero el Nov-Jorko ĝis ĉia urbeto en Germanujo, ke tia letero tiam kostis ĉirkaŭ unu talero kaj ke ordinare nur unu fojon en semajno iris poŝto, kiu prenis kun si leterojn, tiel ke la respondo povis veni ne pli frue ol post dek kvar tagoj.

La komunikiĝoj inter la Unuigitaj Ŝtatoj de Nord-Ameriko kaj Eŭropo, precipe Germanujo, kreskas kun ĉiu tago, tiel ke jam nun fariĝas malfacile pretiĝi kun la poŝta komunikiĝo. Baldaŭ oni devos pensi enporti ankoraŭ plibonigojn, kaj kredeble la tutmonda ekspozicio en Ĉikago helpos al tio, ke novaj faciligoj kaj rapidigoj estos enkondukitaj por la transsendado de la poŝtaĵoj inter Ameriko kaj Eŭropo. [El "Das Buch fuer Alle".]

* * * * *

LA LOĜEJOJ DE LA TERMITOJ

La diversaj specoj de termitoj (ekzistas multaj specoj) konstruas nestojn de tre diversa formo. Kelkaj konstruas tureton el tero, de alteco iom pli ol 50 centimetroj, ĉirkaŭitan de elstaranta konusa tegmento, tiel ke la konstruo estas tre simila je fungo; interne sin trovas multego da ĉeloj de diversa formo kaj grandeco. Aliaj preferas staton pli altan kaj konstruas siajn nestojn, kiuj havas diversan grandecon, de la grandeco de ĉapelo ĝis la grandeco de barelo de sukero, kaj konsistas el kungluitaj pecetoj da ligno--en branĉoj de arboj, ofte en la alteco de 20-25 metroj. Sed senkompare la plej rimarkindaj loĝejoj estas tiuj, kiujn konstruas la "Termes fatalis", speco, vivanta en Gvineo kaj aliaj partoj de la Afrikaj bordoj de maro kaj pri kies nestoj skribas Smeathman en la 71 volumo de la "Phisos. Transactions". Tiuj ĉi nestoj estas farataj tute el tero, havas ordinare la altecon de 3-4 metroj kaj respondan larĝecon, tiel ke, se amaso da tiaj nestoj sin trovas kune, kio ofte havas lokon, oni povas ĝin preni por vilaĝo de la sovaĝuloj; kaj efektive tiuj ĉi nestoj ofte estas pli grandaj, ol la dometoj de la tieaj homoj. En la komenco ili konstruas du aŭ tri turetojn el tero, havantajn la altecon de preskaŭ 30 centimetroj kaj la formon de konuso da sukero. Tiuj ĉi prezentas la trabaron de la estonta konstruo, ili baldaŭ fariĝas pli multaj kaj pli altaj, poste oni ilin malsupre pli larĝigas, supre ligas en kupolon, ĉirkaŭe fortikigas per dika muro el tero, kaj tiel ili prezentas loĝejon de la grandeco kaj formo de amaso da fojno, je kiu ili en kelka malproksimeco estas tre similaj, kiam ili kovriĝas per herbo, kio baldaŭ fariĝas. Kiam la konstruo ricevis tiun ĉi lastan formon, tiam la internaj turetoj, esceptinte la suprojn, kiuj en diversaj lokoj elstaras kiel ĉambretoj, estas forigataj kaj la tero estas uzata por aliaj celoj. Nur la malsupra parto de la konstruo estas okupata de la loĝantoj. La supra parto aŭ la kupolo, kiu estas tre dika kaj fortika, restas malplena kaj servas precipe kiel defendo kontraŭ la ŝanĝoj de la vetero kaj kontraŭ la atakoj de naturaj kaj okazaj malamikoj, kiel ankaŭ por konservi al la malsupra parto la necesan varmecon kaj malsekecon por la disvolviĝo de la ovoj kaj por la flegado de la idoj. La parto loĝata enhavas la palacon reĝan aŭ la loĝejon de la reĝo kaj reĝino, la nutrejon por la idoj, la provizejon aŭ konservejon de la manĝaĵo kaj sennombrajn irojn, pasojn kaj malplenajn lokojn, aranĝitajn laŭ la sekvanta plano. En la mezo de la konstruo, rekte sub la supro kaj pli-malpli sur egala alteco kun la tero, sin trovas la reĝa ĉambro, arkaĵo de duone ovala formo aŭ simila je forno de bakado. Ĝi estas ne pli longa, ol du centimetroj, sed oni ĝin pligrandigas ĝis dekkvin centimetroj kaj pli multe, kiam la reĝino fariĝas pli dika. En tiu ĉi ĉambro loĝas la reĝo kaj la reĝino konstante, kaj pro la malvasteco de la eniroj, kiuj apenaŭ sufiĉas por tralasi la plej malgrandajn regatojn, le gereĝoj neniel povas eliri; tiel ili, simile je multaj niaj potenculoj, kare pagas por la reĝado per la perdo de la libereco. Tuj apud la ĉambro de la gereĝoj, ĉirkaŭe de ĉiuj flankoj en la spaco de tridek centimetroj aŭ pli multe, sin trovas la ĉambroj de la reĝa kortego, konfuzita labirinto da sennombraj ĉambroj de diversa formo kaj grandeco, el kiuj ĉiu sin malfermas en alian kaj estas aranĝita por oportuneco de la soldatoj kaj servantoj, de kiuj ĉiam kelkaj miloj atendas la ordonojn de sia reĝo kaj reĝino. Post la ĉambroj de la reĝa kortego iras nutrejoj kaj provizejoj; la unuaj ĉiam estas plenaj de ovoj kaj idoj, kaj en la komenco de la konstruado ili sin trovas tuj apud la reĝa ĉambro; sed kiam la kreskanta grandeco de la reĝino postulas pli grandan ĉambron kaj la apudaj ĉambroj por la pligrandigita nombro da servantoj postulas la forigon de la ovoj, tiam la malgrandaj ĉambroj de nutrado estas detruataj, kaj en kelka malproksimeco estas konstruataj aliaj, iom pli grandaj kaj ankaŭ en pli granda nombro. Per sia ŝtofo ili diferencas de ĉiuj aliaj ĉambroj: ili estas konstruitaj el pecetoj da ligno, kiuj estas gluitaj inter si kredeble per rezino. Amaso da tiuj densaj, neregulaj kaj malgrandaj lignaj ĉambretoj, el kiuj neniu atingas la largecon de du centimetroj, estas de sia flanko fermita en komuna tera ĉambro, kiu ofte estas pli granda, ol kapo de infano. La provizejoj sin trovas intermiksite kun la nutrejoj kaj prezentas ĉiam terajn ĉambrojn plenajn de provizoj. La provizoj konsistas el pecetoj da ligno kaj el densigitaj sukoj de kreskaĵoj. Tiuj ĉi provizejoj kaj nutrejoj estas apartigitaj unuj de la aliaj por malgrandaj malplenaj ĉambretoj kaj pasoj, kiuj komunikiĝas inter si aŭ iras ĉirkaŭe, apartigitaj unuj de la aliaj, havas de ĉiuj flankoj sian daŭraĵon en la ekstera muro de la konstruo kaj atingas tie ĝis du trionoj aŭ tri kvaronoj de la alteco. Tamen ili ne okupas la tutan malsupran parton de la monteto, sed trovas sin nur en la flankoj, kaj en la mezo sub la kupolo ili lasas liberan kampon, kiu estas tre simila je la mezospaco de malnova preĝejo; ĝia tegmento sin apogas sur tri aŭ kvar grandaj gotaj arkaĵoj, el kiuj tiu, kiu sin trovas en la mezo de la kampo, ofte havas la altecon de unu metro kaj la aliaj de ĉiu flanko estas ĉiam pli malataj, kiel serio da arkaĵoj en perspektivo. La ĉambroj, nutrejoj k. t. p. estas kovritaj de plata sentrua tegmento, por reteni la malsekecon en la okazo, se la kupolo estus difektita; kaj la libera kampo, kiu estas iom pli alta, ol la ĉambro de la reĝo, havas ankaŭ netraflueblan plankon kaj estas tiel aranĝita, ke la tutan pluvon, kiu povus enpenetri, ĝi forkondukas en la subterajn irojn. Tiuj ĉi iroj estas tre grandaj, kelkaj havas tridek centimetrojn en la diametro, tute cilindraj, kaj servas en komenco, simile al la katakumboj de Parizo, kiel la rompejoj, el kiuj estas prenataj la materialoj konstruaj, kaj poste ili servas kiel grandaj eliroj, tra kiuj la termitoj faras iliajn rabojn, kiujn ili entreprenas en kelka malproksimo de sia loĝejo. Ili iras en malrekta direkto sub la fundamento de la monteto en la profundecon de ĉirkaŭ unu metro, branĉiĝas poste en ĉiun flankon kaj tiras sin sub la supraĵo de la tero tre malproksime. Ĉe ilia eniro en la internaĵon ili komunikiĝas kun aliaj pli malgrandaj iroj, kiuj sin levas spirale en la interna parto de la ekstera kovro, iras ronde ĉirkaŭ la loĝejo ĝis la supro, ĉe kio ili tratranĉas unu la alian sur diversaj vojoj, kaj ĉiu en diversaj lokoj sin malfermas senpere en la kupolon kaj en la malsupran parton de la konstruo aŭ komunikiĝas kun ĉiu parto de tiu ĉi lasta per aliaj, pli malgrandaj, rondaj aŭ ovalaj iroj de diversaj diametroj. Ke la subteraj ĉefaj iroj devas esti tiel grandegaj, venas kredeble de tio, ke ili estas la grandaj traveturejoj, per kiuj la loĝantoj enkondukas sian teron, lignon, akvon aŭ provizojn, kaj ilia spirala aŭ ŝtupara leviĝo esta necesa por oportuna aliro de la termitoj, kiuj nur kun granda malfacileco povas sin levadi vertikale. Por eviti tiun ĉi malfacilecon en la internaj vertikalaj partoj de la konstruo, ili ofte faras vojeton de centimetro de larĝeco, kiu sin levas ŝtupare, kiel monta vojo, kaj per tio ĉi ili tre facile sin levas sur altaĵojn, kiujn ili sen tio ne povus atingi. La sprita penado mallongigi sian vojon elvokis, kiel ŝajnas, ankoraŭ pli eksterordinaran elpenson. Tio ĉi estas speco de ponto kun grandega arkaĵo, kiu iras de la planko de la kampo al la supraj ĉambroj en la flanko de la domo, respondas al la celoj de ŝtuparo kaj mallongigas la interspacon ĉe la forportado de la ovoj el la reĝaj ĉambroj al la supraj teraj ĉambroj, kiuj en kelkaj montetoj sin trovas unuj de la aliaj en malproksimeco de 1--1 1/2 metroj, kalkulante la vojon plej rektan, kaj ankoraŭ multe pli malproksime, se ni kalkulos per la kurbaj kaj turnitaj iroj, kiuj kondukas tra la internaj ĉambroj. Smeathman mezuris unu el tiaj pontoj; ĝi havis la larĝecon de unu centimetro, la dikecon de duono da centimetro, la longecon de dudek centimetroj, kaj prezentis la flankon de elipsa arko de responda grandeco, tiel ke oni devas miri, ke ĝi ne rompiĝis per sia propra pezo, antaŭ ol ĝi estis ligita kun la supre staranta kolono. Ĉe la fundamento ĝi estis fortigita per malgranda arko kaj havis laŭlonge de sia supra plataĵo sulkon, aŭ aranĝitan intence por pli granda sendanĝereco de la irantoj, aŭ per si mem elbatitan per la tro ofta irado. Rilate tiun ĉi ponton grandan miron meritas tiu cirkonstanco, ke la gotajn arkaĵojn kaj entute ĉiujn arkaĵojn de la diversaj iroj kaj ĉambroj la termitoj ne kavernigas, sed disŝiras. Por krei tiujn ĉi efektive gigantajn konstruojn, tiuj ĉi malgrandaj bestetoj devas uzi la plej nekredeblan diligentecon, la plej senĉesan laboradon kaj la plej senlacan lertecon. Ke tiaj malgrandaj insektoj, kiuj havas apenaŭ la longecon de duono da centimetro, povas en tri aŭ kvar jaroj pretigi konstruon de kvar metroj de alteco kaj de responda dikeco, ornamitan per multego da turetoj, kun miriadoj da ĉambroj de diversa grandeco kaj el diversaj materialoj, konstruitaj sub ĝiaj grandegaj arkaĵoj; ke ili en diversaj direktoj kaj diversa profundeco elfosas sennombrajn subterajn vojojn, el kiuj multaj havas dudek kvin centimetrojn en la diametro, aŭ disŝiras arkaĵon el ŝtono super aliaj vojoj, kiuj kondukas de la ĉefurbo en la malproksimecon de kelkaj centoj da metroj; ke ili aranĝas en la ĉirkaŭaĵo kaj en la internaĵo grandegajn ŝtuparojn aŭ pontojn, kaj fine, ke la milionoj, kiuj estas necesaj por tiaj herkulesaj laboroj kaj senĉese iras kaj reiras en diversaj direktoj, neniam malhelpas unu al la alia,--estas mirindaĵo de la naturo, aŭ pli ĝuste de la Kreinto de la naturo, kiu multe superas la plej glorajn kreitaĵojn kaj konstruojn de la homo; ĉar se tiuj ĉi bestetoj estus egale grandaj, kiel li, kaj konservus sian ordinaran instinkton kaj laboremecon, tiam iliaj konstruoj atingus la miregindan altecon de tuta kilometro, iliaj trakondukoj prezentus belegan cilindron kun diametro de cent metroj, per kio la piramidoj de Egiptujo kaj la akvokondukoj de Romo perdus sian tutan gloron kaj fariĝus nuloj. La plej alta piramido ne havas pli ol ducent metrojn, kio, se ni kalkulos, ke la homo havas la altecon de nur 1 1/2 metroj, prezentos nur 133 fojojn la altecon de la homo. Dume la nesto de la termitoj havas la altecon de almenaŭ kvar metroj kaj tiuj ĉi insektoj mem la altecon de ne pli ol duono da centimetro, la loĝejo sekve estas okcent fojojn pli alta, ol ĝiaj konstruantoj.

* * * * *

KORESPONDADO KOMERCA

(de L. de Beaufront)

Sinjoro M..., en Briancon.

Kun la rekomendo de honorinda negocisto de via regiono, mi permesas al mi adresi al vi mian prezaron ĝeneralan kaj samtempe kelkajn specimenojn de la vendobjektoj paperaj kaj kartonaj, kiujn mi havas ordinare en mia magazeno. Mi esperas, ke vi ŝatos la kvaliton tute rimarkindan de la komercaĵoj, kiujn mi proponas al vi, kaj ke la kondiĉoj profitaj, en kiuj mi povas liveri ilin al vi, decidigos vin doni al mi viajn mendojn. Vi povos ankaŭ vidi en mia katalogo, ke, krom la paperoj, mi ankaŭ makleras pri ĉiuj komercaĵoj de la urbo Roubaix, speciale pri la drapoj kaj teksaĵoj ĉiuspecaj. Miaj malnovaj kaj konstantaj interrilatoj kun ĉiuj firmoj ĉi-tieaj donas al mi la eblon trakti la negocojn de miaj mendantoj kun la tuta kompetento dezirinda kaj per tia maniero, ke ili estu plene kontentaj. Esperante, ke vi favoros min per viaj mendoj, mi petas, Sinjoro, ke vi akceptu mian sinceran saluton. R.

Sinjoro R..., en Roubaix.

Mi ricevis vian leteron de la 10-a de la kuranta monato kun viaj proponoj pri liveroj kaj la anonco pri viaj specimenoj, kiuj ankaŭ bone alvenis al mi. En aliaj cirkonstancoj fari uzon el tio estus malfacile por mi, ĉar mi ne havas motivon por forlasi miajn kutimajn liverantojn, kiuj kontentigas min. Tamen, ĉar la prezoj, kiujn vi prezentas al mi, estas iom pli malkaraj, mi mendas de vi, por provo, cent rismojn da papero konforma je specimeno n-ro 1, kaj tiom same da n-ro 2. Se viaj liveroj estos kontentigaj, kiel mi esperas, mi sendos al vi pli grandajn mendojn. Por la pago volu prezentigi kambion al mia kaso, post tridek tagoj, kun 2 0/0 da diskonto, konforme je viaj kondiĉoj. Koncerne vian proponon pri drapoj, mi bedaŭras, ke mi ne povas profiti ĝin, ĉar mi tute ne okupas min je tiuj komercaĵoj. Atendante vian raporton pri la ekspedo, mi prezentas al vi, Sinjoro, mian sinceran saluton. M.

Sinjoro H . . ., en Marseille.

Ni havas la honoron sciigi vin, ke ni ekspedas al vi hodiaŭ, malrapidire, keston enhavantan 60 botelojn da vinoj diversaj, konforme je la mendo, kiun vi donis al nia vojaĝisto, S-ro L. Vi trovos tie ĉi enfermitan la detalan fakturon. Volu akcepti ĝin kiel ĝustan kaj enskribi la sumon en nian krediton. Ĉiam sindonemaj por viaj mendoj, ni petas vin, k. t. p.

Sinjoro K . . ., en Parizo.

Ni sendas al vi tie ĉi aldonite la staton de via kalkulo fermita ĉe la fino de decembro. Ni petas, ke vi ekzamenu ĝin kaj diru al ni, ĉu ni konsentas.

Sinjoro B . . ., en Lille.

Mi rapidas respondi je via letero kaj doni al vi la petitan informon pri la firmo N. Ĝi ĝuas tie ĉi la plej bonan reputacion. Mi pensas, ke vi povas liveri al ĝi en plena trankvilo. Sen garantio nek respondeco, kiel kutime. Tre sincere via. . . .

KVITANCO

(Mi certigas per tio ĉi, ke) mi ricevis de Sinjoro R. la sumon de mil frankoj, kiujn al li mi pruntis por unu jaro en la dato 1a de januaro 1900, kune la sumon de dudek kvin frankoj kiel la procentojn po 5 0/0 de la dirita sumo dum la dua duonjaro. Aprobante por mil dudek kvin frankoj. Parizo, la l-an de januaro 1901.

* * * * *

KRONIKA KATARA KONJUNKTIVITO

(el la libro de profesoro E. Fuchs).

Simptomoj. Ĉe la kronika kataro de la konjunktivo la objektive trovataj ŝanĝoj estas entute malmulte signifaj. Estas modera ruĝeco de la konjunktivo, aŭ nur super la tarso, aŭ ankaŭ en la parto transira. La konjunktivo estas glata kaj ne ŝvelinta; nur en malnovaj okazoj aperas hipertrofio de la konjunktivo kun ĝia dikiĝo kaj velursimila karaktero. La sekrecio estas malgranda kaj montras sin precipe per kungluiteco de la palpebroj matene. La blanketa ŝaŭmo, kiun oni ofte trovas en la anguloj de la palpebroj, venas de tio, ke en sekvo de ofta palpebrumado la larma fluidaĵo kun la eligaĵo de la Meibomaj glandetoj per batiĝado fariĝas speco de ŝaŭma emulsio. La konstanta malsekiĝado de la haŭto en la anguloj de la palpebroj kondukas al la formiĝado de ekskoriacioj. En kelkaj okazoj la sekrecio, anstataŭ esti pliigita, ŝajnas eĉ malpliigita. Pro la tre malgranda aŭ eĉ tute mankanta pliiĝo de la sekrecio kelkaj aŭtoroj difinas multajn okazojn de kronika kataro ne kiel tian, sed kiel hiperemion de la konjunktivo. Ĉe la sensignifeco de la simptomoj objektive rimarkeblaj, tiom pli granda atento devas esti turnata al la plendoj de la paciento. Efektive la *subjektivaj simptomoj* pleje estas tiel karakteraj, ke el ili oni facile povas meti la diagnozon de kronika kataro de la konjunktivo. La plendoj ordinare estas la plej grandaj vespere. La pezeco de la palpebroj, tage apenaŭ rimarkebla, vespere estas tiel granda, ke al la pacientoj estas tre malfacile teni la okulojn nefermitaj; ili havas la senton, kvazaŭ ili volus dormi. Per la nemulta eligaĵo, kiu en formo de mukaj fadenoj restas en la konjunktiva sako, naskiĝas teda sento de fremda korpo, kvazaŭ en la okulo estus polvero; kiam tiaj mukaj fadenoj metiĝas sur la korneon, tiam la vidado malklariĝas aŭ tiam ĉirkaŭ la flamo de kandelo montriĝas ĉielarkaj koloroj; krom tio la pacientoj rakontas pri malagrablaj sentoj de diversaj specoj, nome pri brulado kaj jukado, pri blinduliĝado per lumo, rapida laciĝado de la okuloj ĉe la laborado, ofta

213

palpebrumado k. t. p. Matene la okuloj estas iom kungluitaj aŭ iom da flava sekiĝinta eligaĵo trovas sin en la interna angulo de la okulo. En aliaj okazoj ekzistas turmenta sento de sekeco kaj la okuloj povas esti malfermataj nur kun malfacileco, kaj la paciento havas la senton kvazaŭ la palpebroj pro manko de malsekeco estas algluitaj al la okulpomo (kataro seka).--Tiuj ĉi tiel diversaspecaj plendoj tute ne trovas sin en difinita interrilato al la objektiva stato. Ĉe multaj homoj oni vidas la konjunktivon sufiĉe forte ruĝiĝinta kaj tamen ili plendas pri nenio eĉ plej malgranda, dum ĉe aliaj, kiuj la kuraciston simple elturmentas per siaj piendoj, oni ofte apenaŭ rimarkas iajn ŝanĝetojn en la konjunktivo.

Irado de la malsano. La kronika kataro de konjunktivo estas unu el la plej oftaj malsanoj de la okuloj, kiu estas renkontata precipe ĉe personoj grandaĝaj kaj nome pli maljunaj. Ĉe maljunuloj ĝi estas preskaŭ regulo, ke ni trovas facilan gradon da kronika konjunktivito, kiun oni nomas kataro maljunula. La daŭrado de la konjunktivito estas ordinare longa; multaj homoj suferas je ĝi grandan parton de sia vivo. La malsano povas konduki al komplikaĵoj, kiuj parte donas nerebonigeblajn ŝanĝojn. Al la plej oftaj komplikaĵoj apartenas la brulumo de la palpebra rando--blefarito--sekve de la ofta malsekiĝado de la randoj de la palpebroj per la pli riĉe eligataj larmoj. Ankaŭ sekve de la malsekiĝado per la larmoj la haŭto de la malsupra palpebro estas atakata de ekzemo, aŭ ĝi fariĝas rigida kaj mallongiĝas, tiel ke la libera rando jam ne perfekte almetiĝas al la okulpomo. Sekve de tio la larma punkto jam ne trempiĝas en la larman lagon, per kio la forkondukado de la larmoj en la larman sakon estas malhelpata, la fluado de la larmoj estas pligrandigata kaj tio ĉi denove efikas malutile sur la staton de la haŭto. Tiamaniere formiĝas rondo da eraroj, kiu kondukas al ĉiam plua malleviĝo de la malsupra palpebro, al la ektropio. Tiu ĉi eliro estas ankoraŭ akcelata per tio, ke la pacientoj ofte deviŝas la defluantajn larmojn kaj ĉe tio pasigas la tukon de supre malsupren, per kio la malsupra palpebro estas tirata malsupren. Se la mallongiĝo de la palpebra haŭto, malsekigata de larmoj, aperigas sin pli en direkto horizontala, tiam naskiĝas blefarofimozo. Fine la kataro ofte kaŭzas ulceretojn de la korneo.

Etiologio. La kaŭzoj de la kronika kataro estas: 1. Antaŭirinta kataro akra, kiu, anstataŭ plene saniĝi, transiris en la stadion kronikan. 2. Komunaj malutilaĵoj de diversaj specoj. Al ili apartenas antaŭ ĉio malbona aero, difektita per fumo, polvo, varmego, kunestado de multe da homoj k. t. p. La laboristoj en fabrikoj, kie estas multe da polvo, la kelneroj en la fumoplenaj restoracioj k. t. p. suferas tre ofte je kronika konjunktivito. Al tio disponas ankaŭ malfrua irado dormi, nokta maldormado, troa ĝuado de alkoholaj trinkaĵoj. Ĉe personoj, kiuj jam suferas je kronika konjunktivito, ĝi multe malboniĝas post ĉia tiaspeca malutilaĵo, ekzemple post vespero pasigita en teatro aŭ en fumoplenaj ĉambroj. La daŭra efikado de vento kaj malbona vetero kaŭzas ĉe la vilaĝanoj, veturilistoj k. s. tiel oftan kataron. Pro tiu sama kaŭzo ankaŭ okuloj forte elstarantaj, aŭ kies palpebroj estas mallongigitaj (lagoftalmo), estas atakataj de kataro, ĉar ili tro malmulte estas defenditaj kontraŭ la aero. La efiko, kiun faras sur la konjunktivon la konstanta kuntuŝiĝado kun la aero, montriĝas la plej bone ĉe la ektropio, ĉe kiu la nekaŝita konjunktivo de la tarso fariĝas forte ruĝa kaj dika, velursimila aŭ eĉ tuberplena. Tiom same malbone kiel longedaŭran kuntuŝiĝadon kun la aero, la konjunktivo elportas ankaŭ la konstantan foreston de tiu ĉi lasta, tial ĉe longe daŭranta ĉirkaŭligo de la okulo ankaŭ aperas kronika kataro. 3. Troa streĉado de la okuloj, precipe ĉe personoj hipermetropiaj kaj astigmatismaj, povas kaŭzi kronikan kataron. 4. Lokaj malutilaĵoj. Al ili apartenas incitado de la konjunktivo per fremdaj korpoj, kiuj restas en la konjunktiva sako; al tiaj fremdaj korpoj oni devas alkalkuli en pli vasta senco de la vorto ankaŭ okulharojn, kiuj estas turnitaj kontraŭ la okulpomo. En la plimulto da okazoj la loka malutilaĵo konsistas en ia alia malsano de la okulo, kiu aperigas post si la kataron kiel suferon sekvan, kiel ekzemple blefarito aŭ infarktoj en la glandetoj Meibomaj. Reteniĝo de larmoj en sekvo de blenoreo de la larma sako aŭ de nesufiĉa trempiĝado de la larmaj punktoj en la larman lagon estas ofta kaŭzo de la kataro, tial oni neniam devas forgesi ĉe unuflanka kataro esplori, ĉu ne ekzistas ia sufero de la larmaj vojoj. La kataroj kaŭzitaj de cirkonstancoj lokaj distingiĝas de la kataroj kaŭzitaj de malutilaĵoj komunaj per tio, ke ili tre ofte estas unuflankaj, dum en la lasta okazo laŭ la naturo de la afero pleje suferas ambaŭ okuloj.

Terapio. Estas kompreneble, ke la kuracado devas antaŭ ĉio turni atenton al la kaŭza momento, per konforma reguligo de la komunaj kondiĉoj de la vivo, kiom tion ĉi permesas la profesio de la paciento, per forigo de ekzistantaj lokaj kaŭzoj de la kataro k. t. p. Por la kuracado de la konjunktivo mem ni antaŭ ĉio, kiel ĉe la kataro akra, havas por nia dispono la nitran arĝenton, kiun oni uzas por ŝmirado per peniko (en solvo 2 p. 100) aŭ por engutado (en solvo ¼ – ½ p. 100). Oni uzas ĝin nur en tiuj okazoj, en kiuj la kataro estas akompanata de pli forta sekrecio kaj do malfirmiĝo de la konjunktivo, ĉar tiaj periodoj de akra malsaniĝo ofte okazas en la daŭro de ĉiu kronika kataro, kaj ankaŭ tiam, kiam ekzistas jam hipertrofio de la konjunktivo. En la ceteraj okazoj sufiĉas adstringaj gutoj (okulakvoj), kiujn la paciento mem povas al si engutadi. La plej uzataj el tiuj ĉi okulakvoj estas: flava adstringa okulakvo (collyrium adstringens luteum), aŭ safrana tinkturo de opio (tinctura opii crocata), ambaŭ ordinare estas porskribataj ne pure, sed miksite kun egala kvanto da akvo; kupro aluna, zinko sulfura, ambaŭ en ½ -1 p. 100 solvo; plue aluno, tanino, bora acido kaj aliaj adstringantaĵoj.

La vica ordo, en kiu tiuj ĉi okulakvoj estas cititaj, respondas proksimume al ilia laŭgradeco, de la plej fortaj ĝis la plej delikataj. Ili devas esti engutataj ĉiutage unu aŭ du fojojn, sed ne vespere. Ni elkalkulis tiom da ili, ĉar estas bone havi pli grandan elekton el ili, ĉar ĉe la longa daŭrado de la kataro oni ofte devas ŝanĝi la rimedojn. Ĉiu rimedo, uzata tro longe, perdas sian efikecon, ĉar la konjunktivo al ĝi alkutimiĝas. Kontraŭ la kungluiĝado de la palpebroj, kiel ankaŭ kontraŭ ekzistantaj ekskoriacioj oni igas vespere antaŭ la endormiĝo froti sur la fermitaj palpebroj ŝmiraĵon kun blanka hidrarga precipitato (½ -1 p. 100).

[Piednoto: Tiu ĉi okulakvo, nomata ankaŭ okulakvo de Horst, nun en la plimulto da landoj jam plu ne estas oficinala; tamen ĝi faras bonegajn servojn kaj en kelkaj okazoj oni povas ĝin anstataŭigi per neniu alia] rimedo. Laŭ la nova Aŭstruja farmakopeo ĝi devas esti preparata en la sekvanta maniero

Rp. Amonio klora .... 0,5 Zinko sulfura. 1,25
Solve en: Akvo distilita .... 200,0 Aldonu:
Kamforo. .... 0,4 Solvita en: Spirito vina dissolvita. .... 20,0 Aldonu: Safrano. .... 0,1 Tenu 24 horojn ofte skuante, filtru.

La okulakvo de Romershausen, kiu ankaŭ estas multe uzata ĉe kronika kataro de la okuloj, konsistas el miksaĵo do fenkola tinkturo kaj fenkola akvo.]

* * * * *

VI

ARTIKOLOJ PRI ESPERANTO

* * * * *

EL LA UNUA LIBRO DE LA LINGVO ESPERANTO

La nun proponatan broŝuron la leganto kredeble prenos en la manojn kun malkonfido, kun antaŭe preta penso, ke al li estos proponata ia neefektivigebla utopio; mi devas tial antaŭ ĉio peti la leganton, ke li formetu tiun ĉi antaŭjuĝon kaj ke li pripensu serioze kaj kritike la proponatan aferon.

Mi ne parolos tie ĉi vaste pri tio, kian grandegan signifon havus por la homaro la enkonduko de unu komune akceptita lingvo internacia, kiu prezentus egalrajtan propraĵon de la tuta mondo, apartenante speciale al neniu el la ekzistantaj nacioj. Kiom da tempo kaj laboroj estas perdata por la ellernado de fremdaj lingvoj, kaj malgraŭ ĉio, elveturante el la limoj de nia patrujo, ni ordinare ne havas la eblon kompreniĝadi kun similaj al ni homoj. Kiom da tempo, laboroj kaj materialaj rimedoj estas perdata por tio, ke la produktoj de unu literaturo estu aligitaj al ĉiuj aliaj literaturoj, kaj en la fino ĉiu el ni povas per tradukoj konatiĝi nur kun la plej sensignifa parto de fremdaj literaturoj; sed ĉe ekzistado de lingvo internacia ĉiuj tradukoj estus farataj nur en tiun ĉi lastan, kiel neŭtralan, al ĉiuj kompreneblan, kaj la verkoj, kiuj havas karakteron internacian, estus eble skribataj rekte en ĝi. Falus la ĥinaj muroj inter la homaj literaturoj; la literaturaj produktoj de aliaj popoloj fariĝus por ni tiel same atingeblaj, kiel la verkoj de nia propra popolo; la legataĵo fariĝus komuna por ĉiuj homoj, kaj kune kun ĝi ankaŭ la edukado, idealoj, konvinkoj, celadoj,--kaj la popoloj interproksimiĝus kiel unu familio. Devigataj dividi nian tempon inter diversaj lingvoj, ni ne havas la eblon dece fordoni nin eĉ al unu el ili, kaj tial de unu flanko tre malofte iu el ni posedas perfekte eĉ sian patran

218

lingvon, kaj de la dua flanko la lingvoj mem ne povas dece ellaboriĝi, kaj, parolante en nia patra lingvo, ni ofte estas devigataj aŭ preni vortojn kaj esprimojn de fremdaj popoloj, aŭ esprimi nin neprecize kaj eĉ pensi lame dank' al la nesufiĉeco de la lingvo. Alia afero estus, se ĉiu el ni havus nur du lingvojn,--tiam ni pli bone ilin posedus kaj tiuj ĉi lingvoj mem povus pli ellaboriĝadi kaj perfektiĝadi kaj starus multe pli alte, ol ĉiu el ili staras nun. Kaj la lingvo ja estas la ĉefa motoro de la civilizacio: dank' al la lingvo ni tiel altiĝis super la bestoj, kaj ju pli alte staras la lingvo, des pli rapide progresas la popolo. La diferenco de la lingvoj prezentas la esencon de la diferenco kaj reciproka malamikeco de la nacioj, ĉar tio ĉi antaŭ ĉio falas en la okulojn ĉe renkonto de homoj: la homoj ne komprenas unu la alian kaj tial ili tenas sin fremde unu kontraŭ la alia. Renkontiĝante kun homoj, ni ne demandas, kiajn politikajn konvinkojn ili havas, sur kiu parto de la tera globo ili naskiĝis, kie loĝis iliaj prapatroj antaŭ kelke da miljaroj: sed tiuj ĉi homoj ekparolas, kaj ĉiu sono de ilia parolo memorigas nin, ke ili estas fremdaj por ni. Kiu unu fojon provis loĝi en urbo, en kiu logas homoj de diversaj reciproke batalantaj nacioj, tiu eksentis sendube, kian grandegan utilon alportus al la homaro lingvo internacia, kiu, *ne entrudiĝante en la doman vivon de la popoloj*, povus, almenaŭ en landoj kun diverslingva loĝantaro, esti lingvo regna kaj societa. Kian, fine, grandegan signifon lingvo internacia havus por la scienco, komerco--per unu vorto, sur ĉiu paŝo--pri tio mi ne bezonas vaste paroli. Kiu almenaŭ unu fojon serioze ekmeditis pri tiu ĉi demando, tiu konsentos, ke nenia ofero estus tro granda, se ni povus per ĝi akiri al ni lingvon komunehoman. Tial ĉiu eĉ la plej malforta provo en tiu ĉi direkto meritas atenton. Al la afero, kiun mi nun proponas al la leganta publiko, mi oferis miajn plej bonajn arojn; mi esperas, ke ankaŭ la leganto, pro la graveco de la afero, volonte oferos al ĝi iom da pacienco kaj atente tralegos la nun proponatan broŝuron ĝis la fino.

Mi ne analizos tie ĉi la diversajn provojn, faritajn kun la celo krei lingvon internacian. Mi turnos nur la atenton de la legantoj al tio, ke ĉiuj tiuj ĉi provoj aŭ prezentis per si sistemon da signoj por mallonga interkomunikiĝo en okazo de granda bezono, aŭ kontentiĝis je plej natura simpligo de la gramatiko kaj je anstataŭigo de la vortoj ekzistantaj en la lingvoj per vortoj aliaj, arbitre elpensitaj. La provoj de la unua kategorio estis tiel komplikitaj kaj tiel nepraktikaj, ke ĉiu el ili mortis tuj post la naskiĝo; la provoj de la dua kategorio jam prezentis per si *lingvojn*, sed da *internacia* ili havis en si *nenion*. La aŭtoroj ial nomis siajn lingvojn "tutmondaj", eble nur pro tio, ke en la tuta mondo estis neniu persono, kun kiu oni povus kompreniĝi per tiuj ĉi lingvoj! Se por la tutmondeco de ia lingvo estas sufiĉe, ke unu persono ĝin nomu tia, en tia okazo ĉiu el la ekzistantaj lingvoj povas fariĝi tutmonda laŭ la deziro de ĉiu aparta persono. Ĉar tiuj ĉi provoj estis fonditaj sur la naiva espero, ke la mondo renkontos ilin kun ĝojo kaj unuanime donos al ili sankcion, kaj tiu ĉi unuanima konsento ĝuste estas la plej neebla parto de la afero, pro la natura indiferenteco de la mondo por kabinetaj provoj, kiuj ne alportas al ĝi senkondiĉan utilon, sed kalkulas je ĝia preteco pionire oferi sian tempon,--tial estas kompreneble, kial tiuj ĉi provoj renkontis plenan fiaskon; ĉar la plej granda parto de la mondo tute ne interesis sin je tiuj ĉi provoj, kaj tiuj, kiuj sin interesis, konsideris, ke ne estas inde perdi tempon por la lernado de lingvo, en kiu neniu nin komprenos krom la aŭtoro; "antaŭe la mondo", ili diris, "aŭ kelkaj milionoj da homoj ellernu tiun ĉi lingvon, tiam mi ankaŭ ĝin lernos". Kaj la afero, kiu povus alporti utilon al ĉiu aparta adepto nur tiam, se antaŭe jam ekzistus multego da aliaj adeptoj, trovis nenian akceptanton kaj montriĝis malvive naskita. Kaj se unu el la lastaj provoj, "Volapuek", akiris, kiel oni diras, certan nombron da adeptoj, tio ĉi estas nur tial, ke la ideo mem de lingvo "tutmonda" estas tiel alta kaj alloga, ke homoj, kiuj havas la inklinon entuziasmiĝi kaj dediĉi sin al pionireco, oferas sian tempon en la espero, ke *eble* la afero sukcesos. Sed la nombro de la entuziasmuloj atingos certan ciferon kaj haltos, kaj la malvarma indiferenta mondo ne volos oferi sian tempon por tio, ke ĝi povu komunikiĝadi kun tiuj ĉi nemultaj,--kaj tiu ĉi lingvo, simile al la antaŭaj provoj, mortos, alportinte absolute nenian utilon. [Piednoto: Tiuj ĉi vortoj estis skribitaj en la komenco de la jaro 1887, kiam Volapuek havis en la tuta mondo grandegan gloron kaj rapidege progresadis! La tempo baldaŭ montris, ke la antaŭdiro de la aŭtoro de Esperanto ne estis erara.]

La demando pri lingvo internacia okupadis min jam longe; sed sentante min nek pli talenta, nek pli energia, ol la aŭtoroj de ĉiuj senfrukte pereintaj provoj, mi longan tempon limigadis min nur per revado kaj nevola meditado super tiu ĉi afero. Sed kelke da feliĉaj ideoj, kiuj aperis kiel frukto de tiu ĉi nevola meditado, kuraĝigis min por plua laborado kaj igis min ekprovi, ĉu ne prosperos al mi sisteme venki ĉiujn barojn por la kreo kaj enkonduko en uzadon de racia lingvo internacia.

Ŝajnas al mi, ke tiu ĉi afero iom prosperis al mi, kaj tiun ĉi frukton de longatempaj persistaj laboroj mi proponas nun al la prijuĝo de la leganta mondo.

La plej ĉefaj problemoj, kiujn estis necese solvi, estis la sekvantaj:

I) Ke la lingvo estu eksterordinare facila, tiel ke oni povu ellerni ĝin ludante.

II) Ke ĉiu, kiu ellernis tiun ĉi lingvon, povu tuj ĝin uzi por la kompreniĝado kun homoj de diversaj nacioj, tute egale ĉu tiu ĉi lingvo estos akceptita de la mondo kaj trovos multe da adeptoj aŭ ne, --t.e. ke la lingvo jam de la komenco mem kaj dank' al sia propra konstruo povu servi kiel efektiva rimedo por internaciaj komunikiĝoj.

III) Trovi rimedojn por venki la indiferentecon de la mondo kaj igi ĝin kiel eble plej baldaŭ kaj amase komenci uzadi la proponatan lingvon kiel lingvon vivan,--ne kun ŝlosilo en la manoj kaj en okazoj de ekstrema bezono.

El ĉiuj projektoj, kiuj en diversaj tempoj estis proponitaj al la mondo, ofte sub la laŭta, per nenio pravigita nomo de "lingvo tutmonda", neniu solvis pli ol *unu* el la diritaj problemoj, kaj eĉ tiun ĉi nur *parte*. Krom la supre montritaj tri ĉefaj problemoj, mi devis, kompreneble, solvi ankoraŭ multajn aliajn, sed pri ili, ĉar ili estas ne esencaj, mi ne parolos tie ĉi. Antaŭ ol mi transiros al la klarigo de tio, kiel mi solvis la supre diritajn problemojn, mi devas peti la leganton mediti iom pri la signifo de tiuj ĉi problemoj kaj ne preni tro facile miajn rimedojn de solvo sole nur tial, ĉar ili aperos al li eble kiel tro simplaj. Mi petas tion ĉi tial, ĉar mi scias la inklinon de la plimulto da homoj rigardi aferon kun des pli da estimego, ju pli ĝi estas komplikita, ampleksa kaj malfacile-digestebla. Tiaj personoj, ekvidinte la malgrandegan lernolibron kun plej simplaj kaj por ĉiu plej kompreneblaj reguloj, povas preni la aferon kun ia malestima malŝato, dum ĝuste la atingo de tiu ĉi simpleco kaj mallongeco, la alkonduko de ĉiu objekto el la formoj komplikitaj, el kiuj ili naskiĝis, al la formoj plej facilaj-- prezentis la plej malfacilan parton de la laboro.

I

La unuan problemon mi solvis en la sekvanta maniero:

a) Mi simpligis ĝis nekredebleco la gramatikon, kaj al tio de unu flanko en la spirito de la ekzistantaj vivaj lingvoj, por ke ĝi povu facile eniri en la memoron, kaj de la dua flanko-- neniom deprenante per tio ĉi de la lingvo la klarecon, precizecon kaj flekseblecon. *La tutan gramatikon de mia lingvo oni povas bonege ellerni en la daŭro de unu horo.* La grandega faciligo, kiun la lingvo ricevas de tia gramatiko, estas klara por ĉiu.

b) Mi kreis regulojn por *vortofarado* kaj per tio ĉi mi enportis grandegan ekonomion rilate la nombron de la vortoj ellernotaj, ne sole ne deprenante per tio ĉi de la lingvo ĝian riĉecon, sed kontraŭe, farante la lingvon--dank' al la eblo krei el unu vorto multajn aliajn kaj esprimi ĉiujn eblajn nuancojn de la penso--pli riĉa ol la plej riĉaj naturaj lingvoj. Tion ĉi mi atingis per la enkonduko de diversaj prefiksoj kaj sufiksoj, per kies helpo ĉiu povas el unu vorto formi diversajn aliajn vortojn, ne bezonante ilin lerni. (Pro oportuneco al tiuj ĉi prefiksoj kaj sufiksoj estas donita la signifo de memstaraj vortoj, kaj kiel tiaj ili estas lokitaj en la vortaro.) Ekzemple:

1) La prefikso "mal" signifas rektan kontraŭaĵon de la ideo; sekve, sciante la vorton "bona", ni jam mem povas formi la vorton "malbona", kaj la ekzistado de aparta vorto por la ideo "malbona" estas jam superflua; alta--malalta; estimi--malestimi k. t. p. Sekve, ellerninte unu vorton "mal", ni jam estas liberigitaj de la lernado de grandega serio da vortoj, kiel ekzemple "malmola" (sciante "mola"), malvarma, malnova, malpura, malproksima, malriĉa, mallumo, malhonoro, malsupre, malami, malbeni k. t. p., k. t. p.

2) La sufikso "in" signifas la virinan sekson: sekve, sciante "frato", ni jam mem povas formi "fratino", patro--patrino. Sekve superfluaj jam estas la vortoj "avino, filino, fianĉino, knabino, kokino, bovino" k. t. p.

3) La sufikso "il" signifas instrumenton por la donita farado. Ekzemple tranĉi--tranĉilo; superfluaj estas: "kombilo, hakilo, sonorilo, plugilo, glitilo" k. t. p. Kaj similaj aliaj prefiksoj kaj sufiksoj.

Krom tio mi donis komunan regulon, ke ĉiuj vortoj, kiuj jam fariĝis internaciaj (la tiel nomataj "fremdaj vortoj"), restas en la lingvo internacia neŝanĝataj, akceptante nur la internacian ortografion; tiamaniere grandega nombro da vortoj fariĝas superfluaj por la lernado; ekzemple: lokomotivo, redakcio, telegrafo, nervo, temperaturo, centro, formo, publiko, platino, botaniko, figuro, vagono, komedio, ekspluati, deklami, advokato, doktoro, teatro k. t. p., k. t. p.

Dank' al la supre montritaj reguloj kaj ankoraŭ al kelkaj flankoj de la lingvo, pri kiuj mi trovas superflue tie ĉi detale paroli, la lingvo fariĝas eksterordinare facila, kaj la tuta laboro de ĝia ellernado konsistas nur en la ellernado de tre malgranda nombro da vortoj, el kiuj laŭ difinitaj reguloj, sen apartaj kapabloj kaj streĉado de la kapo, oni povas formi ĉiujn vortojn, esprimojn kaj frazojn, kiuj estas necesaj. Cetere eĉ tiu ĉi malgranda nombro da vortoj, kiel oni vidos malsupre, estas tiel elektita, ke ilia ellernado por homo iometa klera estas afero eksterordinare facila. La ellernado de tiu ĉi lingvo sonora, riĉa kaj por ĉiuj komprenebla (la kaŭzojn vidu malsupre) postulas sekve ne tutan serion da jaroj, kiel ĉe la aliaj lingvoj,-- por ĝia ellernado sufiĉas *kelke da tagoj*. Pri tio ĉi ĉiu povas konvinkiĝi, ĉar al la nuna broŝuro estas aldonita *plena lernolibro*. [Piednoto: En la originalo de la unua libro pri Esperanto en la fino estis presita la tuta gramatiko kaj vortaro el ĉirkaŭ mil vortoj.]

II

La duan problemon mi solvis en la sekvanta maniero:

a) Mi aranĝis plenan *dismembrigon* de la ideoj en memstarajn vortojn, tiel ke la tuta lingvo, anstataŭ vortoj en diversaj gramatikaj formoj, konsistas sole nur el *senŝanĝaj* vortoj. Se vi prenos verkon, skribitan en mia lingvo, vi trovos, ke tie ĉiu vorto sin trovas *ĉiam kaj sole en* unu konstanta formo, nome en tiu formo, en kiu ĝi estas presita en la vortaro. Kaj la diversaj formoj gramatikaj, la reciprokaj rilatoj inter la vortoj k. t. p. estas esprimataj per la kunigo de senŝanĝaj vortoj. Sed ĉar simila konstruo de lingvo estas tute fremda por la Eŭropaj popoloj kaj alkutimiĝi al ĝi estus por ili afero malfacila, tial mi tute alkonformigis tiun ĉi dismembriĝon de la lingvo al la spirito de la lingvoj Eŭropaj, tiel ke se iu lernas mian lingvon laŭ lernolibro, ne traleginte antaŭe la antaŭparolon (kiu por la lernanto estas tute senbezona),--li eĉ ne supozos, ke la konstruo de tiu ĉi lingvo per io diferencas de la konstruo de lia patra lingvo. Tiel ekzemple la devenon de la vorto "fratino", kiu en efektiveco konsistas el tri vortoj: *frat* (frato), *in* (virino), *o* (kio estas, ekzistas) (--kio estas frato-virino = fratino),--la lernolibro klarigas en la sekvanta maniero: frato = *frat*; sed ĉar ĉiu substantivo en la nominativo *finiĝas* per "o"--sekve *frat'o*; por la formado de la sekso virina de tiu sama ideo, oni enmetas la vorteton "in"; sekve fratino-- *frat'in'o*; kaj la signetoj estas skribataj tial, ĉar la gramatiko postulas ilian metadon inter la apartaj konsistaj partoj de la vortoj. En tia maniero la dismembriĝo de la lingvo neniom embarasas la lernanton; li eĉ ne suspektas, ke tio, kion li nomas finiĝo aŭ prefikso aŭ sufikso, estas tute memstara vorto, kiu ĉiam konservas egalan signifon, tute egale, ĉu ĝi estos uzata en la fino aŭ en la komenco de alia vorto aŭ memstare, ke ĉiu vorto kun egala rajto povas esti uzata kiel vorto radika aŭ kiel gramatika parteto. Kaj tamen la rezultato de tiu ĉi konstruo de la lingvo estas tia, ke ĉion, kion vi skribos en la lingvo internacia, tuj kaj kun plena precizeco (per ŝlosilo aŭ eĉ sen ĝi) komprenos ĉiu, kiu ne sole ne ellernis antaŭe la gramatikon de la lingvo, sed eĉ neniam aŭdis pri ĝia ekzistado.

Mi klarigos tion ĉi per ekzemplo:

Mi troviĝis en Rusujo, ne sciante eĉ unu vorton rusan; mi bezonas turni min al iu, kaj mi skribas al li sur papereto en libera lingvo internacia ekzemple la jenon:

"Mi ne sci'as, kie mi las'is mi'a'n baston'o'n; ĉu vi ĝi'n ne vid'is?"

Mi proponas al mia interparolanto vortaron internacia-rusan kaj mi montras al li la komencon, kie per grandaj literoj estas presita la sekvanta frazo: *Ĉion, kio estas skribita en la lingvo internacia, oni povas kompreni per helpo de tiu ĉi vortaro. Vortoj, kiuj prezentas kune unu ideon, estas skribataj kune, sed dividataj unu de la alia per signeto; tiel ekzemple la vorto frat'in'o, prezentante unu ideon, estas kunmetita el tri vortoj, el kiuj ĉiun oni devas serĉi aparte.*

Se mia interparolanto neniam aŭdis pri la lingvo internacia, li komence rigardos min tre mirigite, sed li prenos mian papereton, serĉos en la montrita maniero en la vortaro kaj trovos jenon:

Mi Ja . . . . ja *ne* nje, njet. . . . . nje *sci* znatj. . . . .) *as* označajet nastojaŝĉeje. . . . . .) znaju vremja glagola. . . . . . .) *kie* gdje . . . . gdje *mi* ja . . . . ja *las* ostavljatj . . . .) ostavil *is* označajet

225

proŝedŝeje vremja...) *mi* ja ....) *a* oznaĉajet prilagatelnoje......) (moj) moju *n* oznaĉajet vinitelnij padeĵ.. ..) *baston* palka...............) *o* oznaĉajet suŝĉestvitelnoje. ...) palku *n* oznaĉajet vinitelnij padeĵ....) *ĉu* li................ li *vi* vi, ti............... vi *ĝi* ono........... ......) (jego) jejo *n* oznaĉajet vinitelnij padeĵ....) *ne* nje................ nje *vid* vidjetj.............) vidjel (i) *is* oznaĉajet proŝedŝeje vremja...)

En tia maniero la ruso klare komprenos, kion mi de li deziras. Se li volos respondi al mi, mi montras al li la vortaron rusa-internacian, en kies komenco estas presite: *Se vi deziras esprimi ion en la lingvo internacia, uzu tiun ĉi vortaron, serĉante la vortojn en la vortaro mem kaj la finiĝojn por la gramatikaj formoj en la gramatika aldono, en la paragrafo de la responda parto de parolo.* Ĉar en tiu aldono, kiel oni vidas en la lernolibro, la plena gramatiko de ĉiu parto de parolo okupas ne pli ol kelke da linioj, tial la trovado de la finiĝo por la esprimo de responda gramatika formo okupos ne pli da tempo, ol la trovado de vorto en la vortaro.

Mi turnas la atenton de la leganto al la klarigita punkto, kiu ŝajne estas tre simpla, sed havas grandegan praktikan signifon. Estas superflue diri, ke en alia lingvo vi kun persono, ne posedanta tiun ĉi lingvon, ne havas la eblon kompreniĝadi eĉ per la helpo de la plej bona vortaro, ĉar, por povi fari uzon el la vortaro de ia el la ekzistantaj lingvoj, oni devas antaŭe pli aŭ malpli scii tiun ĉi lingvon. Por povi trovi en la vortaro la donitan vorton, oni devas scii ĝian fundamentan formon, dum en la interligita parolado ĉiu vorto ordinare estas uzita en ia gramatika ŝanĝo, kiu ofte estas neniom simila je la fundamenta formo, en kunigo kun diversaj prefiksoj, sufiksoj k. t. p.; tial, se vi antaŭe ne konas la lingvon, vi preskaŭ neniun vorton trovos en la vortaro, kaj eĉ tiuj vortoj, kiujn vi trovos, donos al vi nenian komprenon pri la signifo de la frazo. Tiel ekzemple, se mi la supre donitan frazon skribus germane (Ich weiss nicht wo ich meinen Stock gelassen habe; haben sie ihn nicht gesehen), tiam persono, ne scianta la lingvon germanan, trovos en la vortaro la jenon:

"Mi--blanka--ne--kie--mi--pensi--bastono aŭ etaĝo-- kvieta--havo--havi--ŝi--?--ne--?--".

Mi ne parolas jam pri tio, ke la vortaro de ĉiu el la ekzistantaj lingvoj estas treege vasta kaj serĉi en ĝi 2-3 vortojn unu post alia jam lacigas, dum la vortaro internacia, dank' al la dismembra konstruo de la lingvo, estas tre malgranda kaj oportuna; mi ne parolas jam ankaŭ pri tio, ke en ĉiu lingvo ĉiu vorto havas en la vortaro multe da signifoj, el kiuj oni devas divenprove elekti la ĝustan. Kaj se vi eĉ imagos al vi lingvon kun la plej ideala simpligita gramatiko, kun konstanta difinita signifo por ĉiu vorto,--en ĉiu okazo, por ke la adresito per helpo de la vortaro komprenu vian skribon, estus necese, ke li antaŭe ne sole ellernu la gramatikon, sed ke li ankaŭ akiru en ĝi sufiĉan spertecon, por facile helpi al si, distingi vorton radikan de vorto gramatike ŝanĝita, devena aŭ kunmetita k. t. p.,--t. e. la utilo de la lingvo denove dependus de la nombro da adeptoj, kaj ĉe manko de la lastaj ĝi prezentus nulon. Ĉar, sidante ekzemple en vagono kaj dezirante demandi vian najbaron, "kiel longe ni atendos en N.", vi ja ne proponos al li antaŭe ellerni la gramatikon de la lingvo! Sed en la lingvo internacia vi povas esti tuj komprenita de membro de ĉia nacio, se li ne sole ne posedas tiun ĉi lingvon, sed eĉ neniam aŭdis pri ĝi. Ĉiun libron, verkitan en la lingvo internacia, libere povas, kun vortaro en la mano, legi ĉiu, sen ia antaŭpreparigo kaj eĉ sen bezono antaŭe tralegi ian antaŭparolon, klarigantan la uzadon de la vortaro; kaj homo klera, kiel oni vidos malsupre, eĉ la vortaron devas uzi tre malmulte.

Se vi deziras skribi, ekzemple, al iu hispano Madridon, sed nek vi scias lian lingvon, nek li vian, kaj vi dubas, ĉu li scias la lingvon internacian aŭ ĉu li eĉ aŭdis pri ĝi,--vi povas tamen kuraĝe skribi al li, kun la plena certeco, ke li vin komprenos! Ĉar, dank' al la dismembra konstruo de la lingvo internacia, la tuta vortaro, kiu estas necesa por la ordinara vivo, okupas, kiel oni vidas el la almetita ekzemplero, ne pli ol malgrandan folieton, eniras oportune en la plej malgrandan koverton kaj

227

povas esti ricevita por kelke da centimoj en kia ajn lingvo,--tial vi bezonas nur skribi leteron en la lingvo internacia, enmeti en la leteron hispanan ekzempleron de la vortareto,--kaj la adresito vin jam komprenos, ĉar tiu ĉi vortareto ne sole prezentas oportunan plenan ŝlosilon por la letero, sed ĝi mem jam klarigas sian difinon kaj manieron de uzado. Dank' al la plej vasta reciproka kunigebleco de la vortoj, oni povas per helpo de tiu ĉi malgranda vortaro esprimi ĉion, kio estas necesa en la ordinara vivo; sed, kompreneble, vortoj renkontataj malofte, vortoj teĥnikaj (kaj ankaŭ vortoj "fremdaj", supozeble konataj al ĉiuj, ekzemple "tabako", "teatro", "fabriko" k. t. p.) en ĝi ne estas troveblaj; tial se vi bezonas nepre uzi tiajn vortojn kaj anstataŭigi ilin per aliaj vortoj aŭ tutaj esprimoj estas neeble, tiam vi devos jam uzi vortaron *plenan*, kiun vi tamen ne bezonas transsendi al la adresato: vi povas nur apud la diritaj vortoj skribi en krampoj ilian tradukon en la lingvon de la adresato.

b). Sekve, dank' al la supre montrita konstruo de la lingvo, mi povas kompreniĝadi per ĝi kun kiu mi volas. La sola maloportuneco (ĝis la komuna enkonduko de la lingvo) estos nur tio, ke mi bezonos ĉiufoje atendi, ĝis mia interparolanto analizos miajn pensojn. Por forigi kiom eble ankaŭ tiun ĉi maloportunecon (almenaŭ ĉe komunikiĝado kun homoj kleraj), mi agis en la sekvanta maniero: la vortaron mi kreis ne arbitre, sed kiom eble el vortoj konataj al la tuta klera mondo. Tiel ekzemple la vortojn, kiuj estas egale uzataj en ĉiuj civilizitaj lingvoj (la tiel nomatajn "fremdajn" kaj "teĥnikajn"), mi lasis tute sen ia ŝanĝo; el la vortoj, kiuj en malsamaj lingvoj sonas malegale, mi prenis aŭ tiujn, kiuj estas komunaj al du tri plej ĉefaj Eŭropaj lingvoj, aŭ tiujn, kiuj apartenas nur al unu lingvo, sed estas popularaj ankaŭ ĉe la aliaj popoloj; en tiuj okazoj, kiam la donita vorto en ĉiu lingvo sonas alie, mi penis trovi vorton, kiu havus eble nur signifon proksimuman aŭ uzon pli maloftan, sed estus konata al la plej ĉefaj nacioj (ekzemple la vorto "proksima" en ĉiu lingvo sonas alie; sed se ni prenos la latinan "plej proksima" (*proximus*), tiam ni vidos, ke ĝi, en diversaj ŝanĝoj, estas uzata en ĉiuj plej ĉefaj lingvoj; sekve se mi la vorton "proksima" nomos *proksim*, mi estos pli aŭ malpli komprenata de ĉiu klera homo); en la ceteraj okazoj mi prenadis ordinare el la lingvo latina, kiel lingvo duone-internacia. (Mi flankiĝadis de tiuj ĉi reguloj nur tie, kie tion ĉi postulis apartaj cirkonstancoj, kiel ekzemple la evito de homonimoj, la simpleco de la ortografio k. t. p.). Tiamaniere ĉe korespondado kun meze-klera Eŭropano, kiu tute ne lernis la lingvon internacian, mi povas esti certa, ke li ne sole min komprenos, sed eĉ sen bezono tro multe serĉadi en la vortaro, kiun li uzos nur ĉe vortoj dubaj.

* * * * *

PLENA GRAMATIKO DE ESPERANTO

A. Alfabeto.

Aa, Bb, Cc, Ĉĉ, Dd, Ee, Ff, Gg, Ĝĝ, Hh, Ĥĥ, Ii, Jj, Ĵĵ, Kk, Ll, Mm, Nn, Oo, Pp, Rr, Ss, Ŝŝ, Tt, Uu, Uŭ, Vv, Zz.

Rimarko. Presejoj, kiuj ne posedas la literojn ĉ, ĝ, ĥ, ĵ, ŝ, ŭ, povas anstataŭ ili uzi ch, gh, hh, jh, sh, u.

B. Reguloj.

1) *Artikolo* nedifinita ne ekzistas; ekzistas nur artikolo difinita (la), egala por ĉiuj seksoj, kazoj kaj nombroj. Rimarko. La uzado de la artikolo estas tia sama, kiel en la aliaj lingvoj. La personoj, por kiuj la uzado de la artikolo prezentas malfacilaĵon, povas en la unua tempo tute ĝin ne uzi.

2) La substantivoj havas la finiĝon "o". Por la formado de la multenombro oni aldonas la finiĝon "j". Kazoj ekzistas nur du: nominativo kaj akuzativo; la lasta estas ricevata el la nominativo per la aldono de la finiĝo "n". La ceteraj kazoj estas esprimataj per helpo de prepozicioj (la genitivo per "de", la dativo per "al", la ablativo per "per" aŭ aliaj prepozicioj laŭ la senco).

3) La adjektivo finiĝas per "a". Kazoj kaj nombroj kiel ĉe la

229

substantivo. La komparativo estas farata per la vorto "pli", la superlativo per "plej"; ĉe la komparativo oni uzas la prepozicion "ol".

4) La numeraloj fundamentaj (ne estas deklinaciataj) estas: unu, du, tri, kvar, kvin, ses, sep, ok, naŭ, dek, cent, mil. La dekoj kaj centoj estas formataj per simpla kunigo de la numeraloj. Por la signado de numeraloj ordaj oni aldonas la finiĝon de la adjektivo; por la multoblaj--la sufikson "obl", por la nombronaj--"on", por la kolektaj--"op", por la disdividaj--la vorton "po". Krom tio povas esti uzataj numeraloj substantivaj kaj adverbaj.

5) Pronomoj personaj: mi, vi, li, ŝi, ĝi (pri objekto aŭ besto), si, ni, vi, ili, oni; la pronomoj posedaj estas formataj per la aldono de la finiĝo adjektiva. La deklinacio estas kiel ĉe la substantivoj.

6) La verbo ne estas ŝanĝata laŭ personoj nek nombroj. Formoj de la verbo: la tempo estanta akceptas la finiĝon "-as"; la tempo estinta "-is"; la tempo estonta "-os"; la modo kondiĉa "-us"; la modo ordona "-u"; la modo sendifina "-i". Participoj (kun senco adjektiva aŭ adverba): aktiva estanta "-ant"; aktiva estinta "-int"; aktiva estonta "-ont"; pasiva estanta "-at"; pasiva estinta "-it"; pasiva estonta "-ot". Ĉiuj formoj de la pasivo estas formataj per helpo de responda formo de la verbo "esti" kaj participo pasiva de la bezonata verbo; la prepozicio ĉe la pasivo estas "de".

7) La adverboj finiĝas per "e"; gradoj de komparado kiel ĉe la adjektivoj.

8) Ĉiuj prepozicioj postulas la nominativon.

9) Ĉiu vorto estas legata, kiel ĝi estas skribita.

10) La akcento estas ĉiam sur la antaŭlasta silabo.

11) Vortoj kunmetitaj estas formataj per simpla kunigo de la

vortoj (la ĉefa vorto staras en la fino); la gramatikaj finiĝoj estas rigardataj ankaŭ kiel memstaraj vortoj.

12) Ĉe alia nea vorto la vorto ne estas forlasata.

13) Por montri direkton, la vortoj ricevas la finiĝon de la akuzativo.

14) Ĉiu prepozicio havas difinitan kaj konstantan signifon; sed se ni devas uzi ian prepozicion kaj la rekta senco ne montras al ni, kian nome prepozicion ni devas preni, tiam ni uzas la prepozicion "je", kiu memstaran signifon ne havas. Anstataŭ la prepozicio "je" oni povas ankaŭ uzi la akuzativon sen prepozicio.

15) La tiel nomataj vortoj "fremdaj", t. e. tiuj, kiujn la plimulto de la lingvoj prenis el unu fonto, estas uzataj en la lingvo Esperanto sen ŝanĝo, ricevante nur la ortografion de tiu ĉi lingvo; sed ĉe diversaj vortoj de unu radiko estas pli bone uzi senŝanĝe nur la vorton fundamentan kaj la ceterajn formi el tiu ĉi lasta laŭ la reguloj de la lingvo Esperanto.

16) La fina vokalo de la substantivo kaj de la artikolo povas esti forlasata kaj anstataŭigata de apostrofo.

* * * * *

AL LA HISTORIO DE LA PROVOJ DE LINGVOJ TUTMONDAJ DE LEIBNITZ ĜIS LA NUNA TEMPO

Publika parolado, havita en la Nurnberga klubo de instruistoj la 11 de Novembro 1884 do L. Einstein. (El la "Bayerische Lehrer- Zeitung" No. 11 kaj 12 1885.)

Jam de 200 jaroj kun rilate malgrandaj interrompoj estis farataj provoj krei lingvon internacian, kaj la deziro de komuna lingvo por ĉiuj homoj estis esprimita eĉ jam antaŭ pli ol 2000 jaroj de la profeto Zefaniah. Tiu ĉi deziro havas ankaŭ tre gravan fundamenton; ĉar de ĉiam la babilona konfuzo de lingvoj estis granda malhelpo al la spirita komunikiĝo inter la nacioj. En nia tempo, kiam la interkomunikiĝo de la popoloj per la telegrafoj, vaporŝipoj kaj fervojoj grandiĝis en maniero neniam supozita, ankaŭ la ellernado de la lingvoj de ĉiuj tiuj ĉi popoloj fariĝis bezono de la bone edukitaj kaj precipe de la komercistoj; sed tiu ĉi lernado estas tiel malfacila kaj tempon deprenanta, ke ĝi pleje devas esti farata kun perdo por la aliaj regionoj de scienco, kaj tial la postulado de unu lingvo komuna, akceptita de ĉiuj edukitaj homoj, anstataŭanta ĉiujn aliajn fremdajn lingvojn, montras sin des pli pravigita. Oni povus tial atendi, ke tia elpenso estos de la homaro akceptita kun la plej granda plezuro! Sed tiu ĉi ideo entute en la publiko ne estas tiel hejme, kiel ĝi devus esti, kontraŭe, ni renkontas, eĉ en sferoj, kie ni devus ĝin atendi la plej malmulte, antaŭ ĉio la antaŭjuĝon, ke enkonduki unu lingvon por ĉiuj homoj estas simple afero ne ebla. Tamen la argumentoj, per kiuj oni kontraŭ tio ĉi batalas, estas aluzeblaj nur por lingvoj naturaj kaj neniel por lingvo arta, kiun oni devas rigardi nur kiel arte laŭ la modeloj de la lingvoj naturaj kreitan "elekton de la plej bona". Cetere mi trovis, ke vera kompreno de tiu ĉi objekto nur tiam povas esti atingita kun utilo, kiam ni antaŭe okupos nin iom je la preparaj laboroj, kiuj antaŭiris al la nuna sistemo de lingvo tutmonda.

Tie ĉi ne estas al mi eble doni detalan priskribon de tiuj ĉi ĉirkaŭ 60 provoj; estas sufiĉe, se ni nur enkomune vidos, kio ĉio estis farita en tiu ĉi rilato, kaj kiajn rimedojn oni ĉiufoje volis uzi, por ĉiujn homojn lingve unuigi. Dume el ĉiuj tiuj ĉi penoj montriĝas la instruo, kiu ankaŭ en aliaj aferoj pruviĝas, ke la grandajn verojn oni atingas ne per tre malgranda kosto, sed ke al tio, kion oni fine konfesas kiel "mirinde simpla", oni proksimiĝis ĉiam per malrapidaj kaj malfacilaj flankaj vojoj nur iom post iom kaj paŝo post paŝo.

Oni vidas ordinare en Leibnitz la patron de la "ideo de lingvo tutmonda"; tiu ĉi publikigis sian ideon pri la "Pazigrafio aŭ la arto fari sin komprenebla per komunaj skribaj signoj al ĉiuj nacioj de la tero, en kiaj ajn malegalaj lingvoj ili parolas, se ili nur konas tiujn ĉi komunajn signojn" la unuan fojon en la jaro

1666 en latina disertacio (Dissertatio de arte combinatoria, Lipsiae 1666). Tiu ĉi ideo ankaŭ okupis la grandan pensanton ĝis la fino de lia vivo, kvankam li en tio ĉi venis al nenio, krom senfruktaj iniciatoj. Tamen oni povas jam la hieroglifojn rigardi kiel specon de pazigrafio, kiel ankaŭ la ĥinajn signojn de skribado, kiujn uzas pli ol triono de la tuta homaro, malgraŭ iliaj preskaŭ nevenkeblaj malfacilaĵoj. Ĉar tiu ĉi idea skribado, konsistanta el ĉirkaŭ 40 000 signoj, en kiu per unu komuna simbola signo estas esprimata tiu sama penso aŭ komprenaĵo, kiu, estante elparolata, en ĉiu lingvo sonus alie, povas tial esti legata en ĉiu lingvo, kaj la Ĥino tial ankaŭ legas siajn skribajn signojn ĉiam en sia dialekto, kaj la aliaj popoloj de Azio legas tiujn samajn signojn en ilia lingvo. Tiuj ĉi popoloj reciproke sin tiel ne komprenas per sia lingvo, sed komprenas sin per sia skribado, oni povus diri, per la Azia pazigrafio. [Piednoto: V. D-ro Albert Wild: "Ueber Geschichte der Pasigraphie und ihre Fortschritte in der Neuzeit". Muenchen 1861. (Aparta represo el la "Chronik der Gegenwart".)]

Tiaj kredeble estis la konsideroj, kiuj jam en la jaro 1668 igis la episkopon John Wilkins eldoni sian grandiozan pazigrafian provon, kiun prezentas al ni en bonega maniero Max Mueller en la 2a volumo de siaj "Lekcioj pri la scienco de la lingvo", el kiuj ni vidas, ke tie la ideoj kun siaj signoj estis orditaj laŭ specoj kaj divid itaj en klasojn, tiel ke de la komuna oni venadis al la aparta kaj de tie ĉi per ĉiam pli precizaj specialigadoj oni venadis fine al la plej speciala, kion oni volis esprimi en tia maniero. [Piednoto: John Wilkins, An Essay towards a real character and philosophical language, 1898.]

Sed jam Leibnitz esprimas sin malfavore pri ĝi pro la multego da signoj kaj pro la malfacileco de ilia uzado por la intencita celo, kaj Max Mueller mem montras al ni, kiel Wilkins fine, kvazaŭ kondukita de natura instinkto, venis al la vera, nome al "lingvo vorta", kaj tiun ĉi vojon oni devus nur iri plu, por ŝpari al la homaro ducentjaran vanan penadon kun fantomo pazigrafia.

Sed kiel eĉ tia granda pensanto, kiel Leibnitz, sin movadis ankoraŭ en mallumaj antaŭsentadoj, oni vidas el tio, ke li ankoraŭ eĉ ne povis klare sin esprimi pri ia ideo de lingvo tutmonda; ĉar li diris pri la laboroj de Wilkins kaj de Dalgarno, ke la ĉefa afero, kiu tie ĉi estas bezona, la eltrovo de komunaj signoj por ĉiu objekto kaj ĉiu ideo, al ili ankoraŭ ne prosperis. Tiaj signoj laŭ lia opinio devis esti similaj je la signoj de la algebro, kaj ŝajnis al li necese, se oni volis tute atingi la celon, elpensi ion en la maniero de alfabeto de la homaj pensoj, el kio cetere Immanuel Niethammer (1808) volas tiri la konkludon, ke Leibnitz per tio ĉi jam pensis "fonetikan lingvon vortan". [Piednoto: D. S. Chofrin, amusements liter. vol. I p. 28.--En aparta traktato: "Geschichte und Empfehlung einer allgemeinen Schriftzeichensprache" (v. Leibnitz Werke nach Raspe, vol II p. 615-653). Leibnitz eĉ klare komprenigas, ke por ĉiuj ideoj oni devas akcepti karakterajn nombrojn k.c.]

Jam antaŭ Wilkins D-ro Joh. Joach. Becher (1661) proponis numeri la vortojn de tuta vortaro kaj tiujn ĉi nombrojn uzi kiel komunan lingvon de skribado. Sed sendube estas pruvite, ke nur de la tempo de Leibnitz la ideo krei pazigrafion ricevis dece radikojn kaj okupis parte apartajn instruitulojn, parte instruitajn akademiojn kaj registarojn. En Germanujo, Francujo, Anglujo, Hispanujo, Hungarujo, Rusujo, Danujo k. c. estis faritaj multaj provoj kaj proponoj por la atingo de tiu ĉi celo, kaj ankoraŭ en la jaro 1811 la akademio de sciencoj en Kopenhago difinis premion por la plej bona prezento de facila kaj praktike efektivigebla pazigrafio.

Sed tiel same kiel Wilkins kaj Dalgarno, ne venis al la celo ankaŭ Anastasius Kirchner (1665), Peter Porele (1667) aŭ Joh. Upperdorf (1679-80), ankaŭ Andreas Mueller (1681), kiu havis la intencon krei universalan lingvon, fonditan sur la ĥina lingvo kaj ĝiaj signoj de skribado, kaj ne pli bone prosperis al Joh. Caramuel von Lobkowitz (1687), kiel ankaŭ al lia antaŭiranto la jezuito Besuier (1684), aŭ al lia postiranto David Solbrig (1725). En la jaro 1772 la hungaro Kalmar de Taboltzafo en sia verko reduktis la tutan sumon de la homaj ideoj al ĉirkaŭ 500 fundamentaj kaj komunaj, ĉe kio li uzis skribajn signojn de ĉiuj popoloj, sed precipe malabarajn. Tiu ĉi universala signa skribado, kiu sekve prave portis la nomon "pazigrafio", estis tamen tiel malfacila, ke nur la senlaca Boyle povis ĝin tute ekposedi.

Post tiu ĉi verko sekvis ankoraŭ multaj, kiel ekzemple de Chr. G. Berger "Plan zu einer allgemeinen Rede--und Schriftsprache fuer alle Nationen" (Berlin 1779) kaj Delormel (1795), la pazigrafio de Vater (Wien 1795), la pazigrafio de M. de Maimieŭ (Paris 1797), kiu ankaŭ estas fondita sur la numerado de la vortoj, kiel ankaŭ en tiu sama tempo M. Budet kaj M. Chambry.

Ĉiuj tiuj ĉi havis nenian sukceson, ĝis en la jaro 1796 la glora instruisto de surdamutaj, Sicard, kun granda pompo antaŭanoncis oportunan pazigrafion, kiu, atendita kun granda senpacienco, estis eldonita en la oficejo de pazigrafio en Parizo en la lingvoj germana kaj franca du jarojn post ĝia antaŭanonco. Kvankam li certigis, ke li bezonas nur 12 signojn, nomitajn "gamoj", li tamen uzis da ili multe pli multe, por ordigi multajn vortojn, helpajn verbojn kaj ideojn, kiujn li dividis en 3 ĉefajn apartaĵojn kaj poste ankoraŭ en klasojn kaj subklasojn, kaj al kiuj estis ankoraŭ bezonaj diversaj linioj kaj punktoj. La vortaro servas al ĉiu en lia propra lingvo, sed estas en sia konstruo tre vasta, kaj kiel ajn genia la sistemo estas--ĉar nenia havis tian difinitecon--, ankaŭ tie ĉi la ellernado kostis multan kaj grandan laboradon.

Post tio ĉi la bone konata en sferoj pedagogaj lingvisto Wolke, profesoro de la universitato en S. Peterburgo, publikigis en la jaro 1797 en Dessaŭ sian propran elpenson de interkomunikiĝa skriba lingvo, kiu konsistis en tio, ke ĉiu lingvo postulis apartan leksikonon, kiu devis enhavi ĉiun vorton kun ĝiaj formoj deklinaciaj kaj konjugaciaj; la vortoj sur ĉiu paĝo estis numeritaj per 1, 2, 3 k.c. kaj al ĉiuj sur la flanko estis aldonitaj la nombroj de la paĝoj kaj numeroj, sub kiuj tiu sama vorto estas trovebla en ĉiuj aliaj vortaroj. Oni tiel en kiu ajn dezirita lingvo devis ion nur anstataŭ per literoj skribi per nombroj de paĝoj kaj numeroj de la vortoj, tiam ĉiu, kiu volis legi la skribitan en alia lingvo, devis serĉi la enhavon en la vortaroj de tiu aŭ alia lingvo. Sed se ni konsideros, kiel mallerte, malfacile kaj multekoste tio ĉi devis esti, ni ne devas miri, ke tia sistemo ne povis trovi amikojn. Ĉar se oni volus pretigi vortarojn de nur ĉirkaŭ 16 lingvoj, tiam, alkalkulante la nombron kaj la komon necesan apud ĉiu el ili, estus necesa loko de 135 literoj tipografiaj. Kaj tiu ĉi laboro, plendas Wolke, pli multe lin okupis, ol kiom li volus pro siaj aliaj laboroj. Al tio ĉi li eĉ ne pensis pri la sintakso de la lingvoj. El la ceteraj pazigrafiaj sistemoj, kiuj aperis ĉirkaŭ la fino de la 18 centjaro, de Fry en London, de G. E. Busch en la "Jahrbuch des Fortschrittes der Wissenschaften", kiel ankaŭ de Grotenfeld en Goettingen, la verko "Pasigraphie und Antipasigraphie" de J. S. Vater (Weissenfels kaj Leipzig 1799) estas la sola, kiu havas indon; ĉar la aŭtoro jam esprimas en ĝi la opinion, ke la pazigrafio estas rimedo por la interkomunikiĝo kaj komerco en malproksimaj landoj, kies lingvojn ni ne komprenas, kaj ke tio ĉi estas la plej bona parto, kiun la pazigrafio povas atingi. [Piednoto: C. H. Wolke, Erklaerung, wie die wechselseitige Gedankenmittheilung allen kultivirten Voelkern des Erdkreises oder die Pasigraphie moeglich und ausueblich sei, ohne Erlernug irgend einer neuen, besonderen oder einer allgemeinen Wort-- oder Zeichensprache. Dessau 1797.]

En la komenco de la 19 centjaro ni trovas antaŭ ĉio Naether'on en Goerlitz, kiu en la jaro 1805 publikigis verkon, en kiu li faras la proponon uzi karakteran skribadon, kiu estus figura kaj prenita el la naturo. Sed ĉar ne facile estas ellerni senfinan nombron da figuraj signoj, tial tiu ĉi simbola skribado, tute malegala je la ĝistiamaj sistemoj, estas tre maloportuna kaj malfacile uzebla. Prave sin levas kontraŭ tiu ĉi, kiel ankaŭ kontraŭ ĉiuj aliaj ĝistiamaj sistemoj, en bonege skribita kritika polemiko, la tiama reĝa Bavara centra konsilano de instruado ĉe la sekreta ministraĵo de internaĵoj en Munĥeno, Friedr. Immanuel Niethammer [Piednoto: F. J. Niethammer: Ueber Pasigraphik und Ideographik, Nuernberg, bei Karl Felssonecker, 1808.], kiu tute vere venas al la konkludo, ke sur vojo simbola, ĉu ĝi estos signoj hieroglifaj aŭ nombraj aŭ signoj de sonoj (literoj), uzataj kiel signoj de pensoj, oni neniam povos veni al la celo. Sed tute ne intencante forĵeti la penson de norma lingvo, li fine venas al la prudenta opinio, ke nur imitita al la lingvoj naturaj "fonetika vorta lingvo" povas solvi la problemon de lingvo tutmonda; ankaŭ pli: tiu ĉi natura iro de ideoj alkondukas lin eĉ al la penso, ke devas esti eble elpensi skribadon, kiu permesus, "pensadi sur la papero", t. e. skribadi kun la rapideco de la pensado,--sekve "tempoŝparantan ideoskribadon aŭ pensodesegnadon", kiun li nomis "Ideografiko". Kiel oni tamen vidas el la pluaj partoj de lia traktato, tiu ĉi ideografiko devus kvankam elveni el la ideofoniko kaj per tio ĉi tuj fariĝi ideolaliko, tamen ankaŭ lia idealo ŝajnas iri pli malproksimen, ol nia nuna stenografio kaj la Volapuek de Schleyer; sed estas sendube, ke per sia skribado li pensas nian alfabetan skribadon de sonoj, kiel per sia lingvo li pensas lingvon vortan, similan je tiu, por kiu ni batalas. [Piednoto: J. Zach. Naether, Versuch einer ganz neuen Erfindung von Pasigraphie oder die Kunst zu schreiben und zu drucken, dass es von allen Nationen der ganzen Welt in allen Sprachen eben so leicht gelesen werden kann als die Zahlencharaktere 1, 2, 3; in Form einer Sprachlehre oder Grammatik nebst 20 pasigraphischen Uebungen. Goerlitz 1805.]

Ĉiuj tiuj ĉi kaj aliaj provoj rilate la praktikan utilon alkondukis tiel same malmulte al ia rezultato, kiel la jam dirita voko de la Kopenhaga akademio, kaj de tiu tempo (1811) ĝis la nuna (esceptinte: "Le polyglotte improvise ou l'art d'ecrire les langues sans les apprendre" de A. Renzi en Parizo 1840 kaj la pazigrafio de Sunderwall en Svedujo kaj la "New universal cipher language" 1874 de unu ne nomita aŭtoro en Londono) ni havas nenion pli por noti. Por tio la plej novaj pazigrafiistoj, pri kiuj ni nun parolos, nome: barono de Gablenz, Moses Paic, Don Sinibaldo de Mas kaj Anton Bachmaier, kiel ankaŭ Albert Walter--staras pli alte, ol iliaj antaŭirantoj, aŭ en rilato de la konstruo, aŭ en rilato de facileco de la metodo.

La konstruo de la "Gablenzographia kaj Gablenzolalia" de barono de Gablenz estas grandioza. Antaŭ ĉio li penis per aparta alfabeto laŭ 33 diversaj lingvoj en tiom same da ŝlosiloj solvi la problemon por la mondo lingvista skribadi tiel, kiel oni parolas. Li verkis gramatikon kaj vortaron, kiu pleje konsistas el vortoj unusilabaj. Sed kiel ajn bonega lia laboro estus, tre granda estas la malfacileco ellerni la 33 kaprompantajn ŝlosilojn. Al tio ĉi li tamen ne turnis atenton, ke la popoloj orient-Aziaj ne tre facile povas elparoladi la eŭropajn konsonantojn, nome, la "r", kiun li precipe multe uzas en siaj nomoj de nombroj (ra 1, re 2, ri 3, ro 4, ru 5). Kvankam la provoj de la pazigrafio de Gablenz por la praktika vivo ne taŭgas, li tamen montris, ke li bone konas la spiriton de la lingva scienco. En la jaro 1863 samtempe kun la proponoj de Grimm en Konstantinopolo aperis la verko de Don Sinibaldo de Mas, pri kiu ankaŭ estas iom parolite en la jam diritaj lekcioj de Max Mueller; ĝi aperis samtempe en Londono, Parizo kaj Lejpcigo kaj meritas atenton pro sia sistemo. Sed jam la difino, kiun li donas al ni pri ideografio: "L'ideographie est l'art d'ecrire avec des signes qui representent des idees et non avec des mots (sons) d'une langue quelconque" ankoraŭ unu fojon montras, ke oni ĉiam ankoraŭ sin movadis sur la malvera vojo, kiu ĝis nun ne kondukis al la celo kaj ankaŭ neniam al ĝi kondukos. Elirante el la penso, ke la signoj de nombroj en la aritmetiko kaj algebro por tiuj popoloj, kiuj ilin uzas, estas nenio alia, ol signoj ideografiaj, li penas elmontri, ke 500 milionoj da homoj, la Japanoj, Koĥinĥinanoj, Tonkinanoj sin komprenas reciproke nur per unu sama skribado kaj uzas ĝin ĉiutage. Kaj kio ĝi estas alia, ol signoj ideografiaj? Ĉu oni tiel povos ankoraŭ dubi la eblecon de tiu ĉi sistemo? Ĉu ni estus nekapablaj fari tion, kion faras la Azianoj, kiam ni ja kredas, ke ni staras multe pli alte, ol ili?--La eblecon de la uzado ankaŭ ni ne dubas, sed ni ankaŭ ne dubas la malfacilecon de la enkondukado. La Ĥinoj laboru multajn jarojn super la lernado de sia skriba lingvo kun ĝiaj 40000 diversaj signoj--ni okcidentuloj jam de antaŭe havas nian hereditan de la feniko-hebreoj fonetikan skribadon alfabetan, kiu donas al ni la eblon el 23 literoj formi multajn milionojn da sonoj, kiuj, estas vere, ne povas esti nomataj vortoj, se kun ili ne estas ligataj difinitaj ideoj (komprenaĵoj). Sed el tio ĉi almenaŭ sekvas, ke ni povas krei al ni neniajn pli riĉajn kaj pli praktikajn reprezentantojn por la grandioza diverseco de niaj ideoj, ol la vortojn de lingvo, kiuj ĉiuj estas kunmetitaj nur el malmultaj sonoj fundamentaj. Kaj ni devus nun ree nin turni al la senmovaj egiptaj aŭ ĥinaj signoj figuraj, kiuj estas fonditaj ankoraŭ sur la primitiva senta pririgardado kaj nur kun grandaj malfacilaĵoj permesas la prezentadon de abstraktaĵo! --Don Sinibaldo de Mas prenas por ĉiu "ideo" unu signon, pruntitan el la muzika nota sistemo, nur kun la diferenco, ke li donas ne efektivajn notojn en ĉiuj iliaj nuancoj. La signon fundamentan formas noto kvarono, kaj laŭ tio, ĉu ĝi staras sur tiu aŭ alia linio, ĝi ŝanĝas sian signifon kiel substantivo, verbo, adjektivo k. c., kaj en simila maniero estas esprimataj ĉiuj formoj de la gramatiko. Kiel ajn facila tiu ĉi sistemo ŝajnas je la unua rigardo, tamen tre baldaŭ montriĝas, ke la signoj por universala uzado estas tro komplikitaj.

Unu jaron poste Moses Paic, Serbo el Zemlin, publikigis pazilalion kaj pazigrafion. (Pli detale v. en la verko de D-ro Wild.) Li uzis sole ciferojn, por esprimi ĉiujn vortojn laŭ iliaj elementaj ideoj, tiel ke difinita vorto aperas ĉiam esprimata per difinita cifero. Tiel li uzas la nombrajn signojn de 1 ĝis 999 por ĉiuj gramatikaj fleksioj; la nombroj komencante de 1000 estas la pazigrafiaj signoj de ideoj. La apudaj komprenaĵoj de komuna ideo, la vortaj aliformaĵoj kaj devenaĵoj estas formataj per aldonado de pluaj nombroj al la nombroj de la ideoj per signoj de aldonado aŭ deprenado. Tiel ekzemple 3243 signifas la komunan ideon de aĉetado, kaj tiam 3243 + 10 = aĉetanto, 3243 + 13 = la aĉetanto, 3243 + 101 = la aĉetantoj k. c. El sia pazigrafio M. Paic faras pazilalion per tio, ke li por la apartaj nombroj metas literojn kaj por "+" = "m", por "--" = "n"; ekzemple: 3243 + 10 = aĉetanto = "fegimanos", 3243 + 20 = aĉetantino = "fegimenos", 3243 + 40 = aĉeto = "fegimonos" k. c. k. c.

Oni tiel vidas, ke ankaŭ Paic fine en simila maniero kiel Wilkins venus al la ĝusta, nome al skribado kaj lingvo sona, kvankam Wilkins tuj en la komenco laboris kun literoj, dum Paic kun ciferoj. Li ankaŭ pensis, ke por la ordinaroj aferoj de la vivo estas sufiĉa la ellernado de 1000 signoj de ideoj, kiuj kun la plej granda facileco per helpo de la devenigitaj apudaj ideoj povas esti alkondukitaj al 10000. Sed jam D-ro Wild rimarkis, ke tiu ĉi sistemo postulas tro grandan pripensadon, por povi esti enkondukita en la ordinaran interkomunikiĝon kun malproksimaj popoloj. Li opiniis ankaŭ, ke se la pazigrafio estus enkondukebla ĉe la Aziaj popoloj, oni devus preni por fundamento ne la ellaboritajn lingvojn Eŭropajn, sed ni devus por tio ĉi krei pazigrafion multe pli facilan, ol eĉ la ĥina; kaj, apogante sin sur tiun ĉi principon, la lasta partiano de la ideo pazigrafia, Anton Bachmaier en Munĥeno, ĉefo de unu tiea granda komerca firmo, jam en la jaro 1852 konstruis novan sistemon de pazigrafio, kiu en komparo kun la antaŭe nomitaj distingas sin per ekstrema simpleco.

Bachmaier ankaŭ fondis sian sistemon sur la signoj de la nombroj, ĉar ĉiuj komercaj popoloj posedas la sistemon de la 10 signoj de nombroj, kvankam iliaj formoj eĉ estas malegalaj. Ankaŭ tiuj ĉi signoj povas esti skribataj laŭ ĉiuj direktoj, ne sole horizontale de maldekstre al dekstre, kiel ĉe la Eŭropanoj, sed ankaŭ de dekstre al maldekstre, kiel ĉe la Mahometanoj, aŭ de supre al malsupre, kiel ĉe la Orientazianoj, kaj al tio ĉi ili estas facile prezenteblaj per skribado, presado kaj telegrafo. Bachmaier esprimas ĉiun komprenaĵon per nombro, ne uzas difinitan artikolon, sed por la artikolo nedifinita la nombron 1, kaj signas la multenombron per substrekado de la nombro de la ideo. La substantivoj estas sen sekso kaj deklinacio. La gradoj de komparo estas distingataj per unu aŭ du punktoj metitaj super la nombro de la ideo, la nombronomoj fundamentaj per supre metitaj, la nombronomoj ordaj per malsupre metitaj punktoj. La verbo estas uzata nur en la modo nedifinita (infinitivo), la estonta tempo estas esprimata per superstrekado, la tempo pasinta per trastrekado de la nombro de la ideo k. c. La plej konataj nomoj propraj kaj geografiaj ricevis en la vortaroj apartajn nombrojn. Bachmaier lasis jam en 18 lingvoj prepari provajn ekzemplerojn de tiaj vortaroj, super kiuj laboris la konata lingvisto profesoro Ignatz Gaugengigl kaj la privata instruitulo Wilh. Stephanus. Al tio ĉi formiĝis en Munĥeno centra societo por pazigrafio, al kiu apartenis unuaklasaj instruituloj, kiel la germana Mezzofanti, Pf. Richter, kiu paroladis en 34 lingvoj, Pf. Lauth, la glora egiptologo, D-ro Wild, Ja bonega naciekonomiisto kaj statistikisto kaj multaj aliaj, kiel ankaŭ la barono von Gablenz en Dresdeno, Don Sinibaldo de Mas kaj Paic estis honoraj membroj de ĝi.

Malgraŭ ke la sistemo de Bachmaier estis ekstreme simpla, uzante nur 9 komunajn kaj 6 apartajn signojn, kaj eĉ jam turnis sur sin la okulojn de la registaroj, tiel ke jam estis intencita universala kongreso, kiu devis havi lokon en Parizo, tamen la entrepreno ree perdiĝis sen rezultato. Kaj kial?--Se ĝin ankaŭ sonoraj kaŭzoj, la elsekiĝo de materialaj fontoj, antaŭ ĉio pereigis, tamen la veran kaŭzon oni devas serĉi pli profunde, ĝi kuŝas en la sistemo mem. Ĝi nome estis konstruita sur sablo, kiel la sistomoj de ĉiuj antaŭirantoj de 200 jaroj, ĉar la plej simplan kaj plej facilan oni la plej malfacile trovas.

Tamen oni ne devas pensi, ke sistemo en tiel alta grado simpligita, kiel la sistemo de Bachmaier, kvankam ĝi ne portis en si la fundamenton por lingvo tutmonda, foriris el la mondo, alportinte nenian utilon. Bachmaier diris mem en la antaŭparolo al siaj pazigrafiaj vortaroj: "Estas kompreneble, ke tiu ĉi skriba maniero de komunikiĝo neniam estos egala al la bonaĵoj de lingvo; tamen por la komunikiĝo kun tiuj, kies lingvon oni no komprenas (kiu homo komprenas ĉiujn lingvojn!) ĝi estas ekstreme grava helpo". Efektive tiu ĉi sistemo por mallongaj notoj komercaj, por sciigoj de gazetoj kaj precipe por telegramoj al ĉiuj landoj de la mondo montriĝis uzebla. La "Sistemo ĉifrada kaj telegrafada de A. Walter en Winterthur", kiu en trimembraj kunigoj de literoj de "aaa" ĝis "zzz" kune kun kelkaj ciferoj por la plej necesaj gramatikaj rilatoj, en maniero de sekreta skribado prezentas ĉiujn necesajn ideojn en formo tabela, donas en ĉiu okazo por ĉifraj telegramoj ŝparon de kostoj ĝis 40 0/0 en komparo kun vortaj telegramoj en la lingvo germana; sed por lingvo tutmonda, kiel por parolado tiel ankaŭ por skribado, ankaŭ al ĝi mankas la natura fundamento, ĉar eĉ Mezzofanti ne povus teni en la kapo tiujn ĉi kunligojn de literoj, kiuj ankaŭ tie ĉi devas servi anstataŭ vortoj. Al tio ĉi ili estas neelparoleblaj kaj tial por la buŝa interkompreniĝado tute ne uzeblaj. Ankaŭ la verkado de vortaroj jam en unu lingvo estas ligita kun grandegaj laboroj kaj malfacilaĵoj, ne parolante jam pri kelkaj kaj multaj lingvoj.

(Tie ĉi la aŭtoro finas la historion de la diversaj provoj kaj transiras al la priskribo de la sistemo Volapuek, de kiu li en tiu tempo estis ankoraŭ varmega partiano, trovante ĝin la plej bona el ĉiuj tiam faritaj provoj. Ni jam rakontis [v. No. 10 de "La Esperantisto" 1890], kiel post la apero de la sistemo "Esperanto" la aŭtoro forlasis Volapuekon kaj transiris kun plena entuziasmo al "Esperanto", de kiu ĝis la fino de sia vivo li restis varmega batalanto.--Ni devas ankoraŭ aldoni, ke la nun alportita artikolo ne estas plena historio de ĉiuj provoj de lingvo tutmonda; volante skribi nur gazetan artikolon kaj ne dikan detalan verkon, la aŭtoro parolis nur pri parto de la proponitaj sistemoj, kaj ankaŭ pri ĉiuj el tiuj ĉi li diris nur kelkajn vortojn. La efektiva nombro de la diversaj projektoj, faritaj en la lastaj 200 jaroj, estas pli ol 150).

* * * * *

ESENCO KAJ ESTONTECO DE LA IDEO DE LINGVO INTERNACIA

Raporte-verkita de anonima aŭtoro kaj legita (en formo iom ŝanĝita kaj mallongigita) de s-ro L. de Beaufront en la kongreso de l'Association Francaise pour l'Avancement des Sciences (Parizo, 1900).

I

Ĉiuj ideoj, kiuj estas ludontaj gravan rolon en la historio de la homaro, havas ĉiam tiun saman egalan sorton: kiam ili ekaperas, la samtempuloj renkontas ilin ne sole kun rimarkinde obstina malkonfido, sed eĉ kun ia neklarigebla malamikeco; la pioniroj de tiuj ĉi ideoj devas multe batali kaj multe suferi; oni rigardas ilin kiel homojn frenezajn, infane malsaĝajn, aŭ fine eĉ rekte kiel homojn tre malutilajn. Dum la homoj, kiuj okupas sin je ĉia plej sencela kaj senutila sensencaĵo, se ĝi nur estas en modo kaj konforma al la rutinaj ideoj de la amaso, ĝuas ne sole ĉiujn bonojn de la vivo, sed ankaŭ la honoran nomon de "instruituloj" aŭ "utilaj publikaj agantoj", la pioniroj de novaj ideoj renkontas nenion krom mokoj kaj atakoj; la unua renkontita tre malmulte lerninta bubo rigardas ilin de alte kaj diras al ili, ke ili okupas sin je malsaĝaĵoj; la unua renkontita gazeta felietonisto skribas pri ili "spritajn" artikolojn kaj notojn, ne preninte sur sin la laboron almenaŭ iom ekscii, super kio ili propre laboras; kaj la publiko, kiu ĉiam iras kiel anaro da ŝafoj post la kriemuloj, ridas kaj ridegas kaj eĉ por unu minuto ne faras al si la demandon, ĉu ekzistas eĉ guto da senco kaj logiko en ĉiuj tiuj ĉi "spritaj" mokoj. Pri tiuj ĉi ideoj "estas modo" paroli ne alie, ol kun ironia kaj malestima rideto, tial tiel agas ankaŭ A kaj B kaj C, kaj ĉiu el ili timas enpensiĝi serioze eĉ unu minuton pri la mokata ideo, ĉar li "scias antaŭe", ke "ĝi krom malsaĝaĵo enhavas ja nenion", kaj li timas, ke oni iel alkalkulos lin mem al la nombro de "tiuj malsaĝuloj", se li eĉ en la daŭro de unu minuto provos rilati serioze al tiu ĉi malsaĝaĵo. La homoj miras, "kiamaniere en nia praktika tempo povas aperi tiaj malsaĝaj fantaziuloj kaj kial oni ne metas ilin en la domojn por frenezuloj".

Sed pasas kelka tempo. Post longa vico da batalado kaj suferoj la "buboj-fantaziuloj" atingis la celon. La homaro fariĝis pli riĉa per unu nova grava akiro kaj eltiras el ĝi la plej vastan kaj diversforman utilon. Tiam la cirkonstancoj ŝanĝiĝas. La jam fortiĝinta nova afero ŝajnas al la homoj tiel simpla, tiel "komprenebla per si mem", ke la homoj ne komprenas, kiamaniere oni povis tutajn miljarojn vivi sen ĝi. Kiam la posteuloj legas la rakontojn pri tio, kiel sin tenis kontraŭ la dirita ideo la samtempuloj de ĝia naskiĝo, ili absolute ne volas kredi kaj pensas, ke ĉion tion ĉi elpensis la

243

historioskribantoj pro mokado je la foririntaj generacioj. "Ĉu efektive", ili diras, "la tuta mondo tiam konsistis el idiotoj? Ĉu efektive ekzistis homoj, kiuj elpaŝadis kontraŭ la pioniroj kun tiaj sensencaj kontraŭparoloj kaj la ceteraj homoj silentadis kaj la unua renkontita kvinjara infano ne diradis al tiuj kritikantoj: "sinjoroj, vi ja parolas teruran, sur nenio fonditan sensencaĵon, kies rebato sin trovas ja tuj antaŭ via nazo!"? Absolute nekompreneble! La historiistoj certe trograndigas!"

Legu la historion de naskiĝo de la kristaneco kaj de diversaj grandaj ideoj en la regiono de moralo, filozofio kaj scienco; legu la historion de la eltrovo de Ameriko, de la enkonduko de fervojoj k. t. p. k. t. p. Ĉie tute tio sama. "Es ist eine alte Geschichte, doch bleibt sie immer neu". La lumo aperas kiel necesa bezonataĵo al tiu, kiu staras malproksime, sed al la proksime starantaj ĝi trancas la okulojn kaj ili penas estingi ĝin. La ideo de Kolumbo, ke "devas ekzisti okcidenta vojo Hindujon", ŝajnas al ni nun tiel simpla, tiel natura, kaj ni simple ne volas kredi, ke povis iam ekzisti homoj, kiuj, sciante jam, ke la tero estas globo, povis dubi, ke al ĉia lando oni povas veni ne sole de oriento, sed ankaŭ de okcidento, kaj ke en tiu ĉi ne esplorita okcidento povas eble troviĝi ne konataj al ni interesaj landoj. Kiam ni legas tiujn kontraŭparolojn, kiujn oni tiam faradis al Kolumbo, ekzemple, ke neniu okcidenten de Eŭropo veturis, sekve ĝi estas ne ebla, ke Dio malpermesis tion ĉi fari, ke la ŝipoj malleviĝados malsupren kaj ne povos returne leviĝadi supren . . . k. t. p.,--ni kontraŭvole demandas nin, kiamaniere homoj maturaĝaj povis paroli tiajn sensencaĵojn, pro kiuj en nia tempo ruĝiĝus ĉia infano. Kaj tamen en tiu tempo ĝuste tiuj ĉi naivaj kontraŭparoloj estis rigardataj kiel veroj, ne ebligantaj ian dubon, kiel plej logika opinio de la tuta prudenta mondo, kaj la ideoj de Kolumbo estis kalkulataj kiel infanaĵo, kiu estas inda nenian atenton. Kiam oni montris al la homoj la forton de la vaporo kaj ĝian uzeblecon, ŝajnis, ke kia prudenta homo povus ion kontraŭparoli kontraŭ ĝi? Kaj tamen kiom da multjara batalado, suferoj kaj mokoj la elpensinto devis elporti! kaj eĉ tiam, kiam fine prosperis jam atingi la celon, kiam en Anglujo jam dum tutaj tri jaroj la lokomotivoj kursadis kaj alportadis grandegan utilon, sur la kontinento de Eŭropo instruitaj homoj kaj eĉ tutaj instruitaj korporacioj, anstataŭ simple ekrigardi kaj konvinkiĝi, skribadis ankoraŭ profundapensajn traktatojn pri tio, ke konstruado de lokomotivoj estas infana entrepreno, ke ĝi estas ne ebla, ke ĝi estas malutila k. t. p. Kio tio ĉi estas? ni demandas nin; ĉu tio ĉi estis ia ĉiuhoma epidemia idioteco? ĉu efektive ekzistis tiaj generacioj? Jes, ekzistis tiaj generacioj, kaj ni, kiuj nun miregas, ni en efektiveco estas ne pli bonaj ol ili, kaj niaj nepoj estos ne pli bonaj ol ni. Ĉiuj tiuj ĉi homoj kun iliaj indignige sensencaj kontraŭparoloj kaj atakoj estis tamen ne idiotoj, kvankam ili nun eble ŝajnas al ni tiaj. Ilia tuta kulpo konsistis nur en tio, ke, dank' al la natura spirita inercio de ĉiu el ni, ili aŭ tute ne volis prijuĝi la naskiĝantajn novajn aperojn, plivolante limigi sin per sanosubtenanta ridado, aŭ alpaŝadis al la prijuĝado kun antaŭe jam preta konvinko, ke la afero proponata al ili estas neplenumebla, kaj ĉiujn siajn argumentojn ili penadis konformigadi al tiu autaŭe farita decido, ne rimarkante la tutan senfundamentecon de tiuj ĉi argumentoj, kaj kontraŭ la argumentoj de la defendantoj de la nova ideo ili fermadis sian cerbon per la plej fortikaj seruroj, kaj tial tiuj ĉi lastaj argumentoj, kiuj penadis pruvi la eblecon de tio, devis ŝajni al tiuj inerciaj homoj tiel same infanaj, kiel al ni nun ŝajnas iliaj tiamaj kontraŭparoloj.

Al tiaj ideoj, kiuj al la samtempuloj ŝajnas senenhava fantazio kaj al la posteuloj ŝajnas tia natura afero, ke ili ne komprenas, kiamaniere la homoj miljarojn vivis sen ĝi,--al tiaj ideoj apartenas ankaŭ la ideo de enkonduko de komuna lingvo por la komunikiĝoj inter diversaj popoloj. Kiam niaj posteuloj legos en la historio, ke la homoj, tiuj ĉi reĝoj de la tero, tiuj ĉi plej altaj reprezentantoj de la monda inteligenteco, tiuj ĉi duon-dioj, en la daŭro de tutaj miljaroj vivis unuj apud la aliaj, ne komprenante unuj la aliajn, ili simple ne volos kredi. "Por tio ĉi oni ja bezonis nenian supernaturan forton, ili diros; ĉiu el tiuj ĉi homoj posedis ja kolekton da kondiĉaj sonoj, per kiuj li tute precize kompreniĝadis kun siaj plej proksimaj najbaroj,--kiel do ne venis al ili en la kapon konsentiĝi inter si, ke unu el tiaj kolektoj da kondiĉaj sonoj estu enkondukita por la reciproka kompreniĝado inter *ĉiuj*, simile al tio, kiel por la plimulto de la kulturaj popoloj estis enkondukita jam longe unu kondiĉa kolekto da mezuroj, unu kondiĉa alfabeto, unuj kondiĉaj muzikaj signoj k. t. p.!" Niaj posteuloj indignos, kiam ili eksciós, ke la homojn, kiuj penadis pri la enkonduko de komuna lingvo, la samtempuloj montradis per la fingroj, kiel maniulojn, bubojn, ne meritantajn la nomon de seriozaj homoj; ke pri tiuj ĉi homoj ĉiu malplenkapulo povis spritadi en la gazetoj, kiom li volis, kaj troviĝis neniu, kiu dirus al tiuj malplenkapuloj: "vi povas trovi tiujn ĉi ideojn plenumeblaj aŭ ne plenumeblaj,--sed moki ilin, eĉ ne konatiĝinte kun ili, estas honte, sinjoroj!" Kore ridegos niaj posteuloj, kiam ili aŭdos tiujn naivajn kontraŭparolojn, kiujn multaj el niaj samtempuloj faradis kontraŭ la ideo de lingvo internacia entute kaj de lingvo arta speciale. Simile al tio, kiel ni kun rideto de kompato rilatas al tiu el niaj pra-praavoj, kiu antaŭ kelke da miljaroj eble protestis kontraŭ la enkonduko de arta alfabeto, kriante kun la aplombo de instruitulo, sed tute senpruve, ke rimedo por la esprimado de niaj pensoj estas objekto organa, natura, kreita de la historio (skribado per hieroglifaj desegnaĵoj) kaj ne povanta "esti kreita en kabineto",--tiel niaj posteuloj, mokados tiujn niajn samtempulojn, kiuj nur pro tiu nenion diranta cirkonstanco, ke la nunaj lingvoj kreiĝis blinde per si mem, aŭtoritate certigas, ke lingvo ne povas esti kreita arte. "Ĝis nun ne estis, sekve ne povas esti!"--"Kiel mi povas kredi", diros en la venonta centjaro ia dekjara lernanto al sia instruanto, "ke ekzistis homoj, kiuj neadis la eblecon de ekzistado de arta lingvo, kiam antaŭ ilia nazo tia lingvo jam *ekzistis,* havis jam riĉan literaturon kaj bonege *plenumadis jam en la praktiko* ĉiujn funkciojn, kiujn oni povas postuli de lingvo internacia, kaj tiuj ĉi sinjoroj, anstataŭ babiladi ĉiam teorian sensencaĵon, bezonis nur malfermi la okulojn kaj *ekrigardi*! Ĉu estas eble, ke homoj maturaĝaj parolus ĉiam frazistan sensencaĵon pri ia diferenco de la voĉaj organoj ĉe la popoloj, kiam ĉiu infano vidis sur ĉiu paŝo membrojn de unu popolo, bonege parolantajn en la lingvo de alia popolo!" Kaj la instruanto respondos: "ĝi estas efektive nekredebla, kaj tamen ĝi tiel estis!"

Cetere en la nuna tempo en la afero de lingvo internacia la rutino kaj spirita inercio komencas iom post iom cedadi al la sana prudento. Jam longe tie aŭ aliloke en diversaj gazetoj kaj revuoj aperas artikoloj plenaj de aprobo por la ideo mem kaj por ĝiaj batalantoj. Sed tiuj ĉi artikoloj estas ankoraŭ senkuraĝaj, kvazaŭ la aŭtoroj timas, ke oni ne elmetu ilin al publika malhonoro. Tiuj ĉi senkuraĝaj voĉoj perdiĝas en la laŭtega ĥoro de la kriistoj kaj mokistoj, tiel ke la grandega plimulto de la publiko, kutiminta iradi nur tien, kie oni krias la plej laŭte, kaj opiniadi ĉiun mokanton saĝulo, ĉiun atakanton bravulo kaj ĉiun atakaton kulpulo, ĉiam ankoraŭ rigardas la ideon de lingvo internacia kiel sensencan infanan fantazion. Tiun ĉi publikon konvinki ni ne entreprenas, ĉar ĉiuj niaj vortoj pereus vane. Ĝin konvinkos nur la tempo. Morgaŭ ĝi al la pioniroj de la ideo konstruos monumentojn kun tia sama anara sento, kun kiu ĝi hodiaŭ superĵetas ilin per koto. Nia parolo estas difinita nur por tiuj, kiuj provis rilati al nia ideo kun juĝo memstara, sed sub la influo de diversaj aŭditaj opinioj perdis la egalpezon, ne scias, kiel ili devas sin teni, dezirus kredi kaj samtempe turmentiĝas per konstantaj duboj. Por ili ni tie ĉi analizos la demandon, ĉu efektive ni, la amikoj de la ideo de lingvo internacia, laboras por ia utopio, kaj ĉu minacas al ni la danĝero, ke ĉiuj niaj laboroj pereos vane, kiel kredigas niaj kontraŭuloj, aŭ ĉu ni iras al celo klare difinita, senduba kaj nepre atingota.

Ni scias, estimataj aŭskultantoj, ke vi kutimis rilati kun estimo nur al tiaj argumentoj, kiuj estas plenigitaj per multo da citatoj, traplektitaj per multo da laŭtaj aŭtoritataj nomoj kaj brilas per amasego da alteflugaj kvazaŭ-sciencaj frazoj. Ni avertas vin, ke ĉion tion ĉi vi en nia parolo ne trovos. Se vi trovas atentinda nur tion, kio estas ligita kun laŭtaj nomoj, legu ian verkon pri lingvo internacia, kaj vi trovos tie longan serion da gloraj kaj aŭtoritataj sciencoloj, kiuj laboris por la ideo de lingvo internacia. Sed ni tie ĉi forlasos ĉian superfluan balaston kaj parolos al vi nur en la nomo de la nuda *logiko*. Ne turnu atenton sur tion, kion diras Petro aŭ Johano, sed pripensu *mem*. Se niaj argumentoj estas ĝustaj, akceptu ilin,-- se ili estas malĝustaj, forĵetu ilin, se eĉ miloj da laŭtaj nomoj starus post ili.

Ni analizos sisteme la sekvantajn demandojn: 1) ĉu lingvo internacia estas bezona; 2) ĉu ĝi estas ebla en principo; 3) ĉu ekzistas espero, ke ĝi efektive estos enkondukita praktike; 4) kiam kaj kiamaniere tio ĉi estos farita kaj kia lingvo estos enkondukita; 5) ĉu nia nuna laborado kondukas al ia difinita celo, aŭ ni agas ankoraŭ blinde kaj riskas, ke nia laborado pereos vane, kaj prudentaj homoj devas ankoraŭ sin teni flanke de ni, ĝis "la afero klariĝos".

II

Ĉu lingvo internacia estas bezona? Tiu ĉi demando per sia naiveco elvokos ridon ĉe la estontaj generacioj, tiel same kiel niaj samtempuloj ekridus ekzemple ĉe la demando "ĉu poŝto estas bezona"? La plimulto de la inteligenta mondo jam nun trovos tiun ĉi demandon tute superflua; tamen pro konsekvenco ni metas tiun ĉi demandon dank'al tio, ke ekzistas ankoraŭ multe da homoj, kiuj respondas je tiu ĉi demando per "ne". La sola motivo, kiun kelkaj el tiuj ĉi homoj elmetas, estas sekvanta: "lingvo internacia detruos la lingvojn naciajn kaj la naciojn". Ni konfesas, ke kiom ajn ni rompis al ni la kapon, ni neniel povis kompreni, en kio nome konsistus la malfeliĉo por la homaro, se en unu bela tago montriĝus, ke ne ekzistas jam plu nacioj kaj lingvoj naciaj, sed ekzistas nur unu ĉiuhoma familio kun unu ĉiuhoma lingvo. Sed ni supozu, ke tio ĉi efektive estus io terura, kaj ni rapidos trankviligi tiujn ĉi sinjorojn. Lingvo intornacia deziras nur doni al la homoj de *malsamaj* popoloj, kiuj staras unu antaŭ alia kiel mutuloj, la eblon komprenadi unu alian, sed ĝi neniel intencas enmiksiĝi en la internan vivon de la popoloj. Timi, ke lingvo internacia detruos la lingvojn naciajn, estas tiel same ridinde, kiel ekzemple timi, ke la poŝto, kiu donas al homoj malproksimaj unu de alia la eblon komunikiĝadi, minacas neniigi la buŝajn interparoladojn inter la homoj! "Lingvo internacia" kaj "lingvo tutmonda" estas du tute malsamaj objektoj, kiujn miksi inter si oni neniel devas. Se ni supozus, ke fariĝus iam kunfluiĝo de la homoj en unu ĉiuhoman popolon, en tiu ĉi "malfeliĉo" (kiel nomos ĝin la naciaj ŝovinistoj) estos kulpa ne la lingvo internacia, sed la aliiĝintaj konvinkoj kaj opinioj de la homoj. *Tiam* efektive la lingvo internacia faciligos al la homoj la atingon de tio, kio antaŭe estos principe decidita de ili kiel dezirinda; sed se la celado al kunfluiĝo ne naskiĝos ĉe la homoj *memstare*, la lingvo internacia per si mem certe ne volos *altrudi* al la homoj tian unuiĝon. Lasante tute flanke la demandon pri la dezirindeco aŭ nedezirindeco de nacia ŝovinismo, ni notos nur tion, ke celadon al lingvo internacia ne devas escepti eĉ la plej varmega blinda ŝovinismo; ĉar la rilato inter celado al lingvo internacia kaj inter nacia ŝovinismo estas tia sama, kiel inter nacia patriotismo kaj amo al sia familio: ĉu iu povas diri, ke la pligrandigo de reciprokaj komunikiĝoj kaj interkonsentoj inter homoj de tiu sama lando (celado *patriota*) minacas per io al la amo *familia*? Per si mem la lingvo internacia ne sole ne povas malfortigi la lingvojn naciajn, sed kontraŭe, ĝi sendube devas konduki al ilia granda fortiĝado kaj plena ekflorado: dank' al la neceseco ellernadi diversajn fremdajn lingvojn, oni nun malofte povas renkonti homon, kiu posedus perfekte sian patran lingvon, kaj la lingvoj mem, konstante kunpuŝiĝante unuj kun la aliaj, ĉiam pli kaj pli konfuziĝas, kripliĝas kaj perdas sian naturan riĉecon kaj ĉarmon; sed kiam ĉiu el ni devos ellernadi nur *unu* fremdan lingvon (kaj ankoraŭ tre facilan), ĉiu el ni havos la eblon ellerni sian lingvon fonde, kaj ĉiu lingvo, liberiĝinte de la premado de multaj najbaroj kaj konservinte plene por si sola ĉiujn fortojn de sia popolo, disvolviĝos baldaŭ plej potence kaj brile.

La dua motivo, kiun elmetas la malamikoj de lingvo internacia, estas la timo, ke kiel lingvo internacia estos eble elektita ia el la lingvoj *naciaj* kaj ke tiam la homoj ne *alproksimiĝos* al si reciproke, sed simple ia unu popolo *dispremos* kaj *englutos* ĉiujn aliajn popolojn, dank' al la grandega superforto, kiujn ĝi ricevos super ĉiuj aliaj popoloj. Tiu ĉi motivo estas ne tute senfundamenta; sed ĝi povas esti elmetita nur kontraŭ tia aŭ alia nepripensita kaj malĝusta *formo* de lingvo internacia. Tiu ĉi motivo kompreneble perdas ĉian signifon, se ni turnos atenton, ke lingvo internacia povas

249

esti kaj estos nur ia *neŭtrala* lingvo, kiel ni malsupre montros.

Sekve se ni lasos por kelka tempo flanke la demandon pri la ebleco aŭ neebleco de la enkonduko de lingvo internacia (pri tiu ĉi punkto ni parolos malsupre), se ni supozos, ke la enkonduko de tia lingvo dependas nur de nia *deziro*, kaj se ni esceptos ian kriantan erarpaŝon en la *elekto* de la lingvo, ĉiu devas konsenti, ke pri *malutilo* de lingvo internacia neniel povas esti eĉ la plej malgranda parolo. Sed la *utilo*, kiun tia lingvo alportus al la mondo, estas tiel grandega kaj videbla por ĉiu, ke pri tio ĉi ni propre ne bezonus paroli. Tamen *kelke* da vortoj ni diros pri tio ĉi, se eĉ simple pro pleneco de nia analizo.

Ĉu vi ekpensis iam pri tio, *kio* propre levis la homaron tiel neatingeble alte super ĉiuj aliaj bestoj, kiuj ja en efektiveco estas konstruitaj laŭ tiu sama tipo, kiel la homo? La tutan nian altan kulturon kaj civilizacion ni dankas nur al unu objekto: al la *posedado de lingvo*, kiu ebligis al ni la *interŝanĝadon de pensoj*. Kio estus kun ni, fieraj reĝoj de la mondo, se ni ne povus *lingve komunikiĝadi* unuj kun aliaj, se sian tutan scion kaj inteligentecon ĉiu el ni devus de la komenco mem ellaboradi al si mem, anstataŭ faradi uzon --dank' al interŝanĝo de pensoj--de la jam pretaj fruktoj de la sperto kaj diversaj scioj de tutaj miljaroj, de tutaj milionoj kaj miliardoj da aliaj similaj al ni kreitaĵoj? Ni tiam eĉ per unu plej malgranda ŝtupeto ne starus pli alte ol tiuj diversaj bestoj, kiuj nin ĉirkaŭas kaj kiuj estas tiel sensaĝaj kaj senhelpaj! Forprenu de ni la manojn kaj la piedojn kaj kion vi volas, sed lasu al ni nur la povadon interŝanĝadi la pensojn,--kaj ni restos tiuj samaj reĝoj de la naturo kaj ni konstante kaj senfine perfektiĝados; sed donu al ĉiu el ni eĉ centon da manoj, donu al ni eĉ centon da diversaj ĝis nun ne konataj sentoj kaj povoj, sed forprenu de ni la povon de interŝanĝado de pensoj--kaj ni restos sensaĝaj kaj senhelpaj bestoj. Sed se la tre neplena kaj tre limigita ebleco de interŝanĝo de pensoj havis por la homaro tian grandegan signifon, ekpensu pri tio, kian grandegan kaj kun nenio kompareblan utilon donus al la homaro tiu lingvo, kiu farus la interŝanĝadon de pensoj *plena*, kaj dank' al kiu ne sole A havus la eblon kompreniĝadi kun B, C kun D, E kun F, sed ĉiu el ili povus kompreniĝadi kun ĉiu el la aliaj! Tuta cento da plej grandaj elpensoj ne faros en la vivo de la homaro tian grandan kaj bonfaran revolucion, kian faros la enkonduko de lingvo internacia! Ni prenu kelkajn malgrandajn ekzemplojn. Ni penas tradukadi la verkojn de ĉiu nacio en la lingvojn de ĉiuj aliaj nacioj; sed tio ĉi englutas ja neproduktive grandegan multon da laboroj kaj mono kaj tamen malgraŭ ĉio ni povas traduki nur la plej sensignifan parton de la homa literaturo, kaj la grandega plimulto de la homa literaturo kun riĉaj provizoj da diversaj pensoj por ĉiu el ni restas neakirebla. Sed kiam ekzistus lingvo internacia, tiam ĉio, kio aperas en la regiono de la homa penso, estus tradukata nur en tiun ĉi *unu* neŭtralan lingvon kaj multaj verkoj estus skribataj rekte en tiu ĉi lingvo, kaj ĉiuj produktoj de la homa spirito fariĝus akireblaj por ĉiu el ni. Por la perfektigado de tiu aŭ alia branĉo de la homaj scioj ni aranĝas sur ĉiu paŝo internaciajn kongresojn,--sed kian mizeran rolon ili ludas, kiam partopreni en ili povas ne tiu, kiu efektive kun utilo dezirus ion aŭdi, ne tiu, kiu efektive ion gravan volus komuniki, sed nur tiu, kiu scias babiladi en kelkaj lingvoj. Nia vivo estas mallonga kaj la scienco estas vasta; ni devas lerni, lerni, lerni! Al la lernado ni povas dediĉi nur parton de nia mallonga vivo, nome niajn infanajn kaj junulajn jarojn; sed ho ve! granda parto de tiu ĉi kara tempo foriras tute neproduktive por la ellernado de lingvoj! Kiom multe ni gajnus, se, dank' al ekzistado de lingvo internacia, ni povus la tutan tempon, dediĉatan nun al la neproduktiva lernado de lingvoj, dediĉi al la lernado de efektivaj kaj pozitivaj *sciencoj*! Kiel alte tiam leviĝus la homaro! . . .

Sed ni ne parolos plu pri tiu ĉi punkto, ĉar kiel ajn ĉiu el niaj aŭskultantoj rilatus al tiu aŭ alia *formo* de lingvo internacia, ni dubas, ĉu troviĝos inter ili eĉ unu, kiu dubus la *utilecon mem* de tia lingvo. Sed ĉar al multaj homoj, kiuj ne kutimis donadi al si precizan kalkulon pri siaj simpatioj kaj antipatioj, ordinare ŝajnas, ke se ili ne aprobas tiun aŭ alian formon de ia ideo, ili nepre devas ataki la ideon mem entute,--tial ni, pro sistemeco de nia analizo, petas ĉiun el la estimataj aŭskultantoj antaŭ ĉio noti al si bone en la memoro, ke pri la utileco de lingvo internacia *entute*--se tia estus enkondukita--li ne dubas. Ekmemoru do, sinjoroj, bone la unuan konkludon, al kiu ni venis, notu al vi kaj ekmemoru, ke kun tiu ĉi konkludo vi konsentas, nome:

La ekzistado de lingvo internacia, per kiu povus kompreniĝadi inter si la homoj de ĉiuj landoj kaj popoloj, alportus al la homaro grandegan utilon.

III

Nun ni transiros al la dua demando: "ĉu lingvo internacia estas ebla?" Ankaŭ pri tio ĉi nenia senantaŭjuĝa homo eĉ unu minuton povas dubi, ĉar ne sole ne ekzistas eĉ la plej malgrandaj faktoj, kiuj parolus *kontraŭ* tia ebleco, sed ne ekzistas eĉ la plej malgrandaj kaŭzoj, kiuj devigus eĉ unu minuton *dubi* pri tia obleco. Ekzistas en efektiveco homoj, kiuj kun scienca aplombo kredigas, kvazaŭ lingvo estas objekto natura, organa, kiu dependas de apartaj fiziologiaj ecoj de la organoj de parolo de ĉiu popolo, de la klimato, heredeco, kruciĝado de rasoj, historiaj kondiĉoj k. t. p. Kaj al la amaso tiaj instruitaj paroloj tre imponas, precipe se ili en sufiĉa mezuro estas traplektitaj per diversaj citatoj kaj per misteraj por la amaso terminoj teĥnikaj. Sed homo klera, kiu kuraĝas havi propran juĝon, scias ja tre bone, ke ĉio tio ĉi estas nur senenhava pseŭdo-scienca babilado, kiu havas nenian sencon kaj kiun rebati povus tre facile la unua renkontita infano. El la ĉiutaga sperto ni ĉiuj ja scias tre bone, ke se ni prenos infanon el kiu ajn lando aŭ nacio kaj de la tago de ĝia naskiĝo edukados ĝin inter personoj de nacio tute fremda kaj eĉ antipoda por ĝi, ĝi parolados en la lingvo de tiu ĉi nacio tiel same bonege kaj pure, kiel ĉiu natura filo de tiu ĉi nacio. Se por homo *maturaĝa* estas ordinare malfacile ellerni fremdan lingvon, tio ĉi ja tute ne venas de la konstruo de liaj organoj de parolo, sed simple de tio, ke li ne havas paciencon, ne havas tempon, ne havas instruantojn, ne havas rimedojn k. t. p. Tiu ĉi sama maturaĝulo renkontus ja tiujn ĉi samajn malfacilaĵojn ĉe la ellernado de sia *hejma* lingvo, se li en la infaneco ne estus edukita en tiu ĉi lingvo, sed devus ellernadi ĝin per helpo de lecionoj. Fine ĉiu klera homo ja ankaŭ nun *devas* ellernadi kelkajn fremdajn lingvojn, kaj li certe ne elektas tiujn lingvojn, kiuj kvazaŭ estas konformaj al liaj organoj de parolado, sed nur tiujn, kiujn li *bezonas*; estas sekve nenio neebla en tio, ke anstataŭ ke ĉiu lernas *diversajn* lingvojn, ĉiuj ellernadu *unu saman* lingvon kaj sekve povu komprenadi unu alian. Se eĉ ĉiu posedus la komuneakceptitan lingvon ne en plena perfekteco, eĉ tiam la demando de lingvo internacia estus jam decidita kaj la homoj ĉesus staradi unu antaŭ alia kiel surda-mutaj. Kaj oni devas ja memori, ke se ĉie estus sciate, ke por komunikiĝoj kun la tuta mondo oni devas ellerni nur *unu* lingvon--ĉie ekzistus multego da bonaj instruistoj de tiu ĉi lingvo, da specialaj lernejoj, ĉiu ellernadus tiun ĉi lingvon kun la plej granda volonteco kaj fervoreco, kaj fine ĉiuj gepatroj alkutimigadus siajn infanojn al tiu ĉi lingvo en *la infaneco*, paralele kun la patra lingvo. Sekve, lasante dume flanke la demandon pri tio, ĉu la homoj *volos* elekti ian unu lingvon por la rolo de internacia kaj ĉu prosperos al ili veni al interkonsento pri tiu ĉi elekto, ni dume konstatas tiun fakton, kiu kun plena sendubeco sekvas el ĉio, kion ni diris supre, nome, ke la *ekzistado mem* de lingvo internacia estas tute ebla. Notu do al vi bone en la memoro tiujn du sendubajn konkludojn, al kiuj ni venis ĝis nun, nome:

1. Lingvo internacia alportus al la homaro grandegan utilon;

2. La ekzistado de lingvo internacia estas plene ebla.

IV

Ĉu lingvo internacia *estos* iam enkondukita? Se ni venis al la konkludo, ke lingvo internacia alportus al la homaro grandegan utilon kaj ke ĝia ekzistado estas ebla, el tiuj ĉi du konkludoj jam per si mem elfluas la konkludo, ke tia lingvo pli aŭ malpli frue nepre estos enkondukita, ĉar alie ni devus nei ĉe la homaro la ekzistadon de ĉia eĉ plej elementa inteligenteco. Se lingvo, povanta plenumadi la rolon de internacia, ĝis nun ankoraŭ ne ekzistus, sed devus ankoraŭ esti kreita, tiam respondo je la demando metita en la komenco de tiu ĉi ĉapitro estus duba, ĉar estus nesciate ankoraŭ, ĉu oni povos krei tian lingvon. Sed ni ja scias, ke da lingvoj ekzistas tre multe kaj ke *ĉiu* el ili en okazo de bezono povus esti difinita kiel internacia, nur kun tia diferenco, ke unu el ili *pli* taŭgus por tiu ĉi celo kaj alia *malpli*. Ni havas sekve ĉion pretan kaj ni bezonas nur *ekdeziri* kaj *elekti*,--kaj en tia okazo la respondo je la supre metita demando jam ne povas esti duba. La homoj vivas per vivo konscia kaj senĉese celadas al sia bono; tial se ni scias, ke tiu aŭ alia afero promesas al la homoj grandegan kaj senduban utilon kaj ke ĝi estas por ili atingebla, ni ĉiam kun plena certeco povas antaŭdiri, ke de tiu momento, kiam la homoj nur ekturnis sian atenton al tiu ĉi afero, ili jam obstine celados al ĝi ĉiam pli kaj pli kaj ne ĉesos en sia celado tiel longe, ĝis ili la aferon atingos. Se du homaj grupoj estas disigitaj unu de alia per rivereto, sed scias, ke por ili estus tre utile komunikiĝadi inter si, kaj ili vidas, ke tabuloj por la kunigo de ambaŭ bordoj kuŝas tute pretaj apud iliaj manoj, tiam oni ne bezonas esti profeto, por antaŭvidi kun plena certeco, ke pli aŭ malpli frue tabulo estos transĵetita trans la rivereto kaj komunikiĝado estos aranĝita. Estas vero, ke pasas ordinare kelka tempo en ŝanceliĝado, kaj tiu ĉi ŝanceliĝado estas ordinare kaŭzata de la plej sensencaj pretekstoj: saĝaj homoj diras, ke celado al aranĝo de komunikiĝo estas infanaĵo, ĉar neniu el ili okupas sin je metado de tabuloj trans rivereto kaj tiu ĉi afero estas tute ne en modo; spertaj homoj diras, ke la antaŭuloj ne metadis tubulojn trans riveveto, sekve ĝi estas utopio; instruitaj homoj pruvas, ke komunikiĝado povas esti nur afero natura kaj ke la homa organismo ne povas sin movadi sur tabuloj, k. t. p. Tamen pli aŭ malpli frue tabulo estas transmetata kaj la komunikiĝado estas aranĝata. Tiel estis kun ĉiu utila ideo, tiel estis kun ĉiu utila elpenso; apenaŭ la senantaŭjuĝaj homoj venadis al senduba konkludo, ke la donita afero estas tre utila kaj samtempe efektivigebla, ili povis ĉiam scii antaŭe kun plena certeco, ke pli aŭ malpli frue la afero *nepre* estos akceptita, malgraŭ ĉia batalado de la flanko de la rutinuloj; ĉar tion ĉi garantias ne sole la natura inteligenteco de la homaro, sed ankaŭ ĝia celado al sia praktika bono kaj profito. Tiel estos ankaŭ kun la lingvo internacia. En la daŭro de multaj centjaroj la homoj, ankoraŭ ne tre bezonante lingvon internacian, ne enpensiĝadis pri tiu ĉi demando; sed nun, kiam la fortiĝintaj komunikiĝoj inter la homoj turnis ilian atenton al tiu ĉi demando, nun, kiam la homoj komencis konvinkiĝadi, ke lingvo internacia alportos al ili grandegan utilon kaj ke ĝi estas atingebla, ili sen ia dubo jam celados al ĝi ĉiam pli kaj pli, ĝia neceseco fariĝados por ili kun ĉiu tago ĉiam pli sentebla, kaj ili jam ne trankviliĝos tiel longe, ĝis la demando estos solvita. Ĉu vi povas tion ĉi dubi? Certe ne! *Kiam* tio ĉi venos--ni ne intencas nun antaŭdiri: povas esti, ke ĝi venos post unu jaro, post dek jaroj, post cent jaroj aŭ eĉ post kelkaj centoj da jaroj,--sed unu afero estas jam senduba, ke kiom ajn devos suferi la unuaj pioniroj de tiu ĉi ideo, kaj se eĉ tiu ĉi ideo multajn fojojn endormiĝadus je tutaj dekjaroj, ĝi jam neniam mortos: ĉiam pli ofte kaj pli obstine eksonados voĉoj, postulantaj enkondukon de lingvo internacia, kaj fine, pli aŭ malpli frue--se la demando ne estos solvita de la societo mem--la registaroj de ĉiuj landoj *devos* cedi, aranĝi internacian kongreson kaj elekti ian unu lingvon kiel internacian. Tie ĉi povas esti nur demando pri la *tempo*: unuj el vi diros, ke tio ĉi venos tre baldaŭ, aliaj diros, ke ĝi venos nur en plej malproksima estonteco; sed ke tiu ĉi fakto entute iam *venos* kaj ke la homaro, vidante la grandegan utilecon kaj samtempe la atingeblecon de lingvo internacia, ne restos eterne indiferenta por tiu ĉi afero kaj senhelpa anaro da ekzistaĵoj, ne komprenantaj unu alian--pri tio ĉi certo neniu el vi dubas eĉ minuton. Ni petas vin tial noti al vi en la memoro ia trian konkludon, al kiu ni venis, nome:

"Pli aŭ malpli frue lingvo internacia nepre estos enkondukita."

Tie ĉi ni faros malgrandan paŭzon kaj diros kelke da vortoj pri ni, batalantoj pro la ideo de lingvo internacia. El ĉio pruvita de ni vi vidas, ke ni tute ne estas tiaj fantaziistoj kaj utopiistoj, kiajn multaj el vi eble vidis en ni kaj kiajn nin pentras multaj gazetoj, ne dezirantaj eniĝadi en la esencon de tio, pro kio ni batalas. Vi vidas, ke ni batalas pro afero, kiu

255

alportos al la homaro grandegan utilon kaj kiu pli aŭ malpli frue *nepre* estos atingita. Ĉiu prudenta homo povas sekve kuraĝe aliĝi al ni, ne timante la mokojn de la malsaĝa kaj nepensanta amaso. Ni batalas pro afero tute pripensita kaj certa, kaj tial neniaj mokoj nek atakoj nin debatos de la vojo. La estonteco apartenas al *ni*. Ni supozu eĉ, ke tiu *formo* de lingvo internacia, pro kiu ni batalas, montriĝos en la estonteco kiel erara kaj ke venonta lingvo internacia estos ne tiu, kiun ni elektis,--sed tio ĉi ja tute nin ne devas konfuzi, ĉar ni batalas ne pro la *formo*, sed pro la *ideo*, kaj formon konkretan al nia batalado ni donis nur tial, ke ĉia batalado abstrakta kaj teoria ordinare al nenio kondukas. Malsupre ni pruvos, ke eĉ ankaŭ tiu konkreta *formo* de la lingvo estas tute pripensita kaj havas senduban estontecon; sed se vi eĉ tion ĉi dubus, la formo ja neniom nin ligas: se tiu ĉi formo montriĝos erara, ni morgaŭ ĝin ŝanĝos, kaj en okazo de bezono ni ĝin post-morgaŭ ankoraŭ unu fojon ŝanĝos, sed ni batalados pro nia ideo tiel longe, ĝis ĝi pli aŭ malpli frue estos plene efektivigita. Se ni, obeante la voĉon de la indiferenta egoismo, detenadus nin de nia laborado nur tial, ke kun la tempo la formo de la lingvo internacia eble estos alia, ol tiu, pro kiu ni nun laboras, tio ĉi signifus tion saman, kiel ekzemple rifuzi la uzadon de vaporo tial, ke poste eble estos trovita pli bona rimedo de komunikiĝado, aŭ rifuzi regnajn plibonigojn tial, ke poste iam eble estos trovitaj pli bonaj formoj por la regna konstruo. Nun ni estas ankoraŭ malfortaj kaj ĉia bubo povas ankoraŭ mokadi nin kaj montradi nin per la fingroj: sed plej bone ridas tiu, kiu ridas la lasta. Nia afero iras malrapide kaj malfacile; tre povas esti, ke la plimulto de ni ne ĝisvivos tiun momenton, kiam montriĝos la fruktoj de nia agado kaj ĝis la morto mem ni estos objekto de mokoj; sed ni iros en la tombon kun la konscio, ke nia afero ne mortos, ke ĝi morti *neniam povas*, ke pli aŭ malpli frue ĝi *devas* atingi la celon. Kaj se eĉ, lacaj de la sendanka laborado, ni kun malespero kaj apatio lasus fali la manojn,--tute egale, la afero ne mortos: anstataŭ la lacigitaj batalantoj aperos batalantoj novaj; ĉar ni denove ripetas, ke se estas ekster dubo, ke lingvo internacia alportus al la homaro grandegan utilon kaj ke ĝi estas atingebla, en tia okazo por nenia homo ne blindigita de rutino ne povas esti ia dubo, ke ĝi pli aŭ malpli frue nepre *estos* atingita, kaj nia konstanta laborado estos por la homaro eterna memorigado tiel longe, ĝis la ideo de lingvo internacia estos efektivigita. La posteuloj benos nian memoron, kaj al tiuj saĝaj homoj, kiuj nun nomas nin fantaziistoj, ili rilatos tiel, kiel ni nun rilatas al la saĝaj samtempuloj de la eltrovo de Ameriko, de la elpenso de vaporveturiloj k. t. p.

V

Sed ni revenu al nia interrompita analizado. Ni pruvis, ke lingvo internacia pli aŭ malpli frue nepre estos enkondukita; sed restas la demando: *kiam* kaj *kiamaniere* ĝi venos? Povas esti, ke tio ĉi venos nur post centoj aŭ eble eĉ post miloj da jaroj? Ĉu por tio ĉi estas bezona nepre reciproka interkonsento de la registaroj do ĉiuj landoj? Por doni pli malpli kontentigajn respondojn je tiuj ĉi demandoj, ni devas antaŭe analizi alian demandon, nome: "ĉu oni povas antaŭvidi, *kia* lingvo estos internacia?" Inter la unuaj demandoj kaj la lasta ekzistas la sekvanta malvasta ligitceo: se oni ne povas antaŭvidi, *kia* lingvo estos farita internacia, kaj se diversaj lingvoj havas por tio ĉi pli-malpli egalajn ŝancojn, tiam oni devas atendi ĝis la registaroj de ĉiuj (almenaŭ la plej gravaj) regnoj decidos aranĝi por tiu ĉi celo kongreson kaj decidi la demandon pri lingvo internacia. Kiu scias, kun kia granda malfacileco la registaroj decidiĝas por ĉia nova afero, tiu komprenos, ke pasos ankoraŭ tre kaj tre multe da jaroj, antaŭ ol la registaroj trovos la demandon de lingvo internacia sufiĉe maturiĝinta kaj inda je ilia enmiksiĝo, kaj poste pasos kredeble ankoraŭ vico da jaroj por la laborado de diversaj komitatoj kaj diplomatiistoj, antaŭ ol la afero estos decidita. Apartaj personoj kaj societoj tie ĉi nenion povus fari; ili povus nur konstante instigadi la registarojn, sed mem solvi la demandon sen la enmiksiĝo de la registaroj ili ne povus. Ĝis la solvo de la demando en tia okazo estus sekve ankoraŭ tre kaj tre malproksime. Sed tute alia afero estus, se montriĝus, ke oni povas antaŭe *antaŭvidi* kun plena precizeco kaj plena certeco, kia nome lingvo estos iam internacia: tiam oni jam ne bezonus atendi eble senfinan multon da jaroj, tiam ĉia societo, ĉia aparta persono povus laŭ sia propra gvido labori por la disvastigo de tiu ĉi lingvo; la nombro da adeptoj de tiu ĉi lingvo kreskadus kun ĉiu horo, ĝia literaturo rapido riĉiĝadus, kongresoj internaciaj tuj povus komenci uzadi gin por la reciproka kompreniĝado de siaj membroj, kaj en la plej mallonga tempo tiu ĉi lingvo tiom fortikiĝus en la tuta mondo, ke al la registaroj restus nur doni sian sankcion al fakto jam plenumiĝinta. Ĉu ni povas antaŭvidi, kia lingvo estos internacia? Feliĉe ni povas respondi tiun ĉi demandon tute pozitive: "jes, ni povas antaŭvidi, kia lingvo estos internacia, ni povas tion ĉi antaŭvidi kun plena precizeco kaj certeco, sen ia ombro da dubo".

Por konvinki pri tio ĉi niajn aŭskultantojn, ni petas ilin prezenti al si, ke kongreso da reprezentantoj de diversaj regnoj jam efektiviĝis, kaj ni trarigardos, kian lingvon ili povus elekti. Ne malfacile estos por ni pruvi, ke ekzistas nur *unu sola* lingvo, kiun ili povus elekti, kaj ke ĉia elekto de ia alia lingvo estus por ili rekte *ne ebla*, se ili eĉ *volus* ĝin elekti, kaj ke se ili kontraŭ ĉiu atendo kaj spite ĉiuj argumentoj de la sana prudento tamen elektus ian alian lingvon, tiam kontraŭ tio ĉi protestus la vivo mem kaj ilia elekto restus nur malviva litero.

Tiel ni prezentu al ni, ke la reprezentantoj de diversaj regnoj kunveturiĝis kaj ke ili alpaŝas al la elekto de lingvo internacia. Al ili antaŭstarus la sekvanta: 1) aŭ elekti ian el la ekzistantaj lingvoj *vivantaj*, 2) aŭ elekti ian el la lingvoj *mortintaj* (ekzemple latinan, grekan, hebrean), 3) aŭ elekti ian el la ekzistantaj lingvoj *artaj*, 4) aŭ difini komitaton, kiu okupus sin je la kreado de lingvo tute *nova*, ankoraŭ ne ekzistanta. Por ke niaj aŭskultantoj povu pense partopreni en la laboroj kaj konsideroj de la elektantoj, ni devas antaŭe konatigi ilin iom kun la karaktero de la nomitaj lingvaj kategorioj. La karaktero de la lingvoj vivantaj kaj mortintaj estas al la aŭskultantoj pli aŭ malpli konata, ni diros tial kelke da vortoj nur pri la lingvoj *artaj*, kiuj por la plimulto de niaj aŭskultantoj prezentas kredeble absolutan "terra incognita."

Kiamaniere ĉe la homoj naskiĝis la ideo de lingvo arta, kiel tiu ĉi ideo disvolviĝadis, trairadis diversajn stadiojn, komencante de la plej malperfektaj pazigrafioj ĝis la plej perfekta tipo de plena kaj riĉa lingvo, kia grandega multo da provoj estis farita en tiu ĉi direkto, kia grandega multo da laboroj iris ofere por tiu ĉi ideo en la daŭro de la lastaj du centjaroj,--pri ĉio tio ĉi ni ne parolos, ĉar por elaŭskulti ĉion tion ĉi vi ne havus sufiĉe da tempo nek pacienco. Ni diros nur ion pri la specialaj *ecoj* de la artaj lingvoj, ĉe kio ni kompreneble havos antaŭ la okuloj ne la diversajn malprosperajn provojn antaŭajn, kiuj la plimulton da analizataj de ni ecoj ne posedas, sed la plej perfektan formon de lingvo internacia, ekzistantan en la nuna tempo.

Krom plena neŭtraleco en rilato nacia, arta lingvo distingiĝas per la sekvantaj ecoj:

1) Ĝi estas mireginde kaj nekredeble *facila por ellernado*: sen trograndigo oni povas diri, ke ĝi estas almenaŭ *kvindek* fojojn pli facila, ol ĉia lingvo natura. Kiu ne konatiĝis kun lingvo arta, ne povas eĉ kredi, ĝis kia grado atingas ĝia facileco. La granda verkisto kaj filozofo Leono Tolstoj, kiun certe neniu en la tuta mondo kuraĝos suspekti en tio, ke li volas fari reklamon al la lingvo internacia, diris pri la lingvo Esperanto jenon: "La facileco de ĝia ellernado estas tia, ke, ricevinte Esperantan gramatikon, vortaron kaj artikolojn skribitajn en tiu ĉi lingvo, mi post ne pli ol du horoj da sinokupado havis la eblon se ne skribi, tamen libere legi en tiu ĉi lingvo. En ĉia okazo, la oferoj, kiujn alportos ĉiu homo de nia Eŭropa mondo, dediĉinte kelkan tempon al la ellernado de tiu ĉi lingvo, estas tiel *sensignifaj*, kaj la sekvoj, kiuj povas veni, se ĉiuj, almenaŭ la Eŭropanoj kaj Amerikanoj, aligos al si tiun ĉi lingvon, estas tiel grandegaj, ke oni ne povas ne fari tiun ĉi provon". Komprenu, sinjoroj, kion tio ĉi signifas: "*post ne pli ol du horoj da sinokupado*". Kaj en tiu ĉi sama maniero esprimis sin pri la lingvo Esperanto ĉiuj tiuj senantaŭjuĝaj kaj honestaj homoj, kiuj, anstataŭ filozofadi pri ĝi blinde, prenis sur sin la malgrandan laboron efektive konatiĝi kun ĝi. Estas vero, ke homoj instruitaj povas ellerni Esperanton pli rapide, ol homoj

neinstruitaj, sed ankaŭ la lastaj ellernas ĝin treege kaj mireginde facile, ĉar por la ellernado de la lingvo Esperanto de la lernanto estas postulataj neniaj antaŭaj scioj. Inter la esperantistoj vi trovos multe da homoj tiom neinstruitaj, ke ili ĝis nun en sia *propra, patra* lingvo skribas treege malbone kaj plene da eraroj, kaj tamen en la lingvo Esperanto ili skribas tuto senerare,--kaj ili ellernis tiun ĉi lingvon en la daŭro de iaj kelke da semajnoj, dum la ellernado de la lingvo natura ĉe tiuj samaj personoj devus okupi almenaŭ 4 aŭ 5 jarojn.

Kiam en la jaro 1895 Odeson venis svedaj studentoj, kiuj sciis sole svede kaj Esperante, unu ĵurnalisto, kiu deziris interparoli kun ili, matene la unuan fojon en sia vivo prenis en la manojn lernolibron Esperantan kaj vespero en tiu sama tago li povis jam sufiĉe bone paroli kun la svedoj.

De kie venas tia nekredebla facileco de lingvo internacia? Ĉiu lingvo natura konstruiĝis *blinde*, per la vojo de amasiĝado de la plej diversaj kaj pure okazaj cirkonstancoj; tie agadis nenia logiko, nenia difinita plano, sed simple nur la uzo: tian vorton estas *akceptite* uzi tiel, kaj tial ni devas ĝin uzi tiel,--tian vorton estas akceptite uzi alie, kaj tial ni devas ĝin uzi alie. Jam antaŭe tial oni povas diri, ke sistemo da sonoj por la esprimado de pensoj, kiun kreos homa *inteligenteco* konscie kaj laŭ severe difinitaj kaj logikaj leĝoj, devos esti multe, tre multe da fojoj pli facila, ol tia sistemo da sonoj, kiu konstruiĝis okaze kaj senkonscie. Ni ne havas la eblon analizi tie ĉi la tutan tiun iron de la pensoj, je kiu gvidadis sin la aŭtoroj de artaj lingvoj, nek montri detale ĉiujn tiujn grandegajn faciligojn, kiujn arta lingvo posedas en komparo kun la naturaj, ĉar tio ĉi postulus tutan vastan traktaton,--ni prenos tial nur simple kelkajn *ekzemplojn*. Tiel ekzemple preskaŭ en ĉiuj lingvoj ĉiu substantivo ial apartenas al tia aŭ alia *sekso*, ekzemple en la lingvo germana "kapo" havas viran sekson, en la lingvo franca virinan kaj en la lingvo latina neŭtralan; ĉu ekzistas en tio ĉi ia eĉ plej malgranda senco aŭ celo? Kaj tamen kian grandegan malfacilecon prezentas por la lernanto la memorado de la sekso de ĉiu substantivo! Kiom multe la lernanto devas ekzerciĝadi, ekzerciĝadi kaj denove ekzerciĝadi, antaŭ ol li venos al tiu perfekteco, ke li jam plu ne konfuziĝados kaj ne diros ekzemple "le fin" anstataŭ "la fin" aŭ "das Strick" anstataŭ "der Strick"! En lingvo arta tiu ĉi sekso de la substantivoj estas *tute elfetita*, ĉar montriĝis, ke ĝi ne havas en la lingvo eĉ la plej malgrandan celon. Jen vi havas sekve jam unu ekzemplon de tio, kiel per la plej bagatela rimedo estas atingita plej grandega faciligo de la lingvo. En la lingvoj naturaj ekzistas la plej komplikitaj kaj konfuzitaj deklinacioj kaj konjugacioj kun grandega multo da diversaj formoj ne sole por ĉiuj deklinacioj kaj konjugacioj, sed en ĉiu el ili ankoraŭ tuta serio da formoj; ekzemple en la konjugacioj vi havas ne sole por ĉiu tempo kaj modo tutajn seriojn da formoj, sed en ĉiu el tiuj ĉi tempoj kaj modoj ankoraŭ apartajn formojn por ĉiu persono kaj nombro. Oni ricevas vicon da grandegaj gramatikaj taboloj, kiujn oni devas ellerni kaj konservadi en la memoro; sed tio ĉi estas ankoraŭ nur komenco: al tio ĉi aliĝas multego da deklinacioj kaj konjugacioj *neregulaj*, ĉiu kun aparta serio da formoj, kaj ĉion tion ĉi oni devas ne sole ellerni kaj konservadi en la memoro, sed konstante memori, kia vorto ŝanĝiĝas laŭ la regulaj deklinacioj aŭ konjugacioj kaj kia laŭ la malregulaj kaj laŭ kia nome de tiuj ĉi regulaj aŭ malregulaj taboloj la donita vorto ŝanĝiĝas. La eksposedo de ĉio tio ĉi postulas inferan paciencon, multegon da tempo kaj konstantan senĉesan ekzerciĝadon. Dume lingvo arta anstataŭ tiu ĉi tuta ĥaoso, kiu postulas tutajn jarojn da pacienca laborado, donas al vi sole nur 6 vortetojn "i, as, is, os, us, u", kiujn vi povas perfekte ekposedi en la daŭro de kelke da minutoj kaj kiujn vi jam neniam forgesos kaj neniam konfuzos. Vi kun mirego demandas: "Kiel tio ĉi estas ebla?" Jen, tre simple: Esperanto diras al vi, ke deklinacioj *tute* estas bezonaj *neniaj*, ĉar ili plene anstataŭiĝas per la prepozicioj, kiujn ni ja sen tio uzas, kaj en la konjugacioj ne sole sufiĉas *unu* tabelo por *ĉiuj* verboj, sed eĉ por tiu ĉi tabelo tute sufiĉas, se ĝi enhavas en si (krom participoj, prezentantaj apartan formon) sole nur 6 finiĝojn, nome: por la tempoj estanta, estinta kaj estonta kaj por la modoj sendifina, kondiĉa kaj ordona. Vi certe en la unua minuto ekpensos, ke dank' al tiu ĉi malgrandega tabelo da konjugacioj la lingvo perdas sian flekseblecon? Tute neniel: konatiĝu kun la lingvo arta, kaj vi ekvidos, ke ĝia konjugacio esprimas ĉiujn nuancojn de la penso senkompare pli bone kaj pli precize, ol la plej komplikitaj kaj konfuzitaj tabeloj de la lingvoj naturaj, ĉar la arta lingvo forĵetis ne tion, kion la lingvo bezonas, sed nur tion, kio prezentas en ĝi absolute superfluan kaj tute al nenio servantan balaston. Efektive, por kio ni bozonas apartan serion da finiĝoj por ĉiu persono kaj nombro, kaj al tio ĉi en ĉiu tempo kaj en ĉiu modo apartan *novan* serion da tiuj ĉi finiĝoj, se ĉiuj tiuj ĉi finiĝoj estas ja tute superfluaj, ĉar la pronomo, kiu staras antaŭ la verbo, jam tute sufiĉe montras ĝian personon kaj nombron?

La ortografio en la plimulto da lingvoj (kaj al tio ĉi la plej multe ĝuste en tiuj lingvoj, kiuj la plej multe havas da ŝancoj por esti elektitaj kiel internaciaj) prezentas veran krucon por la lernanto: en unu vorto la donita litero estas elparolata, en alia ĝi ne estas elparolata aŭ estas elparolata alie, en unu vorto la donita sono estas skribata tiel, en alia vorto alie ... Tutajn jarojn devas uzi franco aŭ anglo por tio, ke li ekpovu regule skribi en sia patra lingvo! Radikale ŝanĝi tiun ĉi ortografion estas absolute ne eble, ĉar tiam grandega multo da vortoj, kiuj diferencas unu de alia aŭ neniel, aŭ nur per ia apenaŭ rimarkebla nuanco en la elparolado, fariĝus en la skribado tute nediferencigeblaj unu de alia. La lingvo arta donis al ĉiu sia litero klaran, severe difinitan kaj ĉiam egalan elparoladon, kaj dank' al tio en la lingvo arta la demando de ortografio tute ne ekzistas, kaj jam post, kvarono da horo da sinokupado je la arta lingvo (t. e. simple post la konatiĝo kun ĝia plej simpla alfabeto) ĉiu skribos en ĝi diktaton tute senerare, dum en lingvo natura li atingos tion ĉi nur post tutaj jaroj da malfacila kaj enua laborado.

Jam el tiuj kelkaj ekzemploj, kiujn ni donis, vi povas ricevi ideon pri tio, kian grandegan faciligon donas al la lingvo la enmiksiĝo de konscia arto. Ni povus citi komprenele ankoraŭ multe da aliaj ekzemploj, ĉar sur ĉiu paŝo ni renkontas en la lingvoj naturaj grandegajn malfacilaĵojn kaj konfuzaĵojn, kiuj en lingvo arta estas aŭ tute elĵetitaj kiel superflua balasto, aŭ alkondukitaj al ia unu aŭ du mallongaj vortetoj aŭ reguloj, sen ia eĉ plej malgranda difekto por la flekseblevo, riĉeco kaj precizeco de la lingvo. Tamen ni ne parolos pli pri tio ĉi, sed ni diros sole tion, ke *la tuta gramatiko de la lingvo Esperanto konsistas tuta nur el 16 mallongaj reguletoj, kiujn ĉiu povas bonege ellerni en la daŭro de duonhoro!* Post unu sola duonhoro da laborado super Esperanto la lernanto en tia grado ekposedas la tutan gramatikon kaj tutan konstruon de la lingvo, ke al li restas jam nur la simpla kaj facila akirado de provizo da vortoj! Por kompreni kaj taksi la tutan gravecon de tio ĉi, imagu al vi, ke vi entreprenis la ellernadon de ia lingvo natura kaj ke post kelke da jaroj da pacienca laborado vi fine venis al tio, ke vi ekposedis la konstruon de la lingvo en perfekteco kaj ke vi estas certaj, ke vi jam plu neniam povas fari en tiu ĉi lingvo ian gramatikan aŭ ortografian eraron kaj ke vi nun jam nur bezonas simple lernadi kiom eble pli da *vortoj,*-- vi ja tiam sentus vin feliĉa kaj dirus, ke la plej malfacilan kaj plej enuan parton de la laboro vi jam pasis ... Ĉu ne vere? En la lingvo Esperanto vi atingas tion ĉi *jam post duonhoro da laborado!*

Sekve se Esperanto havus eĉ *nur* tiun econ, pri kiu ni supre parolis, t. e. grandegan facilecon kaj regulecon de la gramatiko kaj ortografio, ni jam devus diri pri ĝi, ke ĝi estas multajn, multajn fojojn pli facila, ol ĉiu lingvo natura. Sed per tio ĉi ne finiĝas ankoraŭ la facileco de la lingvo Esperanto. Kiam vi venis al tio, ke al vi restas jam nur simpla ellernado de *vortoj*, vi eĉ tie ĉi renkontos ankoraŭ grandegajn faciligojn. Tiel ekzemple jam la reguleco mem de la lingvo donas al vi grandegan ekonomion en la nombro de la vortoj, kiujn vi bezonos lerni; ĉar sciante de la vorto la formon substantivan, vi jam antaŭe, kaj sen ia lernado, scias ankaŭ ĝian adjektivon kaj ĝian adverbon kaj ĝian verbon k. t. p., dum en ĉiu lingvo natura tre multaj esprimoj havas por ĉiu parto de parolo apartan vorton (ekzemple: *parler, oral, verbalement*). Havante plenan kaj ne limigitan rajton kunigi ĉian vorton kun ĉia prepozicio kaj kun ĉia alia vorto, vi estas liberigitaj de la lernado de multego da vortoj, kiuj en la lingvoj naturaj havas por si apartajn radikojn nur tial, ke tia aŭ alia kunigo de vortaj estas ial ne permesita. Sed krom tiuj ĉi *naturaj* vortfaraj

263

oportunaĵoj, kiujn la lingvo Esperanto havas, vi trovos en ĝi ankoraŭ apartajn, tiel diri *artajn* rimedojn, kiuj enkondukas grandegan ekonomion ĉe la lernado de la vortoj. Tiaj ekzemple estas ĝiaj sufiksoj kaj prefiksoj, el kiuj ni citos nur kelkajn pro ekzemplo: la prefikso "mal" donas al la vorto sencon rekte kontraŭan ("bona" bon--"malbona" mauvais),-- sekve sciante la vortojn "bona, mola, varma, larĝa, supre, ami, estimi" k. t. p., vi jam mem povas formi la vortojn "malbona, malmola, malvarma, mallarĝa, malsupre, malami, malestimi" k. t. p., aldonante al la vorto jam konata de vi nur la prefikson "mal"; la sufikso "in" signifas la virinan sekson ("patro" pere--"patrino" mere),--sekve sciante la vortojn "patro, frato, onklo, fianĉo, bovo, koko" k. t. p., vi jam estas liberigitaj de la lernado de la vortoj "patrino, fratino, onklino, fianĉino, bovino, kokino" k. t. p.; la sufikso "il" signifas ilon ("tranĉi" trancher --"tranĉilo" couteau),--sekve sciante la vortojn "tranĉi, kombi, tondi, pafi, sonori, plugi" k. t. p., vi jam mem scias la vortojn "tranĉilo, kombilo, tondilo, pafilo, sonorilo, plugilo" k. t. p. Da tiaj vortopartetoj, kiuj treege malgrandigas la vortaron de la lingvo, ekzistas ankoraŭ multaj aliaj.

Rememoru do nun ĉion, kion ni diris pri la konstruo de arta lingvo, kaj tiam vi facile konsentos, ke se ni diris, ke lingvo arta estas almenaŭ 50 fojojn pli facila, ol natura, en tio ĉi estis nenia trograndigo. Notu al vi en la memoro tiun ĉi grandegan facilecon de arta lingvo, ĉar ni al ĝi poste ankoraŭ revenos.

2.) La dua distingiĝa eco de lingvo arta estas ĝia *perfekteco*, kiu konsistas en matematika precizeco, fleksebleco kaj senlima riĉeco. Ke lingvo arta posedos tian econ, tion ĉi ankoraŭ antaŭ la apero de la unua arta lingvo antaŭvidis kaj antaŭdiris ĉiuj tiuj eminentaj kapoj, kiuj rilatis al tiu ĉi por la homaro treege grava ideo pli serioze, ol diversaj nuntempaj Jupiteroj, kiuj pensas, ke ĉia eĉ plej supraĵa konatiĝo kun la esenco de lingvoj artaj malaltigus ilian honoron kaj indecon. Ni povus citi tiajn grandajn lumojn, kiel ekzemple Bacon, Leibnitz, Pascal, de Brosses, Condillac, Descartes, Voltaire, Diderot, Volney, Ampere, Max Mueller k. t. p.,--sed ni rigardas la citatojn kiel batalilon nur de pseŭdoinstruitaj sofistoj; tial, ne fanfaronante per citatoj, ni penos pruvi ĉion nur per la sola logiko. Ke lingvo arta ne sole povas, se *devas* esti pli perfekta, ol lingvoj naturaj, tion ĉi komprenos ĉiu mem, se li konsideros la jenon: Ĉia lingvo natura konstruiĝadis per tia vojo, ke unu ripetadis tion, kion li aŭdis de aliaj; nenia logiko, nenia konscia decido de la homa inteligenteco tie ĉi havis ian forton. Ĉian esprimon, kiun vi multajn fojojn *aŭdis*, vi povas uzi, kaj ĉian esprimon, kiun vi ankoraŭ neniam aŭdis, estas al vi malpermesite uzi. Tial ni en ĉia lingvo natura sur ĉiu paŝo renkontas la sekvantan aperon: en via cerbo aperas ia komprenaĵo, sed . . . vi ne havas la eblon esprimi ĝin per buŝa vorto kaj devas tial helpi al vi per tuta multvorta kaj tre neoportuna *priskribo* de tiu komprenaĵo, kiu en via cerbo ekzistas kiel *unu* komprenaĵo, kiel unu spirita vorto. Tiel ekzemple, dank'al tio, ke je lavado de tolaĵo sin okupas ordinare virinoj, vi en ĉiu lingvo havas vorton por esprimo de la komprenaĵo "lavistino"; sed se *viro* ekvolos okupadi sin je lavado de tolaĵo, vi en tre multaj lingvoj staras jam senhelpe kaj ne scias, kiel nomi tian homon, ĉar nomon de viro, kiu okupas sin je lavado de tolaĵo, vi neniam aŭdis! Je kuracado ĝis nun okupadis sin sole viroj; sed kiam ekaperis kuracistinoj, aŭ virinoj posedantaj ian sciencan rangon, por ili en la plimulto da lingvoj ne troviĝis vorto! Por la esprimo de ilia nomovorto oni bezonis jam helpi al si per priskriba uzo de kelke da vortoj, kaj kiam vi ankoraŭ el ilia titolo volas fari adjektivon, verbon k. t. p. --tio ĉi estas jam tute ne ebla! En ĉiu lingvo vi trovos multe da substantivoj, kiuj ne havas tiun aŭ alian sekson, tiun aŭ alian kazon, tiun aŭ alian devenan formon; adjektivojn, kiuj ne havas tiun aŭ alian gradon de komparado, tiun aŭ alian formon; verbojn, kiuj ne havas tiun aŭ alian tempon, personon, modon k. t. p.; de tia substantivo vi ne povas fari adjektivon, de tia verbo vi ne povas fari substantivon k. t. p. Ĉar, ni ripetas, ĉiu lingvo natura estas fondita ne sur la logiko, sed sur la blinda "oni tiel parolas" aŭ "oni tiel ne parolas" ; sekve ĉian komprenaĵon, kiu naskiĝas en via cerbo, sed por kiu vi ĝis nun vortan esprimon ne aŭdis, vi ordinare esprimi ne havas la eblon kaj vi devas helpi al vi per priskriboj. Sed en lingvo arta, konscie fondita sur la severaj, permesantaj nenian escepton nek arbitron leĝoj de pensado, nenio simila povas havi lokon. Esprimoj en la speco de "tia vorto ne havas tiajn formojn aŭ ne permesas tiajn ideajn kuniĝojn"--en lingvo arta estas tute ne eblaj. Supozu ekzemple, ke morgaŭ viro ricevas la eblon naski infanojn aŭ nutri ilin per siaj mamoj,--kaj por li tuj ekzistas en la lingvo preta vorto, ĉar en lingvo arta estas ne ebla la ekzistado de ia vorto por unu sekso kaj neekzistado por la dua sekso. Supozu, ke morgaŭ iu elektas al si ian novan, eĉ la plej strangan profesion, ekzemple laboradon je aero,-- por li tuj ekzistas prete vorto, ĉar se en lingvo arta nur ekzistas sufikso por la esprimo de profesio, ĝi donas al vi jam la eblon esprimi ĉian profesion, kia nur povus aperi en via cerbo.

Krom tio ne forgesu, ke la perfektiĝado de lingvo arta estas ebla ĝis senfineco, ĉar ĉiun bonan regulon, bonan formon, bonan esprimon, kiu ekzistas en kiu ajn lingvo, lingvo arta havas plenan rajton aligi al si, ĉian mankon, kiu povus troviĝi en ĝi, ĝi havas la rajton plibonigi kaj ŝanĝi, dum en lingvo natura pri nenio simila povas esti parolo, ĉar tiam lingvo natura transformiĝus jam en artan.

Krom la analizitaj de ni du grandegaj plibonaĵoj de lingvo arta (eksterordinara facileco kaj perfekteco), ekzistas ankoraŭ aliaj, pri kiuj ni ne parolos. Ni transiru nun rekte al la *malbonaĵoj* de lingvo arta. Kiu eĉ malmulte devus esti unu vorto ĉi tiel] konatiĝis kun lingvo arta kaj havas sufiĉe da kuraĝo por kredi tion, kion li *vidas*, kaj ne kun fermitaj okuloj ripetadi fremdajn frazojn, tiu povas veni nur al unu konkludo, nome, ke mankojn en komparo kun lingvo natura lingvo arta posedas *neniajn*. Ĉiu el vi, vere, havis la okazon aŭdi tre multajn atakojn kontraŭ lingvo arta; sed kontraŭ ĉiuj tiuj ĉi atakoj ni povas rediri nur unu respondon: ĉiuj ili eliras el la buŝo de homoj, kiuj pri lingvo arta havas nenian scion kaj neniam ĝin eĉ vidis,--ne sole ne vidis kaj ne esploris, sed eĉ neniam logike enpensiĝis pri ĝia esenco, kaj anstataŭ ekpensi pri tio, kion ili parolas, preferas blinde ĵetadi dekstren kaj maldekstren laŭtajn kaj modajn sed sensencajn frazojn. Se ili eĉ iom konatiĝus kun lingvo arta, ili ekvidus, ke iliaj frazoj estas tute falsaj; se ili, eĉ tute ne konatiĝante kun la lingvo, simple ekpensus pri ĝi teorie, ili ekvidus, ke ĉiuj iliaj frazoj ne havas eĉ la plej malgrandan fundamenton. Se iu ekdeziros kredigi, ke en la najbara urbo ĉiuj domoj estas konstruitaj el papero kaj ke ĉiuj homoj tie estas sen manoj kaj sen piedoj,--li povas imponi per tio ĉi al la *amaso*, kiu ĉiun vorton elparolitan per aŭtoritata tono de scianta sankte kredas; sed homo *prudenta* jam de antaŭe rilatos al tiuj ĉi vortoj tre kritike, ĉar jam en sia saĝo li trovos neniajn akcepteblajn fundamentojn por tiuj ĉi frazoj; kaj kiam ĉe li restos ia dubo, li simple iros en la najbaran urbon kaj *rigardos*, kaj tiam li konvinkiĝos, ke ĉiuj frazoj, kiujn li aŭdis, estas la plej absoluta sensencaĵo. Tiel estas ankaŭ kun lingvo arta: anstataŭ blinde ripetadi frazojn, vi bezonas nur simple *ekpensi* pri la esenco de tiuj ĉi frazoj, kaj vi jam komprenos, ke ili ne havas eĉ la plej malgrandan fundamenton ; kaj se teoria pripenso estos por vi ankoraŭ nesufiĉa, tiam iru simple kaj *rigardu*, ĵetu okulon en lernolibron de lingvo arta, konatiĝu kun la konstruo de tiu ĉi lingvo, profundiĝu iom en ĝian jam tre riĉan kaj diversaspecan literaturon, faru ian provon, rigardu la *faktojn*, kiuj sur ĉiu paŝo sin trovas antaŭ via nazo,--kaj tiam vi komprenos, kia grandega sensencaĵo sin trovas en ĉiuj tiuj frazoj, kiujn vi aŭdadis kontraŭ lingvo arta. Vi aŭdis ekzemple frazon "lingvo ne povas esti kreita en kabineto, kiel viva ekzistaĵo ne povas esti kreita en la retorto de ĥemiisto"; tiu ĉi frazo sonas tiel bele kaj "saĝe", ke por la grandega plimulto da homoj ĝi jam lasas nenian dubon pri tio, ke lingvo arta estas infanaĵo. Kaj tamen se tiuj ĉi homoj havus tiom da propra kritika kapablo, por meti malgrandan, tre malgrandan demandon "kial?"--tiam tiu ĉi laŭta frazo per unu fojo perdus en iliaj okuloj ĉian sencon, ĉar ili ekvidus, ke nenia logika respondo ekzistas, ke tiu ĉi frazo estas bele sonanta kolekto da vortoj, kiu ne havas eĉ la plej malgrandan logikan fundamenton. Tute tian saman frazon oni ja povus uzi ankaŭ kontraŭ la arta alfabeto, kiun la homaro jam tiel longe uzas kun la plej granda utilo por si, kaj kontraŭ la arta veturado per helpo de vaporo aŭ velocipedo, kaj kontraŭ nia tuta arta civilizacio! Kaj tiun ĉi kaj similajn frazojn la homoj obstine ripetadas ĉiun fojon, kiam aperas ia nova utila ideo. . . . Ho, frazo, frazo, frazo, kiam vi ĉesos regni super la spiritoj de la homoj!

Vi aŭdis, ke arta lingvo estas ne ebla, ke en ĝi homoj ne komprenados unu alian, ke ĉiu popolo uzados ĝin alie, ke en ĝi oni nenion povas esprimi, k. t. p. k. t. p. Se ni turnos atenton, ke ĉio tio ĉi estas aferoj, kiujn ĉe plej malgranda dozo da honesteco kaj bona volo ĉiu povas facile praktike *trakontroli*, kaj ke ĉiuj tiuj ĉi frazistoj simple ne *volas* trakontroli tion, pri kio ili parolas kun tia aŭtoritata tono, sed pro la aplaŭdado de la amaso ili preferas fermi la okulojn kaj ĵetadi koton sur la aferon nur tial, ke ĝi estas nova kaj ankoraŭ ne moda,--tiam ĉiuj tiuj ĉi frazoj montriĝas jam ne sole ridindaj, sed rekte *indignigaj*. Anstataŭ blinde ĵetadi frazojn, iru kaj *rigardu*,--kaj tiam vi vidos, ke ĉiuj viaj vortoj estas simple senceremonia *mensogado*: vi ekvidos, ke en efektiveco lingvo arta fakte de longe *jam ekzistas*, ke homoj de la plej diversaj nacioj jam longe kun la plej granda utilo por si *uzas* ĝin, ke ili unu alian *komprenas bonege kaj plej precize*, kiel skribe, tiel ankaŭ buŝe ; ke homoj de ĉiuj nacioj uzas ĝin ĉiuj *tute egale*; ĝia jam tre riĉa kaj diversaspeca literaturo montros al vi tute okulvideble, ke ĉiuj nuancoj de la homa penso kaj sento povas esti esprimitaj en ĝi en la plej bona maniero.... Anstataŭ blinde babiladi diversan teorian sensencaĵon, iru kaj rigardu la *faktojn*, la longe jam ekzistantajn, de ĉiu facile kontroleblajn sendubajn kaj nemalkonfeseblajn faktojn,-- kaj tiam por vi restos nenia dubo pri tio, ke iaj motivoj, parolantaj kontraŭ la enkonduko de lingvo arta en komunan uzadon, ekzistas absolute *neniaj*.

Ni revenu nun al tio, pri kio ni parolis en la komenco de tiu ĉi ĉapitro, t. e. ni prezentu al ni, ke kolektiĝis kongreso el reprezentantoj de ĉiuj plej gravaj regnoj, por elekti lingvon internacian. Ni rigardu, kian lingvon ili povas elekti. Ne malfacile estos pruvi, ke ilian elekton ni povas antaŭvidi ne sole kun tre granda *kredebleco*, sed eĉ kun plena *certeco*_kaj precizeco.

El ĉio, kion ni supre diris pri la grandegaj plibonaĵoj de la lingvoj artaj en komparo kun la lingvoj naturaj, jam per si mem sekvus, ke esti elektita povas nur lingvo *arta*. Ni supozu tamen por unu minuto, ke la tuta kongreso malfeliĉe konsistos plene el la plej obstinaj rutinuloj kaj malamikoj de ĉio nova kaj ke al ili venos en la kapon la ideo pli bone elekti ian en ĉiuj rilatoj maloportunan lingvon *naturan*, ol centoble pli oportunan lingvon artan. Ni rigardu, kio tiam estos. Se ili ekdeziros elekti ian lingvon vivantan de ia el la ekzistantaj nacioj, tiam kiel grandega malhelpo tie ĉi aperos ne sole la reciproka envio de la popoloj, sed ankaŭ la tute natura timo de ĉiu nacio jam simple pro sia ekzistado: ĉar estas afero tute komprenebla, ke tiu popolo, kies lingvo estos elektita kiel internacia, baldaŭ ricevos tian grandegan superforton super ĉiuj aliaj popoloj, ke ĝi ilin simple dispremos kaj englutos. Sed ni sipozu, ke la delegatoj de la kongreso jam tute ne atentos tion ĉi, aŭ ke ili, por eviti reciprokan envion kaj engluton, elektos ian lingvon *mortintan*, ekzemple la latinan,--kio do tiam estos? Estos tre simple tio, ke la decido de la kongreso restos simple *malviva litero* kaj fakte *neniam atingos efektiviĝon*. Ĉiu lingvo natura, kiel viva, tiel ankoraŭ pli mortinta, estas tiel terure malfacila, ke la almenaŭ iom fonda ellernado de ĝi estas ebla nur por personoj, kiuj posedas grandan kvanton da libera tempo kaj grandajn monajn rimedojn. Ni havus sekve ne lingvon internacian en la vera senco de tiu ĉi vorto, sed nur lingvon internacian por *la pli altaj klasoj de la societo*. Ke la afero starus tiel kaj ne alie, tion ĉi montras al ni ne sole la logiko, sed tion ĉi jam longe okulvideble montris al ni *la vivo mem*: en efektiveco la lingvo latina estas ja de longe jam elektita de ĉiuj registaroj kiel internacia, kaj jam longe en la gimnazioj en ĉiuj landoj laŭ ordono de la registaroj la junularo devigite dediĉas tutan vicon da jaroj al la ellernado de tiu ĉi lingvo,--kaj tamen ĉu ekzistas multe da homoj, kiuj libere posedas la lingvon latinan? La decido de la kongreso sekve donus al ni nenion novan, sed aperus nur kiel sencela kaj senfrukta ripeto de tiu decido, kiu longe jam estas farita kaj eĉ efektivigita, sed sen ia rezultato. En nia tempo nenia decido eĉ de plej autoritata kongreso neniam povas jam doni al la lingvo latina tiun forton, kiun ĝi havis en la mezaj centjaroj: tiam ne sole por ĝia internacieco, sed eĉ por ĝia absoluta reĝado unuanime staris ĉiuj registaroj, la tuta societo, la tuta ĉiopova eklezio, kaj eĉ la vivo mem, tiam ĝi prezentis la fundamenton de ĉia scienco kaj de ĉia scio, tiam al ĝi estis dediĉata la pli granda parto de la vivo, ĝi elpuŝis per si ĉiujn lingvojn patrajn, ĝi estis ellernata kaj prilaborata *devigite*, jam simple pro tio, ke en siaj patraj lingvoj la instruituloj simple ne havis la *eblon* esprimadi sin,-- kaj tamen malgraŭ ĉio la lingvo ne sole falis, sed eĉ en sia plej bona tempo ĝi estis kaj povis esti nur apartenaĵo de la *elektitaj klasoj* de la societo! Dume en okazo de elekto de lingvo *arta* ĝin post kelke da monatoj povus bonege posedi jam per unu fojo la tuta mondo, *ĉiuj* sferoj de la homa societo, ne sole la inteligentaj kaj riĉaj, sed eĉ la plej malriĉaj kaj senkleraj vilaĝanoj.

Vi vidas sekve, ke la estonta kongreso tute *ne povas* elekti ian alian lingvon krom lingvo arta. Elekti ian lingvon naturan, kiam ni havas la eblon elekti lingvon artan, kiu havas antaŭ la lingvoj naturaj en ĉiuj rilatoj senduban kaj okulvideblan grandegan plibonecon, estas tia sama malsaĝaĵo, kiel ekzemple sendi ion el Parizo Peterburgon per ĉevaloj, kiam ni havas la eblon fari tion ĉi per fervojo. Nenia kongreso povas fari tian elekton; sed se ni eĉ supozus, ke la kongreso tiom malmulte pripensos kaj estos tiel blindigita per la rutinaj kutimoj, ke ĝi tamen faros tian absurdan elekton, tiu ĉi elekto per la forto de la cirkonstancoj tute egale restos malviva litero kaj en la vivo la demando pri lingvo internacia fakte restos nesolvita tiel longe, ĝis pli aŭ malpli frue kolektiĝos nova kongreso kaj elektos lingvon artan.

Tiel ni petas vin noti al vi en la memoro tiun konkludon, al kiu ni venis, nome: *lingvo internacia de la venontaj generacioj estos sole kaj nepre nur lingvo arta.*

VI

Nun restas ankoraŭ solvi la demandon, *kia* nome arta lingvo estos enkondukita en komunan uzadon. En la unua minuto ŝajnas, ke respondi tiun ĉi demandon ekzistas nenia eblo, ĉar--kiel vi sendube diros --"da lingvoj artaj ekzistas ja tre multe kaj ilia nombro povas esti ankoraŭ mil fojojn pli granda, ĉar ĉiu aparta homo povas krei apartan lingvon artan laŭ sia arbitro". Ĉu ekzistas tial ia eblo antaŭvidi, kiu el ili estos elektita? Tiel efektive ŝajnas de la unua rigardo al la homoj ne konantaj la aferon, kaj tamen antaŭvidi, kaj antaŭdiri, kia lingvo arta estos elektita, estas tre facile. Tio ĉi venas de tio, ke la supre dirita en la publiko tre populara opinio pri la nombro de la ekzistantaj kaj povantaj ankoraŭ aperi lingvoj artaj estas tute erara kaj estas fondita sur plena nesciado de la historio kaj esenco de la artaj lingvoj.

Antaŭ ĉio ni konstatas la fakton, ke, malgraŭ la grandega nombro da personoj, kiuj laboris aŭ laboras super lingvoj artaj jam en la daŭro de 200 jaroj, ĝis nun aperis sole nur *du* efektive pretaj lingvoj, nome *Volapuek* kaj *Esperanto*. Turnu atenton sur tion ĉi: sole nur *du* artaj lingvoj. Estas vero, ke vi preskaŭ ĉiutage legas en la gazetoj, ke jen tie jen aliloke aperis ankoraŭ unu aŭ ankoraŭ kelkaj artaj lingvoj, oni citas al vi ilian nomon, oni donas al vi ofte eĉ notojn pri la konstruo de tiuj ĉi lingvoj, oni alportas al vi kelkajn frazojn en tiuj ĉi tiel nomataj novaj lingvoj, kaj al la publiko ŝajnas, ke novaj artaj lingvoj elkreskadas kiel fungoj post pluvo. Sed tiu ĉi opinio estas tute erara kaj venas de tio, ke la gazetoj ne trovas necesa eniĝi en tion, pri kio ili skribas, kaj kontentiĝas nur per tio, ke ili havas la eblon regali la legantojn per ridinda novaĵo aŭ fari spritaĵon. Sciu do, ke ĉio tio, kio ĉiutage estas alportata al vi de la gazetoj sub la laŭta nomo de "novaj lingvoj internaciaj", estas nur *projektoj*, en rapideco kaj sen sufiĉa pripenso elbakitaj projektoj, kiuj de realiĝo staras ankoraŭ tre kaj tre malproksime. Tiuj ĉi projektoj aperas jen en formo de mallongaj folietoj, jen eĉ en la formo de dikaj libroj kun la plej laŭtaj kaj multepromesaj frazoj,--aperas kaj tuj malaperas de la horizonto, kaj vi jam plu neniam aŭdas ion pri ili; kiam la aŭtoroj de tiuj ĉi projektoj alpaŝas al ilia *realigado*, ili tuj konvinkiĝas, ke tio ĉi estas tute ne laŭ iliaj fortoj kaj ke tio, kio en teorio ŝajnis afero tiel facila, en la praktiko montriĝas tre malfacila kaj neplenumebla. Kial la efektivigo de tiuj ĉi projektioj estas tiel malfacila kaj tial ĝis hodiaŭ aperis sole nur du efektive pretaj kaj vivipovaj lingvoj--pri tio ni parolos malsupre, kaj dume ni nur turnas vian atenton sur tion, ke da lingvoj artaj ĝis nun ekzistas sole nur du kaj ke sekve se la kongreso hodiaŭ efektiviĝus, ĝi el la jam ekzistantaj artaj lingvoj havus por elekto nur du. La problemo de la kongreso estus sekvo jam tute ne tiel malfacila, kiel povus ŝajni de la unua rigardo. *Kian* el tiuj ĉi du lingvoj elekti--la kongreso ankaŭ ne ŝanceliĝus eĉ unu minuton, ĉar la vivo mem jam longe solvis tiun ĉi demandon en la plej senduba maniero kaj Volapuek ĉie estas jam elpuŝita de la lingvo Esperanto. La pliboneco de Esperanto antaŭ Volapuek estas tiel frapante granda, ke ĝi falas al ĉiu en la okulojn tuj de la unua rigardo kaj ne estas malkonfesata eĉ de la plej fervoraj Volapuekistoj. Estos sufiĉe, se ni diros al vi la jenon: Volapuek aperis tiam, kiam la entuziasmo de la publiko por la nova ideo estis ankoraŭ tute freŝa, kaj Esperanto, dank'al financaj malfacilaĵoj de la aŭtoro, aperis antaŭ la publiko kelkajn jarojn pli malfrue kaj renkontis jam ĉie pretajn malamikojn; la Volapuekistoj havis por sia agitado grandajn rimedojn kaj agadis per la plej vasta, pure Amerika reklamo, kaj la Esperantistoj agadis la tutan tempon preskaŭ tute sen iaj materialaj rimedoj kaj montradis en sia agado grandegan nelertecon kaj senhelpecon; kaj malgraŭ ĉio de la unua momento de la apero de Esperanto ni vidas grandegan multon da Volapuekistoj, kiuj transiris malkaŝe al Esperanto, kaj ankoraŭ pli grandan multon da tiaj, kiuj, konsciante, ke Volapuek staras multe pli malalte el Esperanto, sed ne dezirante montri sin venkitaj, tute defalis de la ideo de lingvo internacia entute,--dume en la tuta tempo de ekzistado de Esperanto (13 jaroj) nenie sur la tuta tera globo troviĝis eĉ unu persono,-- ni ripetas, eĉ *unu*-- kiu transirus de Esperanto al Volapuek! Dum Esperanto, malgraŭ la grandegaj malfacilaĵoj, kun kiuj ĝi devas batali, daŭre vivas kaj floras kaj konstante plifortiĝas, Volapuek jam longe estas forlasita preskaŭ de ĉiuj kaj povas esti nomita jam de longe mortinta.

En kio konsistas la pliboneco de Esperanto antaŭ Volapuek, ni ne povas kompreneble analizi tie ĉi tute detale; pro ekzemplo ni montros nur kelkajn punktojn: 1) Dum Volapuek sonas tre sovaĝe kaj maldelikate, Esperanto estas plena je

harmonio kaj estetiko kaj memorigas per si la lingvon italan.
2) Eĉ por tute neinstruitaj Esperanto estas multe pli facila ol Volapuek, sed por instruitaj ĝi estas tre multe pli facila, ĉar ĝiaj vortoj--krom kelkaj tre malmultaj--ne estas arbitre elpensitaj, sed prenitaj el la lingvoj romana-germanaj en tia formo, ke ĉiu ilin facile rekonas. Tial ĉiu iom civilizita homo jam post kelkaj horoj da lernado povas libere legi ĉian verkon en Esperanto jam preskaŭ tute sen vortaro. 3) Dum la uzanto de Volapuek nepre devas ĝin konstante ripetadi, ĉar alie li ĝin baldaŭ forgesas (dank'al la plena elpensiteco de la vortoj), la uzanto de Esperanto, unu fojon ĝin ellerninte, jam ĝin ne forgesas, se li eĉ longan tempon ĝin ne uzas. 4) Esperanto jam en la komenco estas tre facila por buŝa *interparolado*, dum en Volapuek oni devas tre longe kaj pacience ekzercadi sian orelon, ĝis oni alkutimiĝas al klara diferencigado de la multaj reciproke tre simile sonantaj vortoj (ekzemple "bap, pab, pap, paep, pep, poep, peb, boeb, bob, pop, pup, bub, pub, pueb, bib, pip, puep" k. t. p., kiuj fariĝas ankoraŭ pli similaj inter si, se oni prenas ilin en la multenombro, t. e. kun *s* en la fino). 5) En Volapuek, dank'al kelkaj fundamentaj eraroj en la principoj de la konstruo (ekzemple: vokaloj en la komenco aŭ fino de vorto ne povas esti uzataj, ĉar ili estas signoj gramatikaj), ĉiu nove bezonata vorto nepre devas esti *kreita* de la aŭtoro (eĉ ĉiuj nomaj *propraj*, ekzemple Ameriko = Melop, Anglujo = Nelij). Tio ĉi donas ne sole grandegan nombron da tute superfluaj vortoj por lernado, sed faras ĉian disvolviĝan paŝon de la lingvo ĉiam dependa de ĝia aŭtoro aŭ de ia ordonanta Akademio. Dume en Esperanto, dank'al la plena seninflueco de la gramatiko sur la vortaron kaj dank'al la regulo, ke ĉiuj vortoj "fremdaj", kiuj jam de si mem estas internaciaj, estas uzataj senŝanĝe egale kiel en la aliaj lingvoj,--ne sole grandega multo da vortoj fariĝas tute senbezona por lernado, sed la lingvo ricevas la eblon disvolviĝadi eterne ĉiam pli kaj pli, sen ia dependo de la aŭtoro aŭ de ia Akademio.

Parolante pri la pliboneco de Esperanto antaŭ Volapuek, ni tute ne intencas per tio ĉi malgrandigi la meritojn de la elpensinto de Volapuek. La meritoj de Schleyer estas grandegaj kaj lia nomo ĉiam staros sur la plej honora loko en la historio de la ideo de lingvo internacia. Ni volis nur montri, ke se hodiaŭ efektiviĝus kongreso por la elekto de lingvo internacia, tiam ĝi inter la ambaŭ nun ekzistantaj lingvoj artaj ne povus ŝanceliĝi eĉ unu minuton.

Ni pruvis sekve, ke se hodiaŭ efektiviĝus kongreso por la elekto de lingvo internacia, tiam malgraŭ la grandega nombro da ekzistantaj lingvoj ni povus jam *nun* kun plena certeco kaj precizeco antaŭvidi, *kian* lingvon ĝi elektos, nome: el ĉiuj ekzistantaj lingvoj vivaj, mortintaj kaj artaj la kongreso povas elekti sole nur *unu* lingvon: *Esperanto*. Kia ajn estus la konsisto de la kongreso, kiaj ajn estus la politikaj kondiĉoj, je kiaj ajn konsideroj, antaŭjuĝoj, simpatioj aŭ antipatioj la kongreso sin gvidus, ĝi absolute *ne povus* elekti ian alian lingvon krom Esperanto, ĉar por la rolo de lingvo internacia Esperanto estas nun la *sola* kandidato en la tuta mondo, la sola, tute sen iaj konkurantoj. Ĉar eĉ ĉe la plej malprospera konsisto de la kongreso en ĝi tamen sidos homoj pensantaj, kaj la grandega pliboneco de la lingvo Esperanto antaŭ ĉiuj aliaj lingvoj tro forte falas en la okulojn al ĉiu, kiu almenaŭ iom konatiĝis kun tiu ĉi lingvo, tial estas tute ne eble supozi, ke la kongreso elektos ian alian lingvon. Se tamen, kontraŭ ĉia atendo, la kongreso estos tiom blindigita, ke ĝi ekdeziros ian alian lingvon, tiam--kiel ni pruvis supre--la *vivo mem* zorgos pri tio, ke la decido de la kongreso restu sole malviva litero, tiel longe, ĝis kolektiĝos nova kongreso kaj faros elekton ĝustan.

VII

Nun restas al ni respondi ankoraŭ unu lastan demandon, nome: En la *nuna* minuto Esperanto, vere, aperas kiel *sola* kandidato por lingvo internacia; sed ĉar kongreso de reprezentantoj de diversaj regnoj por la elekto de lingvo internacia efektiviĝos kredeble ankoraŭ ne baldaŭ, eble post dek kaj eble post cent jaroj, tre povas ja esti, ke ĝis tiu tempo aperos multaj *novaj* artaj lingvoj, kiuj staros multe pli alte ol Esperanto, kaj sekve unu el *ili* devos esti elektita de la kongreso? Aŭ eble la kongreso mem aranĝos kompetentan komitaton, kiu okupos sin je la kreo de nova arta lingvo?

Je tio ĉi ni povas respondi jenon. La ebleco de apero de nova lingvo per si mem estas tre duba, kaj komisii al komitato la kreadon de nova lingvo estus tiel same sensence, kiel ekzemple komisii al komitato verki bonan poemon. Ĉar la kreado de plena, en ĉiuj rilatoj taŭga kaj vivipova lingvo, kiu al multaj ŝajnas tia facila kaj ŝerca afero, en efektiveco estas afero tre kaj tre malfacila. Ĝi postulas de unu flanko specialan talenton kaj inspiron kaj de la dua flanko grandegan energion, paciencon kaj varmegan, senfine aldonitan amon al la entreprenita afero. Multajn niaj vortoj tre mirigos, ĉar ŝajnas al ili, ke oni bezonas nur decidi al si, ke tablo ekzemple estos "bam", seĝo estos "bim" k. t. p. k. t. p., kaj lingvo jam estos preta. Kun la kreado de pleneca, taŭga kaj vivipova lingvo estas tute tiel same, kiel ekzemple kun la ludado sur fortepiano aŭ kun la trairado de densega arbaro. Al homo, kiu ne konas la esencon de muziko, ŝajnas, ke nenio estas pli facila, ol ludi fortepianon,--oni ja bezonas nur ekfrapi unu klavon, kaj estos ricevita tono, vi ekfrapos alian klavon kaj vi ricevos alian tonon,-- vi frapados en la daŭro de tuta horo diversajn klavojn, kaj vi ricevos tutan kompozicion . . . ŝajnas, ke nenio estas pli facila; sed kiam li komencas ludi sian improvizitan kompozicion, ĉiuj kun ridego diskuras, kaj eĉ li mem, aŭdante la ricevatajn de li sovaĝajn sonojn, baldaŭ komencos komprenetadi, ke la afero iel estas ne glata, ke muziko ne konsistas en sola frapado de klavoj,--kaj tiu heroo, kiu kun tia memfida mieno sidiĝis antaŭ la fortepiano, fanfaronante, ke li ludos pli bone ol ĉiuj, kun honto forkuras kaj jam plu ne montras sin antaŭ la publiko. Al homo, kiu neniam estis en granda arbaro, ŝajnas, ke nenio estas pli facila, ol trairi arbaron de unu fino ĝis la dua: "kio da artifika tie ĉi estas? Ĉiu infano ja povas tion ĉi fari; oni bezonas nur eniri, iri ĉiam rekte antaŭen,--kaj post kelke da horoj aŭ post kelke da tagoj vi trovos vin en la kontraŭa fino de la arbaro". Sed apenaŭ li eniris iom en la profundaĵon de la arbaro, li baldaŭ tiel perdas la vojon, ke li aŭ tute ne povas elrampi el la arbaro, aŭ post longa vagado li eliras, sed tute, tute ne en tiu

275

loko, kie li eliri devis. Tiel estas ankaŭ kun arta lingvo: *entrepreni* la kreadon de lingvo, doni al ĝi jam antaŭe nomon, trumpeti pri ĝi al la leganta mondo--ĉio tio ĉi estas tre facila,-- sed feliĉe *fini* tiun ĉi laboron estas tute ne tiel facile. Kun memfida mieno multaj entreprenas tian laboron; sed apenaŭ ili iom enprofundiĝis en ĝin, ili aŭ ricevas senordan kolekton da sonoj sen ia difinita plano kaj sen ia indo, aŭ ili puŝiĝas je tiom da malhelpoj, je tiom da reciproke kontraŭparolantaj postuloj, ke ili perdas ĉian paciencon, ĵetas la laboron kaj jam plu ne montras sin antaŭ la publiko.

Ke la kreado de taŭga kaj vivipova lingvo ne estas tiel facila afero, kiel al multaj ŝajnas, oni povas interalie la plej bone vidi el la sekvanta fakto: oni scias, ke ĝis la apero de Volapuek kaj Esperanto estis grandega multo da diversaj provoj krei artan lingvon internacian; ne malmulte da provoj aperis ankaŭ post la apero de la diritaj du lingvoj; grandegan serion da nomoj de tiuj ĉi provoj kaj iliaj aŭtoroj vi trovos en ĉia historio de la ideo de lingvo internacia; tiuj ĉi provoj estis farataj kiel de privataj personoj, tiel ankaŭ de tutaj societoj; ili englutis grandegan multon da laboroj kaj kelkaj el ili englutis ankaŭ tre grandajn kapitalojn;--kaj tamen el tiu ĉi tuta grandega nombro nur *du*, sole nur *du* atingis efektiviĝon kaj trovis adeptojn kaj praktikan uzon! Sed ankaŭ tiuj ĉi du aperis nur *okaze*, dank' al tio, ke unu el la aŭtoroj ne sciis pri la laborado de la dua. La aŭtoro de la lingvo Esperanto, kiu dediĉis al sia ideo sian tutan vivon, komencante de la plej frua infaneco, kiu kun tiu ĉi ideo kunkreskiĝis kaj estis preta ĉion oferi al ĝi, konfesas mem, ke lian energion subtenadis nur tiu konscio, ke li kreas ion tian, kio ankoraŭ neniam ekzistis, kaj ke la malfacilaĵoj, kiujn li renkontadis en la daŭro de sia laborado, estis tiel grandaj kaj postulis tiom multe da pacienco, ke se Volapuek estus aperinta 5-6 jarojn pli frue, kiam Esperanto ne estis ankoraŭ finita, li (la aŭtoro de Esperanto) certe perdus la paciencon kaj rifuzus la pluan laboradon super sia lingvo, malgraŭ ke li tute bone konsciis la grandegan plibonecon de sia lingvo antaŭ Volapuek.

El ĉio supredirita vi komprenos, ke nun, kiam la tuta mondo

scias, ke du tute plenaj artaj lingvoj jam longe ekzistas, estas tre dube, ke troviĝu iu, kiu entreprenus nun similan Sizifan laboron de la komenco kaj havus sufiĉe da energio, por alkonduki ĝin al feliĉa fino, tiom pli ke lin ne vigligus la espero doni iam ion pli bonan ol tio, kio jam ekzistas. Kiom malmulte da espero havus tia entreprenanto, oni vidas la plej bone el tiuj tre multaj provoj kaj projektoj, kiuj aperis post Esperanto: malgraŭ ke la aŭtoroj havis antaŭ si jam tute pretan modelon, laŭ kiu ili povis labori, nenia el tiuj ĉi provoj ne sole ne eliris el la regiono de projektoj, sed eĉ jam el tiuj ĉi projektoj mem oni klare vidas, ke se iliaj aŭtoroj, havus la paciencon kaj povon alkonduki ilin ĝis fino tiuj ĉi laboroj prezentiĝus ne pli bone, sed kontraŭe, multe *malpli bone* ol Esperanto. Dum Esperanto bonege kontentigas *ĉiujn* postulojn, kiuj povas esti farataj al lingvo internacia (eksterordinara facileco, precizeco, riĉeco, natureco, vivipoveco, fleksebleco, sonoreco k. t. p.), ĉiu el tiuj projektoj penas plibonigi *unu* ian flankon de la lingvo, oferante por tio ĉi kontraŭvole ĉiujn *aliajn* flankojn. Tiel ekzemple multaj el la plej novaj projektistoj uzas la sekvantan ruzaĵon: sciante, ke la publiko taksos ĉiun projekton konforme al tio, kiel al ĝi rilatos la instruitaj *lingvistoj*, ili zorgas ne pri tio, ke ilia projekto estu efektive taŭga por io en la praktiko, sed nur pri tio, ke ĝi en la unua minuto faru bonan impreson sur la lingvistojn; por tio ili prenas siajn vortojn preskaŭ tute sen ia ŝanĝo el la plej gravaj jam *ekzistantaj* lingvoj naturaj. Ricevinte frazon skribitan en tia projektita lingvo, la lingvistoj rimarkas, ke ili per la unua fojo komprenis tiun ĉi frazon multe pli facile ol on Esperanto,--kaj la projektistoj jam triumfas kaj anoncas, ke ilia "lingvo" (se ili iam finos ĝin) estos *pli bona* ol Esperanto. Sed ĉiu prudenta homo tuj konvinkiĝas, ke tio ĉi estas nur *iluzio*, ke al la *malgrava* principo, elmetita pro montro kaj allogo, tie ĉi estas oferitaj la principoj plej *gravaj* (kiel ekzemple la facileco de la lingvo por la nekleruloj, fleksebleco, riĉeco, precizeco k. t. p.), kaj ke se simila lingvo eĉ povus esti iam finita, ĝi en la fino absolute nenion donus! Ĉar se la plej grava merito de lingvo internacia konsistus en tio, ke ĝi kiel eble plej facile estu tuj komprenata de la instruitaj *lingvistoj*, ni ja por tio ĉi povus simple preni ian lingvon, ekzemple la latinan, *tute sen iaj* ŝanĝoj,--kaj la instruitaj lingvistoj ĝin ankoraŭ pli facile komprenos per la unua fojo! La principo de kiel eble plej malgranda ŝanĝado de la naturaj vortoj ne sole estis bone konata al la aŭtoro de la lingvo Esperanto, sed ĝuste de *li* la novaj projektistoj ja prenis tiun ĉi principon: sed dum Esperanto prudente kontentigas tiun ĉi principon *laŭ mezuro de ebleco*, penante plej zorge, ke ĝi ne kontraŭagadu al aliaj *pli gravaj* principoj de lingvo internacia, la projektistoj turnas la lutan atenton *nur* sur tiun ĉi principon, kaj ĉion alian, nekompareble pli gravan, ili fordonas kiel oferon, ĉar kunigi kaj konsentigi inter si *diversajn* principojn ili ne povas kaj eĉ ne havas deziron, ĉar ili eĉ mem ne esperas doni ion pretan kaj taŭgan, sed ili volas nur fari efekton.

El ĉio supredirita vi vidas, ke ne ekzistas eĉ la plej malgranda kaŭzo por timi, ke aperus ia nova lingvo, kiu elpuŝus Esperanton,-- tiun lingvon, en kiun estas enmetita tiom da talento, tiom da oferoj kaj tiom da jaroj da pacienca kaj varmege aldonita laboro, la lingvon, kiu en la daŭro de multaj jaroj estas jam elprovita en ĉiuj rilatoj kaj en la praktiko tiel bonege plenumas ĉion tion, kion ni povas atendi de lingvo internacia. Sed por vi, estimataj aŭskultantoj, tio ĉi estas ne sufiĉa: vi deziras, ke ni donu al vi plenan kaj senduban logikan *certecon* pri tio, ke la lingvo Esperanto ne havos konkurantojn. Feliĉe ni trovas nin en tia situacio, ke ni povas doni al vi tiun ĉi plenan certecon.

Se la tuta esenco de lingvo arta konsistus en ĝia *gramatiko*, tiam de la momento de la apero de Volapuek la demando de lingvo internacia estus solvita por ĉiam kaj iaj konkurantoj al la lingvo Volapuek aperi jam ne povus; ĉar malgraŭ diversaj eraroj la gramatiko de Volapuek estas tiel facila kaj tiel simpla, ke doni ion multe pli facilan kaj pli simplan oni jam ne povus. Lingvo nova povus diferenci de Volapuek nur per kelkaj *bagateloj,* kaj ĉiu komprenas, ke pro *bagateloj* neniu entreprenus la kreadon de nova lingvo, kaj la mondo pro bagateloj ne rifuzus la jam tute pretan kaj elprovitan lingvon. En la ekstrema okazo la estonta akademio aŭ kongreso farus en la Volapueka gramatiko tiujn negrandajn ŝanĝojn, kiuj montriĝus utilaj, kaj lingvo internacia sen ia dubo restus Volapuek, kaj ĉia konkurado estus por ĉiam esceptita. Sed lingvo konsistas ne sole el gramatiko, sed ankaŭ el *vortaro*, kaj la ellernado de la vortaro postulas en lingvo arta cent fojojn pli da tempo, ol la ellernado de la gramatiko. Dume Volapuek solvis *nur* la demandon de la gramatiko, kaj la vortaron ĝi lasis tute sen atento, doninte simple tutan kolekton da diversaj elpensitaj vortoj, kiujn ĉiu nova aŭtoro havus la rajton elpensi al si laŭ sia propra deziro. Jen kial jam en la komenco mem de la ekzistado de Volapuek eĉ la plej fervoraj Volapuekistoj nature timis, ke morgaŭ aperos nova lingvo, tute ne simila je Volapuek kaj inter la ambaŭ lingvoj komenciĝos batalado. Tute alia afero estas kun Esperanto: oni scias-- kaj tion ĉi eĉ por unu minuto nenia esploranto neas,-- ke Esperanto solvis ne sole la demandon de la gramatiko, sed ankaŭ la demandon de la vortaro, sekve ne unu *malgrandan parton* de la problemo, sed la *tutan* problemon. Kio do en tia okazo restis por fari al la aŭtoro de ia nova lingvo, se tia iam aperus? Al li restus jam nenio ol... eltrovi la jam eltrovitan Amerikon! Ni prezentu al ni efektive, ke nun, malgraŭ la jam ekzistanta, bonega en ĉiuj rilatoj, ĉiuflanke elprovita, havanta jam multegon da adeptoj kaj vastan literaturon lingvo Esperanto, aperis tamen homo, kiu decidis dediĉi tutan serion da jaroj al la kreado de nova lingvo, ke li sukcesis alkonduki sian laboron ĝis la fino kaj ke la lingvo proponita de li montriĝas efektive pli bona ol Esperanto,--ni rigardu do, kian vidon havus tiu ĉi lingvo. Se la gramatiko de la lingvo Esperanto, kiu donas plenan eblon esprimi en la plej preciza maniero ĉiujn nuancojn de la homa penso, konsistas tute el 16 malgrandaj reguletoj kaj povas esti ellernita en duono da horo,--tiam kion la nova aŭtoro povus doni pli bonan? En ekstrema okazo li donus eble anstataŭ 16 reguloj 15 kaj anstataŭ 30 minutoj da laborado postulus 25 minutojn? Ĉu ne vere? Sed ĉu deziros iu pro tio ĉi krei novan lingvon kaj ĉu la mondo pro tia bagatelo rifuzos la jam ekzistantan kaj ĉiuflanke elprovitan? Sendube ne; en ekstrema okazo la mondo diros: "se en via gramatiko ia bagatelo estas pli bona ol en Esperanto, ni tiun ĉi bagatelon enkondukos en Esperanton kaj la afero estos finita". Kia estos la vortaro de tiu ĉi lingvo? En la nuna tempo nenia esploranto jam dubas, ke la vortaro de lingvo internacia ne povas konsisti el vortoj arbitre elpensitaj, sed devas konsisti nepre el vortoj romana-germanaj en ilia plej komune uzata formo; tio ĉi estas ne por tio, ke--kiel opinias multaj pli novaj projektistoj-- la instruitaj lingvistoj povu tuj kompreni tekston skribitan en tiu ĉi lingvo (en tia afero, kiel lingvo internacia, la instruitaj lingvistoj ludas la *lastan* rolon, ĉar por ili ja tia lingvo estas *malplej* bezona), sed pro aliaj, pli gravaj kaŭzoj. Tiel ekzemple ekzistas grandega nombro da vortoj tiel nomataj "fremdaj", kiuj en ĉiuj lingvoj estas uzataj egale kaj al ĉiuj estas konataj sen ellernado kaj kiujn ne uzi estus rekta absurdo; al ili unisone devas soni ankaŭ ĉiuj aliaj vortoj de la vortaro, ĉar alie la lingvo estus sovaĝa, sur ĉiu paŝo estus kunpuŝiĝo de elementoj, malkompreniĝoj, kaj la konstanta regula riĉiĝado de la lingvo estus malfaciligita. Ekzistas ankoraŭ diversaj aliaj kaŭzoj, pro kiuj la vortaro devas esti kunmetita nur el tiaj vortoj kaj ne el aliaj, sed pri tiuj ĉi kaŭzoj, kiel tro specialaj, ni tie ĉi detale ne parolos. Estos sufiĉe, se ni nur diros, ke ĉiuj plej novaj esplorantoj akceptas tiun ĉi leĝon por la vortaro kiel allasantan jam nenian dubon. Kaj ĉar la lingvo Esperanto ĝuste per tiu ĉi leĝo sin gvidis kaj ĉar ĉe tiu ĉi leĝo granda arbitro en la elekto de vortoj ekzisti ne povas, restas la demando, kion do povus al ni doni aŭtoro de nova lingvo, se tia estus kreita? Estas vero, ke al tiu aŭ alia vorto oni povus doni pli oportunan formon,--sed da tiaj vortoj ekzistas tre nemulte. Tion ĉi oni la plej bone vidas el tio, ke kian ajn el la multaj projektoj aperintaj post Esperanto vi prenus, vi trovos en ĉiu el ili almenaŭ 60% da vortoj, kiuj havas tute tiun saman formon, kiel en Esperanto. Kaj se vi al tio ĉi ankoraŭ aldonos, ke ankaŭ la restaj 40% da vortoj diferencas de la Esperanta formo pleje nur tial, ke la aŭtoroj de tiuj projektoj aŭ ne turnis atenton sur diversajn principojn, kiuj por lingvo internacia estas treege gravaj, aŭ simple ŝanĝis la vortojn tute sen ia bezono,--vi facile venos al la konkludo, ke la *efektiva* nombro da vortoj, al kiuj oni anstataŭ la formo Esperanta povus doni formon pli oportunan, prezentas ne pli ol iajn 10%. Sed se en la Esperanta gramatiko oni preskaŭ nenion povas ŝanĝi kaj en la vortaro oni povus ŝanĝi nur iajn 10% da vortoj, tiam estas la demando, kion do prezentus per si la *nova* lingvo, se ĝi iam estus kreita kaj se ĝi efektive montriĝus kiel lingvo taŭga en ĉiuj rilatoj? Tio ĉi estus ne nova lingvo, sed nur iom ŝanĝita lingvo Esperanto! Sekve la tuta demando pri la estonteco de la lingvo internacia alkondukiĝas nur al tio, ĉu Esperanto estos akceptita senŝanĝe en ĝia *nuna* formo, aŭ en ĝi estos faritaj iam iaj ŝanĝoj! Sed tiu ĉi demando por la esperantistoj havas jam nenian signifon; ili protestas nur kontraŭ tio, se *apartaj* personoj volas ŝanĝi Esperanton laŭ sia bontrovo; sed se iam aŭtoritata kongreso aŭ akademio decidos fari en la lingvo tiajn aŭ aliajn ŝanĝojn, la esperantistoj akceptos tion ĉi kun plezuro kaj nenion perdos de tio ĉi: ili ne bezonos tiam de la komenco ellerni ian novan malfacilan lingvon, sed ili bezonos nur oferi unu aŭ kelkajn tagojn por la ellerno de tiuj ŝanĝoj en la lingvo, kiuj estos faritaj, kaj la afero estos finita.

La esperantistoj tute ne pretendas, ke ilia lingvo prezentas ion *tiom* perfektan, ke nenio pli alta jam povus ekzisti. Kontraŭe: kiam efektiviĝos aŭtoritata kongreso, pri kiu oni scios, ke ĝia decido havos *forton* por la mondo, la esperantistoj *mem* proponos al ĝi difini komitaton, kiu okupus sin je la trarigardo de la lingvo kaj farus en ĝi ĉiujn utilajn plibonigojn, se eĉ por tio ĉi oni devus ŝanĝi la lingvon ĝis plena nerekonebleco; sed ĉar ekzistas nenia eblo antaŭvidi, ĉu tiu ĉi laboro entute sukcesos al la komitato, ĉu ĝi ne daŭros senfinan serion da jaroj, ĉu ĝi en konsenteco estos alkondukita al feliĉa fino kaj ĉu la finita laboro en la praktiko montriĝos tute taŭga, sekve kompreneble estus tre malsaĝe kaj nepardoneble de la flanko de la komitato, se ĝi pro la problema *estontaĵo* rifuzus la faktan kaj en ĉiuj rilatoj finitan kaj elprovitan *nunaĵon*; sekve se eĉ la kongreso venus al la konkludo, ke Esperanto ne estas bona, ĝi povus decidi nur la jenon: akcepti *dume* la lingvon Esperanto en ĝia nuna forma kaj *paralele* kun tio ĉi difini komitaton, kiu okupus sin je la perfektigo de tiu ĉi lingvo aŭ je la kreo de ia nova lingvo pli ideala; kaj nur tiam, kiam kun la tempo montriĝus, ke la laborado de la komitato estas feliĉe alkondukita al fino kaj post multaj provoj montriĝis tute taŭga, nur tiam oni povus anonci, ke la nuna formo de la lingvo internacia estas eksigata kaj anstataŭ ĝi eniras en la vivon la formo nova. Ĉiu prudenta homo konsentos, ke la kongreso povas agi nur tiel kaj ne alie. Sekve se ni eĉ supozos, ke fina lingvo de la estontaj generacioj estos ne Esperanto, sed ia alia ankoraŭ ellaborota lingvo, en ĉia okazo la vojo al tiu lingvo nepre devas konduki tra *Esperanto*.

Sekve resumante ĉion, kion ni diris de la komenco ĝis la nuna minuto, ni turnas vian atenton sur tion, ke ni venis al la sekvantaj konkludoj:

1. La enkonduko de lingvo internacia alportus al la homaro grandegan utilon;

2. La enkonduko de lingvo internacia estas tute ebla;

3. La enkonduko de lingvo internacia pli aŭ malpli frue nepre kaj sendube efektiviĝos, kiom ajn la rutinistoj batalus kontraŭ tio ĉi;

4. Kiel internacia neniam estos elektita ia alia lingvo krom arta;

5. Kiel internacia neniam estos elektita ia alia lingvo krom Esperanto; ĝi aŭ estos lasita por ĉiam en ĝia nuna formo, aŭ en ĝi estos poste faritaj iaj ŝanĝoj.

VIII

Kaj nun ni rigardu, kio sekvas el ĉio, kion ni supre diris. Unue sekvas tio, ke la esperantistoj tute ne estas tiaj fantaziistoj, kiaj ili ŝajnas al multaj tiel nomataj "saĝaj" kaj "praktikaj" homoj, kiuj juĝas pri ĉio supraĵe kaj sen ia logika pripenso kaj mezuras ĉion per mezurilo de la modo. Ili batalas por afero, kiu ne sole havas grandegan gravecon por la homaro, sed kiu al tio havas en si nenion fantazian kaj kiu pli aŭ malpli frue *devas* efektiviĝi kaj *nepre* efektiviĝos, kiom ajn la inerciuloj batalus kontraŭ ĝi, kiom ajn la saĝuloj ŝercadus pri ĝi. Kiel estas sendube, ke post la nokto venas mateno, tiel sendube estas, ke post mallonga aŭ longa batalado Esperanto pli aŭ malpli frue estos enkondukita en komunan uzon por la komunikiĝoj internaciaj. Ni konfirmas tion ĉi kuraĝe ne tial, ke ni tiel volas, ke ni tion esperas, sed tial, ke la konkludoj de simpla logiko diras, ke tiel esti *devas* kaj ke *alie esti ne povas*. Longan tempon eble ankoraŭ la esperantistoj devos bataladi, longan tempon eble ankoraŭ ĉia bubo ĵetados sur ilin ŝtonojn, koton kaj malsaĝajn spritaĵojn, sed tio, kio devas veni, pli aŭ malpli frue venos. La iniciatoroj de la Esperanta afero eble ne ĝisvivos ĝis tiu tempo, kiam fariĝos videblaj la fruktoj de ilia agado, ili iros eble en la tombon kun la malestima nomo de homoj, kiuj okupadis sin je infanaĵoj, sed pli aŭ malpli frue por la maldolĉa kaliko, kiun ili trinkas el la manoj de la samtempuloj, la posteuloj konstruos al ili monumentojn kaj elparolados ilian nomon kun la plej granda danko. Longe ankoraŭ eble ili ŝajnos al la mondo senfortaj, multajn fojojn eble ankoraŭ ilia afero ŝajnos al la mondo eĉ mortinta kaj je ĉiam enterigita--sed tiu ĉi afero jam neniam mortos, ĉar ĝi morti jam *neniam povas*. La afero vivos kaj konstante rememorigados pri si; post ĉiu nova silenta tempo, se ĝi eĉ daŭrus dekon da jaroj, aperos nova revigliĝo; kiam laciĝos unuj batalantoj, aperos pli aŭ malpli frue novaj energiaj batalantoj, kaj tiel la afero iros tiel longe, ĝis fine ĝi plene atingos sian celon. Ne malĝoju tial, Esperantistoj, se nesaĝaj homoj ironie rimarkas al vi, ke vi estas ankoraŭ tre malmultaj, ne perdu la kuraĝon, se via afero iras malrapide. La afero konsistas ne en rapideco, sed en certeco. Multe da sencelaj aferoj ekbrilis antaŭ la mondo rapide, sed ankaŭ rapide falis; afero bona kaj certa progresas ordinare malrapide kaj kun grandaj malhelpoj.

Sur la supre montritajn 5 konkludojn ni turnas apartan atenton de tiuj esperantistoj, kiuj batalas por sia ideo *senkonscie* kaj tial ĉe la plej malgranda rimarko de la kontraŭuloj ekstaras senhelpe kaj ne scias, kion respondi, aŭ perdas la kuraĝon. Ĉiuj tiuj konkludoj prezentas produkton de la simpla kaj severa *logiko*. Tial se oni diras al vi "la mondo ne volas vian lingvon", respondu kuraĝe: "ĉu la mondo volas aŭ ne volas, ĝi pli aŭ malpli frue *devas* akcepti ĝin, ĉar alie esti ne povas". Kiam vi aŭdos "oni diras, ke aperis nova lingvo, oni diras, ke tia aŭ alia instruita societo aŭ kongreso deziras elekti tian aŭ alian lingvon aŭ krei novan lingvon", respondu kuraĝe: "ĉiuj tiuj ĉi famoj aŭ entreprenoj estas fonditaj sur la plej absoluta nekomprenado de la esenco kaj historio de la ideo de lingvo internacia; tiaj provoj de la flanko ne sole de privataj personoj, sed ankaŭ de tutaj societoj ripetiĝis jam multajn fojojn kaj ĉiufoje finiĝadis kaj devis finiĝadi per la plej plena fiasko; lingvo internacia povas esti nur Esperanto, ĉar laŭ la leĝoj de la logiko kaj laŭ la esenco de la afero alie esti *neniel povas*".

Se oni diras al vi: "tiu aŭ alia esperantisto aŭ societo esperantista en tro granda sed ne prudenta fervoro faris ian falsan paŝon kaj ridindigis aŭ diskreditigis per tio ĉi vian tutan aferon", tiam respondu: "La afero Esperanta dependas de nenia persono nek societo, kaj nenia homo per siaj privataj falsaj paŝoj povas havi ian influon sur ĝian sorton; eĉ la aŭtoro de Esperanto mem estas nun por Esperanto absolute seninflua, ĉar Esperanto jam longe fariĝis afero pure *publika*".

La dua, kio sekvas el ĉio, kion ni supre diris, estas la sekvanta: Se la elekto de lingvo internacia dependus de ia kongreso de reprezentantoj de diversaj regnoj, ni longe, tre longe kredeble devus tion ĉi atendi kaj neniu el ni ion povus fari por tio ĉi. Sed se, kiel ni vidis supre, oni jam nun povas kun plena certeco kaj precizeco antaŭvidi, al *kia* nome lingvo la sorto difinis fariĝi iam internacia, tiam la afero ŝanĝiĝas. Ni ne bezonas jam nun atendi kongresojn: la celo estas tute klara kaj ĉiu povas sin tiri al ĝi. Ne bezonante rigardadi, kion diras aŭ faras aliaj, ĉiu povas alporti sian ŝtonon por la kreskanta konstruo. Nenia ŝtono perdiĝos. Nenia laboranto tie ĉi dependas de la alia, ĉiu povas agadi aparte, en sia sfero, laŭ siaj fortoj, kaj ju pli da laborantoj estos; tiom pli rapide estos finita la granda konstruo. Precipe ni turnas nin al diversaj sciencaj societoj kaj kongresoj. Ne rigardante, kion faras aliaj, ne atendante, ke aliaj prenu sur sin la iniciativon, ĉiu societo aŭ kongreso aparte decidu ion tian, kio alproksimigus la grandan komunehoman celon almenaŭ je unu paŝo.

* * * * *

VII

POEZIO

* * * * *

LA ESPERO

En la mondon venis nova sento,
Tra la mondo iras forta voko;
Per flugiloj de facila vento
Nun de loko flugu ĝi al loko.

Ne al glavo sangon soifanta
Ĝi la homan tiras familion:
Al la mond' eterne militanta
Ĝi promesas sanktan harmonion.

Sub la sankta signo de l' espero
Kolektiĝas pacaj batalantoj,
Kaj rapide kreskas la afero
Per laboro de la esperantoj.

Forte staras muroj de miljaroj
Inter la popoloj dividitaj;
Sed dissaltos la obstinaj baroj,
Per la sankta amo disbatitaj.

Sur neŭtrala lingva fundamento,
Komprenante unu la alian,
La popoloj faros en konsento
Unu grandan rondon familian.

Nia diligenta kolegaro
En laboro paca ne laciĝos,
Ĝis la bela sonĝo de l'homaro
Por eterna ben' efektiviĝos.

L. ZAMENHOF.

* * * * *

LA VOJO

Tra densa mallumo briletas la celo,
Al kiu kuraĝe ni iras.
Simile al stelo en nokta ĉielo,
Al ni la direkton ĝi diras.
Kaj nin ne timigas la noktaj fantomoj,
Nek batoj de l' sorto, nek mokoj de l' homoj,
Ĉar klara kaj rekta kaj tre difinita
Ĝi estas, la voj' elektita.

Nur rekte, kuraĝe kaj ne flankiĝante
Ni iru la vojon celitan!
Eĉ guto malgranda, konstante frapante,
Traboras la monton granitan.
L'espero, l'obstino kaj la pacienco--
Jen estas la signoj, per kies potenco
Ni paŝo post paŝo, post longa laboro,
Atingos la celon en gloro.

Ni semas kaj semas, neniam laciĝas,
Pri l' tempoj estontaj pensante.
Cent semoj perdiĝas, mil semoj perdiĝas,--
Ni semas kaj semas konstante.
"Ho, ĉesu!" mokante la homoj admonas,--
"Ne ĉesu, ne ĉesu!" en kor' al ni sonas:
"Obstine antaŭen! La nepoj vin benos,
Se vi pacience eltenos".

Se longa sekeco aŭ ventoj subitaj
Velkantajn foliojn deŝiras,
Ni dankas la venton, kaj, repurigitaj,
Ni forton pli freŝan akiras.
Ne mortos jam nia bravega anaro,
Ĝin jam ne timigas la vento, nek staro,
Obstine ĝi paŝas, provita, hardita,
Al cel' unu fojon signita!

Nur rekte, kuraĝe kaj ne flankiĝante
Ni iru la vojon celitan!
Eĉ guto malgranda, konstante frapante,
Traboras la monton granitan.
L' espero, l' obstino kaj la pacienco,--
Jen estas la signoj, per kies potenco
Ni paŝo post paŝo, post longa laboro,
Atingos la celon en gloro.

           L. ZAMENHOF.

* * * * *

AL LA FRATOJ

FOrte ni stAru, frAtoj amAtaj,
Por nIa sAnkta afEro!
NI batalAdu kUne tenATaj
Per Unu bEla espEro!

Regas ankoraŭ nokto sen luno,
La mondo dormas obstine,
Sed jam leviĝos baldaŭ la suno,
Por lumi, brili senfine.

Veku, ho veku, veku konstante,
Ne timu ridon, insulton!
Voku, ho voku, ripetadante,
Ĝis vi atingos aŭskulton!

Dekon da fojoj vane perdiĝos
La voko via ridata,--
La dekunua alradikiĝos,
Kaj kreskos frukto benata

Tre malproksime ĉiuj ni staras
La unu de la alia . . .
Kie vi estas, kion vi faras,

Ho, karaj fratoj vi miaj?

Vi en la urbo, vi en urbeto,
En la malgranda vilaĝo,
Ĉu ne forflugis kiel bloveto
La tuta via kuraĝo?

Ĉu vi sukcese en via loko
Kondukas nian aferon,
Aŭ eksilentis jam via voko,
Vi lacaj perdis esperon?

Iras senhalte via laboro
Honeste kaj esperante?
Brulas la flamo en via koro
Neniam malfortiĝante?

Forte ni staru, brave laboru,
Kuraĝe, ho nia rondo!
Nia afero kresku kaj floru
Per ni en tuta la mondo!

Ni ĝin kondukos ne ripozante,
Kaj nin lacigos nenio;
Ni ĝin traportos, sankte ĵurante,
Tra l' tuta mondo de Dio!

Malfacileco, malrapideco
Al ni la vojon ne baros.
Sen malhonora malkuraĝeco
Ni kion povos, ni faros.

Staras ankoraŭ en la komenco
La celo en malproksimo,--
Ni ĝin atingos per la potenco
De nia forta animo!

Ni ĝin atingos per la potenco
De nia sankta fervoro,

Ni ĝin atingos per pacienco
Kaj per sentima laboro.

Glora la celo, sankta l'afero,
La venko--baldaŭ ĝi venos;
Levos la kapon ni kun fiero,
La mondo ĝoje nin benos.

Tiam atendas nin rekompenco
La plej majesta kaj riĉa:
Nia laboro kaj pacienco
La mondon faros feliĉa!

L. ZAMENHOF.

* * * * *

MIA PENSO

Sur la kampo, for de l' mondo
Antaŭ nokto de somero,
Amikino en la rondo
Kantas kanton pri l' espero.
Kaj pri vivo detruita
Ŝi rakontas kompatante,--
Mia vundo refrapita
Min doloras resangante.

"Ĉu vi dormas? Ho, sinjoro,
Kial tia senmoveco?
Ha, kredeble rememoro
El la kara infaneco?"
Kion diri? Ne ploranta
Povis esti parolado
Kun fraŭlino ripozanta
Post somera promenado!

Mia penso kaj turmento,
Kaj doloroj kaj esperoj!

Kiom de mi en silento
Al vi iris jam oferoj!
Kion havis mi plej karan--
La junecon--mi ploranta
Metis mem sur la altaron
De la devo ordonanta!

Fajron sentas mi interne,
Vivi ankaŭ mi deziras,--
Io pelas min eterne,
Se mi al gajuloj iras...
Se ne plaĉas al la sorto
Mia peno kaj laboro--
Venu tuj al mi la morto,
En espero--sen doloro!

L. ZAMENHOF.

* * * * *

HO MIA KOR'

Ho, mia kor', ne batu maltrankvile,
El mia brusto nun ne saltu for!
Jam teni min ne povas mi facile,
Ho, mia kor'!

Ho, mia kor'! Post longa laborado
Ĉu mi ne venkos en decida hor'!
Sufiĉe! trankviliĝu de l' batado,
Ho, mia kor'!

L. ZAMENHOF.

* * * * *

LA VOJEVODO

(El Mickiewicz.)

En vespero somera vojevodo kolera
Al la hejma kastelo rapidas;
Al la lito edzina kun teruro senfina
Li alvenas,--neniun li vidas.

En doloro brulanta kaj per mano tremanta
Sian grizan lipharon li prenis,
De la lito foriris, la manikojn retiris
Kaj ektondris--kozako alvenis.

"Kial, best' abomena, mia pordo ĝardena
Restas nokte sen hundo, sen gardo?
Prenu tuj mian sakon kaj pafilon kozakan
Kaj silente min sekvu, bastardo!"

Kun pafil' en la mano al ĝardena altano
Ili ambaŭ sen bru' alŝteliĝas.
Sur la benka herbaĵo ia lumas blankaĵo:
En tolaĵo virino vidiĝas.

Unu manon levinte, la okulojn kovrinte,
Per la dua forpuŝi ŝi penis
Unu viron petantan, surgenue starantan,
Kiu nun en la brakoj ŝin tenis.

Kaj en flama fervoro li parolis: "Ho, koro,
Ĉu jam ĉio por ĉiam perdita?
Eĉ la premoj de l' mano per la mon' de l' tirano
Ĉiuj estas jam foraĉetitaj?

Mi vin tiel amadis, por vi tiel bruladis,--
Malproksime nun plori mi devas;
Li ne amis, ne ploris, nur per mon' eksonoris,--

Kaj li ĉion por ĉiam ricevas.

Sur la brusto anĝela lia kapo malbela
En dorloto de nun ripozados,
De la roza buŝeto, de la ruĝa vangeto,
Li ĉielan feliĉon suĉados.

Sur ĉevalo fidela, en vetero kruela,
Mi rapidas al mia anĝelo--
Por sopire foriri kaj al vi nur deziri
Bonan nokton en lia kastelo ..."

Ŝi silentas senmove; li komencas denove
Sian plendon kun petoj kaj ploro,
Ĝis, la brakojn lasinte, la konscion perdinte,
Ŝi defalis al li al la koro.

En l'arbaĵo silente, aŭskultante atente,
Staras ambaŭ gardantoj kovritaj,
Ili staras genue, en la manoj senbrue
La pafiloj ektremis ŝargitaj.

"Estro"! diris kozako, "ia stranga atako
Al mi ligas subite la manon;
Brulan sentis mi larmon kaj skuantan malvarmon,
Kiam tuŝi mi volis la ĉanon."

--"Pesto! mi vin jam skuos, mi vin plori instruos!
Jen saketo kun pulvo: sen vorto
Vi preparos, vi pafos, kaj se ŝin vi ne trafos.
Mi edzigos vin mem kun la morto.

"Supren, dekstren, senskue! Mi ekpafos,--l'unue
De l' amanto diskrevu la koro."
La servanto ektiris, kaj la kuglo eniris
En la frunton de ... lia sinjoro.

L. ZAMENHOF.

* * * * *

LA ROZETO

(El Goethe.)

Knabo vidis--jen rozeto
Sur la kampo staras;
Bela, juna la floreto...
Vive kuras la knabeto,
Ĝojas, miras, flaras.
Sur la kampo la rozet'
Kiel infanet'.

Knabo diris: "mi eltiros
Belulinon mian";
Floro diris: "vi foriros,--
Per pikiloj mi disŝiros
Tuj la manon vian".
Sur la kampo la rozet'
Kiel infanet'.

La sovaĝa knab' ridante
La rozeton prenis,--
La floreto batalante
Sin defendis pikadante,
Sed la sorto venis.
Sur la kampo la rozet'
Kiel infanet'.

L. ZAMENHOF.

* * * * *

EN NORD' UNU PINO...

(El Heine.)

En nord' unu pino en solo

Dormetas sur nuda altaĵo;
Glacia kaj neĝa tavolo
Ĝin kovras per tomba tolaĵo.

Ĝi sonĝas, ke palmo gracia,
En unu dezert' orienta,
Eterne pri lando alia
Malgaje sopiras silenta.

L. ZAMENHOF.

* * * * *

EN SONĜO...

(El Heine.)

En songo princinon mi vidis
Kun vangoj malsekaj de ploro,--
Sub arbo, sub verda ni sidis,
Tenante nin koro ĉe koro.

"De l' patro de l' via la krono
Por mi ĝi ne estas havinda!
For, for lia sceptro kaj trono--
Vin mem mi deziras, aminda!

--"Ne eble!" ŝi al mi rediras:
"En tombo mi estas tenata,
Mi nur en la nokto eliras
Al vi, mia sole amata!"

L. ZAMENHOF.

* * * * *

LORELEJ'

(El Heine.)

Ne scias mi, kial subita

Malgaj' en la koro naskiĝis;
El tempo jam enterigita
Legendo al mi reviviĝis.

Jam malvarmetiĝas l'aero,
La Rejno mallaŭte babilas,
Per oro de l' sun' en vespero
La supro de l' monto rebrilas.

Plej belan knabinon mi vidas:
En ora ornamo brilante
Sur supro de l' monto ŝi sidas,
La harojn mistere kombante.

La oran kombilon ŝi movas
Kaj kantas tra l' pura aero,
Kaj forto mirinda sin trovas
En tiu ĉi kant' de l' vespero.

Ŝipet' iras sur la rivero,
Ŝipisto ektremis de l' kanto,
Kaj blinda por ĉiu danĝero
Rigardas li al la kantanto.

Ha, baldaŭ ŝipisto la bela
Perdiĝis sub l'akvoturnado;
Ĝin Lorelej' faris kruela,
Per sia mirinda kantado.

L. ZAMENHOF.

* * * * *

KANTO DE STUDENTOJ

Ĝoju, ĝoju ni, kolegoj,
Dum ni junaj estas!
Post plezura estanteco,
Post malgaja maljuneco--

Sole tero restas.

Vivo estas tre mallonga,
Kuras ne tenate,
Kaj subite morto venos
Kaj rapide ĉiun prenos,
Ĉiun senkompate.

Kie niaj antaŭuloj
En la mondo sidas?
Iru al la superuloj,
Serĉu ilin ĉe l' subuloj--
Kiu ilin vidas?

Vivu la akademio
Kaj la profesoroj!
Vivu longe kaj en sano
Ĉiu akademiano,
Vivu sen doloroj!

Vivu, floru nia regno
Kaj regnestro nia!
Kaj amikoj mecenataj,
Protegantoj estimataj
De l' akademio

Vivu ĉiuj la knabinoj
Belaj kaj hontemaj!
Vivu ankaŭ la virinoj,
Amikinoj kaj mastrinoj,
Bonaj, laboremaj.

Mortu, mortu, malgajeco,
Mortu la doloro!
Mortu ĉiu intriganto
Kaj malamon konservanto
Longe en la koro!

L. ZAMENHOF.

* * * * *

AL LA REĜO:

Vivu la reĝ' al ni, tre longe vivu li!
Gardu lin Di'!
Justa kaj pia reĝ',--Dio pro nia preĝ'
Estu kun li.

Forta la reĝa tron', ver' estas lia kron',
Glavo la leĝ'.
Kun amo en la kor', reĝas kun granda glor'...
Vivu la reĝ'!

Brulu, ho sankta flam' de la eterna am'
Pro la patruj'!
Kaj forte staros ni, ĉiuj por unu li,
Pro la patruj'!

Longe, ho, restu vi gloro de la naci',
Sur reĝa seĝ'!
Via plej granda glor' en la popola kor'.
Vivu la reĝ'!

L. ZAMENHOF.

* * * * *

NOKTA KANTO DE SOLDATO

(De W. Hauff).

En nigra nokto tute sole
Mi staras gardon senparole,
Eraras for la penso mia
Al mia domo familia.

Al la standardo fortirita,
Ho, kiom estis mi kisita...

Mi tiam pensis kun malĝojo:
Mi vidas vin je l' lasta fojo!

Ho dormu dolĉe, karaj miaj!
Irante al la litoj viaj,
Vi nun per preĝo Dion gloras,--
Vi certe ankaŭ min memoras.

La horo venis, gard' alia
Stariĝos nun sur loko mia.
Mi iras dormi tute laca,
Mi vidos vin en songo paca.

        L. ZAMENHOF.

* * * * *

KANTO DE L' LIGO

(De W. A. Mozart.)

Fratoj, manon donu kore
Kaj senzorge, sendolore
Belan horon festu ni!
Ĉion teran forĵetante,
Daŭru forte kaj konstante
Nia bela harmoni'!

Al la Dio kantu gloron:
La spiriton kaj la koron
Kial donis la ĉiel'?
Serĉi lumon per vereco,
Serĉi virton per justeco
Estu nia sankta cel'!

Homoj en la oriento,
Homoj en la okcidento,
En la sud' kaj en la nord'!
Alte teni homan nomon,

Kore ami ĉiun homon
Estu nia liga vort'!

L. ZAMENHOF.

* * * * *

LA KAPELO

(El L. Uhland.)

Supre staras sur la monto
La silenta kapeleto,
En la valo, ĉe la fonto,
Ĝoje kantas paŝtisteto.

Sonorado, mortkantado
Nun eksonis tra l' silento,--
Haltis knabo en kantado
Kaj aŭskultas kun atento.

En la tombojn de l' monteto
El la valo ĉiu venos.
Ankaŭ vin, ho paŝtisteto,
Oni iam tien prenos.

L. ZAMENHOF.

* * * * *

LA GAJA MIGRANTO

Se donas Di' al vi favoron,
Li sendas vin for el la dom',
Por montri sian mirlaboron,
La belan mondon, al la hom'.

De l' montoj riveretoj fluas,
Alaŭdoj kantas super mi,
Mi ankaŭ gajan kanton bruas
Al la tutmonda harmoni'.

Al Dio fidas mi kun ĝojo:
Li zorgas pri la tuta ter',
Li ankaŭ min sur mia vojo
Eterne gardos de danĝer'.

L. ZAMENHOF.

* * * * *

LA VOJO

(De barono B. N. Delvig.)

Tre ĉarme ĝi lumis, la suno ravanta,
En mia de vivo mateno;
En brusto kuraĝo kaj forto bolanta,
Espero kaj kredo en pleno . . .

La kamp' estas larĝa kaj rekta la vojo . . .
"Antaŭen sen halto kaj timo!"
La trio ĉevala ekkuris kun ĝojo
Al celo en la malproksimo.

"Pru! halt'!" "Kio estas?" "Risorto rompiĝis."
"Antaŭen! malhelpo ne granda!"
Denove nun la veturil' ekruliĝis,
Saltante sur vojo rubanda.

Jen marĉo subite! Denove ni haltis . . .
Tagmezo jam . . . Kia ĉagreno!
La veturigist' kun murmuro desaltis,
Mi pelas kun laŭta malbeno.

Tri horojn ni tie sen helpo batalas,
Ĝis fine ni kun malfacilo
Elrampas. Subite--la suno jam falas--
Jen kavo kaj nova barilo! . . .

"Returne! kredeble tro dekstren ni iras!"
Ni rampas... Jam nokt'... De l' turmento
Ni celon forgesis, ni nun nur sopiras
Ripozon sub ia tegmento...

Halt'! Muro! kaj mi al la pordo rapidas...
Nur tomboj... silenta malĝojo...
La veturigist' al mi montras kaj ridas:
"Ni venis! Finita la vojo!"

"La Tempo" sin nomas la veturigisto;
Sur voj' malfacila, facila,
Li ĉiujn alportas, fidela servisto,
Al fina ripozo trankvila.

L. ZAMENHOF.

* * * * *

NOKT' EN LA KORO

(El Byron.)

Nokt' en la koro... la harpo kuŝas...
Vi tuj ekkantu, kantisto!
Se vi la kordojn de l' harpo tuŝas,
Vi miron faras, artisto.

Se kor' ankoraŭ havas esperon,
Per kanto ĝi revekiĝos;
Se la okulo kaŝis larmeron,
Denove ĝi eklarmiĝos.

Kant' via tondru mondan doloron!
La gajon mi ne komprenos...
Vi min plorigu, movu la koron,
  Aŭ mia brust' ne eltenos.

Ĝi de suferoj longe manĝiĝis,

Silentan premis la ĉeno!...
La tempo venis... ĝi jam pleniĝis
Kiel vazet' de veneno.

                                      LEO BELMONT.

* * * * *

AL BRUSTO, AL MIA...

(El Heine.)

Al brusto, al mia--ha, ĝi min doloras,
Almetu maneton, amata knabino!
Vi aŭdas, ke tie meblisto laboras?
Li por mi la ĉerkon konstruas sen fino!

Ha, kiel li frapas en mi en la koro!
La vivo forkuras, ne estas jam por mi...
Rapidu, rapidu kun via laboro.
Ke povu mi foj' je eterne ekdormi.

                                        LEO BELMONT.

* * * * *

PRINTEMPO

Printempo venas! Vivon donas
Al ĉio belulina veno:
Varmege suno jam proponas
Radiojn siajn, kaj mateno
Vizaĝon belan kun rideto
Al ĉiuj montras; jam de l' montoj
Kun bruo fluas rivereto
Kaj detruataj estas pontoj.

Denove ĉio reviviĝas,
Kantadas venon de printempo...
Por mi nur daŭras, ne finiĝas

Malbona, malvarmega tempo!
Por mi ne estas suna lumo,
Kaj de printempo bela veno
Nenion donas... Nur mallumo,
Mallumo sola kaj... ĉagreno!

V. DEVJATNIN.

* * * * *

ŜIPETO

Malgranda ŝipeto
Kun blanka veleto
Naĝadas trankvile sur maro...
Sed venis ventego,
Fariĝis ondego--
Pereas ŝipet' sub akvaro!
Kaj homo mizera
Kun kredo sincera
Vivadas trankvile en mondo;
Sed kredo forblovis,
Ondego sin movis,
Kaj homo pereas sub ondo.

V. DEVJATNIN.

* * * * *

SCIURO KAJ PAPAGO

Sciuro malgranda kuradis en rado
Kaj homojn amuzis per sia kurado.
Kaj jen al papago ĝi diris fiere:
"Mi vin, mizerulo, bedaŭras sincere:
Kun kora doloro eterne mi vidas,
Ke tute senmove sur ringo vi sidas!
Rigardu: jen ĉiam mi kuras pli alte
Kaj tial je vivo kontentas senhalte..."

Papago rigardis sciuron kun moko
Kaj diris: "kurado rapida kaj lerta,
Sed bone kurante, sur unu nur loko
Vi restas, mizera besteto nesperta."

         V. DEVJATNIN.

* * * * *

ANĜELO

(El Lermontov.)

En mezo de nokto, en blua ĉielo,
Traflugis kaj kantis plej bela anĝelo.
Kaj nuboj kaj steloj kaj lun' en irado
Atentis kun ĝojo je l' sankta kantado.

Li kantis feliĉajn, neniam pekantajn
Spiritojn, kun Di' en ĉielo loĝantajn;
Li kantis pri Patro ĉiela kaj tera--
Kaj lia laŭdado ne estis malvera.

Animon tre junan en brakoj li tenis;
En mondo malgaja naskiĝi ĝi venis.
Kaj sono de l' kanto en juna animo
Restadis sen vort', sed kun viva estimo.

Tre longe en mondo ĝi estis premata,
Je revo mirinda pri Di' plenigata!
Kaj ŝanĝi la kanton de l' sankta sincero
Ne povis por ĝi ĉiuj kantoj de l' tero.

         V. DEVJATNIN.

* * * * *

HUSARO

(El Poŝkin.)

Ĉevalon sian li purigis,
Estante forte kolerega,
Kaj diris: "min diablo igis
En loko loĝi malbonega!

Ni ĉiam tie ĉi restadas
En turka kvazaŭ batalado:
Nur solan supon ni manĝadas
Kaj eĉ ne pensas pri drinkado.

Kaj mastro tie ĉi malbona,
Malbonan havas li edzinon....
Nek via skurĝ', nek vorto bona
Admonas tie ĉi virinon!

Jen urbo Kiev! Lando kia!
En buŝon falas mem buletoj,
Kaj vinon havas domo ĉia,
Kaj kiaj tie virinetoj!...

Ne estas eĉ domaĝ', je Dio,
Sin mem pro ili pereigi!
Malbone estas nur per tio..."
--Per kio? volu min sciigi!--

Kaj li komencis plibonigi
Lipharon. "Eble ne timulo,
Li diris, estas vi, sed igi
Vin miri povas mi--spertulo.

Aŭskultu: regimento nia
Ĉe Dnepro larĝa enlokiĝis.
Mastrino estis bona mia,

Kaj tombon ŝia edz' foriĝis.

Kun ŝi mi baldaŭ amikiĝis;
Ni vivis pace, tute bone.
Al mi Mario humiliĝis,
Ne diris vorton eĉ malbone.

Se mi malsobra estis tute,
Ŝi mem min zorge kuŝigadis;
Ŝi ĉiam tute sendispute
Je ĉio tuj mem konsentadis.

Feliĉan vivon mi pasigis,
Kaj longe tiel vivus eble,--
Sed jen subite ĵaluzigis
Min io,--mem diabl' kredeble.

Mi pensis: kial baptanino
Sin levas nokte? kion volas?
Tre juna estas ŝi virino,
Kaj tial eble ŝi petolas!...

Mi observadi ŝin intencis.
Jen foj' ne dormis mi (en korto
Jam estis nokto, kaj komencis
Bruegi vent' kun granda forto).

Kaj vidas mi: ŝi forrampetis,
De forno prenis ŝi karbeton,
Min tre facile pripalpetis,
Disblovis apud forn' fajreton;

Ŝi ekbruligis kandeleton,
Kun ĝi angulon ŝi foriĝis,
De tie prenis boteleton,
Sur balailon ŝi sidiĝis;

Ŝi senvestiĝis kaj, sorbinte
El boteleto, ŝi tra tubo,

Sur balailo sidiĝinte,
Tuj malaperis, kvazaŭ nubo.

--Ŝi eble estas sorĉistino,--
Mi pensis kaj de forn' rapidas,
Por vidi sorĉon de virino;
Kaj jen mi boteleton vidas;

Mi flaris: ia acidaĵo....
Mi plankon ŝprucis el botelo:
Forflugis--kia mirindaĵo!--
Kaj forna forko kaj sitelo!

Sub benko katon mi ekvidis,
Sur ĝin mi ŝprucis el botelo:
Ĝi ternis tuj kaj ekrapidis
Subite fornon post sitelo.

Sur ĉion ŝprucis sen kompato
Jam mi per tuta forto mia,--
Kaj ĉio: tablo, benko, pato
Forflugis unu post alia.

Al ili mi ne volis cedi
Kaj trinkis mem per unu fojo
Restaĵon... Ĉu vi povas kredi?
Mi ekaperis tuj en vojo:

Mi flugas,--kien? mem ne scias,
Kun forto tranĉas nur aeron,
Al steloj mi: "pli dekstren" krias....
Kaj jen ekfalis mi sur teron,

Jen mont'. Sur ĝi kaldronoj bolas,
Kaj oni faras ian ludon.
Kantadas, fajfas kaj petolas,
Kun granda ran' edzigas judon.

Mi kraĉis.... Flugas jen Mario:

"For! hejmen kuru, petolulo!
Vin oni tuj formanĝos!..."--Kio?!
Nu, mi ne estas timemulo!

Min ne timigu! Kie vojo
Al hejmo estas?--"Jen sidiĝu
Sur fornan feron,--kun malĝojo
Respondas ŝi,--kaj tuj foriĝu!"

Vi volas, ke husar' sidiĝu
Sur fornan feron?! Baptanino,
Mi petas vin, ne freneziĝu,
Ne estu ja malsaĝulino!...

Ĉevalon! "Prenu, malsaĝulo!"
Ŝi efektive diris veron:
Jen antaŭ mi ĉeval'-bravulo
Per hufo forte batas teron.

Sidiĝas mi kun brava vido
Sur ĝin kaj trovi bridon penas,
Sed vane! Rajdas mi sen brido--
Kaj tuj al forno ni alvenas.

Kaj jen mi tion saman vidas...
Ĉevalo tute jam forestis,
Kaj mi sur benko rajde sidas...
Jen kia strang'-okazo estis!"

Kaj li daŭrigis plibonigi
Lipharon. "Eble ne timulo,
Li diris, estas vi, sed igi
Vin miri povas mi spertulo."

V. DEVJATNIN.

* * * * *

INFANO DE ZORGO

(El Herder.)

Finiĝis varmega jam tago,
Kaj nokto agrabla fariĝis.
Sub ombra cipreso, ĉe lago
Diino de Zorgo sidiĝis.

El ruĝa argilo Diino
Malgaje figuron skulptadis,--
Kaj luno, de nokto reĝino,
De blua ĉiel' rigardadis.

Kaj Zeŭso al bela Diino
Parolis kun dia favoro:
"Rakontu, malgaja knabino,
Pri via doloro en koro."

"Ho, Zeŭso!" Diino rediras:
"Alportu vi al mi plezuron!
Nur solan sen fin' mi deziras:
Vivigu vi mian figuron!"

--Volonte mi vin kontentigos:
Viviĝas figuro jam via!...
Sed tamen de nun mi devigos,
Ke estu eterne li mia.--

"Ho, ne!" al li Zorgo parolas:
Figuron mi longe skulptadis,
Al vi mi lin cedi ne volas,
Ĉar lin mi por mi preparadis!

Por mi lin restigu! Korege,
Sed vane ŝi Zeŭson admonis.
--Ho, ne! mi lin amas varmege,

Al li ĉar animon mi donis!--

"Por kio disputon vi tenas?"
Subite la Tero ekdiras:
"Al mi li sen dub' apartenas,
Ĉar tera en teron foriras!"

Kaj dioj disputis senfine,
Ĉar cedi neniu deziris
Figuron argilan,--sed fine
Al Kron' ili ĉiuj ekiris.

"Nu, ĉar reciproke ne volas
Figuron vi tiun ĉi cedi,"
Grizhara Saturn' ekparolas:
"Vi kune lin povas posedi.

Aŭskultu do, dioj: nur kiam
Li mortos, anim' apartenos
Al Zeŭso potenca,--kaj tiam
Jam Ter' lian korpon alprenos.

Kaj vi, ho, de Zorgo Diino,
Posedu lin ĝis lia morto!...."
Mi pensas, ke tia difino
Similas je homa la sorto?

V. DEVJATNIN.

* * * * *

ESPERO

(El Schiller.)

Tre multe homar' kun espero en koro
Pri vivo estonta parolas,
Kaj ĉiam al celo feliĉa kaj ora
Aliri plej baldaŭ ĝi volas.

Jen mondo ekvelkas, jen ree disfloras,--
Sed homo esperon senĉese adoras.

Espero kun li sen-aparte vivadas;
Ĝi knabon dorlotas, junulon
Per sorĉa radio ĝi gaje logadas,
Konsolas ĉe tomb' maljunulon:
Li tre lacigita per vojo de tero,
Foriras en tombon kun dolĉa espero.

Ho, ne! ĝi ne estas elpenso malvera,
Per revoj malsaĝaj naskita!
Ni scias, ni sentas kun kredo sincera,
Ke estos esper' plenumita.
Kaj tiu ĉi sento ĉu estas kapabla
Nin trompi en nia revaĵo agrabla?

V. DEVJATNIN.

* * * * *

GARANTIO

(El Schiller.)

Damon' unu fojon mallaŭte trairis
Kun akra tranĉilo sub bask' al tirano--
Al Dionizio,--sed unu gardano
Lin kaptis subite. Tiran' al li diris:
"Pro kio vi al mi, fripono, aliris?"
 --Mi sanktan promeson ekvolis plenumi . . .--
"Krimulo! mi tuj vin ordonos krucumi!"

 --Jam longe mi estas al mort' pretigita,
Kaj, kredu, ne diros mi eĉ unu vorton
Pro mia pardono, ĉar havas mi forton,
Por morti sur kruco; sed se inklinita
Vi estas al bono,--ho, estu donita
Al mi kelka tempo, por fraton edzigi,--

Ĉe vi do mi povas amikon restigi.--

Kruele ekbrulis tirana rigardo,
Kaj diris li post la silento momenta:
"Tre bone, kun tio mi estas konsenta;
Sed tamen memoru vi tion, bastardo,
Ke vian amikon mi tenos sub gardo
Ne pli, ol tri tagoj,--kaj poste li mortos,
Al vi li per tio pardonon alportos."

Al sia amiko Damono alvenis
Kaj diras: "tiran' min aljuĝis krucumi,
Ĉar volis mi sanktan promeson plenumi...
Kaj mi nur tri tagojn ricevi elpenis,
Por fraton edzigi..." kaj li ĉirkaŭprenis
Amikon kaj petas: "ho, restu, kurulo,
Vi por garantio ĉe malbonegulo!"

Amiko volonte konsentis kaj restis
En malliberejo li por garantio,
Kaj tuj liberigis Damonon per tio...
Damono edziĝon de frato forfestis,
En tria mateno tre frue sin vestis
Kaj vojon rapidas, malfrui timante
Kaj ĉiam pri sia amiko pensante...

Subite tre forta ventego fariĝis,
Kaj tondro kaj fulmo kaj granda pluvego;
Pli forte, pli brue koleras ventego,--
Kaj jen riveretoj de mont' ekruliĝis,
Riveron plenigis, kaj ĝi ekondiĝis...
Damono al ponto rapidas de monto
Kaj vidas, ke estas rompita jam ponto.

Li vagas sub pluvo sur bord' de rivero,
Kaj tre malproksime li vidas dometon;
Li krias, li vokas, li petas ŝipeton:
Sed vane,--neniu ĉar kun malespero
Ekvolis batali kun brua rivero...

Kaj baldaŭ rivero jam aliformiĝis:
Ĝi tute je maro simila fariĝis.

Kaj jen lian koron plenigis doloro,
Li ploras, antaŭen li manojn etendas,
Kaj preĝon varmegan al Zeŭso li sendas:
"Kompatu!" li petas kun granda fervoro--
"Kaj min ekrigardu kun dia favoro!
Se al Sirakuzoj vi min ne alportos,
Ho!.. mia amiko senkulpe ja mortos!"

Sed vane kompaton de Zeŭso li petas:
Ventego kaj ondoj kaj pluv' ne ĉesiĝas.
Sed ĉiam plifortaj, teruraj fariĝas,--
Kaj tempo forpasas . . . Damono formetas
De si sian veston, kuraĝe sin ĵetas
En bruan riveron kaj naĝas, tranĉante
Per brusto nur ondon, kun mort' batalante.

Kaj jen li sur bordo jam estas,--elŝiris
Sin tute el brakoj teruraj de morto,
Kun granda dankem' al favoro de sorto,
Rapidas li plu . . . Sed subite eliris
El granda arbaro rabistoj. Aliris
Al ili Damono,--kaj ili malpace
Ĉirkaŭas lin tute, rigardas minace.

"Ho, kion vi volas, krimuloj? li diris:
Ankoraŭ ne scias, friponoj, vi tion,
Ke mi, nur krom vivo, jam havas nenion!
Sed vivo--ne mia!" Kaj tuj li aliris
Al ili, bastonon de unu elŝiris,
Per ĝi li eksvingis, kaj tri li mortigis,
Aliajn do ĉiujn facile forigis.

Sed suno post pluvo varmege bruligis
Migranton, kaj tute li perdis jam forton;
Kun granda teruro atendis li morton,--
Kaj preĝis li Zeŭson: "vi min liberigis

El ondoj bruegaj, de mi vi forigis
Rabistojn,--ĉu tie ĉi devas suferi
Mi vane kaj morti, amikon oferi?!...."

Subite li aŭdas, kvazaŭ murmuretas
Ne tre malproksime malgranda rivero!
Rapide sin turnas al ĝi kun espero
Damono--kaj vidas, ke fonto fluetas.
Al ĝi superforte li tuj alvagetas,
Soifon brulegan kun ĝoj' kvietigas
Kaj korpon malsanan en ĝi li freŝigas.

Jam suno varmega majeste subiras
Kaj ombroj tre longaj kuŝiĝas sur tero:
Tre baldaŭ jam venos trankvila vespero.
Sur vojo al urb' du migrantoj jen iras,
Damono do ilin en voj' preteriras.
Migrantoj parolas, Damono aŭskultas
Kaj aŭdas: "lin oni jam nun ekzekutas!"

Tumulto piedojn al li flugiligas,
En lia animo--senfinaj teruroj....
Kaj jen Sirakuzoj ! Nur suprojn de turoj
Malalta jam suno facile origas:
Jam estas vespero!.. kaj li rapidigas
Ankoraŭ pli paŝojn,--kaj vidas--en strato
Renkontas lin lia servant' Filostrato.

--Revenu, ĉar ĉio jam estas finita!--
Li diris malgaje: en urbon ne iru,
Mi petas vin, el Sirakuzoj foriru!
Li estas jam al ekzekuto metita.
Li kredis sen fin', ke li estos trompita
Neniam de sia amik', kaj nenio
Lin povis devigi ne kredi je tio.--

"Ho, se jam malfrui al mi estas sorto,
Kaj se mi ne povas de mort' liberigi
Amikon,--mi devas min ankaŭ mortigi:

Tirano ne diru, ke kuris de morto
Mi nur dank' al mia anima malforto!
Al vi mian vivon volonte mi cedas,
Sed sciu, ke homoj kaj amas kaj kredas!"

Vespere Damon' Sirakuzojn eniras
Kaj vidas, ke kruco sur placo jam staras,
Kaj oni jam tute amikon preparas,
Por lin ekzekuti... Kun forto traŝiras
Amason popolan Damono kaj diras:
"Mi morton deziris de Dionizio,--
Mi estas krimulo, li--nur garantio!

En granda mirego popol' silentiĝis....
En ĝojo amikoj sin tuj ĉirkaŭprenas
Kaj ploras,--pri kio--neniu komprenas,
Sed larmoj el ĉiuj okuloj ruliĝis....
Minaca tirano pri ĉio sciiĝis;
Li je amikeco ilia tre miras
Kaj verajn amikojn li vidi deziras.

Kaj jen ili venas. Kun vido afabla
Tirano renkontas amikojn kaj diras:
"Vi venkis min tute, je vi mi tre miras!
Mi estas ankoraŭ por amo kapabla,
Kaj se mi ne estas al vi malagrabla,
Permesu al mi, ke en ligo mi via,
Amikoj varmegaj, por vi estu tria!..."

V. DEVJATNIN.

* * * * *

MIA MIZERO

(Litva popola kanto.)

Mia mizero, mia mizero!
Ĉu mi vin finos iam suferi?

Kiam mi iris je l' granda vojo,
Mia mizero min akompanis.
Sed jen alrajdas cento da fratoj,
Kvarcent piedoj estas ĉevalaj.
Fratoj! Vi batu mian mizeron
Per la piedoj de la ĉevaloj
Kaj per brilantaj viaj glavetoj.
La junaj fratoj longe ĝin batis,
Sed la mizero nenion limas,
Mia mizero nenion timas,
Kreskas, vastiĝas kaj pligrandiĝas.
Mia mizero nenion timas,
Elmetas verdajn foliojn, branĉojn.
Mia mizero tiam finiĝos,
Kiam mi venos al la patrino.
Mia patrino loĝas monteton,
Altan monteton, novan ĉerketon.

A. DOMBROWSKI.

* * * * *

NOVA KANTO

Ho! eksonu nova kanto
Pri la lingvo Esperanto,
Pri ligil' internacia,
Revo nia, amo nia!
Kreitaĵ' la plej mirinda,
Vere estas ĝi laŭdinda
De verkistoj, de poetoj,
En poemoj kaj odetoj,
Pli ol tondro de bataloj,
Pli ol dolĉaj najtingaloj,
Pli ol belaj aktorinoj,
Pli ol fajfoj de maŝinoj,
Pli ol oro la plej brila,
Pli ol gloro senutila,
Pli ol ĉiu, pli ol ĉio,

Krom la amo kaj la Dio.
Dum venonta la centjaro,
Sciu esperantistaro,
En Eŭropo, Ameriko,
En Azio kaj Afriko,
Kie ajn vi veturados
Esperanton vi trovados,
Sur la strato, en vagono,
En hotelo, en salono
Kaj eĉ en privata domo:
Ĝin parolos ĉiu homo:
Laboristo, profesoro,
Kaj juĝisto, kaj doktoro,
Kaj hebreo, kaj kristano,
Kaj litovo kaj japano,--
Kaj pereos la plendato:
"Mi vin ne komprenas, frato".
Por ke venu tiu horo--
Kune fratoj, al laboro!
Jen per kanto, jen per vorto,
Jen agante ĝis la morto,
Servu ni al la afero,
La plej bela sur la tero,
Gardu ĝin de la forgeso
Per parolo en la preso;
Iru kiel apostoloj
Ĝin prediki por popoloj,
Kaj eksonu nia voko
Sur la ter' en ĉiu loko,
En vilaĝoj, en urbetoj,
En lernejoj, en gazetoj,
Kaj servantajn al la vero
Nin fortigu la Espero.

A. DOMBROWSKI.

* * * * *

LA MALLIBERULO

(Litva popola kanto.)

Ho, en la verda, verda arbaro
Estas malluma malliberejo.
Kaj en tiu malliberejo
Oni enŝlosis junan frateton.
Tie li povas neniam scii,
Ĉu venis vintro aŭ la printempo,
Neniam vidi la brilan sunon,
Nek leviĝantan, nek subirantan.
Mi metus oran ringon al muro,
Eble mi farus tie fenestron,
Eble mi farus tie fenestron,
Por ke la frato ekvidu sunon.
Mi metus pecon da blanka neĝo,
Por ke li sciu la frostan vintron;
Mi metus freŝajn florojn al muro,
Por lin sciigi pri la somero.

A. DOMBROWSKI.

* * * * *

LA TURO BABILONA

Kial vi, patroj, en Babilono
Konstrui turon komencis
Kaj tre fiere ankaŭ je l' trono
Ĉiela regi intencis?

Ĉu jam senfina, vasta la tero
Al vi ne estis sufiĉe?
Vi ja trankvile kaj sen danĝero
Ĉirkaŭe vivis feliĉe.

Kien sin turnis viaj okuloj,
Havante lingvon komunan,
Trovis loĝejon vi, antaŭuloj,
Bonegan kaj oportunan!

Jen al vi plaĉis monto, jen valo,
Trankvila en Sinorujo,--
Ĉie potenco via egala
Kaj ĉie via patrujo.
Kial deziris vi do subite
De l' val' suriri ĉielon?
Vi per argilo, brikoj malsprite
Atingi pensis la celon?

Sed entrepreno via, ho, vana,
Senfrukta restis je l' fino;
Tuj ĝin detruis Dia la mano,
Kondukis vin al ruino.

Dum la konstruon vi diligente
Plialten levi rapidis,
Jen vian lingvon Dio momente
Je lingvoj mil disdividis!

Nun jam pri kio unu parolas,
Komprenas dua nenion,
Kaj ne sciante, kion li volas,
Al li venigas alion:

Unu por l'alta granda konstruo
Necese brikon bezonas,--
Ne komprenante lin, jen la dua
Argilon tuj al li donas.

Tuj malkonsento, poste batalo
Fariĝis inter la rondo;
Tuta l'homaro iris de l' valo
Diversajn landojn de l' mondo.

Kvankam jam pasis miloj da jaroj
De tiu puno de Dio,
Regas ankoraŭ inter homaroj
Malamo, senharmonio.

Vere la patroj kontraŭ la Dio
Multege tiam fieris;
Kial ĝis nun por peko ilia
Senkulpaj idoj suferis?

Sed ni esperas baldaŭ refondon
De l' lingvo ĉiunacia,
Kiel konsolis tutan la mondon
Jam la profet' Zefania.

Ĝoje l'espero nin jam karesas,
Proksiman celon montrante;
L'internacia lingvo progresas,
Amikojn ĉie trovante.

Novajn amikojn voku, amikoj,
La voko vana ne estos!
Floras jam flor', ne solo radikoj,
Je l' frukto baldaŭ ni festos.

M. GOLDBERG.

* * * * *

NOVA DIO

(De S. Frug.)

I

Jam plena estas la festeno
De bril', sonoro, bru', soleno
En la palac' de faraono;
En vic' pentrinda antaŭ vastaj

Trapezaj tabloj sidas gastoj
Konvene, en mez' de salono.
De l' tron' antikva la apogoj--
La saĝeguloj, astrologoj,
En silk' brodita envestitaj--
La militestroj, generaloj,
Armitaj kun hakiloj ŝtalaj,
Per ringoj oraj ornamitaj.

Sin de kolono ĝis kolono
Etendas kiel tend' visono
Tre multekosta, multkolora;
Kaj de fumilo origita
Ĉirkaŭe estas disverŝita
La timiano bonodora.

Al flut', liutoj, barbitonoj
Per rapidegaj belegsonoj
Bruega la tintil' ripetas;
Kaj peza la amfor' konsolas
Rigardon, koron vekas, bolas
Kaj muĝas, kaj fajrerojn ĵetas.

Atentas faraon' sonoron
De l' himnoj kaj gracian ĥoron.
Senlima l'ordonanto estas
Je la rigardo luma, klara;
Ĝi estas fest' neordinara :
Nomtagon sian li nun festas.

De subpotencaj al li princoj
Donacojn oni el provincoj
Al li alportas multekostajn--
Smeraldojn, perlojn kaj armaĵojn,
Tapiŝojn, vazojn kaj teksaĵojn,
Arĝenton, elefantajn ostojn.

La gastoj riĉajn la donacojn,

Envenigitajn la palacojn,
Rigardas kun mireg' kaj ravo...
Tuj, defleksinte pordkovrilon,
Tremante, en salonon brilan
Eniris brunvizaĝa sklavo:

"Aŭskultu reĝ',--la sklavo diris--
Mirindaj viroj du aliris
Al la pordegoj de la korto...
Traflugis preter la gardantoj
De la kortego, maldormantaj,
Tuj nevidate kaj sen vorto.

Vidante l'mirajn du personojn,
L'ibisoj flugis for... Leonojn
De l' ĉen' mi lasis—senkuraĝaj,
Per la kolharoj balainte
La polvon, kapon mallevinte,
La besto-reĝoj la sovaĝaj

Timeme iris, proksimiĝis
Al ili paŝ' post paŝ', stariĝis
De l' flankoj sur la piedegoj;
Netera gardas ilin forto,
Malkovras vojon eĉ sen vorto
Al reĝaj tiuj ĉi pordegoj

Sonor', paroloj eksilentas,
La gastoj kun mireg' atentas...
"Sed,--krias laŭte l'ordonanto,--
De kie venas tiuj viroj?
Ĉu portas ili krom' la miroj
Donacon indan por reganto?"

--Reganto granda,--sklavo diras,--
Per forto de la dioj spiras
Iliaj la vizaĝoj brilaj...
Ne finis sklavo,--jen subite
En la salonon nepetite

Eniris du de Amram filoj.

La gastoj vidas, antaŭ l' trono
Jen staras Mozes, Aarono
Sur la tapiŝ' purpura, riĉa--
En simplaj kaj malriĉaj vestoj;
Severvizaĝaj kaj majestaj
Kun bastoneg' en man' malriĉa.

II

Reĝ', rigardinte tre severe
La novajn gastojn, nun fiere
Demandis: "Kiu vi? al festoj
De l' granda reĝo aranĝitaj
Kial do venis vi vestitaj
En tiaj malriĉegaj vestoj?

Al vi malbona fort', magio
Malfermis pordon . . . Sed do kio!
Mi kun kontent' en la palacon
Akceptas ĉiam gastojn tiajn;
Se indos sorĉ' atenton nian,
Ricevos riĉan vi donacon."

La kapon alten eklevinte,
Al Di' humile kliniĝinte,
Al reĝ' respondis Aarono:
Sorĉistoj estas ni neniaj,
Ne gardas fortoj nin magiaj . . .
Aŭskultu do, ho faraono!

Ni ne el reĝa familio:
Ni estas filoj de nacio,
Per kies manoj humilegaj
Fariĝis luksaj viaj landoj,
En vic' majesta turoj grandaj
Kaj fortikaĵoj kaj kortegoj.

Per kies diligent' kaj peno
Ekfloris tiu kamp', ĝardeno,
Nun de dolĉaĵo plenigita . . .
Sed jam sufiĉe ni suferas!
Centjara la labor' esperas
Jam esti nun rekompencita!

La Di' de l' dioj kaj Reganto,
La sola Di', ne ŝanĝiĝanta,
Alsendis nin al via trono.
Lia Spirit' en ni sin trovas:
Ĝi niajn lipojn, buŝon movas . . .
Atentu Lin, ho faraono:

"Jehov' . . ."--"Jehov'? mi lin ne scias,"--
Al Aarono laŭte krias
Fiera faraon' kun rido:--
Al mi di' de Moav', Edomo--
Konataj estas, sed la nomo
Jehovo--kiu estas li do?

El malproksima land' kaj limo
Popoloj ĉiuj por estimo
Elsendis ja al mi senditojn,
Saĝulojn kaj arĥitektistojn,
Kaj astrologojn kaj maristojn
Kaj pastrojn kaj sankt-oleitojn.

Kun laŭda kant' palacon mian,
Kiel preĝejon sanktan, dian,
Eniris ĉiuj humilege,
Al faraon' donacon sian,
Kiel oferon sanktan, pian,
Sur sojlon metis respektege.

Kiel malriĉa devas esti
Di' via nova, se, krom vesti
Vin pastrovestojn disŝiritajn,
Ne povis li de malpotenco

Jam per alia rekompenco
Vin rekompenci elektitajn.
La di' de l' sklavoj malfeliĉaj,
Ŝtonistoj tiuj ĉi malriĉaj,
La sovaĝuloj kaj sen scioj,
De la nudaĵ', mallumo blinda,
Ho, kiu estas di' ridinda,
La reĝ' de l' reĝoj, di' de l' dioj?

Kaj ĉe la tabloj kun bruego,
Ektondris laŭte nunridego;
Kaj la komuna rida krio
Ruliĝis eĥe, laŭte bruis
La murojn de l' palaco skuis:
Kiu li estas, nova dio?

Kiu li estas? . . . Tagoj venis,--
Kaj tuj ekkonis, ekkomprenis
La Dion Novan Egiptanoj;
Sed per turmentoj, malagrabloj
De la dezert' en brulaj sabloj,
En profundaĵ' de l' oceanoj.

Jam pri la Granda Dio Nova,
Regant' de l' mondo, Ĉiopova,
De l' Nil' la ondoj, kantis, bruis;
Kaj kun tondrego kaj ventegoj
Inter granitaj la ŝtonegoj
De l' maro ond' kantante fluis . . .

Kaj resonante al la kanto
De l' mar' senfunda kaj bruanta
Kun sankta mirsciig' konsola
Per triumfega kri: "Libero!"
Eksonis laŭte sur la tero
Renaskiĝanta la popolo . . .

M. GOLDBERG.

* * * * *

CIGNO, EZOKO KAJ KANKRO

(El Krylov.)

Se inter kolegoj jam en la komenco
En ia afero malestas konsento,
Senfrukta restados ilia intenco,
Anstataŭ afero nur estos turmento.

Okazis, ke kankro kun cigno, ezoko,
Por ŝarĝon transporti de loko al loko,
Triope al veturigil' enjungiĝis
Kaj tre diligente de l' loko tiriĝis.
Sed malgraŭ ilia grandega fervoro
Nenion alportis ilia laboro.

Ekstreme facile ĝi estus por trio,
Se ili laborus nur en harmonio;
Sed al la ĉielo la cigno sin tiras,
La kankro obstine returne foriras,
L'ezoko al akvo la ŝarĝon kunŝiras.

Nun kiun pravigi kaj kiun kulpigi,
Mi certe kaj tute ne povus klarigi,--
Sed la veturilo eĉ paŝon ne faris,
Ankoraŭ ĝi staras nun, kie ĝi staris.

M. GOLDBERG.

* * * * *

TRI BUDRYS'OJ

(El Mickiewicz.)

Budrys, forta kaj sana, maljunulo Litvana,
    Sur la korton alvokas tri filojn:

"Iru tuj en la stalojn, selu bone ĉevalojn,
　　Kaj akrigu la glavojn, ĵetilojn.
Kuras famo en rondo, por tri flankoj de l' mondo
　　Al ni Vilno trumpetas ordonojn:
Olgerd falos Rusujon, Skirgell iros Polujon
　　Kaj princ' Kejstut atakos Teŭtonojn.

Fortaj, sanaj vi estas; iru, filoj, mi restas;
　　Litvaj dioj konduku vin, benu!
Por la vojo utila bona vorto konsila:
　　Tri vi estas, tri vojojn vi prenu.

Unu devas elkuri, kun Olgerdo veturi
　　Kontraŭ Novgrod post Ilmen kuŝanta;
Tie vostoj zibelaj, la ornamoj tre belaj,
　　En amasoj la rublo sonanta.

Dua devas elfali, sub Princ' Kejstut batali:
　　Pereadu Krucistoj-hundfratoj!
Kaj sukcen' tie ora, drapo mire kolora,
　　Briliantoj en pastraj ornatoj.

Tria post la Njemeno, en Skirgella la treno,
　　Nur malriĉan akiron li trovos;
Tie inda nur havo: bona ŝildo kaj glavo,
　　Kaj Polinon kunpreni li povos.

Super ĉiuj virinoj, plej amindaj Polinoj!
　　Gajaj, kiel la junaj katetoj;
Blanka, roza la vango, kvazaŭ lakto kaj sango,
　　La okuloj--brilantaj steletoj.

El Poluj' mi junaĝa, batalanto kuraĝa,
　　Antaŭ jaroj alportis edzinon ...
Jam ne batas la koro--kun malĝojo, doloro
　　Rememoras mi vian patrinon."

Kaj, doninte konsilojn, li benadis la filojn;

La armitajn forportis ĉevaloj.
Aŭtun'-vintro sin trenas, filoj reen ne venas;
　　Eble falis en sangaj bataloj . . .

　Per la neĝo kovrita, rajdas viro armita,
　　　Sub la burko objekto tre granda.
　Filo! sub la mantelo rusa mon' en sitelo?"
　　--"Ne, patreto, filino Pollanda!"

　Per la neĝo kovrita, rajdas viro armita,
　　　Sub la burko akiro tre granda.
　"El Prusujo! sak' plena, kun la sablo sukcena!
　　--"Bofilino, patreto, Pollanda!"

　Per la neĝo kovrita, tria viro armita,
　　　Ion grandan li kaŝas sub vesto:
Budrys jam ne atendis, invitadi li sendis
　　　Por la tria edziĝa la festo.

A. GRABOWSKI.

　　　　* * * * *

REVAĴO

(De P. Dalman.)

Sur la valo neĝa vento
　　Blovas ĉiam pli;
Fajro sur kameno mia
　　Krakas ĉirkaŭ mi.

Ĉe l' kamen' el pipo ringe,--
　　Fumon lasas mi . . .
Ĉiuj remomoroj miaj
　　Flugas for kun ĝi.

Kie estas la esperoj,
　　La junec' de or'?

Kiel vento la blovanta,
   Ili flugis for!

Vent' sen celo, mi sen celo
   Kun vi, fumo, tri...
Tri sen celo en la mondo
   Kune flugu ni!

A. GRABOWSKI.

* * * * *

EXCELSIOR

(El Longfellow.)

La nokto rapide la ombrojn delasis,
Tra Alpa vilaĝo junulo trapasis,
Tra neĝo, glacio standardon portanta
Kun tia devizo mirinde sonanta:
   Excelsior!

La frunto malgaja, okulo junula
Simila al glavo, flamanta kaj brula;
Kaj kiel tre klara trumpeto arĝenta,
La vort' stranga sonis tra nokto silenta:
   Excelsior!

Li vidis, en loĝoj feliĉaj, tre ĉarme
Jen brulis la fajro lumante kaj varme;
En supr' glaciaĵoj minace ŝin trenis;
El lipoj junulaj sopiro elvenis:
   Excelsior!

"Ne provu la pason!" maljuna hom' diris,
En supro sin nigra ventego kuntiris,
Profunda la akvo, ŝiranta la ondo !"
Kaj laŭte eksonis la klara respondo:
   Excelsior!

"Halt'!" diris knabino. "Kap' via de l' laco
Sur tiu ĉi brusto ripozu en paco!"
Larm' staris en blua okulo brilante,
Sed tamen respondis junul' sopirante:
  Excelsior!

"Ho! gardu vin antaŭ branĉ' velka de l' pino,
Ho! gardu vin antaŭ terura lavino!"
Lin laste por nokto salutis pasanto;
El alte rediris la malaperanto:
  Excelsior!

Kun al la ĉielo levita rigardo
La piaj monaĥoj de l' Sankta Bernhardo
En frua mateno la preĝojn murmuris,
Kaj krio skuanta l'aeron trakuris:
  Excelsior!

Migranto, duone en neĝo fosita,
De l' hundo fidela li estis trovita;
Li tenis ankoraŭ en mano glacia
Standardon kun stranga devizo jen tia:
  Excelsior!

Kaj en duonlumo la griza, malvarma,
Li kuŝis senviva, sed bela kaj ĉarma,
Kaj de malproksime, el klara ĉielo,
Defalis la voĉo per falo de stelo:
  Excelsior!

A. GRABOWSKI.

* * * * *

LA PLUVA TAGO

(El Longfellow.)

La tago malvarma, malgaja, sensuna;
Ne haltas la ventoj kaj pluvo aŭtuna;
Vinujo je l' muro putranta sin tenas,
Sed ĉiu ekblovo foliojn deprenas,
Kaj la tago--malvarma, sensuna.

Mia vivo malvarma, malgaja, sensuna:
Ne haltas la ventoj kaj pluvo aŭtuna;
Miaj pensoj sin tenas je tempoj pasintaj,
Sed falas en vento esperoj velkintaj,
Kaj la tagoj--malvarmaj, sensunaj.

Ekhaltu, ho, koro malgaja, ne plendu!
Post nuboj la suno radias--atendu!
Ne sola vi tiel kun sorto batalas,
En vivon de ĉiu la pluvo ja falas,
Kelkaj tagoj--malvarmaj, sensunaj.

A. GRABOWSKI.

* * * * *

LA SAGO KAJ LA KANTO

(El Longfellow.)

Mi pafis sagon en la aeron,
Ne scias, kie ĝi falis teron;
La forfluganta tiel rapidis,
Ke mi la kuron tute ne vidis.

Mi spiris kanton en la aeron,
Ne scias, kie ĝi falis teron!

Eĉ la plej bona akrevidanto
Ne povas sekvi flugon de l' kanto.

Mi longe poste, unu tagon,
En kverko trovis la tutan sagon;
La tutan kanton kun la muziko
Mi trovis en la kor' de amiko.

A. GRABOWSKI.

* * * * *

SONORILOJ DE VESPERO

(El T. Moore.)

Sonoriloj de vespero, sonoriloj de vespero!
Kiom ili rakontadas pri juneco kaj espero,
Pri la domo de gepatroj, pri la dolĉa kora ĝojo,
Kiam mi ilian sonon aŭdis je la lasta fojo!

Longe, longe jam forpasis tiuj de l' ĝojeco horoj!
Ekdorminte je eterne jam ne batas multaj koroj.
En la tomboj ili loĝas post la ĝojo kaj sufero:
Ne por ili la muziko, sonoriloj de vespero!

Ankaŭ kiam mi ripozos je eterne en trankvilo,
Ne ekhaltos la batado de vespera sonorilo,
Dum kun kanto novaj bardoj paŝos jam sur nia tero
Kaj vin aŭdos kaj vin laŭdos, sonoriloj de vespero!

A. GRABOWSKI.

* * * * *

MI RAKONTIS

(El Vejnberg.)

Mi rakontis al maro senborda

Pri la grandaj turmentoj en koro,--
Kaj per bruo mallaŭta de l'ondoj
Ĝi respondis al mi kun favoro.

Mi rakontis al vento rapida,
Ke ne povas mi spiri libere,--
Kaj el landoj ĝi iaj mirindaj
Al mi portis tuj freŝon aere.

Mi rakontis al verda arbaro
De la vivo malgaja dolorojn,--
Kaj en ombro ĝi tuj min dormigis,
Ŝancelante foliojn kaj florojn.

Mi rakontis al suno varmega,
Ke mi vidas nur tagojn malklarajn,--
Varmigantajn kaj lumajn radiojn
Ĝi tuj sendis al mi malavarajn.

Mi rakontis al homo-kunfrato
Pri la vivo senĝoja,--kaj li,
Iel strange movinte la ŝultrojn,
Tre rapide foriris de mi.

E. HALLER.

* * * * *

MI ELIRAS

(El Lermontov.)

Mi eliras unu al vojeto;
Ŝtonoj brilas tra la nebuleto,
Nokt' trankvila, step' aŭskultas Dion,
Steloj inter si parolas ion.

En ĉiel' solene kaj tre bele,
Tero dormas en bluaj' radia....

Kio do doloras min kruele?
Ĉu atendo aŭ bedaŭro ia?

    Ne bedaŭras mi pli pasintaĵon,
Ĝojon ne esperas jam en kor' mi;
Serĉas liberecon mi, pacaĵon,
Volus forgesiĝi mi, ekdormi....

    Ne per tiu dormo de l' mortinto!
Tiel nur mi estu ekdorminta,
Ke en brust' la viva fort' moviĝu,
Ke spirante mia brust' leviĝu;

    Ke l' orelojn ĉiam karesante,
Dolĉa kanto sonu sur la ĉerko;
Ke kliniĝu, ĉiam verdestante,
Kaj sur mi bruadu ombra kverko.

G. JANOWSKI.

* * * * *

AŬTUNO

Aŭtuno nebula! Arbar' nudiĝanta
Kun vento bruegas, ĝi ŝajnas ploranta
Pri ĉarma printempo, pri bela somero...
Kovriĝas per koto de pluvo la tero ;

Bluaĵo ĉiela enua nubiĝas,
Kaj suno de l'tero en nuboj kaŝiĝas:
La kampoj senhomaj en sola silento,
En ili flugadas kaj ploras nur vento!

D. JEGOROV.

* * * * *

KUŜAS SOMERO.

(El Heine.)

Kuŝas somero la varma
Sur via rozeta vangeto,
Kuŝas la vintro malvarma
En via malgranda koreto.

Tio ĉi baldaŭ sin ŝanĝos,
Ho, mia kara trezoro!
Vintro sin trovos sur vangoj,
Somero la varma en koro!

T. de KANALOŜŜY-LEFLER.

* * * * *

FILINO DE IFTAH

Fajfegas ĵetiloj kaj sonas la glavoj
Kaj brilas kaj frapas ponardoj.
Sed vane laciĝas herooj la bravaj:
Pereas Jehovaj standardoj,
Kaj la Amonanoj la sangoavidaj
Triumfe rapidas al l' Izraelidoj.

Ben-Jair mortiĝas kun ŝtono en brusto,
Kaj Gilad droniĝas en sango,
La kapo de Maĥir, nomita "la justa",
Surstaras sur pinto de stango,
Kaj miloj da filoj de l' Supra Jehovo
Ekkuŝis sur kampo sen vivo, sen movo.

Ho ve, ho malĝojo! La ondoj Jordanaj
Elmetos ĝemegojn sovaĝajn,
Ploregos patrinoj pri siaj infanoj,

Disgratos al si la vizaĝojn,
Elŝiros la harojn, per cindro la griza
Ekŝutos la kapojn ĉe l' nigra avizo.

Kaj Iftah frenezas. Vidante la timon
De la elektita popolo,
Li vane penegas bravigi l' animon
De viroj per laŭta parolo,
Kaj jen li ekpreĝas kun malpacienco
Al Dio Jehovo, la Suprepotenca.

"Ekaŭdu, Jehovo, ekaŭdu la sklavon,
Preĝantan al Vi kun doloroj!
Mi hejme en Micpo posedas riĉhavon,
Aregon da grandaj trezoroj,
Mi havas amikojn, mi havas sklavaron,
Kaj multon alian, al koro tre karan.

"Ho savu nin Vi, jam savinta la avojn
El la Egiptujo-fremdlando;
Se Vi liberigos nun ree la sklavojn
De l' nuna mizero multgranda,
Mi, Micpon venonte, al Vi, mia Dio,
L'unuavidoton oferos kun pio.

"Kaj kio ajn estos l'unuavidoto,
Objekto aŭ homo amata,
Ĝi estos al Dio brulig-oferota
Al Vi, ho Jehovo kompata!"
Kaj jen, elmetante kriegojn sovaĝajn,
Li ree ekscitas la virojn kuraĝajn.

Fajfegas ĵetiloj kaj frapas ponardoj,
Resonas ekĝemo kaj krio,
Kaj la Amonanoj kun timaj rigardoj
Forkuras de l' idoj de Dio,
Sed la forkurantajn postflugas rapide
La Izraelidoj kaj hakas avide.

Kaj de Aroero ĝis urbo Minito
Kaj poste ĝis Avel-Kerumo
Triumfas Izrael en sanga milito
Per glavo, per fajro kaj fumo,
Venkataj pereas sub domoruinoj,
Sklaviĝas bestaroj, infanoj, virinoj.

Kaj plene ŝarĝitaj per riĉaj akiroj
Reiras herooj kantantaj,
Al kantoj iliaj aliĝas sopiroj
De la ekkaptitoj plorantaj,
Kaj ĝemas virinoj lacegaj kaj palaj,
Kaj dume sonadas la gajaj cimbaloj.

Sed jen apudiĝas jam Micpo la kara,
Kaj Iftah rigardas sen ĉeso:
Li devas ekvidi por dia altaro
Oferon laŭ sia promeso.
Kaj li rigardadas sen laco-enuo:
"Nu, kio do venos al mi la unua?"

Jen el malproksimo eksonas tintiloj,
Cimbaloj, fajfiloj kaj kordoj.
Junuloj, fraŭlinoj per paŝoj facilaj
Ĝojdancas en vicoj senordaj
Kaj ridas kaj kantas, sin gaje balancas,
Kaj al la venkintoj gracie aldancas.

De pleja proksimo al la triumfanoj
Sin movas fraŭlino junaĝa.
Ŝi batas tintilon per siaj blank-manoj,
Kun flamo en bela vizaĝo;
La harojn serpentajn la vento disblovas,
Ŝin forto interna antaŭen almovas.

Ŝi dancas, ŝi tintas, ŝi kantas kun ĝojo:
"Alvenas la gloraj venkintoj,
Ke estu facila por ili la vojo,
Sonegu la gloron per tintoj!"

Ŝi dancas, movata de l' kora kontento,
Nenion anoncas al ŝi l' antaŭsento.

Kaj Iftah rigardas al sia ofero,
Al sia unuavidato....
Subite ... ho, tio ĉi estas ne vero....
Ŝi estas--*filino l' amata!*
La sola filino! Jehovo ĉiela!
Ho, kia malico de l' sorto kruela!

Kaj Iftah ĝemegas, disŝiras la veston
Kaj cindron sur kapon surŝutas,
Kaj inter la viroj, volantaj ĝojfeston,
Li vortojn terurajn balbutas....
Kaj ĉio mutiĝas. En kelke da horoj
La Izraelujon ekprenas doloroj.

"Ne ploru, ho patro, ĉesigu la ĝemon
Kaj estu do viro ĝis fino.
Vi faris promeson ne malsingardeman,
Ĉar kion signifas fraŭlino
Kompare je miloj da viroj, savitaj
Per la heroaĵoj, de Dio donitaj?

"Vi faris promeson glorindan, ĉar savo
De miloj per unu ofero
Eterne estados faraĵo multbrava,
Belega, mirinda afero,
Kaj timos nacioj la Izraelanojn,
Ĉar ili ne ŝparas eĉ proprajn infanojn.

"Vi donu ekzemplon, plenumu la vorton,
Sciigu l' amatan popolon,
Ke ĝoje mi prenas nun tiun ĉi sorton,
Ke mi ne bezonas konsolon.
Multegaj fraŭlinoj ekzistas, mi scias,
Ĉe ni, kiuj mian mortiĝon envias.

"Nur unu malĝojo min pikas en koro--

Ke vi nun izola ekrestos,
Ke en maljuneca kruela doloro
Ĉe vi parenculo malestos,
Al vi li ne diros parolojn kunsentajn,
Al vi li ne kombos la harojn arĝentajn.

"Ho, ve al mi! Kvankam brilados la nomo
De Iftah en ĉiu nacio,
Sed Iftah ekmortos, kun li--lia domo:
Mi iras senfrukta al Dio.
Ho ve al mi, patro! Vi nepon ne konos,
Konsoloj el buŝo parenca ne sonos.

"Nun, patro amata, kun la amikinoj
Mi iros sur montojn najbarajn,
Ni tie sur suproj, ĉe ŝtonaj ruinoj
Sonigos malĝojajn gitarojn
Kaj kun la plorantaj eksonoj sonoraj
Ni kantos pri miaj animaj doloroj:

"Ke mi ne ekĝuis la edzajn karesojn,
Ne portis infanon sub koro,
Ne povis pliigi patrujajn sukcesojn
Per filoj, kovritaj de gloro,
Ke mortas nun mia virgeco floranta
Kun ĝojo multnombra, en ĝi troviĝanta."

Ne trono altega sin levas sur placo,--
Sin levas altega lignaro;
Ne krioj de ĝojo bruadas en spaco,--
Bruadas kaj ĝemas viraro,
Kaj tie, en blanka vestaĵo el lino,
Silente sursidas palega fraŭlino.

La viroj ĝemegas, la viroj sopiras,
Virinoj en larmoj plendronas,
Sed Iftah kun torĉo brulanta aliras
Kaj fajron al lignoj aldonas,
La lignoj ne volas kaj kontraŭ sin metas,

Sed Iftah obstinas kaj pajlon enĵetas.

Kaj jen ekkriegis l' amaso popola,
Kaj eĥo eksonis en valo.
Bruliĝis subite la aro tremola
Leviĝis fumega vualo,
Ekblovis, ekfajfis ventego kruela,
L' oferon alprenis al si la ĉielo.--

Kaj jen ĉiujare la izraelinoj
Kunvenas por plori sur montoj
Kaj tie ĉi brilas la fajr'-iluminoj,
Sonadas malgajaj rakontoj,
Kaj laŭte aŭdigas sonado de ĥoroj.
L'aero pleniĝas de ĝemoj kaj ploroj

La izraelinoj parolas pri l'bela
Fraŭlino brulig-oferita
Kaj dankas fervore al sankta ĉielo
Por venko de ĝi donacita,
Kaj sendas al Dio petegojn humilajn
Forigi de l'lando terurojn similajn.

A. KOFMAN.

* * * * *

LA SKLAVOŜIPO

(El Heine.)

I

La ŝipoŝarĝisto Minheer van Kek
Sidadas en longa medito,
Li taksas sur ŝipo la koston de l' ŝarĝ',
La sumon de ebla profito.

"Tricent barelegoj da pipro, da gum'

Kaj poste la sablo de oro . . .
Ĝi estas tre bona, sed tamen al mi
Pli plaĉas la nigra trezoro.

"Ses centojn da negroj mi ĉe Senegal
Akiris je prezo profita.
Malmola viando, simila al ŝton',
La membroj--el ŝtalo forĝita.

"Mi donis por tiu ĉi bela akir'
Brandakvon, glasperlojn kaj feron;
Gajnonte en ĉio ok centojn je cent,
Mi faros bonegan aferon.

"Se restos el ili ne pli ol tricent
Ĉe veno al Rio-Ĵanejro,
Mi havos cent orajn dukatojn por pec'
De l' domo Gonzales Perejro."

Sed jen deturniĝas Minheer van Kek
De sia pensado persista:
Al li proksimiĝas la ĥirurgiist'
Van Smisen, la ŝip-kuracisto.

Van Smisen, maldika malgrasa figur',
La nazo kun ruĝaj verukoj.
"He, kiel nun fartas--ekkrias Van Kek,
La negroj kun la antaŭtukoj?"

Van Smisen salutas. "Hodiaŭ al vi,
Ne estos agrabla raporto:
Bedaŭre en tiuj ĉi tagoj sur ŝip'
Oftiĝis l' apero de morto.

"Ĝis nun ĉiutage mortadis po du,
Hodiaŭ--ne malpli ol seso,
Du viroj, kvar inoj: la morto ĉe ni
Laboras kun granda sukceso.

"Mi la malvivulojn esploris kun pen',
Ĉar ofte la nigraj satanoj
Trompadas, por esti ĵetitaj de l' ŝip',
Estante plenvivaj kaj sanaj.

"Mi lasis depreni de ĉiu mortint'
La feran multpezan katenon,
Ke ili ne estu barataj de ĝi,
Faronte la maran promenon.

"Kaj tuj el la maro elnaĝis areg'
Da skvaloj sangame-malsataj,
La bestoj avidas je negroviand'
Kaj estas de mi pensiataj.

"De l' tago ke ni nin demetis de l' bord',
Nin sekvas ĉi tiuj gajuloj
Kaj flaras l' aeron, turniĝas al mi
Kun mutaj, sed klaraj postuloj.

"Ĝi estas amuzo aŭskulti de l' ŝip'
La dentokrakadon de l' bestoj;
La unuj profitas je kapo aŭ man',
L' aliaj je sangaj intestoj.

"Post sata manĝado la bestoj al ni
Alnaĝas en aro solena
Kaj min rigardadas kun preskaŭ-dezir'
Min danki por tia festeno."

Sed lin interrompas, ĝemante, van Kek
Kun krio: "Malbeno de sorto!
Kiele malhelpi je tia malbon'
Kaj savi la negrojn de morto?"

Van Smisen rediras: "En tiu ĉi mort'
La negroj mem estas la kaŭzo,
Ĉar ili difektas l'aeron de l' ŝip'
Per spiro kaj mortas pro naŭzo.

"Aliaj pereas pro melankoli'
Kaj fine pro granda enuo,
Kaj farus al ili utilon aer',
Dancado, muziko kaj bruo."

Kaj diras van Kek: "La konsilo, doktor',
Min ravas, ĝi estas tre bela,
Vi montras vin, mi ĝin konfesas al vi,
Pli saĝa ol Aristotelo.

Se la prezidanto de la Societ'
"Tulipo-nobligo Holanda"
Sin nomas saĝulo,--kompare je vi
Li estas azeno multgranda.

"Muzikon, muzikon! la nigra viand'
Tuj sur la ferdekon de l' ŝipo!
Kaj kiu ne trovos amuzon en danc
Ĉi tiu ĝin trovos en vipo!"

II

Miloroj da steloj de l' blua ĉiel'
Bril-lumas per fajr-iluminoj,
Rigardas kun varmo, kun amo, kun saĝ'
Kiele okuloj virinaj.

Rigardas la maron, kaj tiu ĉi mar'
Fosfore radias purpuron
Kaj balanciĝetas, kaj ondo post ond'
Elĝemas voluptan plezuron.

La veloj ne bruas ĉe l' masto de l' ŝip',
Rulitaj de la ŝipanaro,
Sed lumas lanternoj sur ĝia ferdek'
Kaj sonas muzik' sur la maro.

Ŝipano muzikas per granda tambur'

Kaj la kuiristo per fluto,
La ŝipa piloto--per violonĉel',
Kaj Smisen--trumpet' per dufuta.

Kaj cento da negroj, la seksoj en kun',
Krietas kaj saltas kaj dancas,
Post ĉia eksalto la fera katen'
Sin brue kaj takte balancas.

La negroj saltadas kun bruo kaj ĝoj'
Kaj iam negrin-belulino
Alpremas plen-nudan amikon al si
Kun voluptemeco senfina.

La ekzekutisto kun gaja rigard'
Gvidadas la ordon sur ŝipo,
Li estas de l' balo la "Maitre des plaisirs"
Kaj danci invitas per vipo.

Sonadas trumpeto, krakadas tambur',
Laŭtiĝas la bruo sovaĝa,
Kaj ĉie vekiĝas la monstroj de mar'
Dormintaj en dormo malsaĝa.

Duone-dormante alvenas skvalar'
En centoj, pikata de miro,
Rigardas la ŝipon kun granda konfuz',
Ĉu eble montriĝos akiro.

Sed ili rimarkas: la horo de l' manĝ'
Ne estas ankoraŭ sonita,
Kaj ĉiu oscedas per larĝa buŝeg',
De dentoj-segiloj plantita.

Sonadas trumpeto, krakadas tambur',
La negroj dancadas sen fino,
La skvaloj mordegas la vostojn al si
Pro la malsatego obstina.

Mi pensas, al ili ne plaĉas muzik'
Kiele al ĉia fripono.
"Ne kredu al malmuzikema brutul',"
Eldiris poet' Albiona.

Sonadas trumpeto, krakadas tambur',
La negroj senlace baletas,
Ĉe l' alta fokmasto Minheer van Kek
Rigardas ĉielon kaj petas:

"Pro Kristo! konservu, plej sankta Sinjor',
La vivon al miaj sovaĝaj,
Se ili ekpekis, vi scias, ho Di',
Ke ili ja estas malsaĝaj.

"Pardonu Vi ilin, pro amo al Krist',
Mortinta por savo de l' tero,--
Ĉar se al mi restos ne pli ol tricent,
Pereos la tuta afero."

A. KOEMAN.

* * * * *

AL LA MEMORO DE JOZEF WASNIEWSKI

Floro falis ankoraŭ! sekiĝis herbero kaj mortis,
Velkis pro vintra la frosto ĝia verdanta folio!
Morto senkora, ho kial estas al vi permesite
Fosi en fosan profundon ĉion la belan en mondo?
Kial, ho kial faliĝas la herbo, verdanta sur kampo,
Kial disiĝas de vivo freŝa, floranta ĝis nun?
Dolĉa la morto por la maljunulo, la laca de vivo;
Kuŝas arĝenta la haro bele sub tomba cipreso.
Tiun ne plendu, ĉar lia ja estas feliĉa la sorto,
Ĉar en la tombon li mem iras kun ĝojo, sen timo;
Dolĉa eĉ morto junula, la mort' en mateno de l'vivo,
Antaŭ ol frosta la nokto detruis burĝonon en

ĝermo!
Dolĉa la morto, kiam ne pasis la kredo je vivo,
Kiam trompa vivado ne kovris flugilon per polvo!
Sed jam kiam junulo viriĝis kaj lasis la ludon,
Vivo nun estas ja ĉarmo, nun malfeliĉo la morto.
Tiam ja estas maldolĉe disiĝi de faro farata:
Ĝojus la koro, vidante frukton de longa laboro.
Kiu do ĉiam por noblaj ideoj vivadis, batalis,
Tiu kun akra malĝojo iras en valon de ombroj,
Lasas la komencitaĵon kun pleje mordanta doloro:
Estas malgranda la aro, kiu batalis kun li!

Akra estas funebro! Neniam pli noblan animon
Ol la ĵus forirantan trovos vi sur nia tero.
Eĉ se vi iros, simile al Diogeno, tra l'urboj
Kun la lumilo en mano, *homon* serĉante sur strato,
Tamen neniun en tuta la mondo renkonti vi povos,
Kiu pli inde ol li portas la nomon de homo,
Vivon vere pli *homan* travivis en senco profunda,
Kaj dediĉitan al ĉio alta kaj nobla en mondo.
Amo al ĉio, al ĉiuj, jen fundo de lia esenco,
Amo en faro kaj vorto, jen kio estis li mem!
Por la premitaj, por ĉiuj suferoj, por la mizeruloj
Sentis la nobla animo flame kaj varme ĉe li.
Ne eĉ iu al li konfidis vane doloron,
Vane neniu ĉe li frapis la pordon de l'kor'.

For li estas! Ho, kiu plenigos la lokon lasitan?
Kiu plenumos en mondo faron farotan de li?
For li estas. Sed tamen ĉe ni li vivas ankoraŭ,
Kiuj en akra doloro staras ĉe nova la tombo.
Ni, kiuj konis l'animon poetan ne nur per la kantoj,
Kiujn li donis al ni, sed per la tono la varma
El lia brust' eliranta, portanta varmon ĉirkaŭen,
Kie troviĝis la kordo, kiu agordis al ĝi.

Nin neniam forlasos la bela sunhela memoro
De la mortinta amiko, ĝi lumos belege en koro!
Tiel li vivas kaj tiel li estos vivanta, ĝis kiam
Restos neniu jam plu, kiu lin konis en ver'.

V. LANGLET.

* * * * *

LATVA POPOLA KANTO

Mi en kampo kapon metos,
Por defendi patrolandon.
Mi pli vole kapon donus,
Ol mi donus patrolandon.

Bruu, bruu, fulmodio,
Rompu ponton sur la Dina,
Ke ne venu malamikoj
En la mian patrolandon.

Landoj de tri reĝoj bruas,
Kie fratoj ĉevaliras,
Fortaj viroj kiel kverkoj,
Glavoj ŝtalaj sonoregas.

Kien iros vi frateto,
Tien iros mi kun vi;
Kie glavon vi pendigos,
Tie la kroneton mi.

R. LIBEKS

* * * * *

MALGRAND'-RUSA KANTETO

Jam malsupre suno staras,
Jam rapide vesperiĝas....

Kion do knabino faras?
Kial do ŝi ne montriĝas?

Ĉu patrino ne permesas?
Aŭ alia jam ŝin tenas?
Kaj ŝi dolĉe lin karesas
Kaj al mi nun ne elvenas?

"Ho, knabino! per fiero
Vi fariĝis nefidela:
Kial do vi en vespero
Ne elvenis, mia bela?

--Ho, karulo! tempo pasis,
ustatempe mi ne venis,
Ĉar gepatroj min ne lasis,
Ĉar gefratoj min fortenis"....

"Ne, ne ili vin fortenis!
Diru simple kaj sincere:
Malbelulo, mi ne venis,
Ĉar ne amas vin plu vere!"

Ha, mi vidas, kion faras
Karulino malfidela:
Kun alia ŝi nun staras,
Pli feliĉa kaj pli bela....

I. LOJKO

* * * * *

PROFETO

(El Lermontov.)

De kiam, laŭ volo de Supra Juĝanto,
Mi ĉionscianta fariĝis profeto,
Malvirton mi sentas en ĉiu vivanto,

Malicon mi vidas tra ĉiu rideto.

Mi altajn principojn de amo kaj vero
Komencis prediki al miaj kunfratoj,
Sed ili min batis kun granda kolero
Per ŝtonoj, kuŝantaj sur placoj kaj stratoj.

Kun cindro sur kapo, kun kora doloro,
Mi urbojn forlasis sen ia havaĵo,
Kaj nun en dezerto--de Dia favoro
Nur ion mi havas por mia nutraĵo.

Laŭ sankta ordono de l'Antaŭtempulo
Al mi ĉiuj bestoj volonte servadas,
Kaj steloj ĉe vortoj de mi, dezertulo,
Pli ĝoje radias, pli hele lumadas.

Sed se iafoje tra urbo bruanta
Mi en rapideco pretere pasadas,
Min popolamaso renkontas mokanta
Kaj maljunularo memfide diradas:

"Rigardu, infanoj, vin edifigante,
Li estis fiera, kun ni malpacadis;
Malsaĝa, li volis kredigi nin vante,
Ke Dio al homoj per li paroladis.

Jen frukto de lia obstina vanteco!
Jen pala, malgrasa, malgaja profeto,
En vesto ĉifona, simila al reto--
Ĉe ĉiuj li estas en malestimeco.

I. LOJKO.

* * * * *

ALAŬDETO

(El Boheme.)

Sarkas knabino kanabon
Apud ĝardeno sinjora;
Ŝin alaŭdeto demandas:
"Kial vi tiom dolora?"

--"Gaja mi esti ne povas,
Ho vi, birdeto-kantanto,
Ĉar en la ŝtona kastelo
Mia suferas amanto.

Se mi nur havus plumeton,
Skribus leteron mi al li,
Kaj vi ĝin portus kaj lasus
Sur la fenestron elfali.

Sed nek papero, nek plumo,
Por skribi al la amanto,
Flugu kaj tie salutu
Lin de mi en via kanto.

F. LORENC.

* * * * *

MI AMIS VIN

Mi amis vin! Senkore vi ne vidis
Varmegan, puran mian amon.
Konfesis mi--sed tiam vi nur ridis
De l' am' unua koran flamon!

Kaj longe mi suferis . . . Vin, amita,
Mi ne forgesis; sed en koro

La flama amo estas estingita,
Pri ĝi nur restis rememoro.
Sed kial vi, mi petas al mi diri,
Pasintan en mi amon movas?
Por nove ridi? koron mian ŝiri?
Ne, mi suferi pli ne povas!

Ne povas mi... ĉar multe mi suferis;
Kor' malvarmiĝis de l' doloro;
Ĉar ami mi jam tute malesperis,
Ĉar kredi vin ne povas koro.

A. NAUMANN.

* * * * *

PRINTEMPO VENOS

Se la naturo rigidiĝas
De prem' de l'vintro frostiganta,
Se tute per la neĝ' kovriĝas
Je longe tero ekdormanta,
Amiko kara! vi ne ploru:
Printempo venos kaj somero,
Ke la naturo ree floru,
Ke verdu, reviviĝu tero.

A. NAUMANN.

* * * * *

LA ĈASO

La patro l'arbaron ekiris ĉasadi.
Ne devis li longe kaj vane iradi:
Kuŝiĝis sub arbo, pafilon celigis
Kaj tuj la plej grandan paseron mortigis,
La filoj ĉevalojn enjungis kriante,
La birdon al dom' veturigis kantante.

"Filinoj, vi fajron rapide dismetos,
Kaj ni tuj disiros kaj gastojn ni petos."
Ĉasaĵon plej bone elrostis patrino,
La tablon rapide preparis filino,
Rostaĵon alportis ceteraj filinoj
Al tablo,--kolektis sin gastoj, gastinoj.
Eniras la gastoj, mastron salutante,
Komencas kaj manĝi kaj trinki, laŭdante.
Tuj estis manĝita la tuta pasero
Kaj poste trinkita--barel' da biero.

                                               La POETETO.

* * * * *

KANTO

Kanto sincera de mia animo,
Flugu en vaston sen timo
Kaj komuniku al homoj de l' tero
Ĝojon de l' sankta espero.
Homojn alvoku al paca laboro,
Sonu konsolon al koro,
Kaj en brilanta bluaĵo de spaco
Laŭte prediku pri paco.
Kantu deziron de homa frateco
Kaj de l' homar' egaleco;
Sonu pri amo, pri ĉies libero
Per la fluganta aero.
Diru, ke estas jam inter la mondo
De kolegaro nun rondo,
Rondo, konstante, senhalte kreskanta,
Bonon al homoj donanta.
Tiu ĉi rondo la homojn pacigas
Kaj per laboro kunligas;
El la ligilo nun estas plektita
Vigla la kanto invita.
Kanto sincera de mia animo,
Flugu en vaston sen timo

Kaj komuniku al homoj de l' tero
Ĝojon de l' sankta espero!

I. SELEZNET

* * * * *

NE RIPROĈU LA SORTON

Ne riproĉu la sorton, ho, juna animo:
Ĉio estas en nia vivado;
Vi rigardu antaŭon kuraĝe, sen timo
Kaj kun bona, prudenta celado.
En la vivo ne ĉiam troviĝas ja ĝojo
Kaj ne ĉiam aperas espero;
Ĉion prenas ni kune en viva la vojo,
Kaj ne vin nur plorigas de l'vivo sufero,
Kaj ne vin nur la sorto turmentas . . .
Multajn premas kun forto mizer', malespero,
Sed ne ploras ja ili--silentas.
Kutimiĝis ja ili al premoj de l'sorto
Kaj ne ploras jam vane, sed ridas,
Malfeliĉon elportas sen plendo, sen vorto
Kaj en ĉio malbonon ne vidas.
Sed vi estas ankoraŭ en freŝa juneco,
Antaŭ vi estas vojo kuŝanta,
Vi rigardu kuraĝe al la estonteco
En espero, en kredo konstanta.

I. SELEZNET.

* * * * *

REVO

Tre potenca ĝi estas, la revo fluganta,
Ĉirkaŭita de flora ornamo.
Ĝi similas je nubo malluma, tondranta,
Ĝi similas je lumo de amo.

Ĝi allogas al maro da bluo, da helo,
Al brilado belega de tago,
Aŭ ĝi fulmojn kaj tondrojn de nuba ĉielo
Prezentadas al nia imago.
Aŭ flugante en ia bluaĵo radia,
Super ondoj de maro ĝi pasas,
Tre belega, pasanta kun son' melodia,
Mallumecon misteran ĝi lasas.
Kaj por ĝi ne ekzistas la spaco nek tempo,
Kaj nenio baranta ekzistas;
Ĝi nin logas al floroj, al verda printempo,
El mirinda ĝi sole konsistas.

I. SELEZNET.

* * * * *

LA POETO

(El V. Halek.)

Benita, kiun Dia mano
Poeton eksanktigas!
Li volon Dian, homan koron,
Profunde komprenigas.

Li konas kanton, kiun homo
Kaj kiun birdo ploras;
Li frapon de la kor' komprenas,
Se velkas ĝi, se floras.

Malklaron de aliaj homoj
Li vidas malfermitan;
De Di' la filojn li kondukas
En landon promesitan.

E. SMETANKA.

* * * * *

LA VELO

(El Lermontov.)

Blankiĝas velo en la maro
Glitante sur la bluaj ondoj...
Vi hejme kion lasis, kara,
Kaj serĉas en aliaj mondoj?...

La ondoj ludas, fajfas vento,
Kaj fleksas sin kaj krakas masto...
Ĝi kuras, kuras de l' kontento,
Feliĉon serĉas en la vasto!...

Sub ĝi--bluaĵo estas hela,
Kaj supre--granda blua placo;
Sed la ventegon petas velo--
Ĉu en ventegoj estas paco!?

L. SOKOLOV.

* * * * *

PLENDO

Morto!... ĉio jam finita!
Kie estas do feliĉo?
Kie gloro promesita?
Mia korpo nun--dediĉo
Al la vermoj, al putrado;
La animo bona, saĝa--
La ofer' de l' neestado!

Ĝin severa kaj sovaĝa
La sendanka, senmemora,
En la tempo de vivado
La servema kaj fervora,

Senanima societo
Ekforgesos nun por ĉiam,
Kaj eĉ ĝemo kaj larmeto
Memorigos min neniam!...

                          M. SOLOVJEV.

* * * * *

TRI PALMOJ

(El Lermontov.)

En sabla dezerto de lando Azia
Tri palmoj fieris per kresko gracia.
Apude el tero senfrukta ŝprucanta
Murmuris fonteto per ondo frostanta.
Ĝi estis per verdaj folioj gardata
De suna radio kaj sablo portata.

Kaj tempo pasadis eĉ ne rimarkita.
Sed fremda migranto, de voj' lacigita,
La bruston flamantan al akvo malvarma
Ankoraŭ ne klinis sub tendo la ĉarma,--
Komencis jam velki de sun' bruliganta
La belaj folioj kaj fonto sonanta.

La palmoj komencis je Dio plendadi:
"Ni estas naskitaj, por vane velkadi?
En ia dezerto ni vivon pasigas,
Skuadas nin ventoj kaj suno bruligas;
Kaj homo ne ĝuas je flor' nia rava...
Ne, sankta ĉiel', via juĝo--ne prava!"

Kaj ĵus ili finis--en blua foraĵo
Sin turni komencis la ora sablaĵo,
Kaj venis de tie la son' sonorila,
Rigardis pakaĵoj sub tolo kovrila,
Kaj iris kameloj, la sablon levante,

Sin, kvazaŭ ŝipeto en mar', balancante.

El inter la ĝiboj sin skuis en pendo
La larĝaj kurtenoj de tendo kaj tendo;
Kaj ilin la brunaj manetoj levadis,
Kaj nigraj okuloj el tie briladis;
Arabo, talion al selo klinante,
Peladis ĉevalon, al kur' instigante.

Levadis sin tiam ĉeval' en kolero,
Kaj saltis ĝi, kvazaŭ vundita pantero.
De blanka mantelo la faldoj belegaj
Senorde kuŝadis sur ŝultroj brunegaj.
Ludante, l'araboj ponardojn ĵetadis
Kaj ilin en flugo kun ĝojo kaptadis.

Jen venas al palmoj kun bru' kamelaro;
En ombro etendis sin gaja tendaro.
La vazoj per akvo plenigis, sonante.
Fiere la kapojn foliajn svingante,
La palmoj salutas gastaron subitan
Kaj fonto donacas la akvon kaŝitan.

Apenaŭ do lumon krepusko forpremis,
Sub akra hakilo radikoj ekĝemis,--
Kaj falis sen vivo la palmoj altaĝaj!
La veston forŝiris l'infanoj sovaĝaj.
La korpon de ili la homoj hakadis,
Kaj ĝis la mateno lignaroj bruladis.

Kaj kiam nebul' okcidenten foriris,
Laŭ voj' difinita gastaro jam iris.
Kaj kie la palmoj centjarojn traestis,
Nur cindro malvarma kaj griza nun restis.
La suno ĝis fino restaĵon bruligis,
Kaj poste ĝin vent' en dezerton disigis.

Kaj tie dezerta, senviva nun ĉio;
Ne kovras la fonton murmura folio;

Ĝi vane profeton pri ombro petadas,--
Nur sablo varmega la akvon faladas,
Kaj sole vulturo, akiron portanta,
Disŝiras ĝin super la fonto dormanta...

        M. SOLOVJEV.

   * * * * *

LAŬ SVEDA MELODIO

Vi parolas lingvon nekonatan,
Ne komprenas, kion diras mi;
Tamen, frato, kanton nun faratan
Gaje kanti povas ambaŭ ni.

Ne atendu--ĉiu minuteto
De mallonga vivo flugas for,--
Lernu kun malmulta laboreto
Lingvon, kiun amos via kor'!

        K. SVANBOM.

   * * * * *

NE DIRU

(El Nadson.)

Ne diru: "li mortis",
 Li estas vivanta!
Se oni detruis l'altaron--
 La fajro ja restis flamanta;

Se oni deŝiris la rozon--
 Do ĉiam ankoraŭ ĝi floras;
Se l'harpo eĉ estas rompita--
 L'arkordo ankoraŭ do ploras.

        S. ŜATUNOVSKI.

* * * * *

SPIRITA ŜIPO

La vento nebulojn peladas kun bruo,
Senstela ĉielo mallumas,
Jen super ŝaŭmantaj ondegoj la velo
Facile traflugas kaj zumas.

La ŝipo kuradas senhalte tra ondoj,
Direktas ĝin mano spirita;
Vivuloj malestas sur ĝi, sed ŝtonegojn
Ne timas la ŝipo sorĉita.

Jen sur oceano, de ondoj lavita,
Insulo malgaja troviĝas,
La simpla ŝtonego ĉielon sin levas,
En nuboj suprajô kuŝiĝas.

Kaj tie nenia kreskaĵo verdadas,
Nenia birdeto eĉ nestas,
Nur aglo en spaco aera sin portas--
Ĝi tie la reĝo nun estas.

La sola tombeto de unu regnestro
Troviĝas en loko dezerta,
Kaj glavo, ĉapelo kaj sceptro nur estas
Metitaj sur tombo mallerta.

Nenia vivanto ĉirkaŭe ekzistas,
La mondo lin solan restigis,
Neniu funebre la tombon rigardas . . .
Sed iam li mondon tremigis!

Kuradas monatoj kaj jaroj pasadas--
Mortinto ripozas senmove,
Se venas do nokto de kvina la Majo,
Li tiam ektremas denove.

En tiu ĉi nokt' iam lia animo
Forlasis la mondon mizeran,
En tiu ĉi nokto li ree viviĝas
Kaj venas sur teron malveran.

Jen ŝipo mistera ĉe l' bordo atendas,
Streĉitaj jam estas la veloj,
Kaj flagoj blovadas sur altaj mastegoj
Simile al oraj abeloj.

La reĝo sin levas kaj flugas kun venta
Rapido al ŝipo sur bordon,
Remiloj silentas, ŝipanoj forestas,
Neniu komandas naĝordon.

Sur ŝipo la ombro de l' reĝo nur staras,
En nokton sen mov' rigardante,
Li maltrankvilege, turmente sopiras,
Rigardoj brilegas fulmante.

La ŝipo alvenas al lando konata--
Kaj ĉarme li manojn eltiras,
Kaj lia animo ĝojegas, ĉar propran
Nun landon denove li iras.

El ŝipo li paŝas sur teron, sur kiu
Li estis antaŭe irinta.
La tero ekstremas de l' paŝoj--li iras,
Li--stelo nun estingiĝinta.

Li serĉas la urbojn, sed ilin ne trovas,
Li serĉas naciojn ĉirkaŭe,
Ĉar ili simile al maro bruanta
Ĉirkaŭis lin serve antaŭe.

Kaj tronon li serĉas--ĝi ankaŭ rompita,
Li levis ĝin en la nubaron,
Por ke li nur vidu sub siaj piedoj
Mizeran, servutan homaron.

Li serĉas amindan infanon, por kiu
Li lasis heredimperion;
Heredo pereis, kaj oni al filo
Ne lasis eĉ nomon--nenion.

"Ho, kie vi estas?" li vokas, "kun kronoj
Vi ludis jam en la lulilo,--
Sed tempo feliĉa por ĉiam nun pasis,
En kiu mi brakis vin, filo."

"Plej kara edzino, plej ĉarma fileto,
Ho vi, mia ĝojo kaj savo! . . .
Sur trono nun sidas la sklavo estinta
Kaj reĝo fariĝis nun sklavo!"

WILHELM WAHER.

* * * * *

EL LA PAPERUJO DE MIAJ FABLOJ

I

La homo estas kiel la ŝipo:
En sia vojo li ne eraros;
Li kvankam scias, el kie fluas,
Sed li ne scias, kie li staros . . .

II

Jen Johano komencis parolon de saĝo
Pri alvoko de homo, pri ĝiaj influoj;
Sed lin aŭdis neniu, kaj eĉ sen domaĝo
Iu vidis, ke havas li--botojn kun truoj.

JOZEFO WASNIEWSKI.

* * * * *

ĈE L' MARO

(El Heine.)

Ĉe l' maro nigra roko grandegas,
Sur ĝi nun en sonĝoj mi sidas.
La vento fajfas, la mevoj kriegas
Kaj la ondoj bruantaj rapidas.

Amata de mi estis multa knabino,
Kaj ĝoja kolego en rondo . . .
Kien ili foriĝis? Nur vento sen fino
Eraras kaj ŝaŭmas la ondo.

E. de WAHL.

* * * * *

VERSAĴO SEN FINO

Lin vidis en ĝardeno--
Ekplaĉis li al ŝi.
Ŝi nomis sin Heleno,
Anton' sin nomis li.

Ekamis la konato
Kaj reciproke ŝi;
Post paso de monato
Ŝanĝiĝis "Vi" per "ci".

Someraj tri monatoj
Trapasis dolĉe for,
Kaj niaj geamatoj
Jam estis kor' ĉe kor';

Kaj per solena beno
De l' pastro en la fin'

Antono kaj Heleno
Jam estis edz'-edzin'.

En ĉarma harmonio
Ekvivis edz'-edzin';
Najbaroj kun envio
Rigardis lin kaj ŝin.

Sed baldaŭ edzo estis
Plej malfeliĉa hom',
Kaj jam tre ofte restis
Li ekster sia dom'.

Kaj fine eksedziĝis
Antono kaj Helen';
Belul' ia aliĝis
Al ŝi en la ĝarden'.

Lin vidis en ĝardeno--
Ekplaĉis li al ŝi.
Ŝi nomis sin Heleno,
Aŭgust' sin nomis li.

Ekamis la konato
Kaj reciproke ŝi;
Post paso de monato
Ŝanĝiĝis "Vi" per "ci".

Someraj tri monatoj
Trapasis dolĉe for,
Kaj niaj geamatoj
Jam estis kor' ĉe kor'.

Kaj per solena beno
De l' pastro en la fin'
Aŭgusto kaj Heleno
Jam estis edz-edzin'.

En ĉarma harmonio

Ekvivis edz'-edzin';
Najbaroj kun envio
Rigardis lin kaj ŝin.

Sed baldaŭ edzo estis
Plej malfeliĉa hom',
Kaj jam tre ofte restis
Li ekster sia dom'.

Kaj fine eksedziĝis
Aŭgusto kaj Helen';
Belul' ia aliĝis
Al ŝi en la ĝarden'.

Lin vidis en ĝardeno--
Ekplaĉis li al ŝi.
Ŝi nomis sin Heleno,
Henrik' sin nomis li. . . .

K. t. p., k. t. p. sen fino.

F. ZAMENHOF.

* * * * *

VIZITO DE LA STELOJ SUR LA TERO

Ĉiuj steloj ekdecidis
Ekvojaĝi sur la teron.
Al mastrino ili diris
Sian volon kaj esperon:
"Ni ja tie tre mallonge
Gastos--unu, du monatojn;
Ni vizitos regnon homan,
Vidos niajn koramatojn . . ."
Sed mastrino al la steloj
Tiam donis la respondon:
"Restu tie ĉi en domo--
Vi malbenos poste mondon!"

Saĝajn vortojn ne aŭskultis
Tamen steloj la trudemaj
Kaj senĉese ili tedis
La mastrinon--nespertemaj:
"Sed komprenu nin, mastrino,
Sur ĉielo ni sidante
Tute ja ne konas tiujn,
Kiuj kantas nin konstante!
Ĉiu ja el ni sur tero
Havas siajn adorantojn,
Kiuj sendas al ĉielo
Himnojn, ĝemojn, amokantojn!"
--"Vere", diris la mastrino,
Ili kantas vin laŭdinde;
Sed, vin ili ne konante,
Vin adoras ja--en blinde!
Ili, dum vi sur ĉielo,
Ĵuras ami vin eterne,
Ĉar neniu ja atingos
La kaŝitan en interne!
Se vi tamen volas scii
Malfeliĉan vian sorton,
Iru--sed vi rememoros
Mian nunan patran vorton".
Kaj la steloj al vojaĝo
Tuj pretigis sin kun ĝojo.--
Kaj jen baldaŭ ili estis
Al la tero sur la vojo....

*

Kiam aŭdis nun la tero,
Ke atendas ĝin honoro.
Ĉie en plej dolĉaj tremoj
Tuj ekbatis homa koro.
Tuta tera junularo
De la ĝoj' ne sciis finon
Kaj sen pacienc' atendis
Ĉiu sian amatinon.

Ĉiu kantis, ĉiu saltis
Kun feliĉ' en la mieno,
Ke li havos de proksime
"Ŝin" en sia ĉirkaŭpreno
Ĉiu homo dankas Dion,
Ĉiu benas la ĉielon,
Ke li fine nun ekkonos
Sian karan, sian stelon!

*

Dum la tera junularo
Estas plena de espero,
Belaj steloj de l' ĉielo
Alveturis al la tero.
Tuj sin ili jam dismetis
En plej granda la hotelo;
Ĝis vespero ĉe la pordoj
Ĉiuj staris--sed sen celo.
Je l'vespero ili aŭdis,
Ke gastinoj la belegaj
Morgaŭ montros sin matene,
Nun estante tro lacegaj.
Tiam tre malĝojigitaj
Ĉiuj iris for la domon;
Post mallonge la Morfeo
Ĉirkaŭprenis ĉiun homon.
Kio estis en la sonĝo,
Ni priskribi eĉ ne provos,
Ĉar ni sentas, ke precize
Tion fari ni ne povos.
Ni en tiu ĉi loketo
Iom nur priskribi volas,
Kiel . . . tamen tss! mi aŭdas,
Oni el la sonĝ' parolas:
"Ho, vi! . . . ho, vi! . . . mia bela,
Mia kara, ho, Heleno! . . .
Viaj kisoj kaj karesoj. . . ."
Unu preĝas al kuseno.

Kaj alia, flamemulo,
Ŝin jam havas ĉe l' altaro,
Kaj solene--en la lito--
Sonas ĵura promesaro....
--"Ho!... karega... ho, anĝelo,
Fianĉino... ho, Mario!...
Mia vi nun je eterne,
Antaŭ homoj, antaŭ Dio!"
Tiel li karesas, ĵuras
Amon veran kaj brulantan,
Tiel kisas tiu homo....
Lampon apud li starantan.
Sed subite al li ŝajnas,
Ke Marion iu tenas
Ĉirkaŭprene!... "Ho, pro Dio!..."
(Lampon tuj diabloj prenas).
Kaj cetere, kaj cetere
Daŭris tio ĝis mateno.--
Elrapidas el la domo
Ĉiu freŝa kun mieno.
La gastinojn de l' hotelo
Ni jam vidas sur la stratoj,
Kaj jen baldaŭ promenadas
Brak' en brak' la geamatoj....
Sed neniu tie aŭdas
De la amo dolĉan vorton!
Ĉiu el la junularo
Nun malbenas sian sorton....

*

Kio faris tian ŝanĝon,
Ke antaŭe tre amataj
Steloj, tiel deziritaj--
Nune estas malbenataj?
Kio faris, vi demandas,
Tian ŝanĝon nun subitan?
Kio kaŭzis malfeliĉon
Kaj esperon renversitan?

Ĉefa kaŭzo, ke malbenoj
Nun el ĉies buŝo sonis,
Estas--ke la "stelon" ĉiu
Pli proksime, pli ekkonis....

*

Ĉiuj steloj ofenditaj
Forveturis la ĉielon
Kaj post kelkaj larmaj tagoj
Jam atingis sian celon.
--"Saĝa nia stelmastrino!
Sankta estis via vorto!
Prenu nun la tutan teron
La diabloj kaj la morto!
Tamen kiel vi, mastrino,
Antaŭsentis nian sorton?
Kio gvidis vian saĝan
Kaj profetan vian vorton?"
--"Se vin iu ne rigardas
Tra ĉielaj tra speguloj,
Sed rigardas vin per sobraj
Ne trompantaj sin okuloj,--
iu vidos ja sendube,
Ke amata lia "stelo"
Estas sen la luma krono
Nur diablo--ne anĝelo.

FELIKS ZAMENHOF.

* * * * *

VESPERO

(El K. A. Nikander.)

Benite vi venas, vespero,
Vi, klara, trankvila, al ni!
Pleniĝas la kor' de espero;

Feliĉon ni havas de vi.

Kun oraj flugiloj anĝelo
Malsupren venetas vesper':
Vivantojn pacigas ĉielo
Kaj donas ripozon al ter'.

Filino de nokto kaj tago,
Konsola, paciga liber'!
Jen! bele sur akvo de l' lago
Pentriĝas ĉielo kaj ter'.

Vi pentras bluantajn montetojn,
Kverkaron brilantan en or';
Vi kisas ruĝantajn rozetojn,
Dormetas senzorge la flor'.

Kaj birdo libere ĝojadas,
Espero fidela en ĝi,
La "Ave Maria'n" kantadas
En valo ĝi en harmoni'.

La ter' per mallumo kovriĝas,
Pensema amik'; kion pli?
La sun' de ĉiel' malleviĝas,
Sed morgaŭ revenos al ni.

Ĝi sidas sur nubo, la brila,
Kaŝita en la okcident';
Tuj, homan esperon simila,
Tuj levos sin en l'orient'.

Pleniĝas nun kor' de espero,
Feliĉon ni havas de vi!
Vi, klara, trankvila vespero,
Benite vi venas al ni.

O. ZEIDLITZ.

* * * * *

El Hamleto:

(Tradukita de L. Zamenhof.)

AKTO I

* * * * *

SCENO I

Teraso antaŭ la palaco.
Francisko staras sur la posteno; Bernardo venas.

Bernardo: He! Kiu?

Francisko: Halt'! Respondu: kiu iras?

Bernardo: La reĝo vivu!

Francisko: Ĉu Bernardo?

Bernardo: Jes!

Francisko: Vi akurate venis al la servo!

Bernardo: Dekdua horo sonis. Iru dormi.

Francisko: Mi dankas. La malvarmo estas tranĉa,
Kaj mi min sentas nun ne tute bone.

Bernardo: Ĉu ĉio estis orda kaj trankvila?

Francisko: Eĉ mus' ne preterkuris.

Bernardo: Bonan nokton!
Se vidos vi Marcellon, Horacion,
Kolegojn miajn, rapidigu ilin!

Francisko: Jen, ŝajnas, ili. Haltu! Kiu iras?
(Horacio kaj Marcello venas.)

Horacio: Amikoj de la lando.

Marcello: Kaj de l' reĝo.

Francisko: Nu, bonan nokton!

Marcello: Bonan al vi dormon!
Vin kiu anstataŭas nun?

Francisko: Bernardo.
Li gardas nun. Adiaŭ! (Foriras.)

Marcello: He! Bernardo!

Bernardo: Ĉu Horacio?

Horacio: Peco de li mem.

Bernardo: Salut' al vi, Marcello, Horacio!

Horacio: Ĉu la apero nun denove venis?

Bernardo: Nenion vidis mi.

Marcello: Jen Horacio
Parolas, ke ĝi estas nur imago,
Ne kredas li pri la fantom' terura,
Kiun ni vidis jam la duan fojon.
Kaj tial mi lin tien ĉi invitis,
Ke li kun ni maldormu nunan nokton
Kaj, kiam la fantomo reaperos,
Li vidu kaj kun la fantom' parolu.

Horacio: He, babilaĵo! Kredu, ĝi ne venos.

Bernardo: Sidiĝu do, kaj provos mi denove

| | Ataki per rakont' orelon vian,
              Ke ĝi forĵetu sian obstinecon
              Kaj kredu, kion ni du fojojn vidis. |

Horacio: Nu, mi konsentas. Bone, ni sidiĝu,
Kaj vi rakontu.

Bernardo: En la lasta nokto,
En la momento, kiam tiu stelo
Tre luma, kiun vidas vi, en sia
Kuradô trans arkaĵo la ĉiela
En tiu sama loko, kiel nun,
Sin trovis, tiam ni--mi kaj Marcello--
Ekvidis. . . .

Marcello: Haltu! Jen ĝi mem aperas!
(Montras sin spirito en armaĵo.)

Bernardo: Li mem, li mem, mortinta nia reĝo!

Marcello (al Vi estas instruita, Horacio,
Horacio): Parolu vi kun li!

Bernardo: Ĉu ne simila
Li estas al la reĝo? Diru mem!
Horacio: Jes, jes! Li mem! Mi miras, timas, tremas!

Bernardo: Li volas, ke kun li oni parolu.

Marcello: Parolu, Horacio!

Horacio (al Kiu estas
la spirito): Vi, kiu vagas en la nokta horo
En la majesta nobla eksteraĵo
De la mortinta reĝo de Danujo?
Mi vin priĵuras per ĉielo: diru!

Marcello: Li estas ofendita.

Bernardo: Li foriras.

Horacio: En nomo de ĉielo! Restu! Diru! (La spirito foriras.)

Marcello: Li iris for, respondi li ne volis.

Bernardo: Ha, Horacio, kio al vi estas?
Vi estas pala, tremas? Ĉu ne pli
Ol sonĝo estas tiu ĉi apero?

Horacio: Per Dio! Mi ne povus tion kredi,
Se mi ne vidus ĝin per miaj propraj
Okuloj.

Marcello: Ne simila al la reĝo?

Horacio: Ne malpli multe, ol vi al vi mem.
Jes, ĝuste tian portis li armaĵon
En la batalo kontraŭ la Norvegoj,
Li ĝuste tian vidon havis, kiam
Li en kolero sian pezan glavon
En la glacion batis. Strange!

Marcello: Tiel
Li jam du fojojn kun minaca vido
Aperis antaŭ ni en sama horo.

Horacio: Ne povas mi precize ĝin klarigi;
Sed la apero, kiom mi komprenas,
Al nia land' malbonon antaŭdiras.

Marcello: Ĉu ne militon? Ĉu vi scias, kial
Nun gardoj ĉie staras, pafilegoj
Nun estas pretigataj ĉiam novaj,
El l' eksterlando venas bataliloj,
Rapide ŝipoj estas konstruataj
En granda nombro, kaj eĉ en dimanĉoj
Ne ĉesas la prepara laborado?
El kia kaŭzo tiu rapidado

Kaj laborad' en tago kaj en nokto?
Ĉu povas iu diri?

Horacio: Jes, mi povas,--
Almenaŭ tiom, kiom mi ĝin aŭdis.
La lasta reĝo, kies la figuro
Ĵus antaŭ ni aperis, estis iam
Vokita--vi ĝin scias--al batalo
De la Norvega reĝo Fortinbras.
Hamleto, nia brava, glora reĝo,
En la batalo venkis Fortinbrason.
Laŭ la kontrakto antaŭsigelita
Kaj sankciita de la rajt' kaj moro
Post morto de l' venkita Fortinbras
La tuta lando de l' venkita reĝo
Transiris en posedon de l' venkinto.
Se la venkinto estus Fortinbras,
Al li transiri devus nia lando.
Sed nun la juna fil' de Fortinbras,
Kuraĝigita eble per la morto
De nia reĝo, amasigis aron
Da kuraĝuloj kaj aventuristoj
Por entrepreno, kiun nia regno
Komprenas bone; lia celo estas:
Per forta mano de la bataliloj
Elŝiri nun el nia man' la landon,
Perditan per batal' de lia patro.
Kaj tio, kiel ŝajnas, estas kaŭzo
De niaj prepariĝoj kaj gardado
Kaj laborado en la tuta lando.

Bernardo: Mi pensas ankaŭ, ke la kaŭzo estas
Nun tio ĉi. Pro tio ankaŭ certe
Nun vizitadas nokte nian gardon
Terura la fantomo en armaĵo
De l' reĝo, kiu kaŭzis la militon.

Horacio: Ne! Mi alion timas de l' fantomo!
En la plej glora temp' de l' granda Romo,

	Ĵus antaŭ la pereo de Cezaro, Mortintoj sin ellevis el la tomboj Kaj promenadis tra la urbaj stratoj; Kaj steloj kun teruraj fajraj vostoj, Kaj sanga roso, makulita suno, Mallumigita luno,--ĉio tio Aperis tiam kiel antaŭsignoj De granda malfeliĉo. Tiel ofte Antaŭ la veno de renversoj grandaj Sin montras strangaj kaj teruraj signoj En la naturo. Al ni ankaŭ certe Nun la ĉielo sendas tian signon.... (La spirito denove aperas.)
Horacio:	Sed ha! denove li aperas! Nepre Mi nun kun li parolos, se eĉ morto Al mi per ĝi minacos! Halt', fantomo! Se voĉon vi posedas kaj parolon,-- Parolu! Se per ia bona faro Al vi trankvilon povas mi alporti,-- Parolu! Se danĝero al la lando Minacas kaj ankoraŭ estas eblo La landon antaŭsavi,--ho, parolu Kaj se en via vivo vi kolektis Trezorojn kaj enfosis en la teron Kaj nun pro ili vagas en la noktoj,-- Parolu! Diru! Restu kaj respondu! (Koko krias.) Haltigu ĝin, Marcello! Ĝi foriras!
Marcello:	Ĉu piki lin per mia halebardo?
Horacio:	Jes, piku lin, se li ne volas stari!
Bernardo:	Jen ĝi!
Horacio:	Jen ĝi! Ho, halt'!
Marcello:	Ha, ĝi foriris! (La spirito foriras.) Ni lin ofendas! Kontraŭ majesteco

                    Ni venas kun sovaĝa atakado!
                    Kiel aer' li estas nevundebla,
                    Kaj nia atakado estas vana!

Bernardo: Li volis jam paroli, sed la koko
                    Ekkriis.

Horacio: Kaj subite li ektremis,
                    Simile al estaĵo pekoplena
                    Ĉe krio de teruro. Oni diras,
                    La koko, trumpetisto de l' mateno,
                    Per sia laŭta, forta, hela voĉo
                    El dormo vekas dion de la tago,
                    Kaj laŭ la krio de la koko tuj
                    El akvo, fajro, tero kaj aero
                    Spirito ĉiu, kie ajn li vagas,
                    Rapidas hejmen; la fantomo pruvis
                    Al ni, ke tio estas ne malvero.

Marcello: Li malaperis ĉe la koka krio.
                    Mi aŭdis, ke en nokto Kristonaska,
                    En kiu sur la teron venas Kristo,
                    La koko krias tra la tuta nokto:
                    Kaj ne kuraĝas tiam la spiritoj
                    Sin montri, kaj la nokto estas pura,
                    La steloj ne minacas, la koboldoj
                    Sin kaŝas kaj la sorĉistinoj dormas:
                    Ĉar tiel sankta estas tiu nokto.

Horacio: Mi ankaŭ aŭdis, kaj mi iom kredas.
                    Sed vidu, la mateno purpurvesta
                    Sin levas sur la roson de l'monteto:
                    Ni povas jam forlasi la postenon,
                    Kaj mi konsilas: tion, kion vidis
                    Ni en la nokto, ni rakontu ĉion
                    Al la Hamleto juna; ĉar mi ĵuras,
                    Ke la spirito, por ni tiel muta,
                    Al li parolos. Ĉu konsentas vi,
                    Ke ni al li raportu, kiel amo

	Kaj ŝuldo al ni fari ĝin ordonas?
Marcello:	Mi petas vin, ni faru ĝin! Mi scias, En kia loko ni lin certe trovos. (Ĉiuj foriras.)

* * * * *

SCENO II

Salono en la palaco. La reĝo, la reĝino, Hamleto, Polonio, Laerto, Voltimand, Kornelio, korteganoj eniras.

Reĝo: Ankoraŭ freŝa estas la memoro
Pri l'morto de la kara nia frato;
Al nia kor' konvenus nun funebri,
Kaj kvazaŭ unu frunto de malĝojo
La tuta regno devus nun sulkiĝi:
Sed tamen la prudento necesigas
Nin venki la naturon; kun malĝojo
Pri la mortinto ni decidis ligi
Memoron pri ni mem kaj pri la regno.
Kaj tial ni kun ĝojo depremita,
Per unu el l' okuloj plezurante
Kaj per la dua larmojn verŝegante,
Kun ĝoj' funebra, plor' edziĝofesta,
Pesante juste ĝojon kun doloro,
Edziĝis kun l' edzin' de nia frato,
Kun la reĝino nia kaj vidvino,
Heredantino de la glora regno.
Obeis ni per tio ĉi al via
Konsilo tre prudenta kaj libera,
Akceptu nian dankon kaj saluton!
Kaj nun transiru ni al la aferoj.
Vi scias, ke la juna Fortinbras,
Ne respektante dece nian indon,
Pensante eble nun, ke per la morto
De nia kara frato renversiĝis
La ordo kaj la fort' en nia lando,--

Ekpensis, ke li estas pli potenca,
Kaj ekturmentis nin per la postulo
Redoni nun al li la tutan landon,
Perditan de mortinta lia patro
Laŭ plena rajt' al glora nia frato.
Ni tial vin kunvokis nun. Aŭskultu
Decidon nian: Jen ni skribis skribon
Al l' onklo de la juna Fortinbras--
Malforta kaj malsana en la lito,
L'intencon de la nevo li ne scias--
Ni skribis, ke retenu li la nevon
De liaj krimaj, arogantaj agoj,
Ĉar ĉiuj preparigoj ja fariĝas
En lia propra lando kaj popolo.
Vin, bravaj Voltimand kaj Kornelio,
Ni sendas kun la skribo kaj saluto
Al la maljuna estro de l' norvegoj.
Sed ne ricevas vi la rajton trakti
Kun la norvego pli, ol en mezuro
De tio, kion ĵus ni al vi diris.
Adiaŭ, kaj per rapideco montru
Al ni fervoron vian!

Kornelio kaj Voltimand: Kredu, reĝo,
Fidele ni plenumos la ordonon.

Reĝo: Ne dubas ni pri ĝi. Feliĉan vojon!
(Voltimand kaj Kornelio foriras.)
Kaj nun, Laerto, al l'afero via!
Vi diris, ke vi peti ion volas!
Pri kio ajn prudenta vi al ni
Parolos, viaj vortoj ne perdiĝos.
Volonte ni plenumos vian peton.
Ne pli obea estas kap' al koro,
Ne pli servema mano al la buŝo,
Ol la Danuja tron' al via patro.
Sciigu nin pri la deziro via.

Laerto:	Mi petas vin, permesu al mi, reĝo, Reiri nun Francujon. Mi volonte El tie venis tien ĉi, por fari La servon mian ĉe l' kronado via; Sed nun, jam plenuminte mian ŝuldon, Sopiras mi denove al Francujo, Kaj nun de vi permeson mi petegas.
Reĝo:	Ĉu via patro ĝin permesas? Kion Al tio diras Polonio?
Polonio:	Reĝo! Li eldevigis la permeson mian Per ne ĉesanta ripetado, tiel, Ke fine mi al lia peto donis Sigelon mian. Nun por li mi petas Permeson vian, via reĝa moŝto.
Reĝo:	Mi liberigas vin. Nun via tempo Libere estas al dispono via.-- Kaj nun al vi mi turnas min, Hamleto, Vi, kara nevo, kara filo mia!
Hamleto (flanken):	Sed certe tute fremda per la koro.
Reĝo:	Ankoraŭ ĉiam nuboj sur la frunto?
Hamleto:	Ho, ne! Mi staras ja antaŭ la suno!
Reĝino:	Forĵetu la doloron, kara filo, Amikan frunton montru al la reĝo. Ne serĉu kun palpebroj mallevitaj Eterne vian patron en la polvo. Vi scias ja: la leĝoj de l' naturo Ne estas refareblaj! Kio vivas, Necese devas iam morti. Vivo Eterna post la tombo nur ekzistas.
Hamleto:	Ho, jes, reĝino, ĉiuj devas morti.

Reĝino: Nu kial do la morto de la patro
Al vi ekŝajnis tiel eksterorda?

Hamleto: Ekŝajnis? Ne, ĝi estas, ho, patrino.
Ne mia nigra vesto, nek la ĝemoj,
Nek la okuloj plenaj de larmaro,
Nek la funebra vido de l' vizaĝo,
Nek ĉiuj moroj de senkonsoleco
Min vere montras. Ĉio estas ŝajno.
Funebron estas tre facile ludi.
L' efektivaĵon portas mi interne;
Eksteraj gestoj estas ja nur vestoj.

Reĝo: Tre bela kaj laŭdinda estas via
Malĝojo pri la patro la mortinta.
Sed sciu, ankaŭ via patro perdis
La patron sian, tiu--ankaŭ sian.
La filo, laŭ la ŝuldo de infano,
Funebri devas kelkan tempon. Tamen
Obstine kaj sen ia fino plendi,--
Agado tia estas granda peko
Kaj tute ne konvenas al la viro.
Ribel' ĝi estas kontraŭ la ĉielo,
Signo de kor' sovaĝa kaj senbrida,
De kapo nematura kaj malforta.
Pri kio ĉiu scias, ke fariĝi
Ĝi devis; kio estas tute simpla,
Plej ordinara fakto en la mondo:
Pro kia kaŭzo tion ĉi obstine
Alpreni al la koro? Fi, ĝi estas
Pekado kontraŭ Dio kaj naturo,
Pekado kontraŭ la mortinto mem;
Malsaĝo antaŭ pura la prudento,
Kiu predikas: "patroj devas morti".
Kaj kiu ĉiam, de l' mortint' unua
Ĝis nuna tempo, diras kaj ripetas:
"Ĝi devas tiel esti!" Mi vin petas,
Forĵetu la doloron la sencelan
Kaj vidu patron en persono nia;

La mondo sciu, ke al nia trono
Vi estas la sendube plej proksima,
Kaj, kiel plej amanta el la patroj,
Mi portas por vi amon plej varmegan
En mia koro. Ke vi nun reiru
Al la lernejo alta Vittenberga,
Ni tion ne dezirus; ni vin petas,
Vi restu apud ni, amata nevo,
Unua kortegano, kara filo.

Reĝino: Vi ne rifuzu al patrino via:
Mi petas vin, Hamleto, restu hejme.

Hamleto: Al vi obei estas mia ŝuldo.

Reĝo: Jen tio estas bele respondita.
Mi ĝojas, ke vi restas. Nun, reĝino,
La propravola cedo de Hamleto
Plenigas mian koron per plezuro;
Kaj tial ni aranĝos nun festenon,
Kaj kune kun la sono de l' pokaloj
La pafilegoj tondru; ĉiun fojon,
Kiam la reĝo levos la pokalon,
De l' tero tondro iru al ĉielo,
Tra l' mondo ĝojon disportante.--Venu!
(La reĝo, reĝino, Laerto kaj korteganoj foriras.)

Hamleto: Ho, kial ne fandiĝas homa korpo,
Ne disflugiĝas kiel polv' en vento!
Sin mem mortigi kial malpermesis
La Plejpotenca! Dio mia granda!
Ho, kiel bestaj kaj abomenindaj
Aperas ĉiuj agoj de la mondo!
Fi, fi! Ĝardeno plena de venenaj
Malbelaj herboj, ĉie senescepte!
Apenaŭ pasis du monatoj! Ne!
Nur ses semajnoj! Tia granda homo!
Se lin kompari kun la nuna reĝo,
Li estis Apolono ĉe Satiro!

Kaj tiel amis li patrinon mian,
Ke al la ventoj eĉ li ne permesis
Vizaĝon ŝian tuŝi! Ho, ĉielo!
Ho tero! Ĉu forgesi estas eble?
Kaj ŝi ja lin pasie tiel amis!
Kaj tamen nun post kelke da semajnoj. . . .
Pri tio mi ne volas eĉ ekpensi!
Malforto! via nom' estas: virino!
Monato! Ŝi ankoraŭ ne eluzis
La ŝuojn, kiujn portis ŝi, irante
Funebre post la ĉerk' de mia patro.
Verŝante larmojn kvazaŭ per riveroj.
Ho Dio mia! Besto senprudenta
Malĝojus ja pli longe! Nun edzino
De mia onklo, frat' de mia patro,
Sed ne simila pli al mia patro,
Ol mi al Herkuleso! Nur monato!
La signoj de mensogaj ŝiaj larmoj
Ankoraŭ de l' vizaĝ' ne malaperis,--
Ŝi estas jam edzino de alia!
Ho, malbenita rapideco flugi
En kriman liton, liton de adulto!
Ne bonon ĝi alportos! Tamen krevu
Kor' mia, sed silentu mia buŝo!
(Horacio, Bernardo kaj Marcello venas.)

Horacio: Salut' al la reĝido!

Hamleto: Ha, mi ĝojas
Vin vidi! Se memoro min ne trompas,
Vi estas Horacio?

Horacio: Jes, reĝido,
Kaj ĉiam tute preta al vi servi.

Hamleto: Ne nomu min "reĝido", sed "amiko".
Sed kial vi forlasis Vittenbergon?
(Al Marcello) Marcello?

Marcello: Jes, reĝido.

Hamleto: Mi tre ĝojas
Revidi vin. (Al Horacio) Sed diru serioze,
Por kio vi forlasis Vittenbergon?

Horacio: De maldiligenteco, ho, reĝido

Hamleto: Al malamiko via ne permesus
Mi tion diri, kaj vi vane penas
Kredigi min, ke tio estas vero.
Mi scias, vi ne amas sen laboro
Vagadi. Kion tie ĉi vi faras?
Ĉu trinki vi ankoraŭ volas lerni?

Horacio: Mi alveturis al la enterigo
De via patro.

Hamleto: Ha, ne moku min,
Kolego; diru, ke vi alveturis
Al fest' edziĝa de patrino mia!

Horacio: Jes, vero, princ', la dua baldaŭ sekvis
Post la unua.

Hamleto: Vidu, mia kara,--
Afero simpla de ekonomio:
De l' fest' funebra restis multaj manĝoj,--
Por ke la manĝoj vane ne pereu,
Edziĝon fari oni nun rapidis.
Ho, pli volonte mi en la infero
Renkontus malamikon plej malbonan,
Ol tagon tiun ĉi alvivi! Ŝajnas
Al mi, ke mi la patron mian vidas . . .

Horacio: Ha, kie?

Hamleto: En l' okuloj de l' animo.

Horacio: Mi konis lin, li estis brava reĝo.

Hamleto: Li estis homo en plej pura senco.
Al li similan ni neniam vidos.

Horacio: Reĝido, al mi ŝajnas, ke mi vidis
Lin en la lasta nokto.

Hamleto: Vidis? Kiun?

Horacio: La reĝon, vian patron, mia princo.

Hamleto: La reĝon? Mian patron?

Horacio: Trankviligu,
Reĝido, por momento vian miron
Kaj elaŭskultu, kion mi raportos
Pri mirindaĵo, kies la verecon
Atestos ambaŭ tiuj ĉi kolegoj.

Hamleto: Pro Dio, ho, rakontu pli rapide!

Horacio: Du noktojn al Marcello kaj Bernardo
Aperis ĝi: postene ili staris,--
Kaj jen en noktomeza silentego
Aperas antaŭ ili ia ombro,
Simila tute al la patro via,
Armita de la kapo ĝis piedoj;
Per paŝo serioza kaj majesta,
Ne rapidante, ĝi sin preterŝovas;
Tri fojojn ĝi ripetas sian marŝon
Antaŭ la teruritaj oficiroj,
Proksime tiel, ke per halebardo
Ĝin ili povus tuŝi. Dispremitaj
De granda timo, ili mute staras
Kaj eĉ ne provas ion ekparoli.
Pri la aper' mistera kaj terura
Al mi ili rakontis. Mi kun ili
En la sekvanta tria nokto gardis,

>   Kaj jen tre vere en la sama horo,
>   Pri kiu ili diris, en la sama,
>   Perfekte tiu sama maniero
>   Aperis la fantomo. Vian patron
>   Mi konis, la fantom' al li similis,
>   Kiel de l' sama akvo gut' al guto.

Hamleto: Sed kie ĝi okazis?

Marcello: Ĝi okazis
Sur la teras', kie ni staris garde.

Hamleto (al Al li parolis vi?
Horacio):

Horacio: Jes, mia princo;
Sed li al mi eĉ vorton ne respondis.
Nur unu fojon ŝajnis, ke li levas
La kapon kaj moveton ian faras,
Por ekparoli: sed subite tiam
Ekkriis laŭte koko la matenon,
Kaj tuje forrapidis la fantomo
Kaj malaperis.

Hamleto: Efektive strange!

Horacio: Mi ĵuras, ke ĝi estas pura vero!
Ni ĝin kalkulis kiel nian devon
Al vi raporti pri l' afero.

Hamleto: Vere,
Sinjoroj, tio min maltrankviligas.
Ĉu vi hodiaŭ staros gardon?

Ĉiuj: Jes.

Hamleto: Kaj, diras vi, li estis en armaĵo?

Ĉiuj: Jes, princo.

Hamleto:	De la kapo ĝis piedoj?
Ĉiuj:	De l' kapo ĝis piedoj, nia princo.
Hamleto:	Kaj sekve la vizaĝon vi ne vidis?
Horacio:	Levita estis lia viziero, Kaj ni tre bone vidis la vizaĝon.
Hamleto:	Ĉu la rigardo estis malafabla?
Horacio:	Mieno lia montris pli suferon, Sed ne koleron.
Hamleto:	Ĉu li estis pala, Aŭ ĉu koloron havis en vizaĝo?
Horacio:	Terure pala.
Hamleto:	Ĉu li vin rigardis?
Horacio:	Tre forte.
Hamleto:	Kial mi kun vi ne estis!
Horacio:	Por vi l' apero estus tro terura!
Hamleto:	Tre povas esti. Ĉu li longe restis?
Horacio:	Apenaŭ centon povus vi kalkuli Ĉe nerapida kalkulad'.
Marcello kaj Bernardo:	Pli longe!
Horacio:	Almenaŭ tiam, kiam mi ĝin vidis.
Hamleto:	La barbo estis griza, ĉu ne vere?

Horacio:	Ĝi estis tia, kiel mi ĝin vidis Ĉe lia vivo: duonnigre-griza.
Hamleto:	Hodiaŭ mi kun vi en nokto staros: Denove eble venos la fantomo.
Horacio:	Ĝi certe venos.
Hamleto:	Kaj se ĝi aperos En l' eksteraĵ' de mia nobla patro, Al ĝi mi ekparolos, se eĉ tuta Al mi minacus la infero. Vin Mi ĉiujn petas, se ĝis nun silentis Vi pri l' apero, tenu ankaŭ plu Ĝin en sekreto; kaj al ĉio, kio Okazos eble en la nokto, havu Okulojn kaj orelojn, sed ne buŝon. Per mia amo mi vin rekompencos. Adiaŭ do! en la dekdua horo Sur la teraso mi vin revizitos.
Ĉiuj:	Al via princa moŝto niaj servoj!
Hamleto:	Ne, via amo, kiel al vi mia. Adiaŭ do! (Horacio, Marcello kaj Bernardo foriras.) Spirit' de mia patro En bataliloj! Mi supozas ion Malbonan. Ho, se venus jam la nokto! Ĝis tiam do trankvile! Malbonaĵoj Kaj krimoj venas al la lum' de l' tago, Se eĉ murego tera ilin kovras. (Foriras.)

* * * * *

SCENO III

Ĉambro en la domo de Polonio. Laerto: kaj Ofelio: eniras.

Laerto:	Pakaĵo mia estas sur la ŝipo. Adiaŭ, fratineto! Se vi havos Okazon, ne forgesu al mi skribi Pri via farto.
Ofelio:	Ĉu vi tion dubas?
Laerto:	Sed pri Hamleto kaj pri lia amo Konsilas mi al vi, vi ĝin rigardu, Kiel kapricon kaj nur kiel ludon De juna sango; bela violeto En la printempo: frue elkreskinta, Sed ne konstanta,--dolĉa, sed ne daŭra, Odoro, ĝuo de momento unu, Nenio pli.
Ofelio:	Nenio pli?
Laerto:	Jes, tiel Vi ĝin rigardu. La natur', kreskante, Grandiĝas pli ne sole per la korpo Kaj per la forto de la sama sento; Kun la kreskado de la templo ofte Ŝanĝiĝas la spirito kaj la servo Interne. Nun li eble amas vin; Nek trompo nek malico nun makulas La virton de l' animo lia: tamen Memoru vi, ke en la rango lia De sia volo li ne estas mastro. Li mem ja estas sklav' de sia stato; Ne povas li, kiel la simplaj homoj, Por si elekti: de elekto lia Dependas farto de la tuta regno,-- Li tial devas gvidi la elekton Per la aprob' kaj voĉo de la korpo, Al kiu li mem servas kiel kapo. Se li nun diras, ke li amas vin, Prudente estas, ke vi al li kredu Nur tiom, kiom povas li plenumi

La vorton sian,--tio estas tiom,
Kiom permesas la komuna voĉo
De tuta la Danujo. Ekmemoru,
En kia grad' honoro via povas
Suferi, se aŭskultos tro kredeme
Vi lian kanton, se la koron vian
Vi perdos kaj al lia persistado
Malkovros la trezoron vian ĉastan.
Vi timu ĝin, fratino mia kara,
Evitu flaman mezon de la amo,
Atakon kaj atencon de deziro!
Knabin' plej ĉasta perdis jam modeston,
Se al la lun' ŝi montris sian ĉarmon.
Eĉ virto ne evitas kalumnion,
L' infanojn de printempo ofte mordas
La verm' ankoraŭ en la burĝoneco,
Kaj al la frua roso de juneco
Spiret' venena estas plej danĝera.
Vin gardu do! Tim' donas garantion.
Por la juneco ĉie staras retoj.

Ofelio: La sencon de l' instruo via bona
Konservos mi, por gardi mian bruston;
Sed, bona mia frato, vi ne agu
Simile al la predikistoj, kiuj
Predikas krutan vojon al ĉielo,
Dum ili mem senzorge kaj volupte
Sur flora vojo de gajeco paŝas,
Mokante pri prediko sia propra.

Laerto: Ne timu! Tamen mi tro longe restis.--
La patro venas jen! (Polonio eniras.)
(Al Polonio) Duobla beno
Sendube duobligas la feliĉon:
Dank' al okazo mi denove povas
Adiaŭ al vi diri.

Polonio: Vi ankoraŭ
La domon ne forlasis? Al la ŝipo!

La vento blovas helpe al la vojo,
Kaj oni vin atendas. Nu, akceptu
Denove mian benon.
(Li metas la manon sur la kapon de Laerto.)
Kaj memoru
Regulojn, kiujn mi al vi instruis:
Ne ĉian penson metu sur la langon,
Ne donu tuj al ĉia penso faron.
Afabla estu, sed ne tro kredema.
Al la amiko saĝe elektita
Kunforĝu vin en fera fideleco,
Sed gardu vian manon de la premo
De ĉiu renkontota bona frato.
Vi gardu vin de ĉia malpaciĝo;
Se vi ĝin ne evitos,--tiam agu
Fortike, ke la malamik' vin timu.
Al ĉiu servu per orelo via,
Sed ne al ĉiu servu per la buŝo.
Konsilojn ĉiam prenu vi de ĉiu,
Sed propran juĝon en la kapo tenu.
Laŭ via mon' mezuru vian veston,
Sed ĉio estu takta kaj konvena;
Vin vestu bone, sed ne kiel dando:
Laŭ vest' ekkonas oni ofte viron,
La homoj altastataj en Francujo
En tiu punkto estas tre zorgemaj.
Ne prenu prunte kaj ne prunte donu:
Per pruntedono ofte oni perdas
Krom sia havo ankaŭ la amikon,
Kaj pruntepren' kondukas al ruino
De la mastraĵo. Antaŭ ĉio estu
Fidela al vi mem,--de tio sekvos,
Ke vi ne estos ankaŭ malfidela
Al la aliaj homoj. Nun adiaŭ,
Kaj mia beno vin akompanadu!

Laerto: Adiaŭ, mia patro kaj sinjoro!

Polonio: Jam tempo. Iru, oni vin atendas.

Laerto: Adiaŭ, Ofelio, kaj memoru
Pri tio, kion diris mi al vi!

Ofelio: Mi bone ŝlosis ĝin en mia kapo,
Kaj la ŝlosilon mi al vi fordonas.

Laerto (al Polonio kaj Ofelio.): Adiaŭ! (Foriras.)

Polonio: Kia estas la konsilo,
Pri kiu li parolis?

Ofelio: Pri Hamleto,
Pri la reĝido.

Polonio: Ha, jes, ĝustatempe!
Mi aŭdis, ke en lasta temp' Hamleto
Al vi komencis montri amikecon
Kaj ke vi mem apartan afablecon
Al li montradis. Se ĝi estas vero--
Mi aŭdis ĝin en formo de averto--
Mi devas al vi diri, ke vi mem
Kredeble ne komprenas tute klare
Danĝeron, kiu al filino mia
Kaj al honoro via nun minacas.
Kiel vi estas unu kun la dua?
La veron al mi diru!

Ofelio: De mallonge
Al mi li ripetadis kelkajn fojojn,
Ke li estimas min.

Polonio: Ha, ha! Estimo!
Parolo de nesperta knabineto!
Kaj kredas vi al la "estimo" lia?

Ofelio: Mi mem ne scias, kiel pri ĝi pensi.

391

Polonio: Nu, aŭdu do! Vi estas tre malsaĝa,
Ke vi akceptas por kontanta mono
La vortojn, kiuj vere ne enhavas
Eĉ plej malgrandan indon. Vi vin tenu
Prudente kaj singarde, ĉar alie
La malsaĝeco via la grandega
Vin pereigos!

Ofelio: Li al mi proponis
La amon sian pure kaj honeste.

Polonio: Jes, pure kaj honeste! Vi, senkapa!

Ofelio: Li ĵuris al mi, patro mia kara,
Per ĉiuj sanktaj ĵuroj de ĉielo.

Polonio: Kaptiloj por la birdoj! Mi ja scias,
Ke se la sango bolas, tiam lango
La ĵurojn ne avaras. Ho, filino,
Ne prenu vi por fajro tiun flamon,--
Ĝi lumas, sed ĝi tute ne varmigas,
Ĝi estingiĝas tuj, ne supervivas
Eĉ la minuton de la promesado.
De nun kun via virga afableco
Avaru pli; la paroladon vian
Vi ŝatu pli, ne estu tute preta
Tuj laŭ ordono! La reĝid' Hamleto
Ankoraŭ estas juna, kaj li havas
Pli grandan liberecon, ol al vi
Donata povas esti. Ofelio,
Mallonge mi sed klare al vi diras:
Ne kredu al ĵurado lia; ĵuroj
Similaj estas trompaj delogantoj,
Antaŭparoloj de tre pekaj petoj;
Promesojn piajn ili hipokritas,
Por pli sukcese veni al la celo.
Per unu vorto: nun vi eĉ minuton
Ne restu en intima parolado
Kun la reĝid' Hamleto! Ne kuraĝu

	Forgesi mian tiun ĉi ordonon! Nun iru!
Ofelio:	Mi obeos, mia patro. (Ambaŭ foriras.)

* * * * *

SCENO IV

La teraso antaŭ la palaco. Hamleto, Horacio kaj Marcello venas.

Hamleto:	Ho, kiel akra estas la aero!
Horacio:	Jes, princo, blovas vento malvarmega.
Hamleto:	Kioma horo?
Horacio:	Baldaŭ la dekdua.
Marcello:	Ne, ne, jam la dekdua horo batis.
Horacio:	Ĉu efektive? Mi ne aŭdis. Sekve Alproksimiĝas jam la temp', en kiu Aperas ordinare la spirito. (Post la sceno estas aŭdataj tamburado kaj ektondro de pafilego.) Ha, kion tio ĉi signifas, princo?
Hamleto:	La reĝo diligente nun pasigas La nokton en gajega festenado; Kaj ĉiun fojon, kiam li eltrinkas Pokalon, pafilegoj al la mondo Anoncas la grandfaron de la reĝo.
Horacio:	Ekzistas tia moro?
Hamleto:	Jes, sendube. Sed pensas mi, ke estas pli honore Forgesi tian moron, ol ĝin sekvi.

La brua kaj diboĉa festenado
Alportis al ni tre malbonan gloron
Ĉe la popoloj de la tuta mondo.
Drinkistoj oni nomas nin insulte;
Kaj tiu ĉi makulo malpurigas
La gloron de plej grandaj niaj faroj.
Similan sorton ofte ankaŭ havas
Privataj homoj, se sen propra kulpo
Makulon ian ili de naturo
Ricevis; se ekzemple de naskiĝo--
En kio ne ilia vol' ja estis--
Ilia sango estas tro bolanta,
Rompanta ofte digon de prudento;
Aŭ se kutimo ilin malbonigis,--
La mond' ilin atakas sen kritiko,
Se eĉ iliaj virtoj estas puraj
Kaj multenombraj. Grajno da malbono
Por la okul' de l' mondo ofte kovras
La tutan indon de plej bona homo.
(Aperas la spirito en armaĵo.)

Horacio: Ho, vidu, princo, ĝi aperas!

Hamleto: Dio!
Defendu nin, anĝeloj de ĉielo!
(Li staras kelkajn minutojn senmove.)
Spirito sankta, aŭ demon' terura,
Ĉu el ĉielo aŭ el la infero,
Ĉu vi intencas bonon aŭ malbonon,--
Aperis vi en tia nobla formo,
Ke mi paroli devas. Ho, Hamleto,
Ho, patro, ho vi, reĝo de Danujo,
Respondu! Ho, ne lasu min perei
En nesciado! Diru al mi, kial
Sin levis el la tombo viaj ostoj?
Kaj la ĉerkujo, kien ni trankvile
Vin metis, kial ĝi malfermis nun
La pezan sian buŝon de marmoro,
Por vin elĵeti? Kion ĝi signifas,

Ke vi, senviva korpo, en armaĵo
Denove venis en la lunan lumon,
Por ektimigi nin, malsaĝajn homojn,
Kaj nin ataki per teruraj pensoj
Ne klarigeblaj por l' animo nia?
Por kio? Diru! Kial? Kion fari?
(La spirito faras signojn al Hamleto.)

Horacio: Li vokas vin, ke iru vi kun li,
Li kvazaŭ volas ion komuniki
Nur al vi sola.

Marcello: Kun afablaj gestoj
Li vokas vin pli malproksimen, princo;
Sed ho, pro Di', ne iru!

Horacio: Ne, ne iru!

Hamleto: Sed tie ĉi ne volas li paroli,
Kaj mi lin sekvos.

Horacio: Ho, ne, ne, reĝido

Hamleto: Nu, kion do mi timos? Mia vivo
Ne havas por mi indon, kaj l'animo,
Senmorta, kiel la spirito mem,
Ja ne bezonas timi la spiriton.
Li vokas min denove; mi lin sekvos.

Horacio: Sed se li vin allogos al la maro,
Aŭ eble al la supro de l' ŝtonego,
Staranta super la senfunda akvo,
Kaj tie per terura nova vido
Subite nebuligos vian saĝon
Kaj pereigos vin? Memoru, princo!
Jam per si mem al ĉiu viva homo
Terura estas tiu alta pinto,
Pendanta super la bruantaj ondoj
De plej profunda loko de la maro.

Hamleto:	Li ĉiam vokas. (Al la spirito.) Iru, mi vin sekvas!
Marcello (retenante Hamleton):	Ho, princo, vi ne iros!
Hamleto:	For la manojn!
Horacio:	Aŭskultu nin, ne iru!
Hamleto:	Mia sorto Min vokas, kaj per ĝi mi sentas nun En ĉiu vejno de la korpo mia Potencan feran forton de leono. (La spirito faras signojn.) Li ĉiam vokas! Lasu! Pro ĉielo! (Li sin elŝiras.) Fantomon faros mi el ĉiu, kiu Kuraĝos min reteni! For! (Al la spirito.) Ho, iru! Mi post vi iras. (La spirito kaj Hamleto foriras.)
Horacio:	Ha, li freneziĝis!
Marcello:	Ni sekvu lin! La dev' al ni ordonas!
Horacio:	Ni iru! Kiel tio ĉi finiĝos?!
Marcello:	Malbona io estas en Danujo.
Horacio:	Nin gardos la ĉielo.
Marcello:	Ni rapidu!

* * * * *

SCENO V

Izolita loko de la teraso. La spirito kaj Hamleto venas.

Hamleto:	Ho, kien vi kondukas min? Parolu! Mi plu ne iros jam!

Spirito: Aŭskultu!

Hamleto: Diru!

Spirito: Jam proksimiĝas mia horo. Baldaŭ
Reiri devos mi al la sulfuraj
Turmentaj flamoj.

Hamleto: Malfeliĉa patro!

Spirito: Min ne bedaŭru, sed atentu bone,
Al tio, kion diros mi.

Hamleto: Parolu!
Atenti estas mia sankta ŝuldo.

Spirito: Kaj venĝi ankaŭ, kiam vi ekscios.
Hamleto: Ho, Dio! Venĝi? Kion?

Spirito: Aŭdu bone.
Mi estas la spirit' de via patro,
Mi estas kondamnita longan tempon
Vagadi en la nokto kaj bruladi
La tutan tagon en eternaj flamoj,
Ĝis mi puriĝos de la ĉiuj pekoj
De mia tera vivo. Se ne estus
Al mi malpermesite paroladi,
Rakonton tiam povus mi komenci,
De kiu ĉiu vort' al vi dispremus
La koron, rigidigus vian sangon,
El kapo elsaltigus la okulojn,
Kaj ĉiun vian haron disstarigus
Simile al haregoj de histriko.
Sed la misteroj de posttomba vivo
Ne devas soni al orelo tera.
Aŭskultu! Se vi amis vian patron....

Hamleto: Ho, Dio!

Spirito: Venĝu por mortigo lia!

Hamleto: Mortigo?

Spirito: Jes, mortigo plej malnobla,
Terura, nenatura, neaŭdita.

Hamleto: Ho, nomu lin! Ke povu mi tuj flugi,
Simile al la penso de amanto
Mi flugu venĝi tuj.

Spirito: Vi ŝajnas preta;
Vi estus dorma, kiel pala herbo,
Kreskanta sur la bordo de la Leto,
Se restus vi trankvila. Aŭdu, filo:
La famon oni faris, ke en tempo
De mia dormo en ĝardeno mia
Serpento mordis min; kaj oni trompas
Per la mensoga fam' pri mia morto
L'orelon de la regno; tamen sciu,
Ho, nobla mia filo: la serpento,
De kies mordo mortis via patro,
Nun portas lian kronon.

Hamleto: Mia onklo!
Ho, la profeta mia antaŭsento!

Spirito: Jes, tiu plej malnobla adultulo
(Ho, malbenita sprito, kaj donacoj!)
Delogis la reĝinon ŝajne virtan
Al la plezuroj de malnobla amo.
Hamleto mia! Ho, kia defalo!
De mi, kies la amo estis sankta,
Sendekliniĝa ĉiam de la ĵuro,
Farita en la tago de l' edziĝo,--
Ŝi malaltiĝis al pekulo, kiun
Per ĉio la naturo ja malbenis!
Sed kiel virton peko ne delogas,
Se ĝi eĉ en ĉiela vest' aperas,

Tiel volupto, se eĉ kun anĝelo
Vi ligos ĝin, enuas tamen baldaŭ
Kaj serĉas ion novan . . . Sed silentu!
Mi sentas jam aeron de mateno,--
Mi mallongigos la rakonton. Kiam
En la ĝardeno laŭ kutimo mia
Mi dormis post tagmezo, via onklo
Mallaŭte alŝteliĝis kaj enverŝis
Al mi en la orelon plej teruran
Venenon el malgranda boteleto,
Venenon tian, kiu tre rapide
Trakuras tuj la tutan homan korpon
Kaj, kvazaŭ acidaĵo en la lakto,
Momente malbonigas en la korpo
La tutan puran sangon. Mi pereis,
Kaj lepro mian tutan glatan korpon
Tuj kovris per abomeninda ŝelo,
Kaj tiel mi perfide en la dormo
Per frata mano estis senigita
De l' vivo, krono kaj edzino kune,
Mi estis mortigita en florado
De miaj pekoj, sen konfesodono,
Sen komunio sankta; la kalkulon
Ne resuminte, estis mi sendita
Kun ĉiuj miaj kulpoj sur la kapo
Al granda, fina juĝo.

Hamleto: Ho, terure!

Spirito: Se havas vi animon, ne permesu,
Ke reĝa lito de Danujo servu
Por sangomiks' adulta kaj volupto.
Sed kiel ajn vi volos tion fari,--
Vi ne makulu vian filan koron:
Nenion faru kontraŭ la patrino,--
Ŝin juĝos la ĉielo kaj la pikoj
De ŝia propra koro. Nun adiaŭ!
La paliĝado de l' lumanta vermo
Anoncas la aperon de l' mateno.

	Adiaŭ, filo, kaj memoru min! (Foriras.)
Hamleto:	Ho, vi, ĉielo! Tero! Eble ankaŭ
	L' inferon voki?--Fi, halt', mia koro!
	Ne maljuniĝu tuj, ho mia korpo,
	Fortike vi min portu! Vin memori?
	Jes, malfeliĉa patro! Tiel longe,
	Ĝis mia kapo perdos la kapablon
	De ĉia memorado! Vin memori?
	Sed de l' tabulo de memoro mia
	Forviŝos mi nun ĉion, kio restis,
	Sentencojn ĉiujn el la libroj, ĉiujn
	Pentraĵojn, postesignojn, kiujn lasis
	Sur ĝi la pasintaĵo kaj juneco,
	Observojn kaj la spertojn de la vivo;
	Ordono via vivos tute sola
	De nun en mia cerbo, ne miksita
	Kun io malpli inda. Ho, ĉielo!
	Virino malhonesta kaj perfida!
	Fripono! Vi, fripono ridetanta!...
	La tabuleton donu! Mi enskribos,
	Ke oni povas ĉiam ridetadi
	Kaj tamen esti friponeg'. Almenaŭ
	En nia lando tio estas ebla. (Li skribas.)
	Mi vin enskribis, onklo! Nun al mia
	Deviz'! "Adiaŭ kaj memoru min!"
	Mi ĵuris.
Horacio (post la sceno):	Princo! Princo!
Marcello (post la sceno):	Princ' Hamleto!
Horacio (post la sceno):	Ho, Dio lin defendu!

Hamleto (decide, al si mem):	Tiel estu!
Marcello (post la sceno):	He! Princo! He!
Hamleto:	He! kara mia, he! Al mi, birdeto mia, he! mi estas. (Horacio kaj Marcello venas.)
Marcello:	Nu, kio do sinjoro?
Horacio:	Kio nova?
Hamleto:	Ho, tre mirinde!
Horacio:	Diru, kara princo.
Hamleto:	Vi elbabilos.
Horacio:	Ne, pro la ĉielo!
Marcello:	Mi ankaŭ ne.
Hamleto:	He, kion vi parolas? Ĉu oni povus kredi?! Vi silentos?
Horacio kaj Marcello:	Jes, jes, pro la ĉielo, kara princo!
Hamleto:	En tuta la Danujo vi ne trovos Friponon, kiu estus hom' honesta.
Horacio:	Spirito ne bezonis ja sin levi El tombo, por sciigi nin pri tio.

Hamleto:	Vi estas prava. Tial mi nun pensas,
	Sen plua disputado ni jam povas
	Al ni la manojn premi reciproke
	Kaj iri hejmen. Iru, kien vokas
	Vin la aferoj kaj deziroj viaj--
	Aferojn kaj dezirojn ĉiu havas--
	Mi ankaŭ, la mizera, iros fari
	Aferon mian,--mi nun iros preĝi.
Horacio:	Malklare kaj tre strange vi parolas.
Hamleto:	Ha, mi bedaŭras, ke mi vin ĉagrenas,
	Mi ĝin bedaŭras el la tuta koro.
Horacio:	Vi ne ĉagrenas nin.
Hamleto:	Ne, Horacio,
	Ĉagren' ĝi estas, pro Patriko sankta....
	Pri la spirito do mi al vi diros,
	Ĝi estas tre senkulpa kaj honesta.
	La scivolecon pri la estintaĵo
	Vi venkos, kiel povos. Nun kolegoj,
	Amataj kunlernantoj kaj amikoj,
	Malgrandan unu peton mi vin petos.
Horacio:	Parolu, princo, ni ĝin certe faros.
Hamleto:	Neniu devas scii pri l' apero
	De nuna nokto.
Horacio kaj Marcello:	Ni promesas, princo.
Hamleto:	Sed ĵuru!
Horacio:	Pro honoro, mi silentos!

Marcello:	Mi ankaŭ, pro honor'!
Hamleto:	Sur mia glavo!
Marcello:	Ni ĵuris jam, sinjoro.
Hamleto:	Sed mi petas, Sur mia glavo ĵuru al mi.
Spirito (sub la tero):	Ĵuru!
Hamleto:	Ha, mia kara! Vi al ni alrampis? Nu, bone! La bravul' aŭskultas. Ĵuru!
Horacio:	Sed kiel ĵuri?
Hamleto:	Ke neniam vi Parolos eĉ per unu sola vorto Pri tio, kion en la lasta nokto Vi vidis. Ĵuru sur la glavo!
Spirito:(sub la tero):	Ĵuru!
Hamleto:	Hic et ubique? Ŝanĝu ni la lokon! Al mi, sinjoroj! Metu viajn manojn Denove sur la glavon kaj ripetu, Ke vi neniam al neniu diros Pri la apero de la nokto. Ĵuru Pri tio ĉi sur mia glavo!
Spirito (sub la tero):	Ĵuru!
Hamleto:	Ha, brave, mia talp'! Vi bone fosas! Pli malproksimen do, amikoj!

Horacio: Dio!
Tre strange kaj neniel komprenebla!

Hamleto: Plej bona estos, se vi ĝin forgesos!
Ekzistas en ĉiel' kaj sur la tero
Pli da aferoj, ol en la lernejoj
Instruas filozofoj, Horacio.
Sed venu! Kaj mi tie ĉi denove
Vin petas, ĵuru: kiel ajn mirindaj
Al vi agado mia poste ŝajnos,
Se eble poste trovos mi utila
Ŝajnigi, ke mi perdis la prudenton,--
Neniam vi kunmetu viajn manojn
En tia formo, nek la kapon vian
Balancu tiel, nek per parolado
Dusenca montru, ke vi ion scias,--
Ekzemple: "nu, ni scias", aŭ "ni povus,
Se ni nur volus", aŭ "se nur paroli
Ni povus", aŭ "ekzistas unu punkto"....
Ne helpu al vi Dio en mizero,
Se tion ĉi vi faros.--ĵuru!

Spirito (sub la tero): Ĵuru!

Hamleto: Ripozu, ho, spirito malfeliĉa!
Kaj nun, sinjoroj, mi min rekomendas
Al vi kun mia tuta amikeco.
Kaj ĉion, kion mi, malriĉa, povas
Al vi alporti aman kaj amikan,
Kun Dia help' al vi mi ne rifuzos.
Ni iru! Kaj denove mi vin petas,
La fingron ĉiam tenu sur la buŝo!
Ni vivas en terura tempo! Ve,
Ke mi naskiĝis esti la punanto!
Nu, venu do! Ni iros ĉiuj kune.

(Ĉiuj foriras.)

* * * * *

EL ILIADO

(Tradukita de A. Kofman)

KANTO UNUA

La pesto.--La kolero.

Kantu, diino, koleron de la Peleido Aĥilo,
Ĝin, kiu al la Aĥajoj kaŭzis mizerojn sennombrajn
Kaj en Aidon deĵetis multegajn animojn kuraĝajn
De herouloj kaj faris korpojn iliajn akiro
Al rabobirdoj kaj hundoj--fariĝis la volo de
Zeŭso--
De tiu tago, de kiu disigis sin ekdisputinte
La ordonanto al viroj, Atrido, de l' dia Aĥilo.

Kia do dio ekscitis en ili disputon malpacan?
Filo Latona kaj Zeŭsa. Ekkolerigita de reĝo,
Li malsanigis la militistaron,--mortadis popoloj,
Ĉar malhonoris Atrido Ĥrizon, la pastron de l' dio.
Por deaĉeti filinon, li kun netaksebla depago
Venis al ŝipoj Aĥajaj rapidenaĝantaj, en manoj,
Sur ora sceptro, la florokronon de dio Apolo,
La malproksimenĵetanta, kaj ĉiujn Aĥajojn
petegis,
Sed precipe la ambaŭ Atridojn, la ĉefojn popolajn:

"Ho vi, Atridoj, kaj ĉiuj Aĥajoj kuraĝaj! la dioj,
Sur Olimpo loĝantaj, donu al vi ekdetrui
Urbon Priaman kaj poste hejmen reveni feliĉe.
Al mi la karan filinon redonu vi pro deaĉeto,
Estimegante Apolon, la malproksimenpafantan."

Jen tiam ĉiuj Aĥajoj laŭtege konsentis honoron
Fari al pastro, de li deaĉeton riĉegan ricevi.
Tio ne plaĉis nur sole al koro de Agamemnono;

Li malhonore forpelis lin kaj al li diris minace:

"Gardu vin, ke, maljunulo, mi vin plu ne vidu ĉe
ŝipoj
Larĝaj, nun pro malrapido aŭ poste pro la reveno:
Ĉar malcerte vin helpos la sceptro kaj krono de l'
dio.
Ŝin do mi ne refordonos antaŭe ol ŝi maljuniĝos
Hejme, en Argo, ĉe mi, malproksime de ŝia
patrujo,
Laboradante teksaĵon, kaj mia kunkuŝantino.
Sed vi foriru kaj min ne ekscitu, ke sana vi restu.

Tiel li diris, kaj Ĥrizo ektimis, la vorton obeis
Kaj al la multebruanta maro silente foriris.
Poste, malproksimiĝante, li ekpetegis fervore
Nun Apolon, la filon de la belabukla Latono:

"Aŭdu, Arĝentopafarka, apogo de Ĥrizo kaj Kilo
Sankta, potence reĝanta la Tenedoson, vi, glora!
Se efektive mi vian sanktejon beligis per kronoj
Aŭ mi iam por vi de plej bonaj kaprinoj kaj bovoj
Grasajn femurojn bruligis, vi mian deziron
plenumu:
Punu vi per viaj sagoj pro miaj larmoj Aĥajojn."

Tiel preĝante li diris, atentis lin Febo Apolo.
Jen li deiris, koleron en koro. Olimpan altaĵon,
Ĉirkaŭfermitan sagujon kaj arkopafon sur ŝultroj.
Laŭte sonadis la sagoj sur ŝultroj de ekkolerinto,
Dum li kuradis. Li estis simila al nokto. Li poste
Malproksime de ŝipoj sidiĝis, kaj sagon ellasis,
Kaj el pafarko arĝenta jen sono terura eksonis.
Li ekatakis antaŭe nur mulojn kaj hundojn
rapidajn,
Sed jen la sagoj maldolĉaj atingis nun ankaŭ la
　　　　　homojn,
Kaj malvivuloj senhalte en lignaroj flamadis.
Militistaron la sagoj flugadis naŭ tagojn, la dekan

Al kolektiĝo Aĥilo la popolon kunvokis.
Tion ĉi metis en liajn pensojn la Hero blankmana.
Ĉar pri Danaoj malĝojis ŝi, ilin perei vidante.
Kiam ili kunvenis kaj kunkolektiĝis, sin levis
Inter ili Aĥilo rapidapieda kaj diris:

"Mi, ho, Atrido, nun pensas, revenos ni hejmen, irante
Ree ĉi tien kaj tien, se nur ni evitos la morton,
Ĉar la milito kaj pesto Aĥajojn mortigas samtempe.
Sed demandu ni pastron aŭ antaŭdiriston aŭ ankaŭ
Sonĝklarigiston, ĉar ankaŭ sonĝoj elvenas de Zeŭso,
Ke al ni diru li, kial koleras nin Febo Apolo,
Ĉu, eble, pro nefarita promeso aŭ pro hekatombo,
Ĉu, el ŝafidoj kaj el sendifektaj kaprinoj prenonte
La odoron oferan, li nin liberigos de pesto."

Tiel dirinte, sidiĝis li. Kaj inter ili sin levis
La Testorido Kalĥaso plej lerta el birddivenistoj,
Kiu konadis estanton, estonton kaj ankaŭ pasinton
Kaj alkondukis la ŝipojn Danaajn al Trojo per sia
Scio profeta, de Febo Apolo al li donacita.
Li, bonpensanta, sin turnis al ili kaj tiel parolis:

"Ho, Zeŭsamato Aĥilo, al mi vi ordonas klarigi
La koleregon de malproksimegenĵetanta Apolo.
Bone, mi estas dironta, sed vi al mi ĵuru defendi
Min efektive favore per viaj paroloj kaj manoj:
Certe, mi ekkolerigos viron, reĝantan potence
Ĉiujn Arganojn, viron, al kiu obeas Aĥajoj:
Reĝo ja estas tro forta kontraŭe la vir'
subpotenca;
Se li eĉ tiun ĉi tagon sian malicon subpremos,
Tamen en koro konservos li sian malicon, ĝis li
ĝin

Forellasos. Nun juĝu vi, ĉu vi min povas defendi."

Lin respondante eldiris Aĥilo piedorapida:
"Vi kuraĝiĝu, sincere eldiru la dialudaĵon;
Ĵuras mi per Zeŭsamato Apolo, al kiu vi preĝas,
Malfermante la volon de Dio al la Danaoj,
Ke, dum mi estos vivanta kaj lumon de l' suno
       vidanta,
Vin tie ĉi ektuŝos per mano pezega neniu
El Aĥajoj, se vi eĉ nomus mem Agamemnonon,
Kiu glorigas sin esti plej forta el ĉiuj Aĥajoj."

Kuraĝiĝinte, la antaŭdiristo la nemalaŭdebla
Diris: "Koleras li nek pro promeso, nek pro
       hekatombo,
Nur pro la pastro, la malhonorita de
Agamemnono,
Ne forlasinta filinon kaj ne alpreninta depagon.
Jen kial nin mizerigas li, la malproksimenpafanto,
Kaj mizerigos ankoraŭ, ne forprenante multpezan
Manon de l' pesto, ĝis estos la ĝojookula filino
Ree al patro kaj kune kun sankthekatombo
sendita
En Ĥrizourbon. Nur tiam nin eble la dio
kompatos."

Tiel dirinte, sidiĝis li, kaj inter ili sin levis
Agamemnono la vastereĝanta, l' heroo Atrido,
Tute malĝoje; la koron malluman kolero plenigis
Kaj la okuloj fariĝis similaj al fajro brilanta.
Kontraŭ Kalĥaso antaŭe li nun furioze ekdiris:

"Ho, malbonaĵoportisto, al mi eldirinta neniam
Favoraĵon! Vi ĝojas nur antaŭdiri mizerojn.
Vi antaŭdiris neniam bonvorton kaj nek ĝin
       plenumis,
Vi ankaŭ nun antaŭdiras al kolektiĝintaj Aĥajoj,
Ke l' malproksimenpafanta Apolo ilin nur punas,
Ĉar mi ne volis pro Ĥrizofilino depagon belegan

Preni. Ho, jes, mi preferas ŝin havi en mia domego,
Mi ŝin preferas eĉ pli ol Klitemnestron, kun kiu
Mi edziĝis dum ŝia virgeco. La Ĥrizofilino
Al ŝi ne cedas per kresko, talio, prudento, teksado.
Sed mi konsentas redoni ŝin, se tio estas pli bona,
Ĉar mi la savon popolan, kaj ne la pereon deziras;
Sed vi alie honore donacu min, ke mi ne restu
Unu ne rekompencita, ĉar tio ne estas konvena,
Ĉiuj vi vidas, ke mia donaco foriras de mi nun."
Al li kontraŭe respondis Aĥilo piedorapida:
"Ho, vi plej glora Atrido, kaj plej profitama el ĉiuj,
Al vi pro kio Aĥajoj aldonos honoran donacon?
Oni ne scias, ĉu restas ankoraŭ riĉeco komuna,
Ĉar la akiron el urboj rabitaj ni jam disdividis,
Estas ne bone ĝin rekolektigi por ree dividi.
Sed vi ellasu ŝin pro la honoro do dioj; Aĥajoj,
Ni, al vi pagos trioble, kvaroble, se Zeŭso detrui
Iam permesos al ni la Trojon murofortegan."

Al li kontraŭe respondis Agamemnono, la ĉefo:
"Kia ajn estas kuraĝa vi, diosimila Aĥilo,
Trompi ne penu min: vi ne admonos min nek
        superruzos.
Ĉu vi, mem konservante donacon, vi volas, ke nur mi
Estu rabita de mia, ke mi ĝin ellasu senpage?
Bone, nur se anstataŭos Aĥajoj ĝin per alia
Rekompenco de kosto egala, laŭ mia deziro.
Sed se ili rifuzos, mi prenos ĝin mem: la donacon
Vian aŭ la donacon Ajaksan aŭ l' Odisean;
Prenos min ĝin,--senigita de ĝi ekkoleros la viro.
Sed iafoje pri tio ni reparolos ankoraŭ.
Nun ni surmetu sur maro sankta la ŝipon nigretan,
Ni kolektigu en ĝi da remistoj amason sufiĉan,
Metu en ĝi l' hekatombon kaj Ĥrizofilinon ruĝvangan.
Unu el viroj konataj estos la ĉefo: Ajakso,

Eble Idomeneo, aŭ Odiseo la dia,
Aŭ vi mem Peleido, vi, la plej terura el viroj--
Por oferante pacigi la Malproksimegenĵetantan."

Al li respondis minace Aĥilo piedorapida:
"Ve al mi! Senigita de honto, vi, profitamulo,
Kiu Aĥajo de nun viajn vortojn obei ekvolos,
Kun vi irante aŭ kontraŭ viroj batalon farante?
Ĉar mi alvenis ne pro ponardegojnĵetistoj
Trojanoj
Kontraŭbatali, ĉar ili kulpiĝis je mi en nenio.
Ili neniam ĉevalojn aŭ bovojn de mi ekdeprenis
Aŭ fruktportantajn kampegojn, en Ftio la multeloĝita
Fruktojn ruinis, ĉar inter ni estas ja multe da ombraj
Montoj kaj ankaŭ la maro bruanta. Nur vin, plej
    senhontan,
Sekvis ni, por ke vi ĝoju, portante ekvenĝon al
Trojo
Pro Menelao kaj ankaŭ pro vi mem, vi
hundosimila.
Sed tion ĉi ne atentas, nek zorgas vi tion ĉi tute;
Min eĉ minacas vi preni donacon, de mi akiritan
Per mia peno, kaj al mi de la Aĥajidoj donitan.
Tamen do mi ja neniam ricevas donacon egalan
Al la via post rabo de urbo per la Aĥajoj.
Plej malfacilan laboron en laciganta batalo
Miaj manoj faradas, sed kiam venas divido,
La rekompenco plej granda venas al vi; mi,
kontraŭe,
De malmulto kontenta, revenas laciĝe al ŝipoj;
Nun mi foriras en Ftion, ĉar estas certe pli bone
Hejmen reveni en ŝipoj fleksitaj. Mi ne deziras
Malhonorita de vi plu kolekti por vi nun riĉecojn".

Al li respondis nun Agamemnono, la ĉefo de viroj:
"Nu do, vi kuru do, se via koro al tio vin igas;
Mi vin pro mi ja ne petas restadi, mi havos aliajn,

Por akiri honoron, precipe la Zeŭson-zorganton.
El diaj reĝoj vi estas por mi la plej malamata.
Ĉar vi ĉiam preferas malpacojn, batiĝojn, batalojn.
Se pli da forto vi havas, donita ĝi estas de dio.
Hejmen revenu vi kun viaj ŝipoj kaj viaj kolegoj,
Reĝu vi Mirmidonojn pace, pri vi mi ne pensas,
Mi ne atentas vian koleron, kaj mem mi minacas:
Kiel Febo Apolo deprenas de mi Ĥrizoidon,
Kiun forsendas mi per mia ŝipo kaj miaj amikoj,
Tiel mi mem vian tendon eniros kaj
forelkondukos
Vian donacon, ruĝvangan la Brizeidon: vi sciu,
Kiom mi estas pli alte ol vi, kaj ke ĉiu teruru
Al mi sin egaligi kaj al mi kontraŭparoli."

Tiel parolis li, kaj Pelopido forte doloris,
Inter du pensoj ŝancelis la koro en brusto, en vila:
Ĉu, eltirinte de flanko glavon akregan, aliajn
Militistojn forpeli kaj la Atridon mortigi,
Aŭ humiligi koleron kaj sian koron ekbridi.
Dum en animo kaj koro li pensis pri tio kaj
grandan
Glavon el ingo eltiris, alvenis al li el ĉielo
La diino Ateno, sendita de Hero blankmana,
Kiu amis kaj zorgis ambaŭ heroojn egale.
Ŝi poste li nun stariĝis, lin kaptis per
blondkapoharoj,
Sole al li aperinte: ŝin ĉiu alia ne vidis.
Ektimiĝinte, sin turnis Aĥilo kaj tuj ekrekonis
Palas-Atenon, terure ŝiaj okuloj brilegis.

Kaj li komencis paroli kaj diris la vortojn flugilajn:
"Kial vi venis, filino de Zeŭso ŝildontenanta,
Ĉu por ekvidi la arogantaĵon de Agamemnono?
Sed mi eldiras al vi, kaj mi pensas, ke tio fariĝos,
La fiereco senbrida baldaŭ lin pereigos."
Al li respondis Ateno, la bluokula diino:
"Por kvietigi koleron vian mi venis, se restos
Vi obeema; min sendis Hero, diino blankmana,

Kiu vin ambaŭ egale samtempe amas kaj zorgas.
Vi do nun finu malpacon, kaj ne elprenu glavegon,
Certe, per vortoj vi povas insulti lin laŭ via volo.
Mi al vi diras, kaj tio ĉi estos efektivigita:
Iam vi havos trioble da luksaj, belegaj donacoj
Pro tiu ĉi fiereco. Detenu vin nun kaj obeu."

Ŝin respondante, eldiris Aĥilo rapidapieda:
"Vere, estas bezone vian ordonon obei,
Malgraŭ la koro kolera: ĉar tio ĉi estas pli bona:
La obeantan al dioj dioj volonte atentas."

Diris li, kaj sur arĝentan tenilon li metis la manon,
Ree enmetis glavegon en ingon, ne malobeante
Vortojn diinajn. Ŝi baldaŭ ekflugis Olimpon, loĝejon
De dio Zeŭso ŝildontenanta, al dioj aliaj.

Sed Pelcido returnis sin kun parolo kolera
Al Atrido: li sian koleron ne ekĉesigis:
Ho, vi drinkanto kun hunda rigardo, kun cerva
  kuraĝo!
Vi en la koro neniam havas kuraĝon vin armi,
Por kune kun la popolo batali aŭ kun la Aĥajoj
lej eminentaj embuski vin: tio laŭ vi estas--morto.
Jes! prefereble ja estas en vasta tendaro Aĥaja
Vian kontraŭdiranton senigi de lia donaco.
Reĝo-popolmanĝegulo, netaŭgulojn reĝanta!
Ĉar, Atrido, alie vi lastan fojon ofendus.
Sed al vi mi nun diras kaj faras ĵuron grandegan,
Ĵuras mi je tiu sceptro, neniam florojn kaj
branĉojn
Renaskonta, estante lasinta en montoj la trunkon,
Kaj ne reekfloronta (ĉar fero de ĝi ekdemetis
Ĝiajn foliojn kaj ŝelon), kaj portadata en manoj
De Aĥajidoj-juĝistoj, gardantaj la leĝojn,
venantajn
De l' dio Zeŭso; mi ĵuras je tiu ĉi ĵuro grandega,
Ke eksopiros tuj ĉiuj Aĥajoj, serĉante Aĥilon . . .

Tamen, malgraŭe doloro via, ne povos vi helpi
Ilin, ekmortigotajn amase per man' de Hektoro
La virbuĉanto, kaj vian vi koron mordetos, ke
estis
Vi plej kuraĝan el ĉiuj Aĥajoj malestiminta".

Tiel dirinte, sur teron ekĵetis li sian sceptron,
Beligitan de najloj oraj, kaj baldaŭ sidiĝis.
Sed Atrido koleris ankaŭ. Kaj levis sin poste
La dolĉalingva kaj tondravoĉa Nestoro el Pilo,
El kies buŝo fluadis dolĉamiela parolo;
Estis li nun travivinta jam du generaciojn,
Kiuj naskiĝis kaj vivis kune kun li en la sankta
Urbo Pilo, hodiaŭ li superreĝis la trian.
Jen li, bonepensanta, eldiris al la kolektiĝo:
"Ve, ho kia malĝojo surfalas sur teron Aĥajan!
Certe, ekĝojos Priamo kaj kune kun li Priamidoj,
Ankaŭ l' aliaj Trojanoj eksentos ĉarmegon en
koro,
Se ili aŭdos, ke vi nun malpacas, vi, kiuj estas
En konsiloj plej altaj kaj en bataloj unuaj.
Sed vi aŭskultu, ĉar ambaŭ pli junaj vi estas ja ol
mi.
Iam mi havis aferon kun viroj ankoraŭ pli fortaj
Ol vi, sed miajn konsilojn ili neniam malŝatis.
Vidis neniam mi kaj ne ekvidos jam virojn
similajn,
Kiel Pirito kaj Drio, kiu potencis popolojn,
Kiel Kenco aŭ Eksadio aŭ Polifemo
Diosimila kaj dia Tezeo, la filo Egea.
Ili estis pli fortaj ol ĉiuj, sur tero naskitaj,
Kaj, plej fortaj estinte, batalis nur kontraŭ plej
fortaj,
Kontraŭ montaj monstregoj, ilin fordetruante.
Kune kun ili mi estis milita kolego el Pilo,
El malproksima lando: alvokis min tiuj ĉi viroj:
Kune kun ili batalis mi, kaj kontraŭ ili nenia
Homo, sur tero naskita, havis kuraĝon batali.
Sed ankaŭ ili konsilon mian obee atentis.

Nun vi ankaŭ obeu: obei ja estas pli bone.
Vi, Atrido potenca, ne prenu de li la knabinon,
Sed ĉe li lasu donacon, donitan de la Aĥajidoj,
Sed ankaŭ vi, Peleido, ĉesu kun reĝo disputi
Malpacante: konvenas ja honoro pli alta
Al la sceptroportanta, kiun Zeŭso glorigas;
Kaj se vi estas pli forta kaj filo de dia patrino,
Estas li ja pli potenca, ĉar reĝas li multajn
popolojn.
Vi, Atrid', humiligu la koron, mi mem vin petegas,
Kontraŭ Aĥilo demetu vian koleron: li estas
Forta apogo Aĥaja en pereigema milito."

Diris al li respondante Agamemnono potenca:
"Vere! Vi, ho maljunulo, ĉion eldiris konvene,
Sed tiu viro deziras esti pli alta ol ĉiuj,
Volas estriĝi je ĉiuj, volas ordoni al ĉiuj
Kaj doni leĝojn, al kiuj, certe, neniu obeos.
Se lin la dioj eternaj instruis ĵetadi ponardon,
Ĉu ili ankaŭ pro tio permesis al li--nin insulti?"

Lin interrompis kaj diris diosimila Aĥilo;
"Ho, mi, certege, nur estus timulo kaj netaŭgulo,
Se mi vin kontentigadus je ĉio, kion vi volas.
Vi de aliaj postulu tion, tamen al mi vi
Ne ordonu, ĉar mi ne intencas al vi humiliĝi.
Tion mi diras al vi, kaj ĝin vi konservu en koro:
Mi la manon armitan ne levos pro la knabino
Kontraŭ vi aŭ aliaj: vi donis kaj vi ŝin deprenas.
Sed el mia cetera havo en ŝipoj rapidaj
Vi nenion deprenos kontraŭ mia bonvolo.
Sed se vi volas, elprovu, ke ĉiuj kune ekvidu,
Kiel el vi nigra sango ĉirkaŭ ponardo ekfluos."

Tiel ili disputis per malamikaj paroloj
Kaj, leviĝinte, dislasis ĉe ŝipoj la kolektigitajn.
Peleido foriris al tendoj kaj ŝipoj rapidaj
Kune kun Menetiido kaj kune kun siaj kolegoj,
Sed Atrido surmetis sur maron ŝipon rapidan,

Dudek remistojn elektis kaj metis en ĝin
hekatombon
Por la dio kaj ankaŭ la Ĥrizofilinon ruĝvangan,
Kaj Odiseo multsaĝa tie estis ŝipestro.
Ĉiuj sidiĝis kaj baldaŭ eknaĝis sur vojon
malsekan.

Kaj al popoloj ordonis purigi sin Agamemnono.
Ili purigis sin kaj la malpuron en maron enĵetis,
Kaj sendifektajn hekatombojn oferis al dio:
Bovojn kaj kaprinojn ĉe bordo senfrukta de l'
maro,
Kaj l' odoro ofera en fumo suriris ĉielon.

Tiel ili penadis, sed dume Agamemnono
Tion ne lasis, per kio li ĵus Aĥilon minacis:
Vokis rapide li Taltibion kaj Eŭribaton,
Kiuj estis liaj heroldoj kaj lertaj servantoj.

"Iru vi tien, en tendon de la Peleido Aĥilo,
Prenu vi la Brizeidon ruĝvangan kaj ŝin
alkonduku,
Se do li ŝin ne redonos, mi mem ŝin jam tiam
    deprenos,
Al li venonte kun aro, kaj tio lin plu ektimigos."

Tiel dirinte, forsendis li ilin kun vorto minaca.
Ili al bordo de l' maro senfrukta malĝoje foriris
Kaj al la tendoj kaj ŝipoj de Mirmidonoj alvenis.
Lin do ili ektrovis ĉe tendo, ĉe ŝipo nigreta
Tie sidanta, kaj ilin vidinte ne ĝojis Aĥilo.
Ekkonfuzitaj pro timo kaj respektego pri l' reĝo,
Ili stariĝis sen ia parolo, sen ia demando,
Sed li mem tion penetris per sia koro kaj diris:

"Bonan venon, heroldoj, senditoj de Zeŭso kaj
homoj!
Alproksimiĝu, ĉar kulpaj estas ne vi, sed Atrido,
Kiu venigis vin pro la filino ruĝvanga de Ĥrizo.

Dia Patroklo, knabinon vi elkonduku, ke ili
Ŝin ekdeprenu. Kaj estu ili mem la atestoj
Antaŭ la dioj feliĉaj, antaŭ homoj mortemaj,
Antaŭ la reĝ' furioza, ke kiam oni ankoraŭ
Mian helpon bezonos por malhonoron formeti
De aliaj! Ho, certe, pro pereema malsaĝo
Li, Atrido, ne povas rigardi antaŭen, nek posten,
Por fortikigi Aĥajojn, batalantajn ĉe ŝipoj."

Tiel li diris. Patroklo obeis la karan amikon:
Li elkondukis el tendo kaj donis knabinon ruĝvangan
Al la senditoj, kaj tiuj foriris al ŝipoj Aĥajaj;
Kaj ne volonte kuniris knabino. Dume Aĥilo
Iris plorante for de amikoj kaj tie sidiĝis,
Sur la bordo de l' maro; rigardis li maron malluman,
Manojn eltiris kaj sian karan patrinon petegis:

"Mia patrino, ĉar vi min por tempo mallonga
　　eknaskis,
Devus almenaŭ aljuĝi honoron al mi l' Olimpano
Zeŭso altetondranta, sed li tute min ne honoras!
Jen Atrido, la vastereĝanta Agamemnono,
Min malhonoris estinte de mi forrabinta
donacon."

Tiel li diris plorante; atentis lin lia patrino,
La estiminda, en profundegaĵoj de maro, ĉe l' patro
Maljuniĝinta, kaj venis el maro ŝi kiel nebulo,
Kaj apud li, elverŝanta larmojn, ŝi alsidiĝis.
Lin karesante per mano, ŝi la parolon eldiris:

"Filo, pro kio vi ploras? pro kio la koro malĝojas?
Ho, vi kaŝu nenion, ke ambaŭ tion ni sciu."

Diris, profunde ĝeminte, Aĥilo rapidapieda:
"Ĉion vi scias, patrino, pro kio rakonti konaton?

Tebon aliris ni, sanktan urbon de Eetiono,
Kaj ĝin detruis kaj ĉion tien ĉi forelkondukis;
La Aĥajidoj honeste l' akiron dividis kaj oni
Ĥrizofilinon ruĝvangan elektis por la Atrido.
Ĥrizo do, pastro de malproksimegenĵetanta
Apolo,
Venis al ŝipoj rapidaj de kuproarmitaj Aĥajoj,
Por deaĉeti filinon per netaksebla depago,
La florkronon portante de malproksimegenĵetanta
Dio sur ora sceptro, kaj la Aĥajojn petegis,
Sed l' Atridojn, la ambaŭ ĉefojn popolajn--precipe.
Tiam ĉiuj Aĥajoj laŭtege konsentis honoron
Fari al pastro, de li deaĉeton riĉegan ricevi.
Tio ne plaĉis nur sole al koro de Agamemnono,
Li malhonore forpelis kaj lin minacis per vortoj.
La maljunulo foriris kolere, sed Febo Apolo
Lian petegon atentis, ĉar amis li multe la pastron.
Sendis li al Argoanoj sagojn malbonajn amase,
Tiam mortadis popoloj, ĉar sagoj de l' dio flugadis
Ĉie en vasta tendaro Aĥaja. Sciigis nin tiam
Antaŭdiristo scianta pri volo de dio Apolo;
Mi mem unua konsilis rapide pacigi la dion.
Sed Atrido koleris: subite levinte sin, diris
Li la parolon minacan, hodiaŭ plenumiĝintan.
La ĝojokulaj Aĥajoj ŝin, vere, venigas per ŝipo
Hejmen en Ĥrizon kaj ankaŭ donacojn por la
    Potenculo,
Sed ĵus deprenis l'heroldoj de mi el mia la tendo
La Brizeidon, donacon honoran de Aĥajidoj.
Helpu do vi vian filon noblan, se povas vi helpi.
Vi sur Olimpon suriru kaj Zeŭson petegu, se iam
Vi lian koron ĝojigis per paroloj aŭ agoj,
Ĉar mi vin ofte aŭdadis gloriĝi en domo de l'
patro,
Ke l' ĉirkaŭitan de nigraj nubegoj Kronidon vi
sola
El senmortema diaro de malhonora pereo
Igis for, dume kateni minacis lin ĉiuj aliaj:

Hero kaj Posejdono kaj ankaŭ Palas-Ateno.
Sed vi venis, diino, formetis de li la katenojn,
Sur Olimpon la vastan vokinte Centmanon,
nomatan
Breareo de dioj kaj--Egeono de homoj,
Ĉar li estas multege pli forta ol lia patro;
Apud Kronido sidiĝis li fiera de gloro,
Kaj lin teruris la dioj kaj timis Zeŭson kateni.
Rememorigu lin, antaŭ li sidiĝu kaj liajn
Vi ĉirkaŭprenu genuojn, ke volu li helpi Trojanojn
Aŭ ĝis tendaro kaj ŝipoj la Aĥajidojn forpeli
Mortigatojn, ke ĉiuj sciiĝu la krimon de l'reĝo,
Ke li mem, Agamemnono Atrido, la ĉefo de viroj
Sciu l' ofendon, faritan al plej kuraĝa Aĥajo."

Larmojn verŝante, respondis al sia filo Tetido:
"Ve al mi, ke edukis mi vin, por mizeroj naskitan!
Ho, se vi povus ĉe ŝipoj sen larmoj kaj sen
malĝojo
Sidi, ĉar estos nelonge vi, tute ne longe vivanta.
Nun ne longtempa kaj pli malfeliĉa ol ĉiuj vi estas
Per unu fojo. Ho, mi vin por malfeliĉo eknaskis.
Tion al tondronĵetanta Zeŭso, se volos li aŭdi,
Iras mi diri nun supren, sur multaneĝan Olimpon.
Vi do, sidante ĉe ŝipoj rapidaj, ne ĉesu koleri
La Aĥajidojn kaj tute detenu vin de la milito.
Zeŭso hieraŭ festeni al Etiopoj senpekaj,
Ĉe l'Okeano, foriris kaj kune kun li--la diaro,
Tamen la tagon dekduan revenos li hejmen,
Olimpon.
Tiam eniros mi kupran domon de Zeŭso, mi liajn
Ekĉirkaŭprenos genuojn, mi lin inklinigi esperas."

Tiel dirinte, foriris ŝi. Kaj li restigis koleron
En la koro pro sia ruĝovanga knabino,
Malgraŭ li forkondukita perforte. Sed Odiseo
En Ĥrizourbon alvenis kun hekatombo la sankta.
En la havenon profundan veninte, tuj ili formetis
Velojn kaj ilin kunligis en ŝipoj kaj al la mastejo

Maston altiris, rapide ĝin sur ŝnuregojn mallevis
Kaj en havenon enpelis per remiloj la ŝipon,
Tie ĉi ankron elĵetis kaj ligis al bordo ŝnuregojn.
Mem ili teron suriris kaj l'hekatombon kunprenis
Por dio Febo Apolo malproksimegenĵetanta,
Ankaŭ eliris Ĥrizido el ŝipo la martranaĝanta,
Ŝin al altaro kondukis nun Odiseo multsaĝa,
Kaj redoninte en brakojn de l'patro, li tiel eldiris:

"Ĥrizo, venigis min Agamemnono, la ĉefo de viroj,
Por la filinon redoni kaj hekatombon oferi
Al Apolo, ke por Aĥajidoj paciĝu la dio,
Kiu pezegajn mizerojn alsendis nun al Argoanoj."

Tion li diris, ŝin donis en liajn manojn; la patro
Ĝoje ricevis la karan filinon. L'Aĥajoj al dio
La hekatombon majestan ordigis ĉirkaŭe l'altaro
Bonkonstruita, eklavis la manojn kaj prenis
    l'hordeon.
Ĥrizo do levis la manojn supren kaj laŭte
ekpreĝis:

"Aŭdu, Arĝentopafarka, apogo de Ĥrizo kaj Kilo
Sankta, potence reĝanta la Tenedoson. Kiele
Vi jam antaŭe atentis mian petegon vokantan
Kaj min trankviligis, mizeriginte l'Aĥajojn,
Tiel same vi ree mian deziron plenumu
Kaj de Aĥajoj forigu la teruregajn mizerojn."

Tiel li diris, preĝante, atentis lin Febo Apolo.
Sed post la preĝo disĵetis ili la sanktan hordeon,
Kolojn defleksis al bestoj, ekbuĉis kaj felojn
deprenis
Kaj femurojn eltranĉis, ilin envolvis per graso
Duobligite, por pecoj da kruda viando kovrinte;
Ilin bruligis la pastro sur ŝtipoj kaj nigran vinon
Verŝis sur ili; lin knaboj kun kvindentiloj ĉirkaŭis.
Forbruliginte femurojn kaj l' internaĵojn provinte,
Ili distranĉis la reston pece kaj metis sur stangojn,

Rostis ĝin pene kaj fine demetis ĝin. Post la laboro
Ili aranĝis festenon, kaj tiam la koroj iliaj
En tiu bonaranĝita festeno mankis nenion.
Post kvietigo de la malsato kaj de soifo
Knaboj plenigis ĝis randoj kalikojn per la trinkaĵo
Kaj, komencinte de dekstre, al ĉiuj pokalojn disdonis.
Daŭre la tago l'Aĥajoj per kantoj pacigis la dion,
Belan peanon kantadis la maljunuloj Aĥajoj,
Glorigadante Apolon, kaj ĝojis li en sia koro.

Kiam la suno subiris kaj mallumo fariĝis,
Ili ĉe la ŝnuregoj, tenintaj la ŝipon, ekdormis.
Sed kiam la rozafingra Eos', el nebuloj naskita,
Levis sin, ili fornaĝis al vasta tendaro Aĥaja,
Venton favoran al ili donis Febo Apolo.
Ili starigis la maston, disstreĉis la velojn blankegajn,
Vento ekblovis en mezon de veloj, kaj ondo purpura
Ĉirkaŭ la kilo de l' ŝipo naĝanta fortego ekbruis,
Kaj ĝi ekkuris sur ondoj, rapide la vojon farante.
Poste, veninte al vasta tendaro de la Aĥajidoj,
Ili eltiris la ŝipon nigretan sur bordon la sablan
Kaj, ĝin subapoginte alte per traboj longegaj,
Ili ne malrapidante disiris en tendojn kaj ŝipojn.
Li do koleris, sidante ĉe ŝipoj rapidenaĝantaj,
Li, Peleido kuraĝa, la dia piedorapida.

Li en konsilojn, virojn glorigadantajn, ne venis,
Nek en batalojn. Sed lian koron mordetis malĝojo
Pro la restiĝo senaga: soifis li bruon, batalon.

Jen apenaŭ dekdua matenĉielruĝo aperis,
Sur Olimpon revenis l'eternevivanta diaro.
Zeŭs antaŭiris. Tetido do ne forgesis la peton
De ŝia filo, ŝi iris el maro kaj levis sin kune
Kun frumatena nebulo ĉielon kaj altan Olimpon;

Tie ĉi trovis ŝi Zeŭson, aparte de dioj aliaj
Sur la supraĵo plej alta de multekapa Olimpo.
Ŝi alsidiĝis kaj ĉirkaŭprenis per mano maldekstra
Liajn genuojn, per dekstra lian mentonon ektuŝis,
Kaj potenculon Kronidon-Zeŭson ŝi ekpetegis:

"Ho, patro Zeŭso, se mi al vi inter diaro ekplaĉis
Iam per vorto aŭ faro, plenumu vi mian deziron:
Vi mian filon ekvenĝu, mortonton pli frue ol ĉiuj;
Agamemnono, la ĉefo de viroj, lin malhonoris,
De li preninte donacon kaj mem ĝin forekrabinte.
Sed vi lin venĝu, Antaŭpripensanta, ho, Zeŭso
    potenca!
Vi al Trojanoj donacu venkadon, ĝis Aĥajidoj
Mian filon honoros kaj rekompencos lin glore."
Tiel ŝi diris. Al ŝi ne respondis la nubopelanto
Zeŭso kaj longe silentis. Tetido do forte alpremis
Sin al ĉirkaŭprenitaj genuoj kaj reekpetegis:
"Ne ŝanceliĝu: promesu kaj donu al mi la
konsenton
Aŭ do--rifuzu (ne timas ja vi), ke tuj nun mi sciu,
Ĉu mi el ĉiuj estas plej malestimata diino."

Al ŝi respondis indigne Zeŭso la nubkolektulo:
"Vere, malbona afero estos, se vi kontraŭ Hero
Igos min, kaj ŝi per vortoj insultaj min
ekkolerigos;
Ŝi jam sen tio en rondo de ĉiuj dioj senmortaj
Kontraŭ mi ĉiam disputas, dirante--mi helpas
    Trojanojn.
Tamen vi nun forrapidu, ke Hero vin ne ekvidu.
Mi jam prizorgos, por vian deziron plenumi, kaj al
vi
Mi la kapon balancos, por ke al mi vi konfidu:
Tio ĉi estas de miaj promesoj por ĉiuj senmortaj
Garantiaĵo sanktega, ĉar estas ne redonebla,
Ne refarebla la vorto, donita dum kapobalanco."
Ĉe tiuj vortoj mallevis Zeŭso la brovojn
mallumajn,

Kaj l' ambroziaj buklharoj de l' Potenculo subfalis
De la kapo senmorta, la vasta Olimpo ektremis.

Tiel konsiliĝinte, ili disiris nun. Ŝi do
Maron profundan rapidis de la brilega Olimpo.
Zeŭso eniris palacon sian, kaj ekleviĝinte
Iris la dioj renkonte al patro ilia, neniu
Kuraĝiĝis atendi lin: ĉiuj renkonte aliris.

La Olimpano sidiĝis sur trono sia. Sed Hero
Ne preterlasis, ke li konsiliĝis kun la filino
De maljunulo Nereo, l'arĝentapieda Tetido,
Kaj tiajn vortojn pikemajn al Zeŭso potenca
eldiris:

"Kiu el dioj, vi ruza, al vi sian donis konsilon?
Ĉiam plaĉas al vi ricevadi sekretajn decidojn,
Dum mi malestas de vi, kaj neniam al mi vi diras
Vole eĉ unu vorton de tio, pri kio vi pensas."

Al ŝi respondis la patro de la homaro kaj dioj:
"Hero, ne penu vi ĉiujn miajn pensojn sciiĝi,
Ĉar tio estas ne ebla por vi eĉ, por mia edzino.
Certe, neniu el dioj kaj homoj sciiĝos pri tio,
Antaŭ ol vi, kio estas por vi permesata sciiĝi;
Tamen do, kion mi volas aparte de dioj decidi,
Vi min ne devas demandi, vi min ne devas
esplori."

Hero la bovookula ree respondis al Zeŭso:
"Ho, kiajn vortojn eldiris vi, Kronido terura!
Mi ja neniam ĝis nun vin demandis aŭ esploradis,
Tute trankvile decidas vi ĉion, kion vi volas.
Sed mi nun timas en koro, ĉu vin ne ekkonvinkis
L'ido de griza Nereo, l'arĝentapieda Tetido:
Ĉe vi sidante, ŝi viajn ĉirkaŭprenadis genuojn.
Al ŝi vi eble promesis per kapobalanco Aĥilon
Eklorigi kaj multajn Aĥajojn ekstermi ĉe l'
ŝipoj?"

Al ŝi respondis dirinte Zeŭso la nubkolektulo:
"Stranga, vi ĉiam suspektas, ne povas de vi mi kaŝiĝi,
Sed vi nenion atingos, nur malproksimiĝos de koro
Mia, kaj tio por vi estos ja pli terura ankoraŭ.
Se tio estos, fariĝos tio laŭ mia deziro,
Sidu do vi nun trankvile kaj miajn ordonojn obeu!
Ĉar malcerte tuta diaro Olimpa vin helpos,
Se kontraŭ vin nevenkeblajn miajn manojn mi uzos".

Tiel li diris, kaj Hero la bovookula ektimis,
Sidis silente, koleron en sian koron bridinte,
Kaj eksopiris la Uranidoj en Zeŭsa palaco.
Jen nun eldiris Hefesto, la glora artisto, favore
Pri sia kara patrino Hero, diino blankmana:

"Estos certege malbone kaj fine ne elsufereble,
Se vi tiel malice malpacos por la mortemaj
Kaj inter dioj vi semos ribelon. Ne ĝuos ja pli ni
Ĝojon festenan, se reĝos malpaco. Al mia patrino
Mi nun konsilas (kvankam ŝi mem havas multan
        prudenton)

Al kara patro obee submeti sin, por ke li ree
Ne ekkoleru, kaj pli ne konfuzi nin dume festeno.
Ĉar se li, la Olimpano tondronĵetanta, ekvolos,
Li nin deĵetos de tronoj; li estas pli forta ol ĉiuj.
Sed vi lin volu per vortoj delikataj moligi
Kaj refariĝos favora baldaŭ al ni l'Olimpano".

Tiel dirinte, leviĝis li kaj pokalon dufundan
Donis al sia patrino kara kaj diris la vortojn:

"Kara patrino, elportu malĝojon malgraŭe sufero,
Ke mi vin, ho, la plej kara, ne vidu per propraj okuloj
Baldaŭ batata; ĉar vana, kiel ajn volus mi, estos

Mia helpo, ĉar Zeŭson kontraŭi estas ne eble.
Ĉar jam antaŭe, kiam fojon mi volis vin helpi,
Kaptis li min ĉe l' piedo, de sojlo la sankta min
ĵetis.
Tutan la tagon mi flugis suben kaj dum sunsubiro
Mi sur Lemnoson surfalis, havante malmulte da vivo,
Sed la Sintoj ricevis la subenfalinton amike."

Tiel eldiris li, kaj ekridetis Hero blankmana
Kaj ridetante ŝi prenis de sia filo pokalon.
Li do al ĉiuj ceteraj senmortaj, irante de dekstre,
Dolĉan nektaron enverŝis, el la kaliko ĉerpante,
Kaj inter dioj feliĉaj eksonis ridado senfina,
Kiam ili lin vidis kuradi kaj rekuradi.

Ĝis sunsubiro festenis ili dum tuta la tago,
Kaj nenio mankis al koroj dum festenado
Bonaranĝita: nek sonoj belegaj de liro Apola.
Nek l' harmonia kantado de Muzoj, kantantaj alterne.

Sed kiam ekestingiĝis la lumo de l' suno brilega,
Ĉiu el ili foriris dormi en sian loĝejon,
Kiun al ĉiu lamapieda artisto Hefesto
Ekkonstruis per sia multescianta prudento.
Zeŭso do tondronĵetanta iris al sia kuŝejo,
Kie li ofte kuŝadis sub ago de dormo la dolĉa.
Tien veninte, li dormis, kaj apud li--Hero orkrona.

* * * * *

VIII

ALDONO

* * * * *

PREĜO: SUB LA VERDA STANDARDO

Al Vi, ho potenca senkorpa mistero,
Fortego, la mondon reganta,
Al Vi, granda fonto de l'amo kaj vero
Kaj fonto de vivo konstanta,
Al Vi, kiun ĉiuj malsame prezentas,
Sed ĉiuj egale en koro Vin sentas,
Al Vi, kiu kreas, al Vi, kiu reĝas,
Hodiaŭ ni preĝas.

Al Vi ni ne venas kun kredo nacia,
Kun dogmoj de blinda fervoro:
Silentas nun ĉiu disput' religia
Kaj regas nur kredo de *koro*.
Kun ĝi, kiu estas ĉe ĉiuj egala,
Kun ĝi, la plej vera, sen trudo batala,
Ni staras nun, filoj de l'tuto homaro
Ĉe Via altaro.

Homaron Vi kreis perfekte kaj bele,
Sed ĝi sin dividis batale;
Popolo popolon atakas kruele,
Frat' fraton atakas ŝakale.
Ho, kiu ajn estas Vi, forto mistera,
Aŭskultu la voĉon de l'preĝo sincera,
Redonu la pacon al la infanaro
De l'granda homaro!

Ni ĵuris labori, ni ĵuris batali,
Por reunuigi l'homaron.

Subtenu nin, Forto, ne lasu nin fali,
Sed lasu nin venki la baron;
Donacu Vi benon al nia laboro,
Donacu Vi forton al nia fervoro,
Ke ĉiam ni kontraŭ atakoj sovaĝaj
Nin tenu kuraĝaj.

La verdan standardon tre alte ni tenos;
Ĝi signas la bonon kaj belon.
La Forto mistera de l' mondo nin benos,
Kaj nian atingos ni celon.
Ni inter popoloj la murojn detruos,
Kaj ili ekkrakos kaj ili ekbruos
Kaj falos por ĉiam, kaj amo kaj vero
Ekregos sur tero.

* * * * *

TABELO DE LA ENHAVO

EKZERCOJ	4
FABELOJ KAJ LEGENDOJ	18
ANEKDOTOJ	58
RAKONTOJ	86
EL LA VIVO KAJ SCIENCOJ	173
ARTIKOLOJ PRI ESPERANTO	218
POEZIO	285
L. Zamenhof.--El Hamleto	370
A. Kofman.--El Iliado	405
ALDONO	425

www.ingramcontent.com/pod-product-compliance
Lightning Source LLC
Chambersburg PA
CBHW062145080426
42734CB00010B/1572